関西学院大学研究叢書　第177編

ソーシャルワークにおける
ネットワーク概念と
ネットワーク・アプローチ

Katsuhisa Matsuoka

松 岡 克 尚

ソーシャルワークにおける
ネットワーク概念とネットワーク・アプローチ

目次

はじめに（序論） ……………………………… 1

第1章 ソーシャルワークにおける
ネットワーク概念の現状と課題 ……………… 25

　第1節　多義的なネットワーク　28
　第2節　コンピテンスおよび環境　37
　第3節　ソーシャルワークにおける四つのネットワーク　42

第2章 個別ネットワーク（1） ……………………… 57
サービス利用者のネットワーク

　第1節　ソーシャルサポート・ネットワークの定義　57
　第2節　ソーシャルサポート・ネットワーク概念を巡る議論　63
　第3節　ソーシャルサポート・ネットワーク概念の起源と発展過程　71
　第4節　問題理解の視点と介入技法　83
　第5節　残された課題　88

第3章 個別のネットワーク（2） ………………… 99
サービス提供者のネットワーク

　第1節　ソーシャルワーカーの専門職ネットワークの定義　99
　第2節　専門職ネットワークの先行研究について　105
　第3節　専門職ネットワーク概念の確立を目指して　121

第4章 個別のネットワーク（3） ………………… 127
サービス提供組織のネットワーク

　第1節　組織間ネットワークの定義　127

第2節　組織間ネットワークに関する
　　　　　　先行研究について（組織間関係論）　135
　　　第3節　組織間ネットワークに関する
　　　　　　先行研究について（社会福祉）　146
　　　第4節　組織間ネットワーク概念の確立を目指して　154

第5章　個別のネットワーク（4）・・・・・・・・・・・・・・・・・　159
　　　　ネットワーキング

　　　第1節　ネットワーキング論の源流　161
　　　第2節　日本の社会福祉におけるネットワーキング論の先駆け　169
　　　第3節　近年のネットワーキング論　177
　　　第4節　今後の課題　189

第6章　ネットワークとソーシャル・キャピタル
　　　（社会関係資本）・・・・・・・・・・・・・・・・・・・・・・・・・　197

　　　第1節　ソーシャル・キャピタル論の系譜　197
　　　第2節　近年における社会福祉領域での
　　　　　　ソーシャル・キャピタル研究　201
　　　第3節　二つのソーシャル・キャピタル概念　207
　　　第4節　N.リンによるソーシャル・キャピタルの定義　214
　　　第5節　「福祉ソーシャル・キャピタル・アプローチ」の課題　216

第7章　ネットワーク・アプローチの構築の試み・・・・・・　223
　　　　ネットワーク概念の共通性に着目して

　　　第1節　ネットワーク概念の共通性　224
　　　第2節　一次・二次ネットワーク概念と統合ネットワーク概念　239
　　　第3節　ネットワーク・アプローチ　251
　　　第4節　脱コンサマトリー化にむけて　261

第8章　統合ネットワーク概念と資源調達モデル・・・・・・　273

　　　第1節　分析の枠組み　273
　　　第2節　資源調達モデルの適用　284
　　　第3節　まとめと課題　288

第9章 ネットワーク・アプローチにおける実践戦略 ···· 293

第1節 準拠枠組みとしての「資源調達モデル」と実践戦略　293
第2節 ソーシャルワーカーのコンピテンス概念　301
第3節 コーディネーション能力の提示と今後の課題　309

第10章 今後の研究課題 ························ 319

第1節 本研究の意義　319
第2節 残された課題　331

あとがき　339
索　引　345

はじめに（序論）

1 本書の問題意識

(1) 戦後社会福祉制度の変遷

　日本の戦後の社会福祉制度は、当初は戦後処理としての側面をもってスタートしつつも、戦前の救貧法的な性格からの脱却が図られ、恩恵的な「施し」から日本国憲法第25条に定められた「健康で文化的な」生活を保障する公的責任に基づく施策へと、その姿を変えることになった。その後、各種の社会福祉関連法が整備されていくなかで、公的責任を貫徹すべく行政処分としての措置に基づくサービス利用決定・解除、サービス提供主体を原則として公的機関ないし公の支配に服する社会福祉法人に限定した福祉サービス供給システムという制度の二大特徴は、長らく基本方針として維持されてきたのである。

　その中でも、特にサービス利用者に対する処遇面においては、施設入所を中心にその「保護・更生」を図るというパターナリズム的な発想が根強かったことは銘記しておかなければならない。この施設入所中心主義の下では、当該施設内において「保護・更生」のために必要な各種サービスを1カ所に集中管理し、生活の全局面を施設という場でもって完結させることが意識されてきた。そのために、サービス利用者がもつ施設内外の人間関係、当該施設と他施設との関係、あるいは地域社会とのつながりといったものは余分なパラメータとしか認識されず、本人の「保護・更生」のために意識的にそれらを活用していこうとする発想、姿勢はどうしても乏しいものにならざるを

得なかったのである。

　しかし、社会福祉はそれを取り巻く外部環境の変化からはまったく孤立しているわけではなく、それに対応すべく自己変革を絶えず迫られてきた歴史を有している。古川孝順によれば、その大きな変革の第一波は1980年代に訪れ、経済の低成長化に加えて、サービス利用者のニーズの多様化に直面して、福祉サービスの「分権化」「地域化」「計画化」などが追求されることになった。古川がいうところのこの第一のパラダイム転換は、1990年のいわゆる福祉八法改正によって、概ねその大枠は完成を見たといって良いだろう。そこでは、高齢者分野や障害者分野で導入されてきた在宅福祉サービスを、それまで主流であった施設サービス中心のサービス体系に組む込む形での統合化が試みられたのであった。それによって、施設入所以外にも住み慣れた自宅で自立的な生活を維持することが制度的に「当然視」されることになったといえる（古川1992：3-5, 1998：6-9）。また、80年代においては「専門職化」があわせて重要なテーマとして論じられ、それが1987年の「社会福祉士・介護福祉士法」制定（さらには、1997年の精神保健福祉士法制定）につながっていくことになる。

　さらに、1990年代に入って「サービス利用者と提供者の対等な関係」や「多様なサービス供給主体の参入」を可能とならしめるべく再度の変革の波に直面することになった（古川1992：5-6, 1998：9-14）。古川がいう、この第二のパラダイム変換は、周知のように「社会福祉基礎構造改革」の看板の下で最終的な結実を獲得することが図られることになった。そしてその結果、2000年に「社会福祉の増進のための社会福祉事業法等の一部を改正する等の法律」が制定されるに至ったのは承知のことであろう。

　加えて、2000年4月より始まった介護保険制度の実施は、この国の高齢者福祉のみならず障害児者福祉などの他領域に対しても大きな影響を及ぼすことになった。介護保険制度の登場は、財政的な事情がその直接的な背景にあったことは明らかなのであるが、その基本構想としては、民間企業を含めた多元的サービス供給システムの樹立が志向され、かつその下において利用者がその合理的判断に基づいて、用意されているサービス・メニューの中から自己にもっとも見合ったサービスを選択するという自己決定権の保障（も

ちろん、それにはさまざまな批判はあるが）が含まれていたのである（高齢者保健福祉審議会報告 1996）。この介護保険の基本構想は、保険制度の部分を除いて、前記した第二のパラダイム変換の理念とはほぼ重なり合っていることが理解できるだろう（もちろん、コスト面での効率化がより強く意図されてはいるのだが）。障害児者領域でも、2003年の支援費制度から導入された契約方式によるサービス提供の仕組みについて、介護保険と同様にそれが真の意味での自己決定権保障に立脚しているかどうかについては、先述のとおり強い批判があるのだが、その骨格は2006年制定の障害者自立支援法、そして現在の障害者総合支援法にも基本的に継承されていくことになる。

　上述したような第二のパラダイム変換で目指された方向、すなわち多様なサービス供給主体によって提供されるサービス・メニューの中から、利用者と支援者が対等な関係に立ってもっとも適切なサービスを選択し、提供・利用していくというあり方を実効あるものにしていくためには、サービス供給主体間の「連携」が重要であるという認識が法律レベルにも反映されていくことになる。社会福祉法の第5条において、「福祉サービス提供の原則」として「社会福祉を目的とする事業を経営する者は、その提供する多様な福祉サービスについて、利用者の意向を十分に尊重し、かつ、保健医療サービスその他の関連するサービスとの有機的な連携を図るよう創意工夫を行いつつ、これを総合的に提供することができるようにその事業の実施に努めなければならない」とされており、明確に「連携」が努力義務として明記されるに至っている。そのほかにもいくつか例をあげれば、障害者総合支援法では第51条の22において、サービス提供者（指定一般相談支援事業者、指定特定相談支援事業者）が市町村、公共職業安定所その他の職業リハビリテーションの措置を実施する機関、教育機関その他の関係機関との緊密な連携をとることを求めているし、児童福祉法第21の5の17でも指定障害児通所支援事業者と指定医療機関の設置者に、行政機関、教育機関その他の関係機関との緊密な連携を行うことを義務づけている。

　ここまではサービス提供者という、いわば組織・機関レベルでの「連携」であったが、同様の「連携」指向は、実際にサービス利用の支援を行う社会福祉士や精神保健福祉士にも波及している。前者については、2007年の社

会福祉士および介護福祉士法の改正で、第2条の定義において「福祉サービスを提供する者又は医師その他の保健医療サービスを提供する者その他の関係者との連絡及び調整」がその業務の一つであることが明記されており、さらに第47条においても「連携義務」が課されたのである。同じく精神保健福祉士法でも、2010年改正によって第41条にそれまで医療関係者との連携義務のみ定められていたものを、障害福祉サービス、地域相談支援に関するサービスなどを提供する者その他の関係者等との連携へと拡大している。

この「連携指向」の流れは、2015年4月より施行された生活困窮者自立支援法でも受け継がれているのであるが、同法第3条において、市町や都道府県に、公共職業安定所、教育機関その他の関係機関との「緊密な連携」を求めていることは、従前の流れに沿ったものといえそうである。それに加えて、実施行政機関の機関内連携体制の構築のみならず、さらには生活困窮者の支援を通しての地域づくりが指向されており、当該地域におけるさまざまな機関（自治会などのインフォーマルなものも含む）のネットワーク化、自立支援機関による単独の支援ではなく、さまざまな支援機関とのチーム体制が強調されるなど、従前のシンボリックな「連携指向」からより実務的、もっといえば地域福祉の実践レベルまで踏み込んだ「連携指向」の制度設計が目指されているといえるだろう。同様の、実務的、地域福祉的な「連携指向」は、例えば、2025年までに、医療、介護・福祉サービスが地域で一体的に受け取ることが出来る「地域包括ケアシステム」を構築し、「21世紀型のコミュニティの再生」を謳う、社会保障制度改革国民会議報告書の提言からも読み取れよう（社会保障制度改革国民会議 2013：12）。

このように、第二のパラダイム変換と軸を一にして、あるいはそれを契機として、サービス提供の組織・機関レベル、実践者・資格レベルにおいても、連携、あるいはネットワークという用語を使用することによって、従前の利用者との間の「線的な対応」から、関係機関、関係者とのつながりを意識した「面的な対応」「網目的な対応」へのシフトチェンジがなされるようになった。そして、さらに踏み込んだ形で「21世紀型のコミュニティ再生」のツールとして、あるいはそれを目標にするものとして「連携」という言葉が、あたかも関係者の頭上を照らす導きの灯りのような位置づけがなされてきてい

る。この言葉は、医療福祉関係者を一方で魅了し、他方では良い意味でも悪い意味でも束縛を強いる言葉として機能していくことになるだろう。

そこで次にソーシャルワークに限定してみて、この連携指向の動きを見てみることにする。アルバニー大学のS. シューマンは、2006年に発刊した連携に関するハンドブックの序文において、さまざまな領域において連携が重視されるようになっていることを挙げるなかでソーシャルワークもその一例になっていることを示している。そして、連携が指向されるようになった背景には、多様で、相互依存した複雑な世界に適応していく戦略における実際上の変化が影響していることを指摘している（Schuman 2006：xxiii）。シューマンのこの指摘はソーシャルワークに限定されたものではないのだが、第二のパラダイム変換に直面した日本のソーシャルワークの、新たに出現してきた「多様で、相互依存した複雑な」現実世界への対応として、連携指向が打ち出されていった事情を示唆しているといえる。

もちろん、実際のソーシャルワーク支援においては、組織・機関レベルであっても、また実践者レベルであっても、先にいう「面的な対応」「網目的な対応」がそれまで皆無であったのでは、もちろんない。重要なことは、以前から実施されてきた対応や「連携指向」「つながり活用の重視」とでもいうべき姿勢が、法律の上にはっきりと活字化されるようになってきたということである。言い換えれば、いままで「暗喩」であったものが、明確な「役割」「業務」として浮かび上がってきたのであって、そのことはサービス供給システム、およびその下で従事するソーシャルワーカーをはじめとした専門職の双方に「連携」、あるいは「ネットワーク」などの用語で指し示された何かが、自らのあり方や存立基盤と直接的に結合したものとしていっそう強く意識化されるようになったことに注目すべきであろう。

なお、古川がいう第二のパラダイム変換に込められた精神のすべてが完全に実現されたわけではないことは明らかである。例えば障害者総合支援法におけるサービス提供のあり方が、そしてそのことは介護保険のそれも含めてのものなのであるが、果たしてそれらが利用者の自由意思による契約という建前にふさわしい内実を備えているのかが常に問われているし、今後とも問われ続けられることになるであろう。さらにいえば、必要なサービスを自己

のライフスタイルと嗜好にあわせ自分で選びとるという自己決定の権利を保障していくことが重要になってこよう（中央社会福祉審議会社会福祉基礎構造改革分科会 1998）。そうした課題に向き合い、現状の改良に向けて自らを問い、法制度の変革を訴求し続けていくことも、社会福祉にかかわるすべての組織・機関、そして関係者が負うべき義務であるといえる。

このように考えると、法制度面が大きく変わったからといっても、あるいは新たな制度設計の理念がうちだされたといっても、それらにおいて意図されていることが実際面ですぐにでも追いつくわけではないことは明らかである。今後は、現場サイドからのフィードバックを得ながら、制度と実践との間の「ひずみ」を矯正すべく、さまざまな手が打たれていくことが望まれる。第二のパラダイム変換というものを理念どおりに完遂させるためには、今後とも日本の社会福祉制度の改良に向けて手を加えていく不断の努力が必要なことは確実であろうし、サービス実践の現場がそうした課題に向き合っていかなければいけないということもまた確かなことのように思える。

(2) 変容を迫られるソーシャルワーク

さて、以上において日本の社会福祉法制度の近年における変遷とそれに対する一種の中間的評価とでもいうべきことを述べてみたのであるが、こうした法制度面でのマクロな方向づけに対応していくために、ミクロ・メゾ的面ではサービス利用者の質の高い生活を確保することに加えて、それを可能にすべく多元的なサービス供給システムのなかで如何に効率よく良質のサービスを調達し、提供していけるかが問われていることになる。エンパワメントやケアマネジメントが重視されるようになったのは、こうした変遷の結果とおそらくは無関係ではないだろう。エンパワメントとは、サービス利用者がサービス供給システムからの受動的なサービスの受け手から脱却し、システムに及ぼす影響力（パワー）を獲得することであると解釈できるし、ケアマネジメントとは、多元的システムのなかで、保健・医療・福祉サービスの一体的な提供を担保するための技法であった。旧来のサービス供給システムはそうした実践理念や技法が指し示すあり方とは、極論をいえばまさしく反対状況であったのであり、三島亜紀子がエンパワメントやケアマネジメント

（あるいはセルフケアマネジメント）が「反省的学問理論」に彩られていることを指摘していることからも理解できるように、ソーシャルワークとしての「反省」がそこに強く示唆されているのである（三島 2007）。

　こうした例をあげるまでもなく、日本の社会福祉が、法制度や政策面、あるいはマクロ・レベルで大きく変化を遂げ、またこれからも遂げつつあるなかで、ミクロとメゾ・レベルを中心とした社会福祉の支援活動、ないしその方法論を意味するソーシャルワークもまた、何らかの変容＝再構築が理論的にも、実践的にも要請されていることは多言を要しない。では、こうした動きを踏まえて、具体的にソーシャルワークが今後において目指して行くべき方向とは果たして如何なるものなのだろうか。上記のような「反省」を踏まえ、如何なる方向を目指すべきなのか。

　そもそも日本のソーシャルワークは、すでに戦前において米国の理論や取り組みが先駆的に紹介され、一部では早くも実践が展開されてきた歴史を有する。ただそうであっても、実際にその本格的な展開が実現したのはやはり戦後になってからであったといえる。その意味では、これまで述べてきた戦後社会福祉の歴史とほぼ重なる形で、日本のソーシャルワークの歴史が刻まれてきたといってよい。

　こうした歴史的な背景のみならず、一部の例外はあるものの、ほとんどのソーシャルワーカーは社会福祉法制度の枠内でその実践をとり行ってきたし、現に多くはそうであるという事情からも、ソーシャルワークの実践は社会福祉法制度の移り変わりからまったく無縁でいれないことは容易に理解できる。したがって、前述したように日本の社会福祉が大幅な法制度政策的変化を遂げる過程のなかにあるのであれば、この国のソーシャルワーク実践は、その激変に対応しながら新たな装いを見いだすべくさまざまな理論的、実践的な革新が求められているといえるのである。

　もちろん、現代社会の複雑な構成と展開の中では、その要請されている革新の範囲は相当な広がりをもつものと思われる。ただし、すでに見てきた社会福祉法制度の変換に対応すべく、ソーシャルワーカーたちが質の高いサービス供給システム構築に如何にして貢献していくかという点や、その下での効率的なサービス提供の手法を確立していくことができるかという点がソー

シャルワークの変容や再構築における一つのベクトルになっていることについては、少なくともそれらが課題としてあがっているということ自体をまったく否定することはできないであろう。もちろん、先の三島の議論からすれば、こうした課題を追求する方向は「反省的学問理論」に対抗する「管理運営」的側面の強化、その延長線には専門職支配＝専門職依存を再び招くリスクがあるということもできるのであって（三島 2007）、それはまた批判の対象になりうることも確かである。

　ただ、そうした批判があることを前提にしつつ、またそのことも意識に入れながらこうした再構築への要請に適切に応えられないのであれば、日本のソーシャルワークは、消滅することはないにしても、おそらくはその存在意義を厳しく問われる事態から免れることは出来ないと考える。その意味では、日本のソーシャルワークにとっては、今、そしてこれからは、ターニング・ポイントが連続する難しいカーヴに差し掛かっているといってよい。

(3)「ネットワーク」のもつ重要性

　今日のソーシャルワーク実践では、例えば、先述したエンパワメントやケアマネジメントに加えて、さらにはストレングス視点、あるいは社会構成主義といった新たな潮流が生まれては、そのなかで占める地位を強め、あるいは定着を果たしつつある。これらの新たな潮流が勃興し、この国に取り入れられてきたのは、既述した制度的、マクロ的な変化とまったく無関係なものではなく、その取り巻く環境の変化に応じたソーシャルワークそれ自体の内部変化にともなうものであると解釈することができる。

　一方で、早くからその重要性が認識されながらも、理論、実践の両面で充分な深化を未だに果たせ得ないでいる視点や概念が存在しているのも事実である。しかも、それらの中にはソーシャルワークの現代的要請にとってまったく無価値なものではなく、場合によっては、今日の制度的変化にともなうソーシャルワーク実践の今後の新たな展開に重要な示唆を与えてくれるものも少なくはないと思われる。ソーシャルワークにとって、「ネットワーク」とはそのようなものの一つとして取り上げることが出来ると考える。

　その理由は以下のようなものである。すなわち、先に述べた二つのパラダ

イム転換の結果、多元的なサービス供給システムのなかで総合的かつ効率的なサービスの提供が求められるようになったのだが、このサービス供給システムには、フォーマルなものもあれば、インフォーマルな資源供給主体も含まれている。必然的に、サービス利用者、サービス提供者の双方の側でこれらの資源供給主体との関係が問われることになる。まず、効率よく良質のサービスを利用者に提供していくことを可能とするシステム作りとは、利用者の参加を得ることは必要不可欠であるにしても、やはりサービス供給サイドの課題であるといえる。特に、チームワークや連携などの用語に代表されるようにさまざまな専門職や組織間の「横のつながり」がいっそう重視されるようになっており、今後においては、支援活動は常にこの種のつながりを意識しながら展開することが否応なく求められている。

　また、介護保険法や障害者総合支援法では、利用者の家族や近隣などのインフォーマルな「横のつながり」に対する支援などについては現在もその公的なサービス・メニューには含まれていない。こうした介護保険制度などの限界と隙間を埋める意味合いからも、インフォーマルなつながりの存在を支援戦略のなかに統合していく作業は、今後においても重要な課題として絶えず提起されていくものと考えられる。このように、ソーシャルワークが直面するさまざまなレベルにおいて、関係や「つながり」の全体、すなわち「ネットワーク」が重要な意味をもってくることになる。

　この「ネットワーク」という用語が日本の社会福祉の枠内において本格的に使用されるようになったのは、ソーシャルワークの文献では1980年代の半ばからだといわれているが（大橋 1993：5）、1980年代の英国コミュニティケアの進展にともない、ネットワーク、ネットワーキング、チームワークや連携といった類似した用語が強調されるようになったこともあってか、次第に関心が寄せられるようになったものである。本書の中でも触れるが、例えば、英国のトレビロンのように、ネットワーキングをグループワークやコミュニティワークと関連づけて、ソーシャルワークの一方法にネットワーキングを位置づける試みも提示されるように至っている（Trevillon 1999）。

　さらに、英国では2000年に政府諮問文書（The UK Government's consultation document）として "A Quality Strategy for Social Care" が保健

省（DoH）の手でまとめられ、そのなかで、将来的にはさまざまな分野の専門職による協働作業が当たり前のようになり、そのためにソーシャルワーカーも他分野の専門職との間で建設的な関係を築いていく能力を開発する必要があることが指摘されている（Whittington & Bell 2001）。C. ウィティントンと L. ベルは、この文書で強調されている組織間連携や職種間連携について、たとえ政府や政策が変わったとしても、これからのソーシャルワーカーの教育カリキュラムにそうした連携を果たしていくために必要な力量（competence）を強化することを盛り込む必要性は決して変わらないであろうと指摘している（Whittington & Bell 2001：154）。

このような英国の動きからの影響に加えて、上述したように日本においても専門職や組織間の結びつきを利用者へのサービス提供に如何に貢献させていくかが求められるようになっている状況の中では、ネットワークの関心は強まることはあっても弱まることはまず考えられないだろう。実際に、自らのネットワークを用いて連携やチームワークを実現していくことは、例えば、米国などでは財源配分の問題、日本では介護保険制度や障害者総合支援法にみられるようにソーシャルワーク外部の政治経済社会的な状況、などの影響を受けつつも、それは意識的かつソーシャルワークの価値から派生した動き（value-driven）なのであり、ソーシャルワーク自身が選択した結果であるという指摘がなされている（Graham & Barter 1999）。したがって、人口動態、政治経済社会状況や国際的潮流などから触発されながらも、ネットワークという用語にはソーシャルワーク内部からの積極的なイノベーションが提示されている可能性があると考えたほうがより建設的だといえる。このネットワークが持ち得る可能性、そこには上述したような「管理運営」的側面強化に対する批判を受け止め、それを「止揚」していくことも含められるのだが、それについては、残念ながら十分な議論の深化が得られないままになっている印象は拭えない。そこをこれまで以上に丁寧に分析し、検討することによって、今後のソーシャルワークの進むべき道筋が照らし出され得る可能性も否定できないのではないだろうかと考えたい。

以上において述べてきた事柄から理解できるように、ネットワークとはソーシャルワークにとって決して過去の遺物ではなく、今後において、先述

した第二のパラダイム変換に直面した以降の日本の社会福祉が目指す方向（多様な供給主体から成るサービス供給システムの下での利用者の自立支援）の実現にむけて、理論的な精緻化を図ると同時にその成果を実践に応用していく可能性を探っていく形で、ソーシャルワークの再構築に活用していけるものではないだろうか、ということが本書の問題意識になっている。もしそうであるとすれば、ソーシャルワークにおけるネットワークの、いわば「リバイバル」が今こそ求められていると考えることができるだろう。その意味で、ネットワークというものは、改めて脚光を浴びるに値する存在であると断言しても良いかと考える。それも単なるリバイバルではなく、管理運営的側面強化のリスクを踏まえたうえでの現代的なリバイバルである。本書の出発点は、まさしくこうした認識の上に存在しているのである。

ところで、ここで注意しておきたいのは、早くから日本のソーシャルワークのなかにおいてネットワークが注目されながらも、長きに渡って、理論・実践の両面でその発展が阻害され、停滞を余儀なくされた理由の一つに、ネットワークが「安上がりの福祉」を作り出すための手段として利用されかねないことへの反発があったといわれていることである（藤井 1987）。そして、実際に第二のパラダイム変換の中にも「効率性」が強調されている点からも、ネットワークをリバイバルする際には、改めてこの危惧が惹起されるかも知れない。この点は、ここまで繰り返して述べている、管理運営的側面強化の危惧とも連動するものである。

確かに、第二のパラダイム変換において「効率化」されなければならない対象の中には、財政的・金銭的コストが含まれているのは確実であろう。その点に関していえば、上記の懸念が的を射ていることは否定できない。しかし、「効率化」とは決してそれだけにとどまるのではなく、利用者に対する良質なサービスを提供していくことを阻害しているさまざまな要因についても「効率化」の対象に含まれているといえるのである。専門職間の連携に関連してではあるが、「効率化」が重要視されるようになった背景として、松岡千代が「経済的効率性 cost effectiveness」と「質の高い包括的ケア提供 care effectiveness」を指摘しているのであるが（松岡 2000：17）、いうまでもなく「質の高い包括的ケア提供」のためにネットワークを論じる必要性ま

でもまったく否定すべきものではない。

　もし、かつてのネットワークに対するアプローチが、松岡がいうところの前者（経済的効率性）に偏向していたものであったとすれば、そのことを十分反省して同じような轍を踏まないようにしなければいけない。ただし、同じ轍を踏むことを恐れる余りに、ソーシャルワークが、ネットワークに関連すると思われるもう一つの「効率化」についてまで目を塞ぎ、ネットワーク研究に踏み込むことを恐れたり、あるいは避けたりするのであれば、それは余りにも無用の萎縮である。大きく転換していく過程にある社会福祉法制度の渦中にあって、ターニング・ポイントが連続する場面にソーシャルワークが消極的な運転を取るようであれば、それは安全運転というよりは、誤解を恐れずいえば「退化」といってよいものではないかと考える。

　私たちは、ネットワークをソーシャルワークのなかで扱う場合に、一部の論者が警告するような形でそれが「安上がりの福祉」形成に利用されないためにも、また管理運営的側面に大きく傾斜してしまわないためにも、ソーシャルワークのなかにそれを「正しく」位置づけていく作業が求められるともいえるのである。

2　本書の目的

　先に、今日のソーシャルワークにおけるネットワークのもつ重要性を再確認のうえで、理論面と実践面におけるその発展を探っていく必要性、意義について先に述べてみた。その必要性・意義をソーシャルワークが自らを取り巻く外部環境からの要請に積極的に応えていく「生き残り戦略」と同一と見なし、それを可能とならしめるソーシャルワークの理論的、実践的な再検討こそが、本書でいう「再構築」にほかならない。

　しかし、上述した再構築の方向に踏み込んでいくためには幾つかの課題が存在しているように思われる。例えば、元来においてネットワークという言葉が多義的であるだけではなく、ソーシャルワークにおいても論者によってその意味する内容が異なっているという事情がある。さらには、ソーシャルワークにおける多義的なネットワークには、単なる「関係」や「つながり」

という意味を超えて多様な意味合いが込められており、時にはそれらの間で矛盾するようなケースさえ含有されていることもある。さらにいえば、ネットワークに込められている意味には、実際に確固として存在しているものではなく、その存在が不安定で確実性に欠けるものであるがゆえに、多くのソーシャルワーカーによって「あるべき姿」というイメージが強くそこに投射されているように思える。

こうした事実は、各人が描く「ネットワークとは何か」のイメージが多岐に渡っていることを示しており、それは同時にネットワークのもつ意味空間が実に豊かであるということを表している。この豊かさとは決してネガティブなものではなく、むしろこの言葉を用いるソーシャルワーカーたちの期待がそれだけ大きいことの反映であると受け止めつつも、やはりそこに何らかの整理作業を施す必要性があるという認識を生むことになる。さらには、ネットワークに込められている多義性の影響を受けてか、ネットワークの概念とソーシャルワーク理論との関連性についても確定的、一致した見解が得られているとはいえない部分も大きい。そこで、ソーシャルワークにおける多岐多様なネットワーク概念を整理し、それらをソーシャルワーク理論のなかに位置づけ、新たな実践戦略に反映させていく作業を行うことが急務であるいえる。これらの一連の作業を試みること、すなわち先ほどの意味でのソーシャルワークの再構築を試みることが、本書の第一の目的になる。

ところで、すでにソーシャルワーク理論においてはサービス利用者単独を介入のターゲットにするのではなく、介入対象をシステムとして位置づけ、必ずしもサービス利用者単独に介入対象を限定しないパースペクティブが提唱されて、かつその実践への反映が試みられてきた。理論的にはシステム・アプローチやエコロジカル・アプローチ、また臨床的な取り組みとしては家族療法アプローチやネットワーク療法などがその代表的なものである。いずれともに、たとえネットワークという名称を採用することはなかったとしても、サービス利用者とそこに関係するさまざまな人々、集団、団体・組織を介入するうえでの重要なファクターとして位置づけている点では共通しているのである。また、その名のとおりソーシャルサポート・ネットワーク・アプローチも、ソーシャルワークの介入対象として、サービス利用者のネット

ワークを一義的なターゲットと位置づけ、あるいはサービス利用者の自立支援やニード充足の手段として活用していこうとするものであった。このように、サービス利用者サイドにおいてネットワーク概念や類似の考え方はすでに広く受け入れられているといって間違いはない。

　その一方で、近年において特に注目されるようになったチームワークや多職種間連携（IPW: Interprofessional work）のように、ソーシャルワーカーが同僚や他職種との間のつながりに関連する概念や実践が重視されるようになっている。また、サービス供給主体の多様化のスローガンのもとでさまざまな組織・機関どうしの連携に対しても関心が寄せられるようになってきた。というよりは、元来、ソーシャルワーク実践のなかで当然のように、あるいは暗黙の了解のごとく実施されながらもさほど顧みられていなかったこの種の考え方や活動に対して、ようやく理論的にも脚光を浴びるようになってきたといったほうがより正確かも知れない。こうしたなかで、ソーシャルワーカーが実践活動を行ううえでのその土台となる実践環境・実践体制、すなわち他職種との関係やソーシャルワーカーが所属する組織・機関と他組織・機関との関係などがクローズアップされていくことになった。そこには、サービス提供サイドにおいても他職種、他組織とのつながり、すなわちネットワークという発想が再び受け入れられつつある徴候が生じてきたと見なし得る。ただ、それに対する明確な回答をソーシャルワークはまだ獲得したとは言い切れない現状がある。

　このように、サービス利用者サイドにおいても、ソーシャルワーカーや福祉サービス組織サイドのサービス提供体制の構築・維持という事情おいても、ネットワークが無視できなくなってきているし、またその認識があることは確かであるといえる。そして、その無視できなくなったネットワークについて理論知獲得が未だに課題として横たわっている。この課題を前にして、しかしネットワークを前者、または後者のいずれかのレベルのみに限定して取り上げ、それらをさまざまに論じたとしてもそれではあまり意味があるものとは思えない。なぜなら、後者が取り扱っている諸問題が充分に確立されることが、前者の内容を円滑に遂行していくための条件になると考えられるからである。両者は、明らかに相互依存の関係にあると考えられる。

このことは、そのまま伝統的ソーシャルワークの分類でいう「直接援助技術」と「間接援助技術」の関係に照応するものと考える。直接援助技術と間接援助技術がソーシャルワークにおける車の両輪に喩えられてきたのと同じく、二つのレベルのネットワークもまた相互に連動しながら、ソーシャルワーク全体の機能に貢献していくことによって、実践上の効果は最大限まで高めることが出来よう。こうした視点は、すでにソーシャルワークの統合化という方法論的課題の文脈のなかでその重要性が強調されてきたものと表裏一体の関係にあるといえる。

　しかし、何度も繰り返すがソーシャルワークにおけるこれまでのネットワークを扱った研究では上の意味でいう統合化までは充分に踏み込まれていないという印象を禁じ得ない。サービス利用者レベルにおける研究成果に比較して、サービス提供側の事情（ソーシャルワーカーの実践体制の構築・維持など）のそれについては発展途上であることは否めないし、この二つのレベルのネットワークを統合的に把握し、それをソーシャルワーク理論のなかに組み込んでいく作業もこれまでは充分ではなかったのである。

　本書は、こうしたソーシャルワークにおけるネットワークの理論研究のなかに存在する空隙を埋めていく役割を果たしていくことを意図している。そうした意味で、本書の第一の目的に関連して、さまざまなネットワークの概念をソーシャルワーク理論に位置づけていく作業では、「統合」という視点こそがそのキーワードになるであろう。さらに、上記のような理論的検討を踏まえながら、次なる課題としてソーシャルワークにおけるネットワークを念頭に置いた介入戦略を構築していくことになるが、この作業を果たすことが本書の第二の目的である。

　加えて、それによって得られた結果が果たして実際に即したものであるかどうかについては、実証的な研究をまたなければならない。また、そうして行われた調査研究で得られたさまざまな知見は、介入戦略の検討のみならず、理論的枠組み修正のための貴重なフィードバックになり得る。こうした見地から、本書の枠組みモデルを実証すべく調査を実施していくことが求められるだろう。顧みれば、これまでのソーシャルワークの長い歴史のなかでさまざまな理論に基づく介入モデルが提示されてきた。しかし、それら介

入モデルと実際の介入戦略スキルとの間には、両者を隔絶させるような溝があるように思えてならない。すなわち、介入のための理論や理念は多く紹介されつつも、それらを具体化する術が乏しかったのではないだろうか。これは、ソーシャルワークにとっての目標と手段の乖離と見なし得る。

承知のように、R.マートンは、アメリカ社会が経済的成功や社会的出世という目標を人々に保持すべき義務として不断に圧力をかけ続ける一方で、それらを実現させる制度的手段をすべての人に平等に提供していないと述べ、そのような状態は制度的規定の衰退、すなわちアノミーを招くことを指摘した。このアノミーとは、「ルールの欠如」を意味するフランス語であるが、マートン自身のねらいは、文化的目標に対する社会構造のあり方（制度手段の制限）が人々を逸脱行為に導くことを説明するところにあった（Merton 1949=1961：121-2）。このマートンがいうところのアノミー状態の原因、すなわち単純化していえば、目標と手段の乖離という現象は、ソーシャルワークが直面している状況を的確に表現しているように思える。すなわち、後述する「ネットワーク性」を追求する（目標）一方で、具体的なその実現方法がともなっていないという状況である。よく言われる、「理論と実践の乖離」という表現は、もしかしたら上記のような事実をも指しているのかも知れない。

比喩的な意味であるが、このアノミー的な状況からの脱却を図るためには、やはり地道にも実証的な研究による知見の蓄積とその理論へのフィードバックが欠かせないだろう。ソーシャルワークの再構築を試みる際には、特にこの点が要請されることになる。すでにこの点では、日本においてもネットワークに関する量的アプローチ、質的アプローチの双方から先駆的な研究が展開されるようになっている（例えば、川島 2011、2015；石川・松岡 2012；石川 2012 など）。ただ、本来であれば本書の第三の目的とすべきこの点についても本書独自の実証的研究を実施したうえでその成果に言及すべきではあるが、残念ながらそこまでには至っていない。このことは本書の限界の一つであることを認め、今後の課題とすべき点としたい。

なお、蛇足かも知れないが、連携やチームワークの研究が2000年以降に日本でも看護学など近接領域も含めて本格的に検討されるようになっている状況のなかで、それらをそのままの形で取り上げるのではなく、敢えてネッ

トワークとの関連の下で取り上げていくことの必要性について触れておきたい。特に、連携やチームワークという言葉を用いることで、サービス利用者、ソーシャルワーカーおよび福祉サービス提供組織が他者との間で取り結んだつながりを活用して日常的な営み（サービス利用者においては、それは「生活」と把握されるべきものであるし、ソーシャルワーカーや支援組織にとっては、それは日常の実践活動の場にほかならないであろう）の全体像が埋没してしまって見えてこなくなる点が危惧されるという点は強調しておくべきである。連携やチームワークは、さまざまなつながりが紡ぎ出すこうした日常の一部にしか過ぎないのである。むしろ、こうしたつながり（すべてあるいはその一部）をその時の状況に合わせて、連携やチームワークなどという形で編成しているという解釈に立てば、むしろ連携やチームワークの土台を成すこれらのつながりの総体、すなわちネットワークと呼ばれるものについての研究が欠かせないと判断されるのである。

　もちろん、上記の意味での「生活」や「実践の場」は、実際のところ「それぞれ独自であり、複雑であり、曖昧であり、簡単に一般化されるものではなく、それゆえに他者による安易な理解を拒む」ものであり、「『専門的な見地から』などという一方的な理解の姿勢に対しては抵抗を示す」（空閑 2012：7）ものであることは確かであろう。管理運営的側面への危惧が警鐘になっているのも、まさしくネットワークというものが有している上記のような側面があることを、そこにかかわるソーシャルワーカーたちが敏感に把握しているからこそともいえるのである。その点は繰り返しになるが、重々意識化しておくべき点であることは間違いない。しかし、一方でネットワークとは、利用者の、ソーシャルワーカーの、そして支援組織の「日常生活のリアリティ」（空閑 2012：8）を確かに構成している要素の一つなのであって、それに対する理論知を深めていく作業も、そのリアリティにかかわり続けることで得られるであろう「意味や価値を志向」（空閑 2012：5）した臨床知、経験知の蓄積と並行する形で、それとはまた別の意義を有しているものと考えたい。

3　本書の構成

　以上、大きく二つの目的を果たすために、本書を以下の順序で論述していく。まず第1章では、ソーシャルワークにおいてこれまで用いられてきたさまざまなネットワーク概念の現状を概観し、非常に多義的な使われ方をしていることから、その整理が必要であることを強調してみたい。その際の基準としては、ネットワークの中心点に誰をおくのかという点とネットワークの構成メンバーをどうとらえるのかという点を採用し、それをもとに、「サービス利用者レベル」「サービスを提供する専門職レベル」「サービス提供の専門職が所属する組織レベル」の三つに分類を試みる。それぞれに、ソーシャルサポート・ネットワーク、専門職ネットワーク、および組織間ネットワークが対応することになる。さらに、これら三つのレベルのネットワークとはまったく位相を異にする「ネットワーキング」概念がみられることを指摘し、ネットワーキングは他の三つのレベルのネットワーク概念とは明確に区別される必要性を指摘してみる。

　そのうえで、第2章から第6章まででは、サービス利用者レベルのネットワーク、サービス提供者（サービスを提供する専門職のネットワーク、サービス提供組織のネットワーク）、およびネットワーキングについて、それぞれ個別に理論的背景や現状、および今後の研究課題について論じてみたい。また近年注目されているソーシャル・キャピタルについても、それがネットワークとの類似性を有することから、その位置づけを本書なりに試みている。したがって、これらの各章は、いわば総論に対する各論の位置づけになる。その中でも、いずれにおいても概念的に曖昧さが残り、それが相互の混用や使用者の勝手なイメージの混入という現象を引き起こしてきたのではないかという可能性が浮かび上がってくることになるであろう。

　第7章では、第1章で得られた三つのレベルのネットワーク概念には共通する要素（相互作用性、資源交換性、多様性、自律性、対等性）が込められていることを指摘してみたい。また、それはネットワーキング概念との混同によって、ネットワーキング概念にも当てはまる要素にもなっている。そして、それらの要素（ネットワーク性）を媒介にして、従前においては別個に

扱われることの多かった各ネットワーク概念を一つの概念（「統合ネットワーク概念」）として扱うことの可能性について論じていく（ただし、ネットワーキング概念は別扱いとする）。その意味で、ネットワーク性とはソーシャルワークにおけるさまざまなネットワーク概念の「接着剤」として位置づけられることになる。

　加えて、このネットワーク性の一部には、ソーシャルワーカーにとっての「実践上のあるべき理想像」とでもいうべきイメージが投影されていることを述べ、ネットワーク概念をこのイメージ性の強い要素を含む「二次ネットワーク概念」とそれらを除外した実体的な「一次ネットワーク概念」に区別することを提唱してみたい。そして、「二次ネットワーク概念」が生まれてきた背景には、先述したように、概念的な曖昧さの残滓があるがゆえにこの概念の使用者がさまざまなイメージをそこに混入させていくという状況があったことを指摘してみる。なお、先に述べた統合ネットワーク概念とは、その内部に理想イメージとしての要素を含んだほうの「二次ネットワーク概念」として位置づけられることになるだろう。

　こうした形で本書においてネットワーク概念は整理されていくことになるが、さらには、T. アントヌッチらによって提唱されている「社会関係」概念の考え方（Antonucci 1990）を採用し、ソーシャルサポート・ネットワーク、専門職ネットワークおよび組織間ネットワークを、「社会関係」「専門職間関係」、そして「福祉サービス組織間関係」に、それぞれ言い換えを行う。これは、以下のような事情を鑑みての処置である。例えば、ソーシャルサポート・ネットワークを例にあげると、そこには概念的にも分析的にも本来は区別されるべき「社会ネットワーク」と「ソーシャルサポート」の双方が含まれていることになる。その際に、上位概念としての「ソーシャルサポート・ネットワーク」にも、下位概念の「社会ネットワーク」にも、いずれともに「ネットワーク」という語句が含まれており、このままではさらなる混乱が生じかねない。こうした事態を回避すべきことと、概念的な厳密さを追求する意味で、「社会関係」「専門職間関係」および「福祉サービス組織間関係」を用いていく。

　そしてさらに第7章では、この統合化されたネットワーク概念をベースに

して新たなソーシャルワークのアプローチを構築していくことが中心になる。具体的には、先の古川らによる「社会福祉援助構造モデル」を援用しながらソーシャルワークのなかにこの概念を位置づけていく作業を行う。もし統合ネットワーク概念が「二次ネットワーク概念」としてソーシャルワーク実践上の望ましい姿を反映しているものなのであれば、そこにソーシャルワークがこの概念を受容していったことによる実践上の新たな志向性を見いだせる可能性がある。本書がソーシャルワークの再構築を目指す以上は、この新たな志向性を大いに注目しなければならないと考える。そして最終的には、ソーシャルワーク介入におけるこの意味での方向性として「ネットワーク・アプローチ」の提唱を試みることにつながっていくであろう。このアプローチこそが、本書が目指すソーシャルワークの再構築の行く先になるのであるが、それは、社会福祉援助構造モデルでいうところの「サービスの対象」と「サービスの源泉」において、それぞれ同時にネットワーク性の実現を目指そうとする実践アプローチとして描かれることになる。

なお、先にも述べたようにネットワーキングにもネットワーク性がみられるものの、第1章でも指摘するように、他の三つのネットワーク概念とは区別される必要性があることから、この統合ネットワーク概念には含めないでおく。また、ソーシャル・キャピタルについては、ネットワーク概念との間で相互に「提示的な関係」にあることを述べるに留まることになるであろう。

そして第7章の最後では、上記のネットワーク・アプローチを具体的なものへと洗練化させていくためには、ソーシャルワークにおけるネットワーク概念を「脱コンサマトリー化」していくことを強調してみたい。本書でいうコンサマトリー化とは、ソーシャルワークにおいては「一次ネットワーク概念」と「二次ネットワーク概念」が混用されてしまい、どちらかというと「二次ネットワーク概念」を念頭に置いて各種のネットワークという用語が語られる傾向を指して用いている。これまで述べてきたことであるが、「二次ネットワーク概念」が今後のソーシャルワーク実践において望ましい姿を内包しているために、「かくあらまほしき」ネットワークのイメージが一人歩きしてしまい、各行為者レベルで「他者」との間でつながりを作れば「それで良し」という風潮を生んでしまっている。さらには、具体的にどうやって

どのようなつながりを構築していくかという実際的な部分までの検討に立ち入れないでいる。そこからの脱却、すなわち「脱コンサマトリー化」なくしては、ネットワーク・アプローチの洗練化は困難である。

この脱コンサマトリー化を果たすためには、コンサマトリー化のプロセスが働いて「ネットワーク・アプローチ」の発展を阻害していることをまずは認識することが欠かせない。そのためには、「一次ネットワーク概念」と「二次ネットワーク概念」を明確に区別することが必要になるだろう。そのうえで、ネットワーク性を構成する要素間の関連を実証的に把握し、それらを実際に実現させていく方策を検討していく作業が要請されることを、この第7章では強調してみたい。

さらに次の第8章では、そもそもなぜソーシャルワークにおいて上記の意味の統合化されたネットワーク概念が必要とされているのか、換言すれば、サービスの対象とサービスの源泉の二つの軸においてネットワーク性の確保が求められるようになった理由は何なのかについて、その背景を資源調達モデルに従って説明を試みることにする。

すなわち、サービス利用者のニーズ複合化のもとで、各行為主体（サービス利用者、専門職、福祉サービス提供組織）は自らの内部に資源を保有するか、または外部から資源調達を行うかの選択を迫られることになる。しかし、（内部への）資源保有にしてもあるいは（外部からの）資源調達にしても、そこには何らかのコストが発生しかねない。結局は、資源保有コストと資源調達コストとをバランスよく軽減する方向を探らざるを得ない。その方向とは、実はネットワーク性のすべてを達成していくことに他ならず、ここにソーシャルワークが「二次ネットワーク概念」を取り上げて重視していかざるを得ない理由が存在しているのではないかというのが本書の仮説である。

また第8章では、第7章で提示したネットワーク・アプローチが抽象的な内容に留まっていることから、先述した脱コンサマトリー化のプロセスにそって、より具体的な実践戦略を見いだすことを目的に議論を進めていくことに記述を充てることになるだろう。その際には、第6章で構築した資源調達モデルを基本的な分析枠組みとして使っていく。その結果として、ネットワーク性のうちで、多様性と自律性・対等性との間でバランスをとること、

すなわち、資源調達先の拡大とそれによって発生するコストの均衡を各行為主体（サービス利用者、専門職、福祉サービス提供組織）レベルで達成することが、ネットワーク・アプローチの具体的な第一の実践戦略として浮かび上がってくるだろう。そして、この均衡を達成すべく力量を高めていくことが、第二の実践戦略として抽出することができるであろう。また、これらの実践戦略との関連で、ネットワーク・アプローチでは各行為主体の力量（コンピテンス）の中でも、その一部を成す「コーディネーション能力」と本書でいうものが、特に重要になってくることを示してみたい。

最後の第10章は本書全体を総括する結論部分ではあるが、これまで述べてきたこととの重複を避ける意味でも、特にソーシャルワークにおけるネットワーク研究、ソーシャルワーク理論と実践に主たる焦点を置いて本書の意義を述べてみたい。次いで、本書の限界と残された課題、すなわち今後の研究課題を提示してみたいと考える。

以上のような作業を通して、今日の社会福祉制度の大きな転換の渦中にあってそこから影響を受け自己変革を求められるソーシャルワークが、自らの新たな地平を開拓していく＝再構築にあたって本書が少しでも貢献できることを願っている。もちろん、筆者の力量不足もあって充分に議論できない部分も多く残されていると考えるし、現に、先述したように「実証化」の面では不十分さは否めない。さらにいえば、本書のなかで準用したモデルや仮説についても、より厳密な理論的、実証的検証を経て、いずれは修正されるものがあるかも知れないだろう。しかし、たとえそうであったとしても、本書によって今後の研究の道筋の一つを提示し得たのではないかと考えている。

［文献］

Antonucci, T. (1990) "Social Support and Social Relationships," In R. H. Binstock & L. K. George, (eds.), *Handbook of Aging and the Social Sciences*, 3rd, New York: Academic Press, 205-226.

中央社会福祉審議会社会福祉基礎構造改革分科会（1998）『社会福祉基礎構造改革について（中間まとめ）』平成10年6月17日.

藤井達也（1987）「社会福祉領域におけるソーシャル・サポート研究」『看護研究』20（2）：210-218.
古川孝順（1992）「社会福祉供給システムのパラダイム変換——供給者サイドの社会福祉から利用者サイドの社会福祉へ」古川孝順編著『社会福祉供給システムのパラダイム変換』誠信書房，1-10.
———（1998）「社会福祉理論のパラダイム変換」古川孝順編著『社会福祉基礎構造改革——その課題と展望』誠信書房，33-74.
石川久展・松岡克尚（2012）「専門職ネットワークの構築・活用プロセスに関する研究——介護支援専門員のフォーカスグループ・インタビュー調査を通して」『人間福祉学研究』5（2）：73-84.
———（2012）「高齢者保健福祉専門職のネットワーク構築・活用・能力の評価に関する実証的研究——介護支援専門員のネットワーク構築・活用能力評価の尺度開発の試み」芝野松次郎・小西加保留編著『社会福祉学への展望』相川書房，115-130.
Graham, J. R .& Barter, K.（1999）"Collaboration: A Social Work Practice Method," *Families in Society: Journal of Contemporary Human Services*, 80（1）：6-13.
川島ゆり子（2011）『地域を基盤としたソーシャルワークの展開』ミネルヴァ書房．
———（2015）「生活困窮者におけるネットワーク分節化の課題」『社会福祉学』56（2）：26-37.
空閑浩人（2012）「ソーシャルワーカーとその実践を支える『知』の形成」空閑浩人編著『ソーシャルワーカー論——「かかわり続ける専門職」のアイデンティティ』ミネルヴァ書房，1-16.
松岡千代（2000）「ヘルスケア領域における専門職間連携」『社会福祉学』40（2）：17-38.
Merton, R. K.（1949）Social Theory and Social Structure, New York: The Free Press.（=1961，森東吾・森好夫・金沢実・中島竜太郎訳『社会理論と社会構造』みすず書房．）
三島亜紀子（2007）『社会福祉学の〈科学性〉——ソーシャルワーカーは専門職か？』勁草書房．
大橋謙作（1993）「社会福祉におけるネットワークとネットワーキング」『子ども家庭福祉情報』6：4-8.
老人保健福祉審議会報告（1996）『高齢者介護保険制度の創設について』平成8年4月22日，財団法人医療研究機構，平成8年4月．
Schuman, S.（2006）"Preface," In Sandy Schuman（ed），*Creating a Culture of Collaboration*, Jassey-Bass, xiii-xxxiv.
社会保障制度改革国民会議（2012）『社会保障制度改革国民会議報告書——確かな社会保障を将来世代に伝えるための道筋』社会保障制度改革国民会議．

Trevillion, S. (1999) *Networking and Community Partnership*, 2nd ed, Aldershot Vermont: Ashgate Publishing.
Whittington, C. & Bell, L. (2001) "Learning for Interprofessional and Interagency Practice in the New Social Work Curriculum: Evidence from an Earlier Research Study," *Journal of Interprofessional Care*, 15 (2): 153-169.

第1章

ソーシャルワークにおける
ネットワーク概念の現状と課題

　日本の社会福祉領域やソーシャルワークのなかに、ネットワーク、あるいはネットワーキングという言葉が用いられるようになってすでに久しい。1980年代後半から現在に至るまで、多くの文献や実践活動のなかにネットワークという言葉が氾濫している。かつては一種の流行期のような観すらあったが、現在はそういう意味では落ち着いてはいる。しかし、依然として目に触れる機会の多い概念、用語であることには変わりない。牧里毎治は、社会福祉の実践活動にとって、ネットワークという用語、あるいはそれが指し示す概念というものは、あらゆる局面の実践活動において、とりわけ地域福祉において、その本質や固有性に迫り得るうえで有用になるものと注目されてきたと指摘している（牧里 1988）。そうした事情は、ネットワークという言葉が当たり前のように使用されている状況の中では、依然として当てはまり続けていると考えられるだろう。

　しかし、ネットワーク、ネットワーキングという概念は非常に多義的であり、論者によって用いる意味合いが大きく異なってくることが指摘されてきた（古谷野 1991、朴 2003）。社会福祉、ソーシャルワークだけにとどまらず、他の学問領域、例えば組織論においても事情は同じであり、論者によっては時期によってはネットワークという言葉で示す意味内容も異なってきているという指摘さえなされている（朴 2003）。加えて、社会福祉領域では、ネットワークを用いながらもその定義について具体的な説明が行われているのはむしろ稀であり、ごく大雑把にいって、ネットワークやネットワーキングを単なる「つながり」「協力」「組織化」、あるいは「連携」といった意味

をもつ普通名詞として用いられている場合が多い。このようにネットワークの意味については曖昧模糊としており、充分に整理がされていない。そしてこの現状が、ネットワークなどが当たり前に使用されている今日においても継続しているといっても言い過ぎではない状況にある。

　加えてソーシャルワークの実践現場では、ネットワークが「雰囲気としての協力」としてとらえられがちであり、その実態が見えないまま論じられる傾向があるということが指摘されてきた（松原 1986）。生活困窮者支援に関連して実践的な切り札とも期待されているネットワークであるにもかかわらず、理念的な必要性の提示にとどまり、具体性に欠いているという指摘からも（川島 2015）、ソーシャルワークの立場からのネットワークに対する踏み込んだ実証研究とそれを裏づけるだけの理論的精緻化も中途にあるといって良いのではないだろうか。

　この中途さゆえに、ネットワークのもつ漠然としたイメージだけが一人歩きしてしまい、ネットワーク（ネットワーキングを含めて）は「何か特別に新しいもの」（高田 1986：55）、「情緒喚起的な魔法の言葉」（金崎 1990：112）、「ネットワーク＝goodness」（川島 2015：35）、あるいは「万能薬」（Olsen 1983：xv）といった印象を撒き散らかして文字どおりの幻想に終わってしまう危惧がある。こうした指摘はすでに1980年代から行われていたものではあるが、にもかかわらず、依然としてネットワークを取り上げながらその明確な定義を行わないままで議論を続ける文献、書籍は決して少なくない。「その意味などを明確にせず、ネットワークという用語を使う傾向さえある」（朴 2003：3）という嘆きが聞こえてくる所以である。これでは、川島ゆり子が期待するような「ネットワークの内実を問うもの」（川島 2015：35）への発展も覚束ないままであろう。

　一方で、かなり限定した意味内容で使用されてきた側面もある（例えば、社会ネットワークなど）。当然、その限定された範囲ごとに論じられてきた経緯があるためにその範囲内では意味内容は明確かも知れないが、一方でソーシャルワークにおいてそれら異なる用い方の間に何らかの関連性があるのかどうか、あるとすればそれらを包摂した全体的なものがソーシャルワークに対してもつ意義は何なのか、およびその関連性を土台にして具体的にど

のような介入方法が志向されているのか、という以上の三つの点において曖昧さが残っていた。これらの曖昧さについても、今日に至っても十分に払拭されたとはいえない。いわば各論があって総論がない、といってよい状況なのである。

　社会学者の朴容寛は、同様の問題意識の下で、組織論の観点からネットワークの分類を試みている。ネットワークのさまざまな分類論として朴のそれは包括的なものの一つであり、本書にとっても参考とすべき点は多いと思われるので、ここで少し詳しく紹介してみたい。朴は、まずネットワークを情報通信網のような物理的な存在である「道具的ネットワーク」と、それ以外の組織や人々のつながりを表すネットワークに大別し、さらに後者については「戦略的ネットワーク」と「相互行為的ネットワーク」に分けている。自律的につながっている状態が「相互行為的ネットワーク」というものであるが、それに対してそうしたつながりのあり方を何らかの戦略の下で組織化したものを「戦略的ネットワーク」と称して、区別している。敢えていえば、自然発生的な前者に対して、戦略的に構築されたものが後者、ということになるだろうか。これらは、社会学者J.ハーバーマスの行為主体の分類（道具的、相互行為的、戦略的）を応用したものとされている。さらに、ネットワークが論じられるフィールドとして、「組織内」「組織外」「社会運動論」の三つを想定し、それと先の「戦略的ネットワーク」と「相互行為的ネットワーク」の二つを交差させた2×3の分類（それにプラスして、先の物理的なネットワークである「道具的ネットワーク」）が、朴のいう「ネットワークのタクソノミー」ということになる（朴 2003：22-25）。

　さらに、この「ネットワークのタクソノミー」で注目すべき点は、「戦略的ネットワーク」と「相互行為的ネットワーク」のそれぞれごとに、さらに「一つの主体」として見なせるものと見なせないもの、という下位分類を導入したことである。前者を「ネットワーク組織」、後者を「ネットワーク関係」とそれぞれ朴は呼んだ（朴 2003：23）。もちろん、朴のタクソノミーは組織論的な関心と意図の範疇において試みられたものであり、単純にはソーシャルワークには応用できないかもしれない。しかし、「道具的ネットワーク」、「相互行為的ネットワーク」そして「戦略的ネットワーク」という分け方、

さらには「ネットワーク組織」と「ネットワーク関係」の関係については、本書にとっても有益な視点を提示し得るものと考える。基本的枠組みとしてではないにしても、もう少し弱いレベルにおいて朴のアイデアの要素のいくつかを活用できそうである。この点は後述したい。

本書では、まずはソーシャルワークの範疇でネットワークを分類する以上は、ソーシャルワーク独自の論理でもってそれを行うことが必要であるという認識の下、以下に「コンピテンス」、および「環境」の両概念に基づいて、社会福祉実践で用いられているネットワークの概念を4類型にまとめる試行作業を行ってみる。これは、同時にソーシャルワークのなかでネットワークの全体像を描いていくためには、まずはそれらが用いられている文脈に沿って分類を行い、分類された個別ごとに検討を行うことが必要という判断にも立脚している。

そのうえで、次章以降では、類型化されたそれぞれのネットワークがこの国のソーシャルワークにおいてどのような位置づけをされてきたのかについて、各論的に先行研究レビューを試みたい。

第1節　多義的なネットワーク

日本語で「ネットワーク」といえば、一般的には網状のものを意味する普通名詞である。私たちはさまざまな日常場面でこの言葉を頻繁に用いているだけではなく、さまざまな学問領域においてもそれぞれのコンテクストに応じて使われている。そのために、時には話者の間でも意味の取り違えが起こる可能性も多くなるかもしれない。例えば、ソーシャルワークにおける「ネットワーク分析」を代表する1人であるP. シードは、次のようなエピソードを紹介している。すなわち、彼が執筆中のネットワーク分析の本が彼の息子との間で話題になったときに、電気技師である息子がもってきてくれた本は電気回路の専門書であった、というものである（Seed 1990:19）。

かのように多分野において、かつ多様な意味合いで使用されているネットワークであるが、そのすべてに共通していることは、次のような特徴ではないかと考えられる。すなわち、そこには幾つかの要素が存在しており、

かつそれらが網状に絡まりあい、相互作用しあっている全体像、というものである。そうした特徴をもつものを私たちはネットワークと呼んでいるようである（仮にそれを「システム」と呼んでも、恐らく私たちは違和感を抱かないだろう。現に、「サポートシステム」という用語がソーシャルサポート・ネットワークと同義的に用いられている。となれば、システムとネットワークの相違が問題になってくるが、実はこの点は曖昧なままである）。あるいは、E.マッキンタイアがいうように、ネットワークの本質を「要素間の連結（connectedness）」（McIntyre 1986：421）という形でとらえても問題はないかもしれない。かつ、先の朴がラポポート（Rapoport, A.）から引用している「一つの全体として了解される世界であり、その内の諸変化にもかかわらず、そのアイデンティティを維持し得るもの」（朴 2003：10）という「一般ネットワーク」の定義も、またその本質を示すものであろう。

したがって、ヒトや動物の複雑な神経回路網もネットワークと呼ばれるし、国際情勢を利害が複雑に入り組んだ国家同士のつながりもまたネットワークとしてとらえることもできることになる。つまりは、上に述べたような特質をもったものであれば、それが自然現象であれ、社会現象であれ、具体的な物質であれ、抽象的なものであれ、すべて「ネットワーク」の一語でもってそのものの概観の説明が可能になってくる。その意味では、この言葉は非常に便利なものになっていることを思うと同時に、単なる現象の上辺面ではなく、何らかの本質を指し示す用語ではないかという発想もまた引き出せよう。

なお、以上のような一般的、普通名詞的な使用方法に加えて、ネットワークという言葉に特定の意味を与えて用いていることもある。例えば、広辞苑第五版は、ネットワークには「網細工、網状組織の意」が含有されているとしたうえで、この言葉が「テレビやラジオ局の番組提供網」と「コンピュータ通信網」の二つの意味で用いられていると説明している。いずれの場合も、ネットワークという用語を特定の意味に限定して用いている例であろう。

このようにネットワークという語が使われる範囲は極めて幅広く、しかも普通名詞として用いられたり、特定の意味に限定して使用されたりしている。この事実は、ネットワークという言葉が如何に便利であるかを如実に示

していると同時に、その複雑な使用のされ方が災いして、例え、どのような分野に適用されたとしても意味内容に混乱を生じさせてしまう可能性の高いことも示唆している。

　多様な意味で用いられるネットワークについて、英国の代表的なコミュニティケア研究者であるM.ペインによれば、そこには大きく四つの源流があるとされる。一つ目は数学、特にL.オイラーに始まるグラフ理論であり、二つ目は社会学の分野における社会ネットワーク関連研究で、J.モレノのソシオメトリーに代表される社会心理学・集団力学研究やJ.バーンズやJ.ミッチェルに代表される社会人類学、あるいは「ハーバード構造主義学派」と呼ばれるM.グラノベッターらの研究がここに含まれる。また三つ目は、高齢者や精神障害者などの社会的ニーズを抱える人々に対するG.キャプラン、先にもあげたP.シード、あるいはL.マグワァイアらに示される応用的な社会ネットワーク研究であり、そして最後の四つ目として、マネジメント論、特に組織内における対人関係構造の性差を扱ったフェミニスト的視点からのそれをあげている（Payne 2000：10）。

　このペインの指摘にあるように、社会福祉やソーシャルワークにとってネットワークとは外来の概念なのであるが、ネットワークと呼ばれるその対象自体はソーシャルワーク実践のさまざまな場面で日常的に遭遇するものであり、したがって、その重要性は外来の概念であるからといって少しも損なわれるものではないことを私たちは認識しておくべきであろう。ただし、ネットワークとは、ソーシャルワーカー・サービス利用者（クライエント）の二者関係からは直接的には見えてこない部分にあり、かつそれは必ずしも公式化されたものでないがゆえにイメージされにくいという宿命をもつ。島田克美が、経営学の立場から企業間ネットワークを取り上げ、そのネットワークがイメージされにくい理由を「企業と消費者の関係ではなく、その一段奥にあることと、その多くが非公式組織であることによる」（島田 1998：15-6）と述べていることとまったく軌を一にしているのである。しかし、実はこの見えにくい非公式な存在こそが、ソーシャルワークの実践そのものに大きな影響を与えているという前提に立つことが、そもそものこの領域におけるネットワーク研究の出発点になっていることに留意したい。

ソーシャルワークを含めた日本の社会福祉領域において、本格的にネットワークという用語が取りあげられるようになったのは、冒頭でも述べたように、1980年代に入ってからであるとされてきた（大橋 1993；山手 1989）。なお、社会福祉の近接領域としては、家族社会学の中では、1970年後半から野尻（目黒）依子に代表されるネットワークの実証研究が行われるようになったのだが、その多くは高齢者介護や育児援助の関連でネットワークを位置づけている点が大きな特徴になっている。これは日本の家族社会学が社会福祉との密接な関連のもとで展開され、家族が抱えている具体的な福祉問題に対する問題解決指向が強かったことが背景にある（大谷 1995：47-8）。その意味では、ネットワークが社会福祉領域で取り上げられるようになった時期は、従来いわれているよりはもう少し時間を早めて70年代後半にその開始時期を求めることができるだろう。

もちろん、松原一郎が指摘するように、慣用的に「つながり」の意味（それは既述した普通名詞的な使い方であろう）でそれ以前から使用されてきたし、特に地域福祉の領域では同じくすでに1970年代後半からこの言葉が使用されていたという指摘もある（松原 1981）。また、普通名詞ではなく意味特定的にネットワークを連絡調整や連携という概念と類似的なものとみるのであれば、その意味するところのものは社会福祉実践においてその歴史の出発点からすでに関心が払われてきたともいえる（牧里 1988；松原 1981）。

しかし、ソーシャルワークのなかにおいても、次第に多用されるようになったネットワークの用法は、以下にみるように非常に多義的であり、必ずしも統一された意味内容を前提に使用されている訳ではない。前述したネットワークのもつ意味内容の混乱からは、ソーシャルワークもまた免れるわけにはいかなかったのである。例えば、小松源助は、家族、友人、近隣などのインフォーマルなサポート提供者（潜在的な提供者を含む）の総体をネットワークとして用いている（小松 1988）。また、湯浅典人は上記のサポート提供者に専門職も含めた形でネットワークをとらえている（湯浅 1993）。いずれも、サービス利用者個人が他者（インフォーマル、フォーマルの両方を含む）と結んだ対人関係の総体を念頭に置いてこの用語を採用しているといえる。こうした視点でとらえられたネットワークとは、一言でいえば、サービ

ス利用者サイドのネットワークと見なすことができる。

　これに対して、サービス利用者を支援していくための専門職同士（そこに、ボランティア・民生委員等や地域住民・当事者が含まれることもある）のつながりを意味する言葉としてネットワークを使用している場合もある。例えば、木下安子は、クライエントを援助していくうえで、他の職種との協力の必要性が認識されたことを前提に形成された多職種から構成されるチームをネットワークと称している（木下 1989）。また、田中英樹はネットワークを、小地域を単位とした現場スタッフから成るチームと行政区を単位とした政策スタッフからなるプロジェクト・チームという2重構造でとらえている。前者は個別のサービス利用者のニーズ充足に対応することを目的とした援助チームであり、後者は地域の総合的な福祉システム構築に向けての政策チームを意味する（田中 1992）。いずれのチーム（ネットワーク）ともにその構成メンバーはサービス提供者、ないし政策サイドのスタッフから構成されるものと位置づけられており、「サービス利用者サイドのネットワーク」に対する「サービス提供サイドのネットワーク」として把握することが出来る。石川久展らが展開している「専門職ネットワーク」の研究も、この系譜に連なるものであろう（石川・松岡 2012）。

　この田中の論は後に「地域ネットワーク論」へと発展していくことになるが、ただし、そこにおいてネットワークとは「地域を舞台として展開される異質で関連性のある人的・物的資源の有機的結びつきとその作動態様」（田中 2001：132）と定義されている。この定義から伺えるように、ネットワークの構成メンバーは必ずしも専門職のスタッフではなくインフォーマルなサポート源が含まれ得る形になり、それまでの捉え方がどちらかというと専門職中心、「サービス提供サイド」であった印象が払拭されている。ただし、あくまでもサービス利用者の支援が地域ネットワークの目的であるから、田中の議論はサービス提供サイドの視点からのネットワーク論であることには変化がないだろう。

　同様な視点で、土室修は、ネットワークの役割をサービス利用者の置かれている状況やニーズの内容から三つのタイプ（「見守りネット」「支援ネット」「ケアネット」）に分類している。いずれのタイプも、福祉医療関係者、近隣

住民、親戚、友人などから構成されることになる。なお、緊急性の高いケースの中でも、介護ニーズが高い場合は「ケアネット」、比較的介護ニーズが低い「支援ネット」、そして緊急性の乏しいケースの「見守りネット」に区分されている（土室 2001）。

　一方、地域福祉関連の文献においては、組織レベルでのつながりに特に焦点を当ててそれにネットワークという表現を用いている場合が多い。先にあげた松原は、地域社会における福祉関連組織の連関や相互作用に着目することが地域福祉のネットワーク研究に有用であることを指摘している（松原 1981）。同じく松原はネットワークという表現こそ使用していないものの、組織間関係論の視点から、米国のネイバーフッド・センターの分析を行っている（松原 1980）。また牧里毎治は、組織間ネットワークと類似した存在として米国のコンソーシアムとコアリションをあげ、その活動の実例を紹介している（牧里 1995）。山野則子は、市町村の児童虐待防止ネットワークに着目し、それを機能させるべくソーシャルワーカーの有効なかかわり方について M-GTA を用いて分析を試みているが、そこでのネットワークとは山野がいうように「個人のネットワークではなく機関間のネットワーク」（山野 2009：35）である。このように組織レベルにおけるネットワークの場合も、「サービス提供サイドのネットワーク」として位置づけることは可能である。

　ところで、先述した多職種チームはその前提として各職種が所属する組織どうしにおいてもつながりが必要になる場合が多い。もちろん、例えば、同一病院内で医師、看護士、ソーシャルワーカー等の職種によるチームが形成され得るし、その場合は前提としての組織間のつながりは必要ではないかもしれない。しかし、在宅ケアにおいてはケアマネジメント方式に代表されるように多分野協働チームによって支援展開を行うことが求められるが、地域において利用者に関係する諸機関の専門家を集めて協働チームが組まれる可能性が高くなる（副田 1997：26-7）。この場合には、諸機関の間で関係が構築されている場合のほうがチーム形成は円滑に進んでいく可能性を指摘でき得る。すなわち、在宅ケアにおいて多職種チームをネットワークとしてとらえる場合は、必然的に組織間のネットワークの存在を想定しなければならない。そのために、多くの文献では多職種チームと組織間のネットワークを両

義的に使用しており、その方が実態に即している点からそれはやむを得ないにしても、両者の区別が曖昧にされている傾向があることは指摘しておかなければならない。

さらにいえば、ネットワークというときに、そこに焦点となる個人（サービス利用者、専門職）、あるいは組織を置いているか、あるいは置いていないのかという点でも混乱がみられる。成富正信は社会学におけるネットワーク分析には、大きく二つの方針が存在していることを指摘している。一つは特定集団内の特定個人からみた関係の広がりを分析する立場であり、もう一つは構成員のすべての関係を分析対象とする立場である。前者は「パーソナル・ネットワーク分析」、後者は「全体ネットワーク分析」とそれぞれ呼ばれている（成富 1986）。この分類に従って、本書では、焦点となるエゴ・行為主体を前提としたネットワークを「エゴ中心ネットワーク」、前提としない場合は「全体ネットワーク」と呼ぶことにしよう。本章の冒頭で紹介した朴の分類(2003)に従えば、前者は「ネットワーク関係」、後者は「ネットワーク組織」と同義になる。

ソーシャルワークにおいても、焦点となる行為主体（サービス利用者、専門職あるいは組織）が構築している関係の全体をネットワークと呼んだりすること（すなわち、エゴ中心ネットワーク）もあれば、地域で高齢者サービスに従事する専門職の集まりである「高齢者サービス調整チーム」や精神保健福祉関係者が集まる「地域精神保健福祉連絡協議会」などのように、焦点となる行為主体をもたない集まりをネットワーク（全体ネットワーク）と称したりしている。しかも、両者が混同して用いられていることも多い。

以上のように、ネットワークの構成単位を人間（サービス利用者、ソーシャルワーカーなどの専門職）においたり、あるいは組織単位でネットワークをとらえたりと、論者によってその意味するところが一致しない（牧里 1995）。さらに、サービス利用者サイドに焦点が置かれている場合とサービス提供側に対してネットワークという言葉を用いる場合もある。焦点となる行為主体が存在しているのかいないのかも一致していない。これだけでも、ソーシャルワークにおけるネットワークが極めて多義的に使われていることがよく理解できるだろう。それに加えて事情をさらに複雑にしているのは、

ネットワーキングという概念である。

　ネットワーキングとは、一般的に利用者の支援ネットワーク、あるいはチームワークや組織間ネットワークの「構築・強化・調整」という意味合いで用いられることが多い。例えば、全米ソーシャルワーカー協会（NASW）で「ソーシャルワーク・ディクショナリー」を著した R. バーカーは、「クライエントと家族、友人、近隣、組織などの間に結ばれている社会的紐帯を向上ないし発展させること」（Barker 1995：253）とこの概念を定義している。また、ネットワーキングを「社会福祉援助網展開法」と和訳すると共に、その定義として、サービスやサポートのための「援助網」の計画的構築とそれを用いた援助展開であるとする位置づけが試みられているが（瓦井 1996）、そうした場合も、先のバーカーの定義に通じるものがある。ミクロレベルのネットワークのみならず、メゾ、そしてマクロレベルのネットワークという位相的な区分を越えて相互に関連づけていく必要性を強調している川島ゆり子も、その明確な定義を示しているわけではないが、地域においてこうした多層的なネットワークを構築していくという意味でネットワーキングという用語を使用している（川島 2011）。

　これに対して、ネットワーキングが「自立した人間同士が自発的に新しい創造的協力関係・社会的連帯をつくり、生活を質的に向上させるとともに、新しい人間的な社会を創造しようとする活動を意味する新しいキー・ワード」（山手 1996：156）になったという指摘があるように、単なるネットワーク作りという意味でこの言葉を使うのではなく、そこに一種の思想性（「新しい社会」「もう一つの社会」づくり）を具備させている場合もある。こうした捉え方は、福祉運動やボランティア活動の分野での運動原理となっており、ネットワーキングは「関係のあり方・つながり方」（花立・森 1997：48）、あるいはそうした原理に基づく一種の「運動体」（播磨 1987）であると位置づけられている。先の田中の「地域ネットワーク」の捉え方も、その定義が「作動態様」とされているように、「ダイナミックな社会運動論的な性格」（田中 2001：134）を重視しており、その意味では田中のいうネットワークは、むしろネットワーキングとして把握でき得るのである。さらに、杉野昭博が、障害者運動の分析にあたって用いたネットワークという用語を、「個人間の

ネットワーク」「組織間のネットワーク」「新しい組織形態としてのネットワーク」および「情報ネットワーク」に分類しているが、このなかで「新しい組織形態としてのネットワーク」とは、「組織」とは異なる「新たな集団形態」（杉野 1999）と説明されているように、それはここでいうところのネットワーキングに該当すると見なすことが可能である。この意味でのネットワーキングとは、それを構成する各メンバーを超えたそれ自体が一つの「主体」と見なせるものであり、先の朴がいう「ネットワーク組織」に含めることが出来るものということにもなる。

なお、この種の活動は、個人の自立と自己実現を確保することや、分節的、多中心的、分権的な組織形態が重視されており、意志決定は直接民主的な合意形成が尊重されている（高田 1993）。そのために「持続性が無く脆弱で、非効率的で時間浪費的、取るべき責任が曖昧になりがちである」（君塚 1994：11）という批判が存在している。しかし、現代の管理社会に対抗するオルタナティブとしてこの概念が多くの人々に受け入れられているのも事実である。その中でも、金子郁容のように、ボランティア活動（必ずしも福祉ボランティアとは限らないが）を貫く基本原理としてこの概念を活用している場合もある（金子 1992）。

以上、簡単ではあるが、日本の社会福祉・ソーシャルワークにおけるネットワーク、ネットワーキングの捉え方を振り返ってみた。みられるように、そこには非常に多義的な意味内容が混在しており、しかもそれぞれの意味相互の関連についても曖昧なままに放置されている現状である。「専門職ネットワーク」のように他のネットワークと切り離してそれ自体の研究深化が謀られている領域もある。ただ、各種のネットワークが社会福祉実践に持ち込まれてこれだけの隆盛を見ているのは、従来の実践原理・方法とは異なる新たな志向性をこれらのネットワークという概念のなかに見いだすことができるからであるという指摘がされている（大橋 1993；牧里 1995）。こうした新たな志向性を明確に浮かび上がらせるためには、一つのネットワークだけではなくやはり多様なネットワークの概念を全体的に整理していく作業が求められるだろう。地域福祉におけるネットワーク研究で主導的な役割を果たしてきた牧里も、社会福祉実践においてさまざまなネットワークの用法があ

り、それらをネットワークの一言で括ってしまうことは厳密さを欠いてしまうことを認めている（牧里 1995）。

もっともその一方で、牧里は「既存の枠組みを変える問題意識を高めるためには当分これ（引用者注：ネットワークという用語を多義的に用いる）で間に合うと思う」（牧里 1995：58）とも述べており、アンビバレント的な態度を示す。また、「地域ネットワーク論」を展開する田中もタイポロジー的な視点には興味はないと断言している（田中 2001：31）。ネットワークの分類についてはこうした批判があることは十分に認識しておく必要があるだろう。しかし、ネットワークの氾濫期を迎えるに至った現状においては、曖昧なネットワークという用語の一言ですべてを説明すると一層の混乱を招きかねず、そろそろ「交通整理」の時期に差し掛かっていると思われる。現状をこのまま放置すれば、牧里のいう「既存の枠組みを変える問題意識」の向上という目標は却って遠のいてしまいかねない。

そこで、次においてネットワークの用語を整理するための基準として、「コンピテンス」と「環境」という2の概念を取り上げて、本書なりのネットワークの類型化を試みたい。

第2節　コンピテンスおよび環境

ソーシャルワークにおいては、コンピテンス（competence）の概念は「有用性」とでも訳されることが多い。ただし、この概念は、サービス利用者（以下、利用者）、ソーシャルワーカー（あるいは所属する機関や組織）の双方に対して使用されるので、それぞれ別個に扱って論じてみる。

まず、利用者に対して用いられる場合は、それは内的コンピテンスと外的コンピテンスに大きく区別できる。前者は自己の環境を効果的に処理できる内的適応力を表し、後者は自己が保有する社会資源のネットワークを目標のために活用・展開する能力を意味する（太田 1992）。C.ジャーメインは、「コンピテンスは、環境の、その変容と維持における性質（nature）に依存した生来の能力である」（Germain 1991：25-6）と述べている。このジャーメインの指摘にしたがえば、利用者のコンピテンスとは、彼・彼女を取り巻く環

境の質によって左右され得るものであると考えることができる。換言すれば、コンピテンスとは環境との関係なくして一義的に規定されるものではない、ということを意味する。

　元来、この「環境」という概念は古くからソーシャルワークの実践プロセスを構成する一部としてその重要性が認識されてきたものである。したがって、この概念は、伝統的にもあるいは今日のソーシャルワークにとっても極めて重要なタームなのであるが、必ずしも充分な定義が成されているわけではない。ソーシャルワークのなかでこの概念に新たな脚光を浴びさせることになった生態学的アプローチにしても、平塚良子がいうように、それは明確な概念規定をもたない「無限定環境論」であって、環境についての納得のいく認識の枠組みは未だに提示されていないのである（平塚 1995：171）。ただし、大まかにいえば、次のような意味でこの用語が使われてきたといわれている。すなわち、①社会構造、②社会状況、③社会システム、および④特定の近隣社会やコミュニティ資源、の以上である（Grinnell et al. 1981）。

　しかし、ソーシャルワークにおいては、環境の重要性についてはワーカーの行動で示されてきたというよりはあくまでも理念上のものにとどまっており、実際は「環境」に対する「個人」のほうへの介入に力点が置かれてきた経緯がある。あくまでも個人への介入が主であり、環境への働きかけはせいぜいそのための従属的な位置づけか、あるいはまったく無視されてきたといえば極論にあたるだろうか、実際的にはそれに近いところであった。

　R. グリンネルらによれば、こうした「個人─環境」という一種の二元論の結果として、「セラピー」と「環境変容」を区別するような分類スキーマをソーシャルワーカーのなかに植えつけてしまったという。いうまでもなく、これらの二元論的スキーマのなかで重視されたのは「個人」、またはそれに対応する「セラピー」のほうであるが、グリンネルらはそうなった背景として次の3点を指摘している。すなわち、①環境に働きかける方法が直接介入に比べて困難であること、②環境についての知識やスキルが欠如していたこと、および③環境介入にかかわる理論的発展が不十分であったこと、である（Grinnell et al. 1981：157-8）。

　しかし、そういう限界をソーシャルワーカーたちは意識的、無意識的に

認識していたとはいえ、理論レベルではシステム理論や生態学アプローチの導入によって、個人と環境を別個に扱うのではなく、その両者の間に生じる連続的な相互（交互）作用に焦点が置かれるようになっていく。つまり、"person-in-environment" のハイフンが取れ（nonhyphenated）(Mattaini 1995)、ハイフンによってそれまで分離されていた両者を一体的にとらえていく視点を獲得することができたのである。したがって、「環境」を「個人」から切り離し、前者に対するアプローチの困難性を訴えて、それのみを介入レパートリーから排除するような姿勢については、少なくとも理念、理論上ではもはや意味のある根拠を見出せなくなったといえよう。

このように「個人」と「環境」とを一体的に図式化してみると、そこにはまさしく利用者個人が取り結んだ関係の総体、すなわちネットワークが浮かび上がってくることになるだろう。なぜならば、利用者個人が取り結んだ関係の一つひとつとは、その個人にとって環境の一部に他ならないからである。例えば、先のグリンネルら、M.マタイニ、C.メイヤーら、あるいは日本のソーシャルワーク理論では岡本民夫らや湯浅典人などが論じ、試みてきたように、エコマップ（eco-map）などの評価ツールを使用して、個人、家族とその環境との関係をネットワークの形でもって表すことが可能なのである（Grinnell et al. 1981; Mattaini 1995; Meyer 1995; 岡本ほか 1992; 湯浅 1993）。特に、メイヤーは、こうしたネットワーク図を作成することによって、ソーシャルワーカーの視点における、個人と環境の間におかれた「ハイフン」（それは旧来のモデルの残滓とでも見なせよう）を除去するうえで有用であることを示唆していた（Meyer 1995: 18）。それは確かに、本書の「はじめに」でも触れたように、利用者の「生活のリアリティ」の一部を構成しているものであろう。

このように関係網の形に構造化された個人と環境の一体性のもとでは、コンピテンスとは、利用者の内的適応力（内的コンピテンス）に加えて、ネットワーク状につながった各種の関係を活用して必要な社会資源を調達していく力（外的コンピテンス）としてとらえることができる。ここで、注目したいのはコンピテンス志向ソーシャルワークを提唱した A.マルシーオの考え方である。マルシーオは、コンピテンスを構成する要素として、「能力・ス

キル」「動機的側面」「環境上の質」をあげているが、これらの内で最後の「環境上の質」については、社会ネットワークのような環境上の資源、サポート、環境からの要請、制度上の圧力とサポートを含ませている。そして、この「環境上の質」が利用者の精神内界における資源よりもコンピテンスに与える影響が大きいことをマルシーオは主張しているのである（Maluccio 1981）。つまり、質的に豊かな対人関係（ネットワーク）をもち、そこに利用者の生活課題に有用な各種の資源とサポートが豊富に存在すれば、それだけ利用者のコンピテンスは高まるという関係がそこから導き出され得る。

　以上述べてきたことは、利用者のコンピテンスとその環境についての説明ではあるが、同様のことがサービス提供側に位置するソーシャルワーカーをはじめとした専門職、あるいはそれらが所属する福祉サービス提供組織においても当てはめることができるのではないだろうか。例えば、ジャーメインはソーシャルワーカーにとってその実践活動に不可欠な2種類の環境を提示している。一つは「サービス環境 service environment」と呼ばれるものであり、利用者およびその家族のコンピテンス、自尊心、関連性および自己指向性を最大限に維持・向上させることが可能になるような環境である。もう一つは「実践環境 work environment」であり、福祉サービス提供組織がそこに所属するソーシャルワーカーのコンピテンス、アイデンティティおよびソーシャルワーカーとしてのプライドを育てることができるような環境を意味する（Germain 1984：255-6）。ジャーメインがあげた先の2種類の環境とは、前者は明らかにサービス利用者とその家族にとっての環境を意味するものであり、後者はむしろソーシャルワーカーをはじめとした介入者側にとっての環境であるということは指摘できる。そして、ジャーメインは後者の実践環境こそがサービス提供サイドのコンピテンスを左右するものとして位置づけているのである。すなわち、サービス利用者における「個人」と「環境」の図式と同様に、ソーシャルワーカーら専門職（その所属する福祉サービス提供組織）にとっての環境もまた、それらのコンピテンスに大きな影響を与えている可能性があると見なし得る。

　A. モラレスとB. シーフォアは、ソーシャルワーカーとして要求される義務を遂行するに必要な知識や技術が存在するという主張に基づいて、そのコ

ンピテンスを描写する努力がこれまで行われてきたと述べている（Morares & Seafor 1995：194）。ただ、知識や技術といった専門職個人に付着した要素・属性でもって、そのコンピテンスの説明が行われてきたといえる。しかし、利用者のコンピテンスと同じようなアプローチをそこにも適用することができるのであれば、ソーシャルワーカーが取り結んだ同僚や他専門職との関係の全体（ネットワーク）がソーシャルワーカーのコンピテンスを左右すると考えられよう。同様に、福祉サービス提供組織のコンピテンスも、また当該組織が取り結んだ他の組織との関係の全体（ネットワーク）によって影響を受けるという図式を描くことができるだろう。それらは、繰り返しになるが支援者側の「実践の場」のリアリティを指し示す一つでもあることは間違いないであろう。

さてさらに考察を深めていけば、ソーシャルワーカーのコンピテンスはサービス利用者のコンピテンスの強化維持を図る方向に活用されるのであるが、ソーシャルワーカーのコンピテンスはその所属する組織のコンピテンスから影響を受けることになるという関係も想定し得る。換言すれば、組織のネットワークがそこに所属するソーシャルワーカーら専門職スタッフのネットワークに対して影響し、ソーシャルワーカーのネットワークがまた利用者のネットワークに作用することを通して、結果的に、利用者のコンピテンスの向上が図られるということになる。以上の考察結果をまとめると、下の図1-1のようになる。

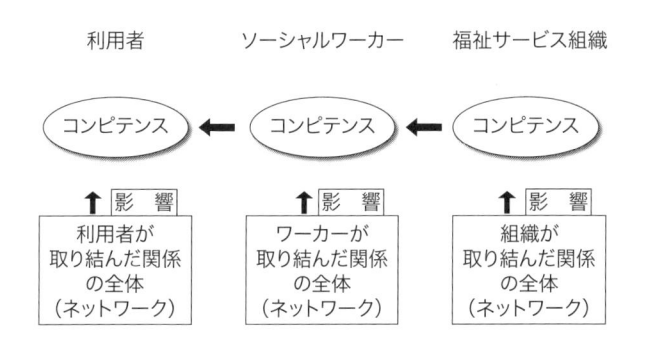

図1-1　コンピテンスとネットワークの関係図

見てきたように、ソーシャルワークにとって何らかのネットワークを考えていくうえでコンピテンスという概念が重要な鍵になることが示唆された。このことは同時に、ソーシャルワーカーの実践戦略を検討していく際にも無視できないポイントであることを私たちに告げているともいえる。この点については、第9章において改めて論じてみたい。

第3節　ソーシャルワークにおける四つのネットワーク

ここまで得られた枠組みを基準にして、ソーシャルワークにおけるネットワークの分類を試論的に行ってみる。

1　サービス利用者の社会ネットワーク

まず、先の図1-1で示されたように、利用者のコンピテンスに影響を与えるような利用者自身が取り結んだ関係の全体、すなわち彼・彼女のネットワークが、ソーシャルワークにおけるネットワークというものの第一のタイプとして取り上げられ得る。それは、従前において「パーソナルネットワーク」（牧里 1992）、あるいは「ミクロネットワーク」（牧里 1993）と称されてきたものである。また、このタイプのネットワークは、利用者の社会ネットワークや社会関係、あるいはソーシャルサポート・ネットワーク等の概念によって説明されてきたものでもある。ソーシャルサポート・ネットワークについては次章でその定義に言及して行くことになるが、それは、特定個人が中心になって織りなすパーソナルなネットワーク（エゴ中心ネットワーク）の中でも、さらにインフォーマルなサポート源に限定したものであるとここでは見なしておきたい。

文化人類学や社会学で提唱されて発展してきた社会ネットワーク研究によって、個人がもつ対人関係の総体が特に精神病患者の再入院（野嶋 1987）や妊婦の救援助行動（McKinlay 1973）に影響を及ぼしていることが実証的に明らかにされ、精神保健福祉活動等に大きなインパクトを与えたことは承知のとおりである。一方、ソーシャルサポートとは、家族、近隣、友

人などのインフォーマル・システムから提供される資源として一般的に位置づけられ、①自己意識、②勇気づけと正のフィードバック、③ストレスからの保護、④知識、技能、資源、⑤社会化の機会、という分類がされている（Maguire 1991：xv-xix）。これらの社会ネットワーク論がソーシャルサポート論と融合した形で発展していったものが、ソーシャルサポート・ネットワーク論（あるいはサポートシステム論）である（スペクト 1988＝1991）。そこでは、ソーシャルサポートは対人関係のつながりを通して交換される資源の一つとして位置づけられており（O'Reilly 1988）、この考え方を基本に多くの実証的研究が生み出されてきた。

　ソーシャルサポート・ネットワークと類似の概念はさまざまなものが提唱されているが、その一例としてD.パンコーストとA.コリンズの「自然発生的援助ネットワーク Natural Helping Networks」（Pancoast & Colins 1987）をあげることができる。またインフォーマル性という点では相違が認められるものの、L.カーンとT.アントヌッチの「コンボイ・システム」もほぼ同義の概念と見なしても良い。これらについては次章でも触れる予定であるので、ここではこれ以上踏み込まないでおく。

2　ソーシャルワーカーの専門職ネットワーク

　次に第二のタイプとして、ソーシャルワーカー自身のコンピテンスの質を直接的に左右するソーシャルワーカーのネットワークを抽出することができる。ソーシャルワーカーは、日常的に上司、同僚、他機関の専門職等との間でさまざまな資源交換を繰り返しながらその業務を遂行している。ソーシャルワーカーの業務時間の大部分がこれらの人々との接触で費やされている点は、多くのソーシャルワーカーにとって経験的にも理解できるものであろう。このように、ソーシャルワーカーがその業務、あるいは専門職としての機能を果たすために、日常的に、公式、非公式を問わず同じソーシャルワーカーや他のさまざまな専門職との関係を築いており、その活用なくしては、その日常業務はまったく滞ってしまう。まさしく、それは支援者の普段の実践のリアリティを構築しているのである。

こうした人々との関係の総体も、個々のソーシャルワーカーにとって一種のネットワークとしてとらえることができる。つまり、特定専門職（ソーシャルワーカー）が中心になって織りなすパーソナル・ネットワーク（エゴ中心ネットワーク）の中でも、その構成メンバーがソーシャルワーカーの業務という範疇において、生成、維持され、かつその構成メンバーが専門職（あるいは准専門職）に限定されたものである。本章では、このタイプのネットワークを「専門職ネットワーク」と称しておくことにしたい。
　一般的に、ソーシャルワーカーはサービス提供の必要に応じてその専門職ネットワークの一部、あるいはその全部を活用していることは経験的に知られている。三毛美予子はグラウンデッド・セオリー（GTA）を用いた帰納的アプローチによって退院支援に従事するソーシャルワーカーの援助内容を分析しているが、その結果として、患者家族の問題解決やニーズ充足にもっとも適切な形で医療職との「連関的職務遂行」を個別ケース毎に構築していく「医療職の最適ラインアップ化」や他機関との相互作用によって患者家族が必要する社会資源を確実に利用できるようにする「社会資源のカスタマイズ化」が退院援助の内容の一部として浮かび上がってきたことを報告している（三毛 2000）。これらの実践内容からは、明らかにソーシャルワーカー自らが所有する専門職ネットワークや自己の所属する組織がもつ「組織間ネットワーク」（後述）を有効に活用していくことが、ソーシャルワーカーの支援活動に欠かせない要素になっていることを示しているものと思われる。
　しかし、専門職ネットワークについては、これまでのソーシャルワーク研究の中では理論的にもあまり取り上げられることはなく、利用者サイドのソーシャルサポート・ネットワークと比較して研究成果はまだまだ乏しい現状があった。この面において、石川らの一連の研究（石川・松岡 2012、石川 2012）が注目されるところである。
　ところで、この専門職ネットワークの類似概念の一つとして、チーム、あるいはチームワークをあげることができるだろう。社会福祉実践のなかで、これまでチームワークについて論じる機会は決して多かったと言えなかったのだが、ソーシャルワーカーが実践を行っていくうえで単独行動をすることはほとんどあり得ず（Andrews 1990）、同様、他専門職とのチームの活動を

抜きにしては何も語れないものであろう。その意味でも、チーム研究は今後の発展が期待される分野の一つである。2000年頃から日本においても、専門職ネットワークのメンバーの一部を組織化したチームワークに関する理論的、実証的研究が報告されるようになっている（松岡 2000；松岡・石川 2000）。

なお、R. バーカーによれば、ソーシャルワーク・チームとは特定の目標を達成するために多職種が統合的、調整的に活動するシステムを意味する。チームを構成するのは基本的には専門職であるが、ボランティアやサービス利用者自身が加わる場合もある（Barker 1995）。このチームは同一組織内においても生じ得るし（Compton & Galaway 1989）、複数組織を横断して形成される場合もある。また同一職種のみで構成されることもあるし、複数の職種にまたがる場合もある（山手 1996）。

ただし、チームというものは専門職ネットワークと異なって、特定の焦点となる個人（専門職）を想定しておらず、そこに所属するメンバー間の関係全体のあり方について言及した概念である。つまり、エゴ中心ネットワークではなく、全体ネットワークとして扱われるものであろう。したがって、チームやチームワークと専門職ネットワークは、概念的に区別しておかなければならないと考える。

3　組織間ネットワーク

3番目のタイプとして、ソーシャルワーカーが所属する福祉サービス提供組織が保有する他組織との関係の総体をあげることができる。このネットワークは、焦点組織（あるいは特定のソーシャルワーカーが所属する組織）が中心になって織りなすエゴ中心ネットワークを意味している。牧里によって「ソシエタル・ネットワーク」（牧里 1992）という呼称が与えられたものがこれに相当するであろう（ただし、それはエゴ中心ネットワークではないが）。組織間ネットワークの分析のためには、組織社会学や経営学の分野で発展してきた組織間関係論を基本枠組みに用いることが有益であると考えられる。

そもそも組織間関係の分析の必要性が提起されたのは、第4章でも述べるようにコミュニティにおける福祉サービス提供機関の間の交換関係の研究からである。また、組織間関係をテーマとした多くの研究が、コミュニティにおける社会サービス機関や医療機関の相互作用を分析の対象に取り上げており、それによって組織間関係論の発展に大きな貢献を果たしてきた。その意味では、組織間関係論などの研究分野は社会福祉やソーシャルワークと密接にかかわってきたといっても過言ではない。

　組織間ネットワークについても、近年になって、その実態に基づいた連携指標の開発が試みられている。しかし、専門職ネットワークと同様に、これらの研究については、特に日本においてはようやくその端緒に就いたばかりであり、充分な蓄積にはまだまだ至っていないといってよい。このレベルのネットワークは、先述したようにソーシャルワーカーが属する福祉サービス提供組織のコンピテンスの源泉になり得ると仮説づけることができる。その意味からも、専門職ネットワークと同様に今後において研究の深まりが期待される分野である。

　なお、相手機関との間で関係を築き、それを活用している主体は、組織そのものというよりは実質的にはその組織に所属する特定のスタッフであると見なすこともできるだろう。その意味では、概念的には専門職ネットワークと組織間ネットワークは明確に区別されるべきではあるが、T.ライタンが指摘するように、実質面では両者はほぼ重なっているものと考えて良いだろう（Reitan 1998）。実証研究でも、この両者の区別が曖昧なのもこうした事情から来ている。

4　ネットワーキング

　ネットワーキングは大きく二つの異なる意味で使用されていることはすでに述べた。一つは「ネットワーク構築」の意味であり、この場合では、エゴ中心ネットワークである、利用者の社会ネットワーク、ソーシャルワーカーの専門職ネットワーク、そして福祉サービス提供組織の組織間ネットワークのそれぞれにおいて、ネットワークを新規構築、または既存ネットワークを

変容、あるいはその拡大を図ることで、最終的に利用者などの「エゴ」のコンピテンスを強化、またはその維持を達成するという実践方法をネットワーキングは意味することになる。

例えば、W. ハチソンらは、ネットワーキングを四つのタイプに分け、それぞれの実践内容を論じている。一つ目は「ナチュラル・サポート・システム」であり、利用者の社会的ネットワークの一部分に対する働きかけという意味になっている。二つ目は、「利用者／機関・組織間連結 Client-Agency Linkages」であり、利用者のニーズ充足に適した専門機関への送致がそこに含まれてくる。三つ目に「専門職間連結 Interprofessional Linkage」、そして四つ目が「ヒューマンサービス組織ネットワーキング Human Service Organization Networking」であり、それぞれ専門職ネットワーク、福祉サービス提供組織の組織間ネットワークの構築を意味している（Hutchinson et al. 1986）。ハチソンらの分類は、ここまで本章であげた三つのタイプのネットワークを生成、変容、強化していくことにそのまま対応し、かつその中でも利用者レベルのソーシャルサポート・ネットワークのみに依存する支援ではなく、公式な支援機関、言い換えればフォーマルな支援との連結をも視野に入れていく必要性の認識から（この点は次の第2章でも触れる）、上記に加えて「利用者／機関・組織間連結」が追加されているものと理解できそうである。

いうまでもなく、個別のネットワークにはその特定の持ち主（エゴ）が存在している。端的にいえば、その持ち主が誰かによって、ネットワークは、利用者、サービス提供者、サービス提供組織のそれに区別されることになる（＝エゴ中心ネットワーク）。そして、それぞれの個別ネットワークが何らかの意味で課題を抱えている場合には、介入的、人為的にその解消が目指されることになる。これが、ネットワーク構築の意味であり、またその目的となっている。したがって、この場合のエゴ中心ネットワークの再構築、すなわちネットワーキングとは、「介入的なネットワーキング」であるといえるだろう。R. M. ピントは、精神障害者（利用者）のネットワークを取り上げて、そのサイズ、密度、相互性などの課題を介入的に解消しようとする専門的な実践を「ソーシャルネットワーク介入」と呼んでいるが（Pinto

2006)、まさしくそれは利用者レベルのエゴ中心ネットワークにおける「介入的なネットワーキング」ということになる。

　加えて、このネットワーク作りという場合には、焦点となる行為主体をもたない（エゴなしの）ネットワークを人工的に構築していくという意味で使われることも多い。必然的に、それは先の「介入的なネットワーキング」とは異なった意味合いをもってくることになる。この場合においては、構築される全体ネットワークの構成メンバーのレベル（サービス利用者、専門職、あるいは福祉サービス提供組織）の違いに応じて、また3種類のネットワーキングが存在することになる。専門職間のネットワーキングについては、例えば、福山和女が「福祉・保健・医療の専門職同士が互いの専門性を駆使し、社会のなかで人々の生活支援を包括的に行うための協力方法であり、プロセスである」（福山 1999：9）という定義を行っている。当然、このプロセスにはそうした専門職の相互協力関係を一から構築していくことが含まれると解釈されるのであり、かつそこには焦点となる特定専門職は前提にされていないものである。福山が述べる方法とは、こうした焦点となる特定の行為主体のない専門職のネットワーク（全体ネットワーク）を構築していくこと、すなわちネットワーキングとして見なせるであろう。

　さらに、野上文夫は、地域福祉の観点からネットワークを「市町村保健福祉関係機関・団体のネットワーク組織」「市町村保健福祉関係・機関・団体専門ワーカーのネットワーク」「小地域レベルのネットワーク」「個別ケアネットワーク」に分類している（野上 1995）。これらは、いずれともに人工的に構築された、従来の個人や組織の枠を超えた活動主体であり、その意味では3レベルでのネットワーキングに他ならない。これまで本書ではソーシャルワークには3タイプのネットワーク概念があることを指摘してきたのであるが、これらのタイプごとに対応する形でそれぞれ異なるネットワーキング概念が成立し得ることを、この野上の分類は物語っているといえる。

　注目すべきは、この意味での三つのタイプ（利用者、ソーシャルワーカー、支援組織）のネットワーキングについては、先述したようにいずれともに特定主体の所有物という性格が無いことに加えて（エゴなし）、構築されたネットワーキングそれ自体が一つの「固まり」、あるいは「主体」とし

て把握出来るのであり、その意味では前者で紹介した朴のいう「ネットワーク組織」という特徴をそれは有しているということである。この点は、先に述べてきた3レベルのネットワークがむしろ朴のいう「ネットワーク関係」であり、「介入的なネットワーキング」がそれぞれ「ネットワーク関係」の修正、再編成を図ることを意味していると考えれば、ここにそれらとの決定的な相違点が存在している。

　なお、先記のとおり、エゴ中心であり「ネットワーク関係」である各ネットワーク概念と全体ネットワークであるネットワーキング概念（「介入的なネットワーキング」）はそれぞれ位相関係で対応しあっているものであると理解できるのであるが、実はそうであるがゆえに、それぞれ同レベルのネットワーキングとそれと位相的に対応するネットワーク概念との間で、個別的に概念的混用を引き起こしてしまう背景になっていることは指摘しておかなければならない。

　他方の「ネットワーク組織」を念頭に置いたネットワーキング概念を用いる場合は、その延長線上にオルタナティブ性が志向されており、「もう一つの社会」作り、というニュアンスが込められている。この意味でネットワーキングを用いる場合は、J.リプナックとJ.スタンプスの著書にその基礎をおいている場合が多いといわれている。リプナックによれば、ネットワーキングとは、異なる人々、グループ、組織が共通の目的に基づいて協働するために「つながる」ことを意味する（Lipnack & Stamps 1982=1984）。そこでは、旧来型組織の特徴である官僚制や階層性の打破が目指されており、個人、グループ、組織が既存の枠を越えて共通の目標達成に向けて緩やかにつながっていくプロセスが強調される。「既存の枠を越えて共通の目標達成に向けて緩やかにつながっていく」という表現に込められたネットワーキングの原理は、いわゆる当事者運動、セルフヘルプ・グループといった、既存活動・グループに対する組織原理的な面でのオルタナティブや、当事者、専門職といったある種の「垣根」が取り払われ、すべてが例えば「一市民」という一点でもって、参加し、協力しあっていく福祉運動などを描写する際に、有用な視点を提供してくれる。

　また、上記のようなネットワーキングの原理をもつセルフヘルプ・グルー

プ、ボランティア団体、市民運動グループなどを、牧里は「アソシエーティブ・ネットワーク」（牧里1992：225）とも呼んでいる。そこにはネットワーキングという呼称こそ与えられていないものの、概念的にはこの意味でのネットワーキングと同義として把握され得るものであろう。こうしてみると、ネットワーキングの運動性や独自の原理にしたがってその範囲を広義にとらえれば、そこには自助グループ全般などもそこに含まれていくことになる。このように、特定個人や組織の枠を超えて、市民性などのオルタナティブを志向した「ネットワーク組織」作りに焦点が当たったネットワーキングを、ここでは「運動論的なネットワーキング」と称しておく。

　先述した山野は、市町村児童虐待防止ネットワーク（要保護児童対策地域協議会）を取り上げ、それを支える理論的枠組みの探求と、質的調査の手法（M-GTA）を用いながら、同ネットワークのマネジメント過程を浮かび上がらせる試みを実施している。このネットワークは、山野が述べているように「機関間のネットワークの意味で使用」（山野2009：35）されており、かつそれ自体が特定機関の所有物ではないことを考えれば、組織間ネットワークの位相に該当するネットワーキングということになるだろう。そして、このネットワーキングについて、山野が先のリプナックとスタンプスに依拠しながら「価値観の創出や共有」という特徴に言及していることからも、また同ネットワークが既存機関の枠を超えた、特定機関では不可能な「ネットワーク組織」としてのオルタナティブ的実践が志向されていることも考慮すれば（山野2009）、明らかにそれは「運動論的なネットワーキング」という位置づけが出来るであろう。山野の質的調査は、ソーシャルワーク領域における「運動論的なネットワーキング」という前提で質的調査的分析を行ったという意味では、その面でのパイオニア的な役割を果たしたといえる。

　さて、こうした「運動論的なネットワーキング」については、田中が強調するように、「（ネットワークの）機能的解釈だけでは不十分である。むしろ関係のなかで意味と価値を作り出す働きそのものを重視する点」（カッコは引用者）や「ダイナミックな社会運動論的な性格」（田中2001：134）を認識すれば、ソーシャルワーク実践にとって有する意義が自から明らかであろう。言い換えれば、もう一つのネットワーキング概念がもつこうした原理、

すなわち「社会運動論的な性格」を実践的に具現しなければ、ソーシャルワークにとっては意味を成さないということになる。それは、新たな社会資源開発という意味においてもそうであるし、何よりも「個人と環境」の双方に働きかける専門職としての、それが「環境」介入の一つの有力な方法論になる可能性を秘めているという事情がその背景にある。しかし、それでは却って、ネットワーキング概念の拡散と曖昧さをもたらしかねないという問題点をはらんでいることも、また指摘しておかなければならない。

いずれにせよ、ネットワーキングとは、それが「介入的なネットワーキング」あるいは「運動論的なネットワーキング」であるかに関係なく、先に述べてきた、朴のいう「ネットワーク関係」をベースにした他の三つのタイプのネットワーク概念とは異なって、むしろ動態的側面に着目した点にその特徴を見いだせるといえるだろう。そして、「ネットワーク関係」に基づく3タイプごとのネットワーク概念に対して、それぞれ毎2種類のネットワーキング概念が適用できるのであり、各々そこに位相上の相違が認められることになる。

ともあれ、既述したとおり、ネットワークとネットワーキングが概念的にはっきりと区別されなければならないものであろう。その意味で上記のような田中の姿勢は実際面では確かに当てはまることが多い一方で、両者の概念的区別を怠ることは両者の混用を引き起こし、「ネットワーク関係」の意味で「ネットワーク」と言っているにもかかわらず、そこに「ネットワーキング」の「運動論的性格」が混入してしまい、実践現場においてある種の幻想（「ネットワークでオルタナティブが実現できる」）を惹起させてしまっている原因の一つになっているとも思われるのである。だからこそ、ネットワークとネットワーキングは、実際的、実践的にはともかくとしても、概念的には厳密に区別されなければならないという立場を本書では取りたいと考える。

[文献]

Andrews, A. B. (1990) "Interdisciplinary and Interorganizational Collaboration," In L. Ginsberg et al. (eds.), *Encyclopedia of Social Work,* 18th Edition,

1990 Supplement, Washington DC: NASW Press, 175-188.
Barker, R.（1995）*The Social Work Dictionary*, 3rd edition, Washignton DC: NASW Press.
Compton, B. R. & Galaway, B.（1989）*Social Work Processes*, 4th edition, Belmont CA: Wadworth, 595-613.
福山和女（1999）「福祉・保健・医療のネットワークにおける医療ソーシャルワークの機能」『ソーシャルワーク研究』25（1）：9-16.
Germain, C. B.（1984）*Social Work Practice in Health Care: an Ecological Perspective*, New York: Free Press.
――――（1991）*Human Behavior in the Social Environment*, New York: Columbia University Press.
Grinnell, Jr., R. M., Kyte, N., & Bostwick, Jr., G. J.（1981）"Environmental Modification," In A.N.Maluccio（ed）, *Promoting Competence in Clients: A New/Old Approach to Social Work Practice*, New York: Free Press, 152-184.
花立都世司・森実（1997）「ワークショップ――ネットワーキング時代の学習論」日本社会教育学会編『ボランティア・ネットワーキング』東洋出版社, 47-63.
播磨靖夫（1987）「共生のネットワーキング」『障害者の福祉』1987年2月号, 2-5.
平塚良子（1995）「生態学的アプローチのパラダイム分析と今後の課題」『ソーシャルワーク研究』83：167-174.
Hutchison, W. J., Searight, P. & Stretch, J. J.（1986）"Multidimentional Networking: A Response to the Needs of Homeless Families," *Social Work*, 31（6）, 427-430.
石川久展・松岡克尚（2012）「専門職ネットワークの構築・活用プロセスに関する研究――介護支援専門員のフォーカスグループ・インタビュー調査を通して」『人間福祉学研究』5（2）：73-84.
――――（2012）「高齢者保健福祉専門職のネットワーク構築・活用方法の評価に関する実証的研究――介護支援専門員のネットワーク構築・活用能力評価の尺度開発の試み」芝野松次郎・小西加保留編著『社会福祉学への展望』相川書房, 115-130.
金子郁容（1992）『ボランティア――もうひとつの情報社会』岩波書店, 115-26.
金崎一郎（1990）「2つのネットワーキング論――その離反と交差について」『上智大学社会学論集』15：94-116.
瓦井昇（1996）「地域福祉援助とネットワーキング」硯川眞旬編著『新社会福祉方法原論――21世紀福祉メソッドの展開』ミネルヴァ書房, 115-40.
川島ゆり子（2011）『地域を基盤としたソーシャルワークの展開』ミネルヴァ書房.

―――――(2015)「生活困窮者におけるネットワーク分節化の課題」『社会福祉学』56(2):26-37.
君塚大学(1994)「組織からネットワークへ――組織論のパラダイム変換」宮本孝二・森下伸也・君塚大学編『組織とネットワークの社会学』新曜社,3-15.
木下安子(1989)「介護福祉のネットワーク」『社会福祉研究』44:19-24.
小松源助(1988)「ソーシャル・サポート・ネットワークの実践課題――概念と必要性」『社会福祉研究』42:19-24.
古谷野亘(1991)「社会ネットワーク」『老年社会科学』13:68-76.
Lipnack, J. & Stamps, J. (1982) Networking: The First Report and Directory, Doubleday, (=1984, 正村公宏監修・社会開発統計研究所訳『ネットワーキング――ヨコ型情報社会への潮流』プレジデント社.)
Maguire, L. (1991) *Social Support Systems in Practice: A Generalist Approach*, Washington DC: NASW Press.
牧里毎治(1988)「地域福祉におけるネットワークの展開と検討」『地域福祉活動研究』兵庫県会福祉協議会, 5:3-10.
―――――(1992)「地域問題から見た家族福祉」野々山久也編著『家族福祉の視点』ミネルヴァ書房, 197-227.
―――――(1993)「高齢者をめぐるソーシャル・サポート・ネットワーク」沢田清方・上野谷加代子編『明日の高齢者ケア2 日本の在宅ケア』中央法規, 233-256.
―――――(1995)「非営利民間組織(NPO)とネットワーク」右田紀久恵編著『地域福祉総合化の途』ミネルヴァ書房, 53-69.
Maluccio, A. N. (1981) "Competence-oriented Social Work Practice: An Ecological Approach," In A. N. Maluccio (ed)., *Promoting Competence in Clients: A New/Old Approach to Social Work Practice*, New York: Free Press, 1-24.
松原一郎(1980)「あるネイバーフッドセンター連合体における協働調整に関する社会学的考察」『社会福祉学』21(2):1-22.
―――――(1981)「地域福祉論におけるネットワーク」『龍谷大学論集』419:68-83.
―――――(1986)「地域福祉のネットワーク」右田紀久恵・松原一郎共編『地域福祉講座2』中央法規, 296-346.
松岡千代(2000)「ヘルスケア領域における専門職間連携――ソーシャルワークの視点からの理論的考察」『社会福祉学』40(2):17-38.
―――――・石川久展(2000)「『チームワーク』認識に関する研究――自気式質問紙を用いた専門職間比較」香川県立医療短期大学紀要, 2:17-24.
Mattaini, M. A. (1995) "The Foundations of Social Work Practice," In C. H. Meyer

& M. A. Mattaini, (eds.), *The Foundations of Social Work Practice*, Washington DC: NASW Press, 1-15.

McIntyre, E. G. (1986) "Social Networks: Potential for Practice," *Social Work*, 31:421-426.

McKinlay, J. B. (1973) "Social Networks, Lay Consultation and Help-seeking Behavior," *Social Forces*, 51 (3):252-291.

Meyer, C. H. (1995) "The Ecosystems Perspective: Implications for Practice," In C. H. Meyer & M. A. Mattaini (eds.), *The Foundations of Social Work Practice*, Washington DC: NASW Press, 16-27.

三毛美予子(2000)「生活再生に向けての支援――大学病院のソーシャルワーカーの退院援助とは何か」『社会福祉実践理論研究』9:101-118.

Morares, A. T. & Sheafor, B. W. (1995) *Social Work: A Profession of Many Faces*, 7th edition, Boston: Allyn and Bacon.

成富正信 (1986)「ソーシャル・サポート・ネットワーク論序説」『社会科学討究』早稲田大学大学院, 92:63-95.

野上文夫 (1995)『高齢者福祉政策と実践の展開――地域ネットワークの視点から』中央法規, 218-220.

野嶋佐由美 (1987)「精神病者のソーシャル・サポート・ネットワークに関する研究の概観」『看護研究』20 (3):258-267.

大橋謙策 (1993)「社会福祉におけるネットワークとネットワーキング」『子ども家庭福祉情報』6:4-8.

太田義弘 (1992)『ソーシャル・ワーク実践とエコシステム』誠信書房.

大谷信介 (1995)『現代都市住民のパーソナル・ネットワーク――北米都市理論の日本的解読』ミネルヴァ書房.

岡本民夫・奥田いさよ・平塚良子・牧洋子・南本宣子 (1992)「老人福祉サービスにおける事前評価とエコマップ――ソーシャルワーク実践の図式化表示の試み」『ソーシャルワーク研究』18 (3):174-180.

Olfsen, M. R. (1983) "Foreword: Social Support Networks from a British Perspective," In J. K. Whittaker & J. Garbarino, (ed), *Social Support Networks: Informal Helping in the Human Services*, New York, Aldine: xv-xx.

O'Reilly, P. (1988) "Methodological Issues in Social Support and Social Network Research," *Social Science and Medicine,* 26 (8): 863-872.

朴容寛 (2003)『ネットワーク組織論』ミネルヴァ書房.

Pancoast, D. L. & Collins. A (1987) "Natural Helping Networks," In A. Minahan (ed), *Encyclopedia of Social Work,* 18 edition, Washington DC: NASW Press, 177-182.

Payne, M. (2000) *Teamwork in Multiprofessional Care*, Chicago: Lyceum Books,

Inc.

Reitan, T. C.（1998）"Theories of Interorganizational Relations in the Human Services," *Social Service Review*, 72（3）: 285-309.

Pinto, R. M.（2006）"Using Social Network Interventions to Improve Mentally Ill Clients' Well-Being," *Clinical Social Work Journal*, 34（1）: 83-100.

Seed,P（1990）*Introducing Network Analysis in Social Work*, London: Jessica Kingsley Publishers.

島田克美（1999）『企業間システム ——日欧米の戦略と構造』日本経済評論社.

副田あけみ（1997）『在宅介護支援センターのケアマネジメント』中央法規.

Specht, H.（1988）*The New Directions for Social Work Practice*, Prentice-Hall, Inc.（=1991, 京極高宣・高木邦明監訳『福祉実践の新方向』中央法規出版.）

杉野昭博（1999）「障害者運動の組織とネットワーク」関西大学経済・政治研究所『研究双書 第122冊 組織とネットワークの研究』87-105.（杉野昭博「障害者運動の組織とネットワーク」www2.ipcku.kansai-u.ac.jp/^sugino\ronbun/ronbun21.htm、1-10, 2001.9.1.）

高田昭彦（1986）「ネットワーク形成と草の根運動 ——高度産業社会へのオルタナティブとしてのネットワーク形成」『組織科学』20（3）: 55-66.

——— （1993）「ネットワーキング」森岡清美他編集代表『新社会学事典』有斐閣, 1144.

田中英樹（1992）「家庭看護を支える社会的サービスとネットワーク」『老年精神医学雑誌』3（10）: 1125-1130.

——— （2001）『精神障害者の地域生活支援 ——総合的生活モデルとコミュニティソーシャルワーク』中央法規.

土室修（2001）「在宅高齢者のネットワーク活動」『日本の地域福祉』14: 111-119.

山野則子（2009）『子ども虐待を防ぐ市町村ネットワークとソーシャルワーク ——グラウンデッド・セオリー・アプローチによるマネジメント実践理論の構築』明石書店.

山手茂（1989）「社会福祉実践とネットワーキング」『社会福祉学』30(2): 21-40.

——— （1996）『福祉社会とネットワーキング』亜紀書房.

湯浅典人（1993）「ネットワーク分析の方法 ——ソーシャルワークへの応用についての検討」『社会福祉学』48: 147-167.

第2章

個別ネットワーク（1）
サービス利用者のネットワーク

　前章で、ソーシャルワークで用いられるネットワーク概念を三つに分類し、さらにそれらと位相関係的に対応する概念としてネットワーキングを位置づけてみた。そこで次に、類型化されたそれぞれの概念ごとに、ソーシャルワークのなかでどのように位置づけられ論じられてきたかについてレビューしてみたい。まずこの章では、サービス利用者レベルでのネットワークを扱うことにする。

第1節　ソーシャルサポート・ネットワークの定義

　サービス利用者レベルにおけるネットワーク概念の代表的なものの一つが、ソーシャルサポート・ネットワークである。ソーシャルサポート・ネットワークとは、「相互に連結し合った人々の関係の総体であり、永続的な滋養環境（nurturance）のパターンを提供したり、日常生活に生じる出来事に対処していく努力をそれに見合った形で促進していく役割を果たす」（Garbarino 1983:5）ものと定義されている。米国のみならず日本のソーシャルワーク関係テキストにも必ずといっていいほどこの用語への言及があることから理解できるように、今日のソーシャルワーク実践にとって欠かせない重要概念の一つになっている。

　私たちは、誰でもさまざまな他者との間で相互依存関係を有している。こうした関係を通して、日常生活を営むうえで直面するさまざまな課題を果たしていくために必要になる多種の有益物（情緒的支援、助言、情報、金銭、

物品などで、資源あるいは社会資源と呼ばれることが多い）を得ていることは経験的にも理解しやすいことであろう。この資源調達、ないし資源を交換しあう関係全体とそこから得られる有益物（資源）を指して、私たちはソーシャルサポート・ネットワークと呼んでいる。文献によっては、サポートシステム、ソーシャルサポート・システム、あるいは資源システムという用語が使われることもあるが、いずれともソーシャルサポート・ネットワークと同義かそれに近いものである。

　このソーシャルサポート・ネットワークという用語には、二つの相互に密接に関連し合った概念が含有されていることが知られている。一つはソーシャルサポートであり、もう一つは社会ネットワーク（ソーシャルネットワーク）である。前者は対人関係の機能的側面に、また後者は構造的側面にそれぞれ着目した概念である（Ell 1984；南 1986；長崎 2010；野口 1991；横山 1995）。つまり、その人が取り結んだ対人関係の全体が社会ネットワークであり、それらの関係を媒介にしてやり取りされる有益物（資源）がソーシャルサポートということになる。ただ、社会学などで用いられるようになった社会ネットワークの元来の意味は、他者との関係そのものを意味するのではなく、サイズやその構造を表す用語であり、社会学で対人関係の総体をいう場合は、むしろ「パーソナル・ネットワーク」や「エゴ中心ネットワーク」という呼称が用いられる（古谷野 1991）。

　このように、厳密にいえば、社会ネットワークとソーシャルサポートという二つの概念がそれぞれ異なる意味を有していることになるのだが（安田 1997）、それらを包摂した形になっているのがソーシャルサポート・ネットワーク概念になる。実際に、社会ネットワークとソーシャルサポートはそれぞれ単独で用いられることも多い。最近では、岡本秀明が、東日本大震災以来、その重要性が再認識されるようになった「つながり」に相当する社会福祉分野の概念として社会的ネットワークが位置づけられることを指摘し、渡辺晴子（2006）から引用する形で「個人を中心とする可変的かつ有機的な人間関係の構造」（岡本 2014：12）とそれを定義したうえで、それがソーシャルサポートとともに、ソーシャルサポート・ネットワークの基礎概念となっていることを指摘している（岡本 2014）。

しかし、この二つの「基礎概念」については、両者は往々にして混同される傾向があることが指摘されてきた。例えば、M. シンらは社会ネットワークの下位概念をソーシャルサポートのなかに含ませている研究の例をあげ、多くの研究者の中にも類似の混乱が起こっていることを示している (Shinn, et al. 1984)。また、T. シーマンと L. バークマンも、ネットワークが存在するということは、すなわちサポートがあるということを前提にして多くの研究がそれに基づいていることを述べている (Seeman & Berkman 1988)。しかし、いくら混同されようとも概念的には両者は明らかに別のものであり、ソーシャルワーカーはその区別をきちんと認識しておくべきであろう。もちろん、ソーシャルサポートは対人関係を媒介して流通しているものである以上は、ソーシャルサポートと社会ネットワークは切り離してまったく別々に取り扱うのは実際的ではないことは確かである。両者の関係については、後者の概念的な曖昧さから前者のみを使用すべきだという M. ハマーのような見解もあったが (Hammer 1981)、徐々に両者を包摂する立場のほうが支持される趨勢にあったといえる。その意味でも、これらの概念を統合して扱うことのほうがより実用的であるという解釈も可能であり、それゆえにソーシャルサポート・ネットワークという、一種の結合概念が使用されている事情を生んでいる。

　こうした立場から、以上の二つの概念を統合する形で T. アントヌッチ (Antonucci, T) らによって「社会関係」(social relation or social relationships) という用語が使用されるようになっており (野口 1991)、近年は老年科学 (gerontology) の分野を中心にこの概念の使用が広がって、ソーシャルワークでも実証研究が盛んに行われるようになってきている。特に、老年社会学の分野では、1990年代に入って注目されている研究テーマの一つに数えられるに至っているものである (古谷野ほか 1994)。例えば、H. スギサワらは日本の高齢者を対象にその社会関係を探る調査を行った結果、社会関係を測定する五つの指標の中でも社会参加の度合が死亡率に影響を与えていることを報告している (Sugisawa 1994)。日本においても、例えば、古谷野亘らによって、共分散構造分析を用いての社会関係と主観的幸福感との関連を検証する試みが行われている。古谷野らの調査の結果、社会関係の中でも友人

ネットワークのみが直接効果を主観的幸福感に及ぼしていることが示され、友人サポートのほうは関連性を見出せなかったことが報告されている（古谷野ほか 1995a）。さらに、社会関係の分析単位を、これまでのような社会関係の所有者である個人ではなく、その個人と他者とのタイを単位にすることで、社会関係のより精密な分析が可能であるという主張もされている（古谷野ほか 1994；古谷野ほか 1995b）。

　近年における社会福祉関係で社会関係を取り扱った研究は、やはり高齢者領域が主導しているのだが、やはりそれは上記のような老年科学の知見がそのまま反映されているという事情が大きい。いくつか紹介するとすれば、例えば山口麻衣らは、社会関係を「家族・親族・近隣・友人その他の多様な他者との関係を社会的ネットワークの構造や機能として把握したもの」（山口ほか 2012：44）と定義し、構造としての社会ネットワークと機能としてのソーシャルサポートを包摂した概念であることを示し、それによって「ケアを含めた多様な支援をとらえ」（山口ほか 2012：44）ることが可能であるとする。そして、東京近郊の団地に住む高齢者を対象とした調査によって、男性のほうが社会関係のサイズが小さいものの、団地の居住年数の影響も受けながら多様な形態がみられること、そして機能面では、独居、男性、近隣ネットワークが小さい人ほど、生活ニーズがある場合でも相談に乗ってもらえる人が少ない傾向にあることを見いだしている（山口ほか 2012）。また、先の岡本秀明が実施した調査では、社会関係は「親しい友人や仲間の数外出や活動参加への誘い」（岡本 2012：6）として操作的に定義されている。この調査では、千葉県市川市在住の高齢者が対象になったのであるが、その結果、ネットワークサイズが大きいほど、個人的活動やボランティア活動が促進されること、同じ関係は参加への誘いと個人的・ボランティア活動との間にも見いだせたことが報告されている（岡本 2012）。

　なお先の古谷野は、老年社会学の観点から、近年における社会関係を扱った研究の知見を整理しており、そこで、従来は主観的幸福感などに影響を与える要因としてこの概念が注目されていたが、近年はむしろ高齢者の社会関係そのものに対する関心が強まり、また社会関係に影響を与える要因に関する実証的研究の成果が蓄積されるようになっていることを述べている。中で

も、社会関係の維持は生活機能と経済的水準によって左右されるという指摘は、ソーシャルワークにとっても無視できないものになるだろう（古谷野 2009）。

さて、社会ネットワークとソーシャルサポートを包摂した概念としてとらえている点については、ソーシャルサポート・ネットワーク概念においても社会関係概念においてもまったく同一なのであるが、後述するように、それ自体がサポーティブな性質を有しているかどうかという点については社会関係概念のほうは中立的なネーミングになっている。また、社会関係概念が登場した背景には、社会ネットワークとソーシャルサポートが同義的に使用されることが多かったことへの批判がある一方で、両者を厳密に区別することが困難であるという事情も背景にあるとされる。例えば、横山穣が例示しているように、ある人との関係はそこから実際にサポートを得ることはなくとも、ただその人とつながりがあるというだけで安心感とやすらぎが得られるかも知れない（横山 1995：251）。しかし、この社会関係概念は近年になってソーシャルワークにおいても使用されるようになっているのだが、ソーシャルサポート・ネットワークという用語と比較するとそれほど「市民権」を得ているとはいえない。老年科学などとは違って、やはり依然としてソーシャルサポート・ネットワークのほうが、現場においても流通し、その分とおりやすいことは否定できない。したがって、その言葉の使用については慎重な検討を要する部分はあるものの、本書ではとりあえずこの段階では、便宜的にソーシャルサポート・ネットワークという用語を使っていく。

さて、このソーシャルサポート・ネットワークは、後述するように論者の間で必ずしも一致は得られていないものの、概ねインフォーマル性をその特徴としているものと考えられている。それゆえに、それに対しては、専門家と利用者との間で取り結ばれた一対一の関係に依存していた伝統的なアプローチに対するオルタナティブな支援の提供を支える理論として期待が寄せられてきた。

なお、フォーマルな関係とは、法律、制度あるいは契約に基づいてサポート，資源が提供されるような場合であり、医師やソーシャルワーカーといった専門職との関係はこれに該当する。一方、家族や友人からのサポートはそ

うした枠組み外において提供されており、それゆえにインフォーマルな関係として色づけられることになる。この点に関して、J. ウィッテイカーは、「ソーシャルサポート・ネットワークは、ソーシャルワーカー、臨床心理士やコミュニティ心理学者、看護師、医師、教師などの専門家によって提供されてきた対人援助サービスの代替」（Whittaker 1983:29）として位置づけられていることを指摘し、そのインフォーマル性を強調している。

しかしながら、専門職から提供されるフォーマルな支援とインフォーマルなサポート源からもたらされるソーシャルサポートは、いずれともにサービス利用者を取り巻く環境の中では必要不可欠なものであることには変わりなく、いずれか一方のみで充分という認識をもつべきではないだろう。したがって、ソーシャルサポート・ネットワークを反専門家主義的な意味で受け止める、あるいは福祉ニーズを充足する役割のすべてをソーシャルサポート・ネットワークに委ねてしまうような姿勢（安上がり福祉論）はいずれともに大きな誤りであることには留意しておきたい。

むしろ、小松源助が述べるように、フォーマルなサービス供給システムと意図的かつ有機的に結合させ、両者の連携を促進することによってサービス利用者のニード充足に資するようにソーシャルワーク実践を展開していく必要がある（小松 1986）。また、湯浅典人がネットワークの「つながり」の中には、人間関係だけではなくグループや社会組織とのつながりを含ませるべきであることを強調している点（湯浅 1993）は、社会組織の中には当然、各種の専門的なサービス提供組織も含まれることを考えれば、小松の主張と同じ文脈でとらえることができるであろう。この点は、川島ゆり子が指摘するように、多様な主体が断片的にサポートを提供するのではなく、支援の総合化という点がソーシャルワークにとって大きな課題である以上、自からインフォーマル、フォーマルの総合化が実践的な課題としてその視野に含まれていかなければいけないことと通底していることになる（川島 2011）。

長崎和則の論点はむしろ逆で、ソーシャルワーカーの支援自体がフォーマルなのでそれで完結させてしまいがちであることに加えて、インフォーマルなサポートが弱体化しているからこそ、その両方を視野に入れる必要性を説いている（長崎 2009）。このように、インフォーマルなサポートのみに限定

した実践では限界があるという点ではいずれの論者にも不一致点はない。しかし、後にも触れることになるが、概念的な区別と実践的な総合化はまた別の問題であることには留意しておく必要がある。

いずれにせよ、ソーシャルサポート・ネットワークを考慮したソーシャルワーク介入を行う場合は、専門家によるフォーマルなサポートをも何らかの形で組み合わせ、インフォーマルな支援も含めて両者共にそのもつべき力を最大限発揮しつつ相乗効果を生み出していく形で展開していくこと、またそのための具体的な手だてをソーシャルワークの視点から開発していくことが求められていることは間違いない。R. M. ピントも、ソーシャルネットワーク介入として、インフォーマル、フォーマルなサポートをテーラーメードで仕立て上げていくことを強調している（Pinto 2006）。

なおその場合に、フォーマルな資源はサービス提供者のネットワークのなかに存在していることに注意する必要がある。つまり、サービス利用者が自らのソーシャルサポート・ネットワークに加えてフォーマルな資源をもそこに組み合わせ活用していくためには、当該の利用者にかかわるサービス提供者自身がもつネットワークを利用者に「注入」し、そして「使ってもらう」ことによって、その実現が図られると思われるからである。換言すれば、サービス提供者は、ある利用者とつながることで、自らのネットワークをそのサービス利用者のソーシャルサポート・ネットワークに「注入」することになる。さらに言い換えれば、まさしく「仲介」機能を意味する。

したがって、ソーシャルサポート・ネットワークを念頭に置いた介入は、仲介すべきサービス提供者自身のネットワーク（つまり、専門職ネットワーク）をも視野に入れた戦略を有しておくことが求められよう。この点は、本章最後の課題の箇所でも触れてみたい。

第2節　ソーシャルサポート・ネットワーク概念を巡る議論

1　自然発生的か、人工的か

牧里毎治は、ネットワークを「パーソナル」「ソシエタル」「アソシエーティ

ヴ」という分類を試みているが（牧里 1992）、さらに別の機会では高齢者福祉の関連から社会福祉領域には3種類のネットワークがあることを指摘し、便宜的に「ミクロ」「メゾ」「マクロ」という名称を与えている。まず、ミクロ・ネットワークとは、「個別的な、個人を基盤としたパーソナルなネットワークで、自然発生的に形成されたものと、意図的・意識的に形成されたものとがあるだろう」（牧里 1993：240）としている。次に、メゾ・ネットワークとは「ミクロ・ネットワークでは超えられない壁のような課題、個人のネットワークを飛び越えた組織的課題や集合行動にかかわる課題に応えよう」（牧里 1993：242）とするもので、当事者団体や家族会などがその例としてあげられている。最後に、マクロ・ネットワークとしては政策レベルと実務者レベルのネットワークがあるとされ、前者は各機関の長レベル、後者は直接的にクライエントとかかわっている実務者レベルで構成されているネットワークであると説明される。

　これらのネットワークのなかで、最初にあげたミクロ・レベルのネットワーク、しかもその中でも「意図的・意識的・職業的に形成された」（牧里 1993：240）ものがソーシャルサポート・ネットワークと呼ばれることが多いと牧里は指摘している。もちろん、自然発生的なミクロ・ネットワークであっても、一定の支援目的に沿って、それをソーシャルサポート・ネットワークに「組み替え」たり、「衣替え」したりすることもあり得るという説明がなされている（牧里 1993）。

　以上の説明からは、個人（パーソナルな）のネットワーク、すなわち特定個人（利用者）が取り結んだ対人関係網のなかで、その個人を援助していくことを目的として人工的に組み込まれたネットワークがソーシャルサポート・ネットワークということになるだろう。ここでいう人工的とは、利用者本人の選択は尊重されるものの、基本的には支援する側の判断によってその構成が組織化されるという意味で用いられているといってよい。そして、利用者の問題解決を目標に置いて、そのために必要となるさまざまなサポートをこのネットワークが提供できるように組織化されているがゆえにそれはサポーティブ（支持的）なのであり、名称に「サポート」という修飾語が冠されている理由はまさしくこの点にある。なお、以上の牧里のような捉え方の

場合には、その定義から見てネットワーキング概念、特に「介入的なネットワーキング」概念との区別が大きな問題になってくることを覚えておく必要があるだろう。

　一方、これとは逆に、むしろ自然発生的なミクロ・ネットワークをソーシャルサポート・ネットワークとして第一義的に位置づける立場もある。この場合の「自然発生的」とは、家族や親族との関係のように本人の意思が入らない非選択的なものを意味するが、加えて友人関係などのように本人による選択の余地が大きい関係も含めている。人工的なミクロ・ネットワークとの違いは、それが必ずしも問題解決を目的に支援サイドによって加工、あるいは組織化されたものではなく、非選択的な関係を基盤にしながら、そのネットワークの持ち主の自主的選択によって構築されていったという点にある。

　D. パンコーストと A. コリンズが提唱した "Natural Helping Networks"（Pancoast & Collins 1987）も、その名称に "Natural" という言葉が含まれていることから理解できるように、ソーシャルサポート・ネットワークを自然発生的にとらえている一例である。事実、パンコーストらはこの "Natural" を、専門職による介入無しに、自発的に形成されたという意味であることを明示している（Pancoast & Collins 1987）。それは、いわば「素人の援助者」（小松 1988：19）を総称する言葉として使われている。もちろん、その中には家族も含まれてこよう。なお、古谷野（2009）によれば、日本では家族、特に同居家族との関係とそれ以外の者との人間関係は別次元で把握される傾向があったが、両者が同次元的に扱われるようになった契機は、日本にソーシャルネットワーク、ソーシャルサポートの概念を紹介した1人である野口裕二の論文（1991）であったとされている。

　以上のように、ソーシャルサポート・ネットワークが自然発生的か、それとも人工的なものなのかという点については、論者のなかで一致しているわけではない。人工的な点を強調する立場では、支援上の必須性からフォーマルなサポートも含めて加工していくことが強調されるがゆえに、この立場では、ソーシャルサポート・ネットワークをフォーマル、インフォーマルの双方が織りなすものととらえることに重なってくることになる。

なお、自然発生的か、それとも人工的なのか、という両者の立場の間には、別の概念比較においてであるが古谷野が指摘しているようなサービス利用者像の相違が横たわっているようである。つまり、人工的、組織化説の場合は、「一方的に支援を受ける存在」としてのサービス利用者のイメージが、また自然発生説には「より積極的・能動的な」サービス利用者像が、それぞれ含意されているようで、この説は仮説的なものであるが非常に興味深い（古谷野 1991）。この説の延長線上には、利用者が「積極的か、受け身か」によって、支援側はネットワークに対する姿勢も変化させていく必要性が浮かんでくるだろう。その是非はともかく、一つの見方としては認識しておくべきものなのかもしれない。

2 サポーティブか、否か

ソーシャルサポート・ネットワークを、自然発生したものか、あるいは組織化されたものかという先の議論は別にして、いずれの立場であってもソーシャルサポート・ネットワークは支持的であるととらえる点では一致していることは指摘できる。トートロジー（同義反復）的な表現になるが、ソーシャルサポート・ネットワークとは「サポーティブなネットワークである」という認識がそこには存在していることが窺える。K. ウォーカーらによる「それを通して、社会的なアイデンティティを維持し、情緒的なサポート、物質的な援助やサービス、あるいは新たな社会的なかかわりに関する情報を受け取っている、個人的な接触の全体」(Walker 1977:35)という定義の中にも、サポーティブであるという見解が打ち出されている。また、先にも触れたアントヌッチもネットワーク構成員の間でサポートが交換されるような相互関係にこれまでの研究の焦点が置かれてきたことを認めている（Antonucci 1987）。

実際に、ソーシャルサポート・ネットワークという場合には、そこにある「サポート」という語句に惑わされてか、往々にして、ア・プリオリにソーシャルサポート・ネットワーク全体がサポーティブだという誤解を与えやすい。しかし、当たり前のようにサポーティヴだと見なしている点については、批判的な見解が多くの論者より述べられていることは記しておかなけれ

ばならない。その批判とは一言で云うなら、「必ずしもサポーティブといえないのではないか」ということに尽きるであろう。私たちは対人関係を通してさまざまなサポートを得ているが、同時にさまざまな対人関係を通して多種にわたるストレスや葛藤を経験していることもまた抗いのない事実なのである。実際に、ソーシャルサポート・ネットワークの中から、「プラスのサポート」が提供されることもあれば、「マイナスのサポート」ないし「否定的サポート」とでもいうべきものが発生することもあり得る。

　K. ルークは、従来においては、対人関係における肯定的側面のみに関心が寄せられていたが、むしろ、そこから発生する否定的な側面（プライバシーの侵害、約束を破る、怒りや不安の惹起など）が個人の精神的健康にマイナスの影響を及ぼしている可能性があるとし、その検証のために実際にロサンゼルス在住の60歳から89歳までの120人の寡婦に対する調査を行っている。その結果、否定的側面をもった関係（problematic social tie）のほうが精神的健康により大きな影響、しかもマイナスの効果を有していることが示されたと報告している（Rook 1984）。さらには、精神障害者とその家族を対象としたEE（感情表出）研究でも明らかのように、インフォーマルな対人関係からストレスを被ることは多い。あるいは、社会学のサブカルチャー研究で明らかになったように、ソーシャルサポート・ネットワークからの働きかけ（例えば、非行集団など）がかえってネットワーク外の人間からみれば「問題」としか思えない行動（例えば、非行など）を促進してしまったり、維持させてしまったりする可能性も指摘されている。例えば、F. アレクサンダーとR. ダフの調査によれば、現役を引退した人たちのなか（retirement community）では、相互の交流頻度が高いほうがアルコール消費のほうも高くなる傾向が示されていることが報告されている（Alexander & Duff 1988）。アルコール消費が一概に否定的な意味をもつものではないが、ヘビードリンカーの比率も他者との交流と相関していることを考えれば、問題行動（アルコールの過剰消費）は引退者コミュニティの交流を通して強化されているとも見なし得る。

　さらには、ソーシャルサポート・ネットワークの構成要素の中には、サポートを提供しないという意味で、プラスもマイナスも関係ないような「ゼ

ロの」存在も含まれるだろう（古谷野 1991）。もっといえば、成富正信が指摘しているように、ある紐帯がある特定事情の元でサポートを与えたり与えなかったりという可能性も否定できないのである（成富 1986）。そうであれば、時と場合によってサポーティブになったりならなかったりする融通無碍さがこのネットワークにあることになる。

　ところで、「サポート」という言葉には肯定的な含意があるから、先の「マイナスのサポート」という表現は矛盾したものであり、用法として誤りであると思われるかも知れない。この点についてアントヌッチは、ネットワークとは基本的には是も非もない中立的なものであることを指摘しながらも、他の研究者から引用する形で、少なくともネットワークを構成する対人関係が以下のような4種類の性格を帯びたときに、ネットワークの持ち主に有害な影響を及ぼすこともあり得ると述べている。すなわち、非効果的な援助、過剰な援助、望まない交流および不愉快な交流である（Antonucci 1990）。つまり、ソーシャルサポート・ネットワークからサポートが提供されても、それが問題解決に的はずれであったり（非効果的）、やりすぎであったり（過剰）、本人の意思に反したものであったりすれば、負担と不愉快を与えるだけに終わる。その意味では、まさしく「マイナスのサポート」という表現がふさわしくなってくる。つまりは、サポートのつもりでも結果的に有害な結果を招くようなものが想定できるのである。J.ウィッテイカーらが、対人関係を介した「全ての社会的交換が援助的であるとは言えないことも事実である」（Whittaker et al. 1988:49）とし、さらに薬物依存者などで典型的にみられるように、ソーシャルサポート・ネットワークが社会的不適応行動を支持するというマイナスの影響を与え得ることを告白しているのも、こうした点を無視できないためと思われる（Whittaker et al. 1988）。

　こうした批判によく耳を傾ければ、「ソーシャルサポート・ネットワーク」という呼称は果たして適切なのかという疑問が当然のように湧いてくる。既述したように老年科学の分野を中心に「社会関係」という概念が用いられ始めたのも、こうした批判とは無関係ではない。少なくともこの社会関係という名称は、それがサポーティブであるかどうかについては中立的なものであろう。

3 インフォーマルのみか、フォーマルも含むのか

　この点は本章の第1節の最後で述べたことであり、繰り返しになるのだが、再度この点について理論的な面から触れてみたい。ソーシャルサポート・ネットワークが対人関係の総体を意味するのであれば、そのなかに家族、友人、同僚、近隣などのインフォーマルな関係も含まれるし、専門家との間で結ばれたフォーマルな関係も当然その範囲内に入ってくる。したがって、インフォーマルなサポート源と専門家の双方から構成されるものとして、ソーシャルサポート・ネットワークをとらえるほうが自然なのかもしれない。例えば、山手茂は「対人サービス諸専門的職業従事者のチームワーク（フォーマル・ネットワーク）およびボランティア・友人・近隣・近親者などのインフォーマルなネットワーク、それらを総合したソーシャル・サポート・ネットワークが重視されるようになった」（山手 1996：39）と述べているように、明らかにインフォーマル、フォーマルなサポート源が混在したものとしてそれをとらえている。この姿勢を、川島も継承し、両者のどちらかのみでは今日の生活問題に対応することは難しいと指摘する（川島 2011）。

　また、R. カーンと T. アントヌッチ（Kahn, R. L. & Antonucci, T.）によって提唱された「コンボイ・モデル」も、インフォーマルおよびフォーマルな人間関係が混在したものとしてとらえていく立場を示したものであろう（藤崎 1998）。コンボイとは「護送船団」というニュアンスで使われており、「愛情」「評価」「補助」を提供する人々の集まりである。コンボイの構成内容はライフコースの変遷にともなって変化していくが、その人のもつ「役割」に関連して変化しやすい部分と、「役割」にほとんど依然せず安定的にコンボイのメンバーとしてとどまり続ける部分に分かれるとされる。したがって、病人やクライエントといった「役割」を引き受けることで、必然的に対人援助の専門職とかかわりが生じてくる。ただし、専門職とのかかわりはその役割が終われば終結してしまい、その意味でコンボイの中でも役割に依存した変化しやすい部分に含まれるだろう。

　これに対して、ソーシャルサポート・ネットワーク概念を日本に紹介した一人である小松は、個人がもつ「専門職ではない、インフォーマルな援

助者、家族、友人、隣人、地区の世話人などの素人の援助者」(小松 1988：19）との関係の総体としてソーシャルサポート・ネットワークを定義づけている。換言すれば、先にも述べたように、ソーシャルサポート・ネットワークとは「素人の援助者」を総称する言葉として使われていることになる。またJ. ガーバリーノも、問題を抱えた人がまず駆け込む先は専門職なのではなく、友人や同僚などのインフォーマルなサポート源であることを示したうえで、インフォーマルなサポート源の集合体としてのソーシャルサポート・ネットワークの重要性を強調している（Garbarino 1983：3）。

　以上のように、ソーシャルサポート・ネットワークをインフォーマルなサポート源との関係に限定してとらえるか、フォーマルなサポート源をも含むのかで立場の違いがみられる。この両者のなかで、ソーシャルワークの領域においては、実践的な課題という意味ではともかくとして少なくとも理論的、概念的には、後者の立場よりも前者の考え方が優勢である。その背景としては、フォーマル・サービスのみでは広汎な人間のニーズのすべてを充足することは難しいという認識が強まったことに加え、どうしても官僚的になりがちなフォーマル・サービスに対する反省があることが無関係ではないだろう。そこから、既存のフォーマル・サービスに対する「別のあり方」（オルタナティブ）として、ソーシャルサポート・ネットワークのインフォーマル性が強調されていった事情もある（成富 1986）。このオルタナティブ性を強調するのであれば、やはり両者を概念的に区別しておく必要がある。先にあげたガーバリーノも、ソーシャルサポート・ネットワーク論が、援助者（専門職）と援助を受ける者（クライエント）の二者で構成された援助関係を前提にする伝統的なフォーマル・サービスに対しての、異議申し立て（オルタナティブ）を提供する理論であることを強調している（Garbarino 1983）。

　このように理論的、概念的には、インフォーマル性が重視されているという結論になりそうなのではあるが、すでに見てきたようにソーシャルワーク実践の観点からいえば、ソーシャルサポート・ネットワークにはインフォーマル性が前提になっていることを認識しつつも、実践範囲をそれだけ限定してしまうことは有益とはいえず、むしろ有害でさえある。多くの論者が、インフォーマル、フォーマルの統合を強調し、その観点からインフォーマルな

ものにソーシャルサポート・ネットワークを限定する立場を批判することの理由は、結局はこの点に行き着くことになる。

　ただ、だからといって、実践レベルでの一体化、総合化と理論レベルのそれを同列的に扱う点も疑問は残るところである。たとえ、ソーシャルサポート・ネットワークをインフォーマルなものに限定するにしても、その有する「力」とその限界を十分に認識し、他（フォーマル）のネットワークの「力」を活用しながら、前者の「力」を補強、あるいはその限界を補っていく実践が欠かせないといえるだろう。つまり、介入レベルでの扱いと理論的な扱いは区別しておくということが本書の立場になる。インフォーマル、自然発生的な視点を強調することには、先述したようにより能動的な利用者像がそこに含有されていたことも想起しておくべきであろう。専門職による人工的介入が前提となるフォーマル・サービスの利用では、利用者は受け身になりがちであり、そうした利用にあたってのネットワークの持ち主の心理形態の相違、あるいはケア選好（山口ほか 2008）という観点からも、概念的区別の必要性は無視すべきではない。

　ここまで、ソーシャルサポート・ネットワークについてはさまざまな見解があることを紹介してきた。そこからは、この概念が非常に曖昧であり、使う人によってとらえている内容が大きく異なる可能性があることが窺い知れるだろう。このことは換言すれば、ソーシャルワークにとってソーシャルサポート・ネットワークは成熟した概念ではないことを意味している。こうしてみると、ソーシャルサポート・ネットワークという概念に対してロマンティックな見方を取ってはならないという警鐘（Gottlieb 1983）には十分耳を傾けたうえで、ソーシャルワーカーは十分注意してこの概念を使う必要があると思われる。

第3節　ソーシャルサポート・ネットワーク概念の起源と発展過程

1　源流としての古典的研究

　多くの論者が指摘しているように、インフォーマルなサポート源を重視

し、それらへの働きかけを介入戦略のなかに取り組んでいくような視点は、ソーシャルワークの誕生以前の諸活動から引き継いできた重要な財産であるといえる。L.マグワァイアが指摘するように、家族、親類あるいは近隣の関係を活用しようとする発想は早くもソーシャルワークが誕生する前に生まれていたのである。何よりも、慈善組織協会（COS）の活動家自身がその活動を「友愛訪問」と称し、よき友人、言い換えればインフォーマルなサポートとしての接触を重視していた。このように、ソーシャルサポート・ネットワークを重視する思考は、概念化は果たされていなかったかも知れないが、ソーシャルワークの長い伝統のなかに深く組み込まれていたといえるだろう。こうした姿勢が薄らいでいくのは、個人の心的内界を重視するアプローチが導入されていった 1920 年代初めであるといわれている（Maguire 1980）。

　心理偏重アプローチの隆盛の下では、小松がいうように、このソーシャルワーク誕生以前から継承した財産は充分に活かされることなく、長きにわたって蔵の中に仕舞い込まれていたのである（小松 1986）。そして、その必要性は認識されはしつつも、なかなか陽の目を見る機会は少なかったといえるだろう。こうした視点が再び脚光を浴び、一つのアプローチとして展開し始めるようになるのは、ようやく 1970 年代半ば以降になってからであるとされている。

　ソーシャルワークのなかで再びインフォーマルなサポート源に注目が寄せられるようになった背景には、文化人類学、社会学、心理学、社会精神医学などの周辺領域で関連する概念が提唱されて発展し、それらがソーシャルワークにも紹介されるようになったという事情がある。以下に、B.ゴットリーブ、久田満、小松、南裕子、大谷信介、および A.ボーなど著名な研究者の説明、特にボーのそれに依りながらソーシャルサポート・ネットワークの理論的な発展を追ってみたい（Gottlieb 1983；久田 1987；小松 1986；南 1986；大谷 1995；Vaux 1988）。

　ソーシャルワークから離れるが、社会学の古典を読めば、ソーシャルサポートや社会ネットワークについて、それらは概念化こそされていなくてもその重要性が古くから認識されていたことに気づく。例えば、19 世紀末フ

ランスの社会学者 E. デュルケム（Durkeim, E.）はその代表的著作である「自殺論」のなかで、家族、コミュニティ、教会などとの社会的紐帯が社会的役割や規範の解体にともなって弱体化していったこと、そして社会的紐帯が弱い人ほど自殺率が高くなる傾向を見いだした。このデュルケムらによって学問としての基礎が固められ、その後 20 世紀に入って発展期を迎えた欧米の社会学が特に関心を寄せたのは、産業化と都市化が社会的統合に与える影響を分析することであった。例えば、農村部における対面的、多面的でパーソナルな対人関係と、都市生活で支配的な非人格的、特殊化されたフォーマルな対人関係の対比を浮き彫りにした G. ジンメル（Simmel, G.）や、米国の大都市に移住したポーランド農民が伝統的なコミュニティとの紐帯を切り離された場合、次第に逸脱行為に走る姿を描いた W. トマスと F. ズナニエツキ（Thomas, W. & Znaniecki, F.）らがその代表である。

　このように古くからアイデアとしては存在していたのではあるが、具体的にソーシャルサポート・ネットワークのルーツとなる考えが提唱され始めたのは、第二次世界大戦後になってからである。まず、1954 年にノルウェーの島民の生活を観察していた社会人類学者の J. バーンズ（Barnes, J. A.）は、階級でも集団でもない人々の絆が存在していることに気づいた。その絆は不定形で境界をもたない反面、そこに所属しているという意識はメンバーに強く認識されており、バーンズはこれを社会ネットワークと呼んだのである。バーンズより以前に、A. ラドクリフ＝ブラウン（Radcliffe=Brown, A. R.）が社会構造を「存在している社会関係のネットワーク」という比喩的な表現を用いたことはあったが、単なる比喩ではなく実体を示す概念としてこの言葉を用いたのは彼が最初であるとされている。

　その後、1957 年に E. ボット（Bott, E.）がロンドン居住の夫婦より得られたデータをもとに、夫婦それぞれの社会ネットワークの連結度と夫婦の役割分担における分離の度合との間に関係があることを示し、この用語が広く知られるきっかけを作った。こうしたバーンズやボットの先駆的な研究を引継ぎ、社会ネットワーク研究の飛躍的な発展を実現したと言われているのが J. ミッチェル（Mitchell, J. C.）である。彼女は、1969 年に出版された研究書のなかで社会ネットワークに「ある特定の個人間の特定のつながり」という

定義を与えたが、これは今日に至るまで多くの社会ネットワーク関連の文献に必ずといっていいほど触れられているものである。

また、心理学の分野でも身近な人々との関係が、個人の心理状態や精神的発達に大きな影響を与えることについては早くから認識されていた。例えば、20世紀はじめにS.フロイト（Freud, S.）によって創設された精神分析では、神経症などの精神的な問題は、子ども時代の、それも早期における社会関係（特に両親との）に起源があると仮定している。フロイトの後継者たちにもこうした考え方は受け継がれており、不安とは根源的に孤立と救援無縁の感情であり、他者からの愛情、依存、力を獲得することでその解消が果たせるという1940年代のK.ホーナイ（Horney, K.）の考えや、自尊心は対人関係（特に母子関係）を基礎にして形成されるのであり、それは他人から自分はどう見られているかによって構成されていくという1950年代のH.サリバン（Sullivan, H. S.）の主張に導かれていく。

子どもの精神的発達に対する対人関係の及ぼす影響は多くの理論によって強調されているが、その代表的なものは1960年代にJ.ボウルビィ（Bowlby, J.）によって提示された発展してきた愛着（attachment）理論であろう。この理論によれば、子どもは乳児時代に特に母親との間に培われた愛着関係と安心感をとおして、子どもの世界に対する基本的信頼感を形成していく。こうした考え方は、F.ハーロー（Harlow, F. H.）によるアカゲザルを使った実験などによって実証されており、愛着関係を築く機会が何らかの原因で剥奪された場合には、子どもが成長した後に他者との交流、友人作り、あるいは親としての務めを果たすうえで重大な支障を来すことが知られるようになった。

2　資源としてのネットワーク論

以上、幾つかの論者の説明をもとにしながら、主な古典的研究について述べてきた。ところで、社会学領域に絞ってみても、その後において社会ネットワークを分析手段とする研究はさまざまな分野で展開されていくことになる。その中でも、ソーシャルワークにおけるソーシャルサポート・ネットワーク論を考えるうえで無視してならないのは、大谷信介が「資源としての

ネットワーク」と位置づけた研究の潮流であろう。この流れに連なる諸研究は、社会ネットワークの構造的な特性が社会的な目標達成、能力あるいは意識などに影響を与えているという観点から議論を進めていく点が特徴になる。その代表的な社会学研究の一つとして大谷があげているのが M. グラノヴェッター（Granovetter, M.）の「弱い紐帯の強さ」というパラドキシカルな表現で知られている仮説である（大谷 1995：23）。

　グラノヴェッターがボストン郊外で行った調査から、弱い紐帯（接触頻度が少ない他者とのかかわり）と強い紐帯（接触頻度の多い他者とのつながり）を比較した場合、後者よりも前者のほうが就職につながる情報獲得のルートとしてより有効に機能していたことが報告されている（Granovetter 1973：1371）。すなわち、転職者にとって、頻繁に会う人よりも、稀にしか会わない人を通じて職を見つける傾向が示されたのである。一般的にいえば、ある個人が頻繁に会う人々というのはその個人とさまざまな点で類似している傾向があり、これは「同類原理 homophily principle」と呼ばれているものである。そして、強い紐帯をもつ人々は、実はこの原理にしたがって、強い凝集性を有した一つの社会的サークルに所属していると想定し得る。その一方で、弱い紐帯とはこれらの社会的サークルどうしを「橋渡しする機能 bridging function」を有していると考えられている。ここにグラノヴェッターの仮説が成立する根拠が存在している。つまり、弱い紐帯をとおして、自分の所属する社会的サークルで得られない、他のサークルに存在する就職情報にアクセスすることが可能になってくると考えられる（平松 1990；渡辺 1991）。安田雪によれば、この関係はいわば仲介者（ブローカー）としての機能を果たしているのであり、こうした関係が多いほど選択肢がそれだけ豊富に用意されていることになるという意味で、当該ネットワークの持ち主にとっては有利に働くものと推測される（安田 1996：40-1）。

　もっとも、グラノヴェッターの仮説は必ずしも成立しないという指摘もなされているが（大谷 1995；渡辺 1991）、それにしても、個人の社会ネットワークのあり方が就職情報の獲得に影響を及ぼしているという視点は、まさしく社会ネットワークを個人にとっての資源（群）としてとらえているといえるのであり、後述するようなソーシャルワークにおけるソーシャルサポー

ト・ネットワーク論を成立させる諸研究、すなわちソーシャルサポート・ネットワークのあり方がサービス利用者の問題やその解決に影響を与えているという視点とは、底流で共通していることを認識せざるを得ない。それらはまさしく、大谷がいう「資源としてのネットワーク」研究に所属しているのである。

　また、アーバニズム研究の観点からは、社会ネットワークの異質性が高いほど、すなわち異質な人間とのかかわりが大きいほど、従来のしきたりに拘泥することは少なく、非通念的、コスモポリタン的な意識（例えば、能力が高ければ出身地にこだわらない等）が高くなる傾向が調査を通して明らかにされている（大谷 1992）。この種の知見も、社会ネットワークのあり方が個人に影響を与えているとする視点を内包しているものと把握することができるだろう。その意味でも、ソーシャルワークにおけるソーシャルサポート・ネットワーク論の基本的な発想と軌を一にする部分があることが認められる。

　一方、地域社会学においても社会ネットワークが重要なタームとして位置づけられており、例えば、B. ウェルマンらによる「コミュニティ・クエスチョン」をめぐる研究についても、後述するバークレイ報告の内容を考えてみれば、そのもつ意義は決して忘れてはならないものである。カナダ・トロント大学のウェルマンらによれば、産業化や官僚制化による社会的分業の進展によって、人間関係のつながり（すなわち、社会ネットワーク）がどのような影響を受けたのかという疑問（community question）については、大きく三つの見解があるという。一つ目は、社会的分業の結果、人間関係が希薄化してしまい、共同性が失われてしまったとするコミュニティ消失（community lost）説、二つ目は、こうした社会変動にもかかわらず、これまでの人間関係は強固に存続し続けていると見なすコミュニティ存続（community saved）説、そして、対人関係の広がりが近隣や職場といった従来考えられていたような狭い範囲にとどまらず、そうした制約を超えて広がった緩やかネットワークが形成されているとするコミュニティ解放（community liberated）説である。

　ウェルマンらがトロント市で調査を行った結果、上記の三つの見解の中でもコミュニティ解放説がもっとも適切であると結論づけている（Wellman

1979; Wellman & Leighton 1979)。社会ネットワークをコミュニティと見なしている点がウェルマンらの調査研究の特徴ともいえるが、それにしても、社会ネットワーク＝コミュニティも時代の変遷と共に変化している存在であるがよく示されているように思える。それと同時に、コミュニティを取り巻く環境の急激な変化にもかかわらず、依然としてコミュニティ＝社会ネットワークが存続し、そのあり方が個人の生活に影響を与えているという知見は、バークレイ報告多数派報告の主張に重なる部分が大きい。

3　ソーシャルワークにおける源流

　さて、ここまで述べてきた先行研究、特に社会学や心理学の諸研究の基盤の上に、後に、対人支援分野におけるソーシャルサポート・ネットワーク論を形成するうえでの一つの底流を成し、その理論的形成に直接的な影響を与えることになったのがストレスに関する研究である（なお、ここでいうストレスはサービス利用者のそれが想定されている。ソーシャルワーカーのストレスとの関連については次章で述べたい）。すなわち、社会的ケア提供プロセスにソーシャルサポート・ネットワークのアイデアを活用していこうとする関心は、ストレスに対する非適用的反応のマーカーとしてソーシャルサポートのもつ重要性の認識、およびコミュニティをこれらのソーシャルサポートを提供し得る存在として把握する認識と合流する形で生まれてきたという指摘がされている（Timms 1983）。そして、この面でパイオニア的な役割を果たしたのが疫学者のJ.キャッセルであった。

　キャッセルは、社会解体のなかで重要な他者から適切なフィードバックを得られなくなったり、あるいは混乱したフィードバックしか得られなくなったりすると人は不健康に陥ると考えた。しかし、すべての人が社会解体のなかで不健康に陥るわけではない。キャッセルはそこに健康保護的とでも呼ぶべき社会・心理的過程が働いていることを示し、そのなかでソーシャルサポートがストレスを緩和し、クッション役を果たす防御因子として機能していると述べている。こうしてキャッセルは、環境から生じるストレスの影響を軽減する試みとして、ソーシャルサポートの活用を奨励したのである（Cassel 1974）。

キャッセルの研究を地域精神保健運動に導入し、「サポートシステム論」を展開したのが G. キャプランである。キャプランは、日常生活のなかで直面するさまざまなニード、状況的な危機および発達的な危機に対処して個人の安寧を達成するためにサポートシステムが果たす役割を強調している。そして、専門家はこのインフォーマルなサポートシステムを活用し、その力を向上させ、あるいは新たに構築し、これらと連携を取っていく役割を果たすべきであることを述べている（Caplan 1974＝1979）。ここにソーシャルサポート・ネットワーク論の基礎的な形成が果たされたことを認めることができるであろう。1975 年に入って、G. エリクソンが、早くも家族支援の分野においてネットワークを取り上げて、その実践上の意義と課題を論じている（Erickson 1975）。

　キャプランの考え方には、ソーシャルサポート・ネットワークの時間的変化という視点は入っていなかったが、これに対してライフコース研究の視点を取り入れながら「コンボイ」の概念を提示したのが、これまで何度も触れたカーンとアントヌッチである（藤崎 1998）。コンボイとは「護送船団」というニュアンスで使われており、「愛情」「評価」「補助」を提供する人々の集まりである（図 2-1）。

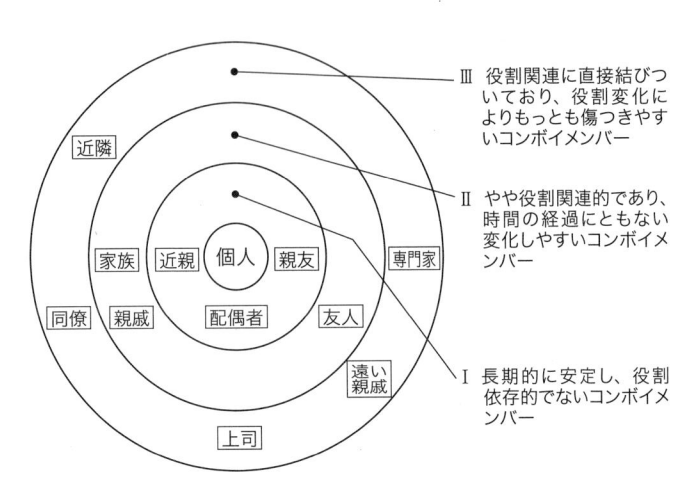

図 2-1　カーンとアントヌッチによるコンボイ・モデル

出典：藤崎宏子（1998）17 頁より引用

このコンボイの構成内容はライフコースの変遷にともなって変化していくが、その人のもつ「役割」に関連して変化しやすい部分と「役割」にほとんど依存せず安定的にコンボイのメンバーとしてとどまり続ける部分に分かれる。図2-1に則していえば、円の中心のサークル（Ⅰ）部分ではその個人がどのような「役割」に就こうが変化しにくいのに対して、周辺部のサークル（Ⅲ）では、例えば組織における地位などと密着に関連しており、その地位に就かないと発生しないという形で「役割」に強く依存した関係であるといえる。このコンボイの概念には専門家も含まれており、インフォーマル性をソーシャルサポート・ネットワーク最大の特徴と見なす他の見解と異なっている。しかし、時間と役割という視点をそこに取り入れ、個人の環境に存在するサポート源は人のライフコースの移り変わりに応じて絶えず変化していく動的な存在であることを示したという意味で、コンボイ概念が提示された意義は非常に大きなものであろう（藤崎1998）。

　こうして1970年代から80年代にかけて、ソーシャルサポート・ネットワークやそれに類似した概念が徐々に理論として形成されていくが、それらは「資源としてのネットワーク」研究の系譜に連なるものとして考えられる。そして、それらは次第にソーシャルワークの中にも浸透していくことになる。最終的に、ソーシャルサポート・ネットワークの考え方をソーシャルワークに導入していくことが避けられないことを強くアピールし、ソーシャルワーカーの中でも大きな論争を呼んだのが、ソーシャルワーカーの役割と任務に関して英国で公表された1982年に「バークレイ多数派報告」であった。同報告は、コミュニティに存在している各種のインフォーマルなサポート源を活用し、その機能を高め、あるいはそれらを新たに開発、創出していくことを「社会的ケア計画」と呼び、それをカウンセリングと並ぶソーシャルワークの重要な要素であることを示した。そして、危機にある人々が利用できる資源の大部分はソーシャルサポート・ネットワークに存在しているとし、「コミュニティの人々がお互いに与え合う社会的ケアの重要性は、いくら評価しても評価しきれない」（National Institute for Social Work 1982=1984：266）とその重要性を強調している。そのうえで、「われわれは、社会的ケアを提供する対人社会サービスが公式的基盤においてインフォーマ

ルな非公式ネットワークから孤立せず、親密な理解をもって協働することは非常に重大であると確信」(National Institute for Social Work 1982=1984：269) していると述べている。

バークレイ多数派報告の提言は、英国のみならず国際的にも大きな議論を呼び起こすことになったが、同報告のいうコミュニティ・ソーシャルワークを擁護するのかどうかは別にして、1980年以降はソーシャルサポート・ネットワークについて取り上げた研究が多く報告されるようになっていった。その影響は日本にも及んでくることになるが、日本のソーシャルワークにおいてこの考え方(類似の概念を含めて)に基づく研究が報告されるようになったのは既述したとおり1980年代半ばであるといわれている(山手1996)。

4　ソーシャルサポート・ネットワーク論導入の背景

では、なぜソーシャルサポート・ネットワーク論はソーシャルワークのなかに受け入れられていったのだろうか。この点については、児島美都子は「むしろ資本主義が高度に進むなかで壊されてしまった家族や地域での社会関係を新しく構築することを意図する側面」(児島1987：2) があることを強調し、ソーシャルサポート・ネットワークを地域での社会関係を再構築する方法技術として受け入れられるようになったととらえている。確かに、そうした現代的課題に対応すべくこの概念が受け入れられていった側面があることは否定できない。

その一方で、ソーシャルワークが保持してきた伝統とよくマッチすることをその理由にあげている研究者もいる。例えば、K. エルは、ソーシャルサポート・ネットワークの考え方はソーシャルワークにおいては伝統的な主題と同一のものであることを指摘し、個人とその環境である社会ネットワークとの間で適切な一致(goodness-of-fit)が得られるようにすることは、専門的な支援を提供することに加えてソーシャルワークの日常活動のゴールであると述べている。そして、ソーシャルサポート・ネットワークをソーシャルサポートが交換される場として位置づけることによって、単に利用者の個人的な特性のみに目を向けるのではなく、ソーシャルサポートの流通が阻害さ

れたり、社会ネットワークを弱体化させたりするような社会的、組織的状況などの環境面にも目を向けることが可能になるとエルは指摘している（Ell 1984）。

このエルの説明は、同時にソーシャルワークに生態学的側面が導入されていったこととも無関係でないことを示している。横山も、ソーシャルサポート・ネットワークが導入された背景として「個人を取り巻く環境よりも個人の人格や心理的側面への働きかけに傾斜しすぎたことの反省」（横山 1995：249）があったことを指摘している。明らかに、ソーシャルサポート・ネットワークの考え方は、環境的側面を重視したシステム・アプローチやエコロジカル・アプローチとその出発点を共有しているのである。ウィッテイカーらが、ソーシャルサポート・ネットワークのソーシャルワークへの導入がクライエントの環境に含まれる諸々の重要人物を考慮に入れて、それらの活用を意図したものであったという指摘を行っているのも（Whittaker et al. 1988）、サービス利用者に対する環境からの働きかけを強化するという意味で生態学的な視点がよく具現されていることを示している。

このようにソーシャルワーカーたちのなかで、環境重視の視点を取り戻そうとする機運が強まっていくにつれて、社会学やコミュニティ心理学の分野で登場してきた社会ネットワークとソーシャルサポートという概念が相次いでソーシャルワークに紹介され、個人の健康状態などに対するそれらの影響が知られるようになっていくのである。ソーシャルワーカーたちは、自分たちが改めて注目を寄せるようになった個人と環境との関係を理論化し、そこから効果的な介入方法を紡ぎ出していくための格好の材料として、これらの概念を大いに歓迎したことであろう。

加えて、先に「インフォーマルのみか、フォーマルも含むのか」の箇所で述べたように、専門職であるソーシャルワーカーが法制度に則してクライエントを支援するという伝統的な援助枠組みの支援だけでは、クライエントのQOL向上と維持にとっては限界があるという認識が広まったことも一つの要因になっている。こうした認識をソーシャルワーカーたちに共有させていくうえで、セルフヘルプ運動や自立生活（IL）運動が果たした功績は非常に大きなものがあったと思われる（Whittaker et al. 1988：48）。

以上のような見解をまとめる形で、先のウィッテイカーらは、ソーシャルワークにおいてソーシャルサポート・ネットワークに関心が寄せられるようになった理由をまとめているが、その要点は以下のとおりである。

① エコロジカルな視点からクライエントの問題に接近できること
② ソーシャルサポートがクライエントの精神的・身体的健康に与える有益さが実証されてきたこと
③ これまでの社会福祉プログラムがインフォーマルな援助資源を見落としたり、過小評価してきたりしてきたことに対する反省
④ ソーシャルワークの役割を再概念化するうえで、ソーシャルサポート・ネットワークとのかかわりをその範囲に含めざるを得ないこと
⑤ クライエントとソーシャルサポート・ネットワークとの関係が、援助効果の継続においても重要な意味を有していることが明らかになったこと

　また、上記とは別に牧里は、地域福祉の展開を踏まえて、日本においてソーシャルサポート・ネットワークが必要とされるようになった背景を次のようにまとめている。その要点は以下のとおりである（牧里 1993：234-9）。

① 在宅福祉の重要性が広く認識されるようになったこと
② 住民やボランティアなど素人の援助活動参加
③ サービス利用者の主体性確保が援助理念として重要視されるようになったこと
④ 在宅福祉サービスなどへのアクセス権の確保する必要性が高まったこと
⑤ サービス利用者が自分なりに他者とのつながりを築いていく傾向が強まり、それが管理社会に対するアンチテーゼとして受け入れられるようになったこと

　こうしてみると、ソーシャルサポート・ネットワークが重視されて受け入

れられるようになった背景は決した単純なものではなく、実に、さまざまかつ雑多な要因が複雑に重なった結果であることが理解できるであろう。いずれにせよ、ソーシャルワークを取り巻く実践状況が大きく変化したことと、それを受けたソーシャルワーク自体の自己進化があったことは指摘できる。このことは逆説的にいえば、ソーシャルサポート・ネットワークという概念は、ソーシャルワークという一本の木に複雑に絡み合って一体化しており、両者を無理に引き離したくても離せないというような関係になっていることを物語っているように思われる。

第4節　問題理解の視点と介入技法

　ソーシャルサポート・ネットワークの視点から、サービス利用者の問題はどのように理解され得るのだろうか。まず、ストレスとの関係については、安定したソーシャルサポート・ネットワークが存在しなければストレスが発生するし、あるいは何らかの理由によって既存のソーシャルサポート・ネットワークが断ち切られることがあればそれによってもストレスが起こり得る。これとは逆に、ストレスやそれを引き起こすような出来事（ライフイベント）の結果として、ソーシャルサポート・ネットワークが破壊されたり、縮小してしまったりすることも考えられる。このように、問題（ニーズ）発生とソーシャルサポート・ネットワークとの関係は、決して単純な因果関係ではなく交互的なものであると考えられている。そして、サービス利用者の抱えるニードの内容は個々に応じて異なっていても、その充足のためには環境に存在する諸資源（environmental resources）が必要である点では共通であるという認識に立ち、これらの諸資源の一つとしてソーシャルサポート・ネットワークを位置づけている（Hepworth & Larson 1993）。ここからも、ソーシャルサポート・ネットワークという発想そのものが「資源としてのネットワーク」論に連なっていることが理解できる。

　ソーシャルワークでは、以上のような視点に立って、サービス利用者のもつソーシャルサポート・ネットワークを把握することは、アセスメント、介入戦略の立案および事後評価の各段階において必須の作業になってきてい

る。特に、ネットワーク特性の測定、すなわちアセスメントは介入戦略構築のためにもそれに先だっての必須作業であり、それによって必然的に介入の内容はテーラーメードとなる（Pinto 2006）。

この測定ツールとして、ソーシャルワークのなかで特に広く用いられているものがA. ハートマンによって開発されたエコマップ（eco-map）であろう（Hartman 1978）。エコマップは児童福祉や家族福祉の分野で、家族がもつさまざまな関係を視覚的に描くことを意図して考案されたものであるが、個人のソーシャルサポート・ネットワークとフォーマルな専門職やサービス機関との諸関係の描写にも使われている。また、E トレーシーらによって開発された「社会ネットワーク・マップ」も比較的よく知られているツールの一つである（Tracy & Whittaker 1990; Tracy & Abell 1994）。ただし、エコマップや社会ネットワーク・マップは、その人を取り巻く環境の構造的側面に主たる焦点を置いたものなので、それだけでは環境のもつ機能的側面（ソーシャルサポートや専門サービス）の詳細については十分把握しきれないという限界がある。

介入技法については、ソーシャルサポート・ネットワークが家族、友人、近隣関係などを含みその構成は複雑であることから、自助グループの活用なども含めて多面的なアプローチ（multifaced approach）にならざるを得ない（小松 1986）。したがって、ソーシャルサポート・ネットワークを念頭に置いた介入技法には唯一無比のものなどは存在しないことになり、これまで多くの研究者によってさまざまな技法が提唱され、それらの分類も試みられている。例えば、R. シリングはソーシャルサポート・ネットワークを念頭に置いた介入技法として以下の3点をあげている（Schilling 1987）。

① 新しいソーシャルサポート・ネットワークを作る
② すでに存在しているソーシャルサポート・ネットワークの強化
③ サービス利用者が自らのソーシャルサポート・ネットワークを強化できることを意図したソーシャルスキル・トレーニング

また、田中宏二らは、ソーシャルサポート・ネットワークを念頭に置いた

介入は、ソーシャルワークに限定されず、健康心理や臨床心理（家族療法、行動療法、学生相談など）においても実施されているが、それらは大きく「ソーシャルサポートを獲得する」ことと「ソーシャル・ネットワークを拡充する」ことの二つに分類できることを述べている。そして後者はさらに、「ネットワーク成立の機会を提供する」方法と「ネットワーク成立の能力を獲得する」介入に分類される。そのうえで、彼らはソーシャルワークの介入として、家族療法などの知見に裏づけられた臨床的な「ネットワーク介入」、組織管理的な「ケースマネジメント」、そしてシステム介入である「システム開発」の三つをあげている（田中ほか 1996）。

　ここでは、シリングの見解を参考にして、大きく三つに分けて分類してみたい。一つは、既存のソーシャルサポート・ネットワークを拡充させたり、新たなもの構築していこうとしたりするもので、シリングの分類の①に相当する。第1章で述べたように、ネットワーキングといった場合の一つ目は、利用者レベルにおいてはこの意味に相当するものである。二つ目は、シリングの分類の②に該当するもので、既存のソーシャルサポート・ネットワークを強化、あるいはその持てる能力を維持させていくところに力点を置く。これは、D.ミルンが提唱している「社会療法」などがその代表である。そこでは、ミルンがいうように「ソーシャルサポーター（介護者をケアする人々）」（Milne 1999:3）の能力を促進していくことを意図している点が大きな特徴になっている。ただし以上二つのタイプの技法では、利用者本人の環境に含まれるソーシャルサポート・ネットワークを自主的に活用していく利用者の能力が不十分な場合は効果が得られない可能性がある。例えば、精神障害者や孤立したシングルマザー等が自らのソーシャルサポート・ネットワークを活用することを願っても、そのために必要となる知識、経験や技術が不足していることがある。そこで、その種のスキル獲得を促進していくことによって、強化されたり、新たに構築されたソーシャルサポート・ネットワークを自らの判断と自らの力で運用していくことが可能になったりするものと考えられる。その意味では、スキルトレーニングが、一つ目（利用者レベルのネットワーキング）と二つ目の技法と一体的に活用される必要があるだろう。

　そして三つ目は、ソーシャルサポート・ネットワークを「治療」に活用し

ていこうとするタイプの介入技法で、その代表はR.スペックらによって開発された「ネットワーク療法」であろう（Spech & Rueveni 1969）。もっとも、スペックらは、「病気モデル」と「治療者モデル」を排することをネットワーク療法の基本視点であることを強調しているので（緒方ほか 1995）、「治療」という表現は適切ではないかも知れない。しかし、主に不登校やアルコール依存症などの問題をもつ人を対象に、その問題改善を図るというその特徴を考えれば、やはり「治療」という言葉がふさわしいようにも思われる。

さて、このネットワーク療法とは、サービス利用者の家族をはじめとした主たるソーシャルサポート・ネットワークのメンバーを1カ所に集め（network assembly）、それをチェンジ・エージェントとして活用するグループ療法である。V.クルシェッドとJ.オレムは、上記の手法に加えて、インフォーマル・ネットワークと専門職チームを交えた特定の利用者への支援を検討する場である「問題解決ネットワーク・ミーティング」、利用者の社会ネットワークを維持、変化、新規構築を果たす「ネットワーク構築」を紹介している（Coulshed & Orem 1998:224-9）。日本でも、不登校児を対象としたネットワーク療法の実践が報告されてきた（緒方ほか 1995）。しかし、ネットワークのメンバーを全員招集（full scale assembly）すれば50人を越えるときもあってその運用が難しいことから広まっているという印象は乏しいのが実状である。

以上のように、シリングによる分類を紹介したが、それ以外にもさまざまな研究者の分類が日本のソーシャルワークに紹介されてきた。しかし、その分類内容については必ずしも一致しているわけではなく、統一的な見解も示されていない。こうした現状では、そこに概念上の曖昧さが加わることもあって、ますますの混乱を招くこともあり得る。ただし、分類が如何なるものになろうとも、ソーシャルサポート・ネットワークは決して万能なのではなく、その置かれている状況に応じて適切な介入方法がとられなければならないという点（このような考え方はコンティンゲンシー理論と呼ばれている）は明示しておくべきだろう。このコンティンゲンシー理論に基づいていると思われる分類としては、G.オースランダーとH.リトウィンのモデルがある。

オースランダーらは、サービス利用者が現に所有しているソーシャルサ

ポート・ネットワークの機能に影響（強化、変容、方向づけ）を与えるような、あるいは以前には存在していなかったソーシャルサポート・ネットワークを新たに創出したり、それへの接近可能性を改善したりするような専門職による計画的実践活動を、ネットワーク介入と呼んでいる。このネットワーク介入の内容を区分するために彼らが用意した軸は、ソーシャルサポート・ネットワークの「有用性 availability」と、ソーシャルサポート・ネットワークを活用すればサービス利用者が抱える問題が改善される得るものかどうかを示す「問題適格性 amenability」の二つである。この二つの軸を交差させて得られる状況毎にソーシャルワーカーの支援内容が異なってくるというのがオースランダーらのモデルになる。

　第一のタイプは、有用性も問題適格性も確保されている場合である。オースランダーらがあげている事例は定期的に短時間の見回りを必要とする在宅高齢者で、そのニードはソーシャルサポート・ネットワークによる対応が適格な問題であると考える。かつ、そのソーシャルサポート・ネットワークを構成する近隣も、十分その課題を果たし得る力を有しているようなケースである。この場合ソーシャルワーカーの役割とは、近隣がもっている能力をアセスメントし、それを活性化させていくことであるとされる。第二には、短時間の見回りが必要な高齢者がいるにもかかわらず、その近隣が見回りを拒否しているようなケースである。この場合には問題適格性は満たされているが有用性が存在しない。そこでソーシャルワーカーは、例えばボランティアの友愛訪問活動のようなプログラムをとおしてソーシャルサポート・ネットワークの他の部分を活用し、ネットワークのサポート性を創出していくことが重要な役割となってくる。第三には、障害をもつ高齢者をその子どもが介護しているようなケースが相当する。この場合は、ソーシャルサポート・ネットワークを補完すべくレスパイト・サービスなどのフォーマルなサービスの利用が不可欠になってくる。そうすることで、ソーシャルサポート・ネットワークが陥る疲労を予防していくことがソーシャルワーカーの役割となってくる。最後に、第四のタイプとしてオースランダーらがあげているのは、アルツハイマー型認知症をもった独居高齢者の事例である。そのようなケースは、入院しての治療といった公的サービスを利用していくことが支援

として何より優先されるだろうとされる（Auslander & Litwin 1987）。

　オースランダーらのモデルでは、彼らがあげた基準である有用性と問題適格性はいずれも大まかな概念に過ぎず、その意味では彼らの分類も厳格性には欠けるという批判は成り立ち得るだろう。さらにいえば、状況に合わせてネットワーク介入方法の選択が可能になるほどの知識を、ソーシャルワークは未だ持ち合わせていないことは指摘しておくべきかも知れない。また、既述したように「マイナスのサポート」の存在をどのように介入戦略に反映させていくのかという問題に対しても、上記のモデルは充分な解答を持ち合わせていない。さらに細かいことをいえば、友人や近隣を巻き込む形で何らかの介入を実施するとしても、そうした人たちのなかでサービス利用者の秘密保持を如何にして可能にしていくのかといった課題も残されている（横山 1992）。

　このように、オースランダーらのモデルにしてもさまざまな制約が指摘し得るのではあるが、そのコンティンゲンシー的な捉え方は、ネットワーク介入とは唯一無比で、あらゆるケースに機械的に適用されるようなものではなく、それはサービス利用者の問題とそれを取り巻くソーシャルサポート・ネットワークの状況に応じて使い分けていく必要があることを私たちに教えてくれる。また、利用者レベルのネットワークの限界を踏まえて、フォーマルなサービスをも組み込んでいくという視点は、これまで指摘されてきたようにソーシャルワーク実践において重要になってくる点である。

第5節　残された課題

　ソーシャルサポート・ネットワークの考え方がソーシャルワークに本格的に取り入れられるようになってすでに30年以上が経つ。しかし、上に見てきたようにその概念整理について統一的な見解が示されていない状況は解消されたとは言えず、具体的な介入方法を講じるための前提となる実証的な知識も充分であるとは言えないままである。そのために、この用語が使われる際に使用者のイメージがそこに混在してしまう余地を与えてしまっているとも取れるのである。その結果、類似の概念との区別もつきにくくなり、ます

ます概念的な混乱に拍車がかかっていくことになる。

　こうした状況からは、少なくとも現状のソーシャルサポート・ネットワーク論に対してソーシャルワークは過大な期待を寄せるべきではないだろう。同時に、だからといってそれを軽視、あるいはまったく省みないという姿勢も明らかに間違っていると断言できる。何故なら、ソーシャルサポート・ネットワークの考え方は「人と環境とが交互作用する『共有領域』(interface)に焦点を置いて両者の適合 (person-environment fit) をはかっていく（中略）その独自性を開発していくうえで社会的支援ネットワーク・アプローチは重要な貢献」(小松 1986：239) を果たし得る立場にあるからである。そこで、ソーシャルワークがソーシャルサポート・ネットワークをその実践に資すべきものにしていくために、今後において果たしていくべき幾つか課題について以下に述べてみたい。

　最初に、ソーシャルサポート・ネットワークを考える際にジェンダー・バイアスがかかりやすい傾向が指摘されている点がある（藤崎 1998：242-3）。インフォーマルなサポート源といっても、高齢者や障害者を介護する家族の実態からも明らかなように、実質的には、母親、嫁、娘といった女性が大部分を占める。同様に、サービス提供側においても女性が大部分を占めている。杉本貴代栄らが指摘するように、そもそも社会福祉とは「女性の仕事」であるという認識が強い分野である。実際に、サービスの提供側にもソーシャルワーカーをはじめとした社会福祉施設従事者の内で76％を、また老人保健施設で看護・介護職員の88.3％、高齢者施設で直接介護にあたる職員の93％が女性であることが示されている（杉本 1997：2-6）。社会福祉やソーシャルワークそれ自体が、強いジェンダー・バイアスを顕在的にも潜在的にも有しているのである。日本はイギリス、アメリカの影響を受けながら社会福祉制度を構築していったのであるが、そもそもイギリス、アメリカ両国ともはジェンダー規範に基づいてその福祉制度を築き上げてきたのであって（今井 2012）、ソーシャルワークにおいてもまた然りである。ソーシャルワーカーといえども、ジェンダー規範から完全に自由になっていると自惚れることはできないであろう。

　したがって、安易にソーシャルサポート・ネットワークの強化といったス

ローガンや介入戦略をとると、それは結果的に、女性であるソーシャルワーカーが、ケアの役割をこれまで以上に女性に押しつけ、ジェンダーの格差をいっそう助長するということになりかねない。それでは、専門職たる女性が社会福祉にかかわるジェンダーの問題を助長するという皮肉な構造を生み出してしまうことになる。ジェンダーレスの視点と融合させた理論的発展が大きな課題たる所以である。少なくとも、ソーシャルサポート・ネットワークを論じ、あるいはそれと関連させての実践に取り組む場合には、ソーシャルワーカーが自戒しておくべき点である。

　そして次に、もっとも本質的な課題として、概念的、理論的な面での洗練化を果たしていく作業があげられるだろう。この概念をソーシャルワーク実践に適用して成果を上げていくためには、何より第一にそれ自体の概念としての整理を図ったうえで、第二にその理論的な精緻化を実現していかなければならないことはいうまでもない。かつて H. スペクトは、ソーシャルサポート・ネットワークの概念はソーシャルワーカーの視野を広げる意味で貢献することはできるが、かといってソーシャルワークのなかで何らかの結論を導き出すために用いるほどは充分に成熟していないことも指摘していた。その理由として、スペクトはソーシャルサポート・ネットワークと「安寧」（well-being）との関係が依然として不明瞭であることをあげて、この概念から「ソーシャルワーク実践に対するある種のロマンティックなイデオロギー」（Specht 1988=1991：254）が生じていると述べている。マッキンタイアが「正確な意味、あるいは注意深くテストされた概念、方法、測定手段というよりは、隠喩であったり類推であるといった方が似つかわしい」（McIntyre 1986：421）と指摘しているのも同様の事情を指している。

　スペクトやマッキンタイアが上記のような懸念を指摘してからすでに 30 年が経つのであるが、今日でもその払拭は完全に果たされたとはいえない。理論的成熟の不足とそれらからくる介入技法、測定方法の未発達を今後において如何に克服していくのかが、ソーシャルワークにおけるソーシャルサポート・ネットワーク研究の最大課題であろう。現状では、エコマップなどの使用にみられるように、特にアセスメントや評価の際に有用になる枠組みの一つという程度の位置づけに甘んじている印象が強いことは否定できない。

かといって、シリングが警告するようにソーシャルサポート・ネットワークのもつ力を過大評価することも危険であろう（Schilling 1987）。藤崎宏子は、高齢者や障害者を介護する家族などには現状でもその負担は大きく、ソーシャルサポート・ネットワークの活用という美名のもとに一層の重荷を背負わせてしまいかねないことを指摘している。同じく藤崎が、H. クレシと A. ウォーカー（Qureshi, H. & Waker, A.）から引用して注意を喚起しているように、コミュニティ（ソーシャルサポート・ネットワーク）に対するケアがあってはじめてコミュニティ（ソーシャルサポート・ネットワーク）からのケア提供が可能になるのであって、それなくしてソーシャルサポート・ネットワークをただ利用するだけでは何の利益にもならない。このコミュニティに対するケアのためには、マクロ的には、経済政策、雇用政策および家族政策といった広義の社会政策を充実させていくことが望まれる。こうしたマクロ・レベルでの充実無くしては、ミクロ的にどのような努力をしても限界が大きいものと考えられる（藤崎 1998：241）。介護の社会化を謳って登場しながら、家族介護力への依存を制度的に期待するという介護保険制度の「迷走」ぶりを見るにつけても、その観を強くすることになるのではないだろうか。したがって、ソーシャルサポート・ネットワーク支援を、社会福祉政策、あるいは社会福祉計画といったマクロ・レベルでのソーシャルワーク実践や各種社会政策に反映させていく作業、そしてそれらからのフィードバックを得ていくことで両者が相乗的に深化を進めていくことが求められるところである。

　以上と関連して指摘しておきたいのは、既述したように、フォーマルなサービス提供者との間に有機的な結合なくしては、ソーシャルサポート・ネットワークを念頭に置いた実践は十分な効果を達成し得ないという点である。しかも、単純に両者を直接的に結合するだけでは充分な成果を上げられない可能性が高いと思われるのである。例えば、ゴットリーブらが述べているように、インフォーマル・フォーマルの両セクター間で良好な連携関係を築き、それを特定個人への具体的な援助戦略に活用していくことには難しい側面が予測される（Gottlieb 1983）。なぜならば、インフォーマルなサポートは相互扶助を基本原理にしているのに対して、フォーマルな援助は明瞭な

手続きとルールを基礎にしているなど、両者の基本原理が異なっているからであり、こうした性格の相違ゆえに単純にミックスさせるような方法では両者の間に葛藤が生じるのは避けられない。

すでにこうした指摘は1980年代から行われており、例えば、P. ウィルモットはこれまでのさまざまな研究やプロジェクトを分析した結果、インフォーマルなケアとフォーマルなサービスとの連結は成功していないことを報告しているし（Willmott 1986）、M. セルチュアらも、インフォーマルなサポートと専門職との連携の必要性が強調されているにもかかわらず、その具体的な方法についてのガイダンスすらないことを述べている（Seltzer et al. 1987）。さらにH. リトウィンらが行った9カ国（欧米諸国とイスラエル）の比較調査でも、いずれの国においても高齢者を対象としたインフォーマル・フォーマル間の連携が存在して効果を上げているというような明白なデータを得られなかったことが示されている（Litwin 1996）。両者の連携＝総合化という点では、実践的な課題が残っているのである。

インフォーマル・ケアとフォーマル・サービスの統合に肯定的な論者であっても、両者における役割の違いがあることは認識されているようである。例えば、M. オルフセンはこうした役割上の違いを注意深く区別する必要性があることを指摘している（Olfsen 1986）。この役割上の相違が、利用者の心理的態度や選好に影響を与える可能性は否定できない。

そこで、ソーシャルサポート・ネットワークをフォーマルなサポート源と直接的に結合させるようなアプローチではなく、両者を相対的に別個の存在としてその独立性を尊重しつつ、ソーシャルワーカーを媒介者とした間接的な結合が望ましいとも思える。オルフセンは、それを「相互に重要な批判したり、それを継続することが可能となるような適度な距離」（Olfsen 1986: 21）がある状態だと表現している。こうした主張も、ソーシャルサポート・ネットワーク概念をインフォーマルなサポート源に限定すべきという主張に根拠を与えているといえる。

もちろん実践的には、両者の総合化が欠かせない点は明らかである。その意味では、例えば、山口麻衣らのケア選好に関連させた調査研究において、新興住宅地域居住者の方が、またケア規範意識が弱い方が、旧住宅地域居住

者やケア規範意識が強い方よりも、フォーマルなサポートを選好する傾向が見いだされたことが報告されている点などは、この総合化に向けての参考になるであろう（山口ほか 2008）。総合化におけるテーラーメードということを意識するのであれば、対象となる利用者の特性に応じた、インフォーマル、フォーマルな組み合わせ方も必要になって来ることは間違いない。

なお、先のオルフセンンのいう「適度な距離」とは、換言すれば、インフォーマルなソーシャルサポート・ネットワークとフォーマルなサービス提供者側のネットワークとが、ソーシャルワーカーを接点として有機的に結びつけられるような支援体制を構築していくことに他ならないと考える。こうした形で、サービス提供者サイドのネットワークとの関係を視野に入れて、それとを一体的に把握していくアプローチを検討していく方向性は、今後においてソーシャルサポート・ネットワークの理論的精緻化を図っていく際において十分検討に値するものであろう。

最後になるが、ソーシャルワークがソーシャルサポート・ネットワークを介入の対象と見なす以上は、たとえ概念的にそれをインフォーマルなものに限定したとしても、ネットワークはソーシャルワーカーによって介入操作される対象、というニュアンスを完全に払拭することは難しい点をあげておきたい。長崎が懸念しているように「当事者自らが社会生活を主体的に行うという視点のネットワーク形成」（長崎 2010：10）へと実際に到達することには、なかなかの困難がともなうのは間違いない。この点は、ソーシャルサポート・ネットワークのみならず他のソーシャルワークの手法全般においても当てはまることであり、ある意味、そのことはソーシャルワークが宿命論的に向かい合うべき実践上のアポリアになっている。長崎は、この反省点から利用者本人が能動的に如何に自分のネットワークを活用しているかという語りを分析しているが（長崎 2010）、そうした知見を理論的、実践的に反映させていく作業も欠かせないところである。この点をどう考えるのかについては、第9章でのネットワークの「コーディネーション能力」に関する議論のところでまた触れてみたい。

[文献]

Alexander, F.& Duff,R. (1988) "Social Interaction and Alcohol Use in Retirement Communities," *The Gerontologist*, 28 (5): 632-6.

Antonucci, T. & Akiyama, H. (1987) "Social Networks in Adult Life and a Preliminary Examination of the Convoy Model," *Journal of Gerontology*, 42 (5): 519-527.

――― (1990) "Social Support and Social Relationships," In R. H. Binstock & L. K. George, (eds.), *Handbook of Aging and the Social Sciences*, 3rd, Academic Press, 205-226.

Auslander, G. K. & Litwin, H. (1987) "The Parameters of Network Intervention: A Social Work Application," *Social Service Review*, 61 (2): 305-318.

Caplan, G. (1974) *Support System and Community Mental Health: Lectures on Concept Development*, New York: Behavioral Publications. (=1979, 近藤喬一・増野肇・宮田洋三訳『地域ぐるみの精神衛生』星和書店.)

Cassel, J. (1974) "Psychological Processes and Stress: Theoretical Formulations," *International Journal of Health Services*, 4: 471-482.

Coulshed,V.& Orem,J. (1998) *Social Work Practice*, 3rd edition, Birmingham: BASW.

Ell, K. (1984) "Social Networks, Social Support, and Health Status: A Review," *Social Service Review*, 58 (1): 133-149.

Erickson, G. (1975) "The Concept of Personal Network in Clinical Practice," *Family Process*, 14 (4): 487-498.

藤井達也 (1987)「社会福祉領域におけるソーシャル・サポート研究」『看護研究』20 (2) : 210-218.

藤崎宏子 (1998)『高齢者・家族・社会的ネットワーク』培風館.

Garbarino, J. (1983) "Social Support Networks: Rx for Helping Professions," In J. Whittaker & J. Garbarino (eds.), *Social Support Networks: Informal Helping in the Human Services*, New York: Aldine: 3-28.

Germain, C. B. (1984) *Social Work Practice in Health Care: An Ecological Perspective*, New York: Free Press.

Gottlieb, B. (1983) *Social Support Strategies*, Beverly Hills, California: Sage Publication.

Granovetter, M. S. (1973) "The Strength of Weak Tie," *American Journal of Sociology*, 78 (6): 1360-1380.

Hammer, M. (1981) "Social Supports, Social Networks, and Schizophrenia," *Schizophrenia Bulletin*, 7 (1): 45-57.

Hartman, A. (1978) "Diagrammatic Assessment of Family Relationships,"

Social Casework, 58（8）: 465-476.
Hepworh, D. H. & Larson, J. A.（1993）*Direct Social Work Practice: Theory and Skills*, 4th edition, Pacific Grove, California: Books/Cole.
久田満（1987）「ソーシャル・サポート研究の動向と今後の課題」『看護研究』20（2）：170-179.
平松闊（1990）『社会ネットワーク』福村出版.
今井小の実（2012）「ジェンダー公平な福祉国家に向けて」芝野松次郎・小西加保留編著『社会福祉学への展望』相川書房，37-54.
川島ゆり子（2011）『地域を基盤としたソーシャルワークの展開』ミネルヴァ書房.
児島美都子（1987）「ソーシャル・サポート・ネットワーク──老人のピアサポート活動を事例として」『日本福祉大学研究紀要』73：1-25.
小松源助（1986）「社会福祉実践における社会的支援ネットワーク・アプローチの展開」日本社会事業大学編『社会福祉の現代的展開』勁草書房，223-39.
─── （1988）「ソーシャル・サポート・ネットワークの実践課題──概念と必要性」『社会福祉研究』42：19-24.
古谷野亘（1991）「社会ネットワーク」『老年社会科学』13：68-76.
───・岡村清子・安藤孝敏・長谷川万希子・達川達人・松田智子・横山博子・児玉好信（1994）「社会関係の研究における分析単位の問題──ケース単位の分析とタイ単位の分析」『老年社会科学』16（1）：11-18.
───・岡村清子・安藤孝敏・長谷川万希子・達川達人・横山博子・松田智子（1995a）「都市中高年の主観的幸福感と社会関係に関連する要因」『老年社会科学』16（2）：115-124.
───・岡村清子・安藤孝敏・長谷川万希子・達川達人・児玉好信（1995b）「老親関係に影響する子ども側の要因──親子のタイ単位を分析単位にして」『老年社会科学』16（2）：136-144.
─── （2009）「高齢期の社会関係──日本の高齢者についての最近の研究」『聖学院大学論叢』21（3）：191-200.
Litwin, H. ed.（1996）*The Social Networks of Older People: A Cross-National Analysis,* Westport, Connecticut: Frager.
Maguire, L.（1980）"The Interface of Social Workers with Personal Networks," *Social Work with Group*, 3（3）: 39-49.
牧里毎治（1993）「高齢者をめぐるソーシャルサポート・ネットワーク」沢田清方・上野谷加代子編『明日の高齢者福祉2　日本の在宅ケア』中央法規，233-256.
McIntyre, E. L. G.（1986）"Social Networks: Potential for Practice," *Social Work*, 31: 421-426.
Milne, D. l.（1999）*Social Therapy: A Guide to Social Support Interventions for*

Mental Health Practitioners, New York: John Wiley & Sons.

南裕子（1986）「ソーシャル・サポート・ネットワーク ——理論と研究方法の概観」『健康と病気の行動科学』1：88-108.

成富正信（1986）「ソーシャル・サポート・ネットワーク論序説」『社会科学討究』早稲田大学大学院, 92：63-95.

National Institute for Social Work (1982) *Social Workers: Their Roles and Task*, London: Berford Square Press.（=1984, 小田兼三訳『英国バークレイ委員会報告』国際社会福祉協議会日本委員会.）

長崎和則（2010）『精神障害者へのソーシャルサポート活用——当事者の「語り」からの分析』ミネルヴァ書房.

野口裕二（1991）「高齢者のソーシャルネットワークとソーシャルサポート」『老年社会科学』13：89-105.

緒方明・小松哉子・園部博範・白鳥哲・大吉行秀・泉広道・河津厳・小原守雄（1995）「不登校のネットワーク療法」『家族療法研究』12（2）：126-133.

大谷信介（1992）「都市化とパーソナルネットワーク」鈴木広編著『現代都市を解読する』ミネルヴァ書房, 311-330.

———（1995）『現代都市住民のパーソナル・ネットワーク ——北米都市理論の日本的解読』ミネルヴァ書房.

岡本秀明（2012）「都市部在住高齢者の社会活動に関連する要因の検討 ——地域におけるつながりづくりと社会的孤立の予防に向けて」『社会福祉学』53（3）：3-17.

———（2014）「地域における高齢者のインフォーマルな社会的ネットワーク形成に関連する要因——友人・知人の獲得に着目して」『社会福祉学』55（2）：11-26.

Olfsen, M. R. (1986) "Integrating Formal and Informal Social Care—The Utilization of Social Support Networks," *British Journal of Social Work* (16) Supplement: 15-22.

Pancoast, D. L. & Collins, C. (1987) "Natural Helping Networks," In A. Minahan (ed), *Encyclopedia of Social Work*, 18th edition, Washington DC: NASW, 177-182.

Pinto, R. M. (2006) "Using Social Network Interventions to Improve Mentally Ill Clients,' Well-Being," *Clinical Social Work Journal*, 34 (1): 83-100.

Rook, K. S. (1984) "The Negative Side of Social Interaction: Impact on Psychological Well-Being," *Journal of Personality and Social Psychology*, 46 (5): 1097-1108.

Schilling, R. F. (1987) "Limitations of Social Support," *Social Service Review*, 61: 19-31.

Seeman, T. E. & Berkman, L. F. (1988) "Structural Characteristics of Social

Networks and Their Relationship with Social Support in the Elderly: Who Provides Support?," *Social Science and Medicine*, 26 (2): 737-749.
Seltzer, M. M., Ivry, J., & Litchfield, L. (1987) "Family Members as Case Managers: Partnership between the Formal and Informal Support Networks," *The Gerontologist*, 27 (6): 722-728.
Shinn, M., Lehmann, S., & Wong, N. W. (1984) "Social Interaction and Social Support," *Journal of Social Issues*, 40 (4): 55-76.
Spech, R. V. & Rueveni, U. (1969) "Network Therapy: A developing concept," *Family Process*, 8: 182-191.
Specht, H. (1988) *The New Directions for Social Work Practice*, Prentice-Hall, Inc. (=1991, 京極高宣・高木邦明監訳『福祉実践の新方向』中央法規出版.)
杉本貴代栄編著 (1997)『社会福祉のなかのジェンダー——福祉の現場のフェミニスト実践を求めて』ミネルヴァ書房.
Sugisawa, H., Liang, J., & Liu, X. (1994) "Social Networks, Social Support, and Mortality among Older People in Japan," *Journal of Gerontology*, 49 (1): S3-13.
田中宏二・田中共子・兵藤好美 (1996)「ソーシャル・サポート・ネットワークの介入研究の視点と方法論」『研究集録』岡山大学、102：1-13.
Timms, E. (1983) "On the Relevance of Informal Social Networks to Social Work Intervention," *British Journal of Social Work*, 13: 405-415.
Tracy & Whittaker, J. (1990) "The Social Network Map: Assessing Social Support in Clinical Practice," *Families in Society: The Journal of Contemporary Human Services*, 71 (8): 461-470.
─── & Abell, N., (1994) "Social Network Map: Some Further Refinement on Administration," Social Work Research, 18 (1)：56-61.
浦光博 (1992)『支えあう人と人——ソーシャルサポートの社会心理学』サイエンス社.
Walker, K. McBride, A., & Vacho, M. (1977) "Social Support Networks and the Crisis of Bereavement," *Social Science and Medicine*, 117: 35-41.
渡辺晴子 (2006)「ソーシャルサポートネットワークづくり」大橋謙策編集代表『新版地域福祉事典』中央法規出版，422-423.
渡辺深 (1991)「転職——転職結果に及ぼすネットワークの効果」『社会学評論』165：2-16.
Wellman, B. (1979) "The Community Question: The Intimate Networks of East Yorkers," *American Journal of Sociology*, 84 (5): 1201-1231.
─── & Leighton., B. (1979) "Networks, Neighborhoods, and Communities: Approaches to the Study of the Community Question," *Urban Affairs*

Quarterly, 14 (3): 363-390.
Whittaker, J. (1983) "Mutual Helping in Human Service Practice," In J. Whittaker & J. Garbarino (eds.), *Social Support Networks: Informal Helping in the Human Services*, New York: Aldine, 29-67.
─── , Tracy, E. N., 横山譲 (1988)「ソーシャルワーク実践に向けての示唆」『社会福祉研究』42:48-50.
Willmott, P. (1986) *Social Networks Informal Care and Public Policy*, London: Policy Studies Institute.
山口麻衣・冷水豊・石川久展 (2008)「フォーマルケアとインフォーマルケア組み合わせに対する地域高齢住民の選好の関連要因」『社会福祉学』49 (2):123-134.
───・笹谷春美・永田志津子・森川美絵・山井理恵・齋藤曉子 (2012)「大都市団地居住高齢者の社会関係と生活ニーズ充足のためのソーシャルサポート──ライフコースとケアリング関係の視点からの分析」『ルーテル学院研究紀要』46:43-56.
山手茂 (1996)『福祉社会形成とネットワーキング』亜紀書房.
安田雪 (1996)『日米市場のネットワーク分析──構造社会学からの挑戦』木鐸社.
─── (1997)『ネットワーク分析』新曜社.
横山譲 (1992)「ソーシャル・サポート・ネットワークに関する一考察──有効性と限界並びに課題」同志社社会福祉学, 6:35-41.
─── (1995)「コミュニティにおけるソーシャル・サポート・ネットワーク」右田紀久恵編著『地域福祉総合化への途──家族・国際化の視点を踏まえて』ミネルヴァ書房, 247-263.
湯浅典人 (1993)「ネットワーク分析──ソーシャルワークへの応用についての検討」『社会福祉学』48:147-167.

第3章

個別のネットワーク（2）
サービス提供者のネットワーク

　この章では、前章に引き継いで、ソーシャルワークにおいて取り上げられてきたネットワークについて、サービス提供側のそれの先行研究のレビューを行う。第1章での類型化に従って、まずサービス提供者たるソーシャルワーカーのもつ専門職ネットワークについて論じ、そのうえで、次章において福祉サービス提供組織レベルの組織間ネットワークについて触れてみたい。

第1節　ソーシャルワーカーの専門職ネットワークの定義

　前章で見てきたように、ソーシャルサポート・ネットワークに代表されるサービス利用者レベルにおけるネットワークを取り上げた先行研究が相対的に多いのに対して、ソーシャルワーカーが日常的に有している同じソーシャルワーカー同士、さらには他専門職とのネットワークのほうはこれまで理論的に検討される機会は少なかったように思われる。しかし、J. ガーバリーノのネットワークの定義、すなわち、「相互に連結し合った人々の関係の総体であり、永続的な滋養環境（nurturance）のパターンを提供したり、日常生活に生じる出来事に対処していく努力をそれに見合った形で促進していく役割を果たす」（Garbarino 1983:5）ものをソーシャルワーカーに当てはめてみれば、ソーシャルワーカーの業務を遂行していくうえで彼・彼女自身が有するネットワークは極めて重要な意義を有していると考えられる。

　それゆえに実のところ、ネットワークという名称を使っていない、あるいは異なる表記（ただし、その仕方はさまざま）であるが、この概念について

は多くの論者が言及している（焦点となる特定ソーシャルワーカーの存在＝エゴを前提しているか否かは別として、という問題もあるが）。例えば医療社会学の分野において、E. フリードソン（Friedson, E.）が「専門職間の照会ネットワーク」（進藤 1990：127）という概念を示しているが、これは医師どうしの全体ネットワークとして把握することができる。この医師から構成されたネットワーク（エゴなし、という意味で「全体ネットワーク」）においては、医師の医療行為というものは常に同僚医師の監視のもとに置かれているのであり、その範疇で医療行為は同僚からの制約を強く受けることになる。そのことからもフリードソンは、このネットワークを「同僚依存型」（colleague-dependent）と呼んでいる（進藤 1990：127-8）。同じような現象は、ソーシャルワーカーにもいえるかもしれない。こうしてみると、ソーシャルワークの実践を質的に向上させていくためには、この種のネットワークにも踏み込んで検討していく作業が欠かせないことが理解できる。その意味でも、それは今後においてより関心がもたれるべき領域であることには間違いないところである。

　ただ具体的にソーシャルワーカーのネットワーク（エゴ中心ネットワーク）を考える場合には、二つの性格の異なるネットワークを検討せざるを得ないと思われる。まず一つは、当然のことであるが、ソーシャルワーカーも１人の人間として、家族、友人および近隣などとの間でインフォーマルなネットワークを有しているのであり、それはサービス利用者のソーシャルサポート・ネットワークと何ら変わることはない。そして、そのネットワークはソーシャルワーカー個人の私的な生活空間を構成し、彼・彼女が直面する日常のストレスやさまざまな問題の解消や改善に寄与しているものと思われる。たとえ、ストレスの発生源がプライベートな領域からではなく専門職としての実践の中から生じたものであっても、そうしたインフォーマルな人間関係を介して、情緒的支援、助言、情報などのさまざまな資源（ソーシャルサポート）を獲得してストレスに対処し得ることは十分に考えられる。すなわち、インフォーマルなネットワークの存在ゆえにソーシャルワーカーとしてのフォーマルな実践活動がより円滑化されることが予測され得るのである。これは、サービス利用者のソーシャルサポート・ネットワークと同じ位

相にある概念(持ち主＝エゴが、ソーシャルワーカーという点のみが異なる)であるといえる。

　加えて、ソーシャルワーカーには、上記の意味でのネットワークとは異なるもう一つのネットワークの存在を認めざるを得ないであろう。それは、ソーシャルワーカーという専門的職業に就いているがゆえに獲得し、形成され得たネットワークであって、ソーシャルワーカーとしての業務遂行によって必然的に生まれてきたものだといえる。したがって、その構成メンバーは、同じ職場の同僚ソーシャルワーカー、上司、他専門職、あるいは他組織のソーシャルワーカー、他専門職などであり、時には、ボランティアや民生委員、ピアサポーターなどの非専門職（あるいは準専門職）が含まれることがあるかも知れない。それらの関係に共通して特徴的なのは、家族や友人関係などとは違って、あくまでも合理的な業務遂行をそもそもの前提として形成されたものという性格を有しているということであろう。

　なお前章で見てきたように、利用者レベルのソーシャルサポート・ネットワークに対しては多様な捉え方がされているなかで、そのインフォーマル性、ないしゲマインシャフト的な性格を強調する主流的の観点からいえば、ゲゼルシャフト的な特徴をもつ、ソーシャルワーカーのもう一つのネットワークも、同じソーシャルサポート・ネットワーク概念の範疇に位置づけることは、またもや混乱を惹起させることになる以上は回避されるべきであろう。個々のソーシャルワーカーが所有しているこうした他専門職（上記のように、必ずしも専門職のみとは限らないのだが）との対人関係の総体を、ここでは専門職ネットワークと呼んでおく。したがって、本書でいう専門職ネットワークとは、特定のソーシャルワーカーを中心においた「エゴ中心ネットワーク」の一種ということになるが、同じエゴ中心ネットワークである、（ソーシャルワーカーが有するゲマインシャフト的な）ソーシャルサポート・ネットワークとは異なり、ソーシャルワーカーの実践の必要性から生まれ得た、という生成上の特徴とそのゲゼルシャフト的な性格ゆえに、概念的に両者は区別され得るのである。

　承知のように、ハーバード大学のG. メイヨー（Mayo, G.）らによって1924年から31年にかけて実施された「ホーソン実験 Hawthorne experiments」

で、合理的な公式組織のなかに、成員間のパーソナルな相互作用を通して非公式的な人間関係の編み目が自然発生的に形成され、それが公式組織に対してプラスにもマイナスにもさまざまな影響を及ぼしていることが明らかになった。この実験結果は、経営学において、組織内における小集団の重要性に注目した人間関係論を生み出す契機になったといわれているものである（今井 1989：31-3）。

このホーソン実験によって浮かび上がってきた職員間の人間関係は、明らかに実験対象となったウェスタン・エレクトリック社の工場従業員であるがゆえに構築されたものであり、その意味では、専門職ネットワークの概念に包摂し得ることなのかも知れない。しかし、ホーソン実験の結果において、それは自然発生的で非公式的な存在として把握されたのである。つまり、同僚や上司といった業務のうえで形成された関係であっても、それはインフォーマル性を有していることが窺い知れるのである。

上記の知見のごとく、確かに専門職ネットワークがまったくインフォーマル性を有していないかというと、決してそうではないことはいえるであろう。概念上はともかく、ソーシャルワーカーが有するソーシャルサポート・ネットワークと専門職ネットワークとをそれぞれ実際的に区別するのは非常に困難である。たとえ仕事上の付き合い相手であっても、その関係はプライベートな交際でもあり得るというような例は、日常的に私たちが経験していることである。相手が同僚や上司であれば、なおさらこのケースに当てはまる。

こうしたこともあってか、従前においては、ソーシャルワーカーのソーシャルサポート・ネットワークと専門職ネットワークは明瞭に区別されず、一体的に、あるいは後者は前者の一部として扱われていることが多かったように思われる。さらに、専門職ネットワークを介してメンバー間で交換し合っている資源についてもソーシャルサポートという用語で一括りにされてきた。例えば、J. アーチェス、L. グラント、あるいは S. ジャヤラネらは、同僚ワーカーとスーパーバイザーからの資源に対してソーシャルサポートの名称を与えているし（Arches 1991; Grand et al. 1993; Jayaratne et al. 1983）、M. ディビス＝サックスらは、同僚ワーカーとスーパーバイザーからのサポートを配偶者からのそれとも含めてソーシャルサポートと呼んでいる（Davis-

Sacks et al. 1985)。また、G. コースキーと L. コースキーの調査でも、ソーシャルサポートをその発生源に測定する際に、配偶者、子ども、それ以外の家族や親類、友人といったインフォーマルなサポート源に加えて、同僚とスーパーバイザーが追加的にカテゴリー化されている（Koeske & Koeske 1989）。

　前章でも述べたようにソーシャルサポートとは、通常はインフォーマルなネットワークを介して相互に交換し合う資源として把握され得るものであるが、上記のような事情を鑑みれば、専門職ネットワーク上においてもそれは相互交換され得る存在として解釈できよう。しかも、ソーシャルサポートの種類についても、ソーシャルサポート・ネットワークと専門職ネットワークのそれぞれのうえで交換されるそれらの相違を見いだすことも困難である。前者のソーシャルサポート・ネットワークにおいてカテゴリー化されているいずれのソーシャルサポートのタイプは、専門職ネットワークにおいてもすべて当てはまり得る。米国におけるアフリカ系ソーシャルワーカーのソーシャルサポートを調査したグラントらは、同僚ワーカーとスーパーバイザーからのサポートの種類を、J. ハウス（House, J.）によるカテゴリーに従って、道具的、評価的、情報的および情緒的サポートに分類している。このハウスによる分類は、ソーシャルサポート・ネットワーク研究で頻繁に言及されてきた古典的なものであることは周知のとおりである。グラントらの研究が示唆しているように、資源（ソーシャルサポート）が飛び交う場であるネットワークは概念的には別であっても、その内部で取り交わされている資源（ソーシャルサポート）は区別がつけ難い。こうした事情もあって、ソーシャルワーカーのソーシャルサポート研究では、両者の明確な区別はつけられることなく実証化の試みが行われているといえる。

　ここで強いて、上にあげた2種類のネットワークのうえで交換される資源の相違点をあげれば、専門職ネットワークにおける資源（サポート）のほうがより業務指向であり、どちらかといえば、「専門的・技術的－非専門的・非技術的」という次元において前者の側に偏重しているという程度の差異くらいなのかもしれない。E. ウェストらは、専門職がもつネットワーク（彼女らは社会ネットワークという用語を用いている）は情報伝搬のチャンネルで

あり、臨床現場におけるイノベーションと実践の標準化をもたらすと述べているのも、こうしたサポートの専門性と技術性を強調したものであると考えられる（West et al. 1999）。

　逆説的な言い方であるが、上記のような区別の困難さがあるがゆえに、従来において、ソーシャルワーカーの専門職ネットワークという概念を立てることの必要性自体があまり認識されてこなかったともいえる。つまりは、実際上の区別が困難なのであれば、敢えてわざわざ別にする必要はないという論理である。加えて、仮に業務上の必要性から形成された人間関係であっても、それらはソーシャルサポート・ネットワークとは実質的に明確な区別ができない以上は、前者は後者の一部なのであり、それゆえに業務から生まれたものであってもそれはソーシャルワーカーの私的領域に属するものとして把握されてきたという事情もあげられるのではないだろうか。

　もし、そうであるならば、サービス利用者でないにもかかわらず、ソーシャルワーカーの生活世界や私的領域に対する「覗き見」や介入は無用のプライバシー侵害になるという意識が、専門職ネットワーク概念の形成を遅らせてきた原因の一つにもなっていると考えられるのである。少なくとも、サービス利用者であればまだ支援の必要を根拠に「覗き見」が許容された私的な生活領域に属するものを、公的な専門職としての活動、それはオープンにされても仕方が無いという暗黙の前提にあるもの、に関連づける発想は忌避される傾向にあったのではないだろうか。さらに、ソーシャルワークの実践はあくまでもサービス利用者に直接的に向けられるものであって、利用者のネットワークであればともかく、自らが有しているネットワークが自分の実践活動そのものに大きな影響を及ぼし得る可能性というものは、なかなかイメージし難かった、という事情もあったのかも知れない。

　しかし、こうした区分上の困難さ、あるいは私的生活に踏み込んでいくことへの躊躇を理由にして、専門職ネットワークをソーシャルワーク実践における重要な因子であることの認識を回避、ないし忌避することは、今日においては、もはやソーシャルワーカーとしての責任放棄にも等しい。それが言い過ぎであるのならば、対人支援における専門職として不適切な姿勢であると言い換えても良い。というのも、前章でも指摘したように、ソーシャル

ワーカーが所有する専門職ネットワークをサービス利用者への援助の際に有効に活用していくことが、実践上の戦略として欠かせない要素になっていると思われるからである。そして、それが何らかの形でサービス利用者の支援に有機的な効果を及ぼすだけではなく、ソーシャルワーカーのコンピテンスそのものにも影響を及ぼしているという推測も成り立つ。つまりは、力量のあるソーシャルワーカーであるためには、質・量共に充実した専門職ネットワークを所有していることが大前提になっている可能性が指摘できる。

こうした認識は、従来においては、たとえあったとしてもよくて潜在的なものに留まっていたものである。しかし、福祉サービス提供の環境変化が進み、供給システムが多元的になっていくもとにおいて、サービス利用者のニーズに適合した保健・医療・福祉サービスを一体的に提供していくことが不可欠になっている状況の中では、ソーシャルワーカーはどのような専門職との間でつながりを有しているのかという点を常に認識し、計画的な視点に立って、それらを構築、維持あるいは改変していく姿勢が求められるようになっている。

仮にそうした姿勢がソーシャルワーカー自身の生活世界への第三者による侵害に値するという批判を生むというのであれば、その批判の矛先を避けるためにも、私的な生活世界を意味しない形で、「専門職ネットワーク」という概念を是非ともに成立させなければならないことになるだろう。積極的、消極的であるにかかわらず、ソーシャルワークが専門職ネットワーク概念に対していっそうの関心を寄せなければならない所以である。

第2節　専門職ネットワークの先行研究について

1　ソーシャルワーカーのバーンアウト研究

先にも述べたように、その重要性に反比例するかのように、ソーシャルワーカーの専門職ネットワークという概念自体を設定する必要性がほとんど認識されてこなかった中では、そうした概念を扱った先行研究はあまりみられなかったのも当然であろう。例外的に、ソーシャルワーカーのバーンアウトを扱った研究のなかに、ソーシャルサポートの言及が成されており、そこ

に専門職ネットワークと近似した概念の存在を認めることが出来る。近年は、特に日本の介護領域における深刻な人材不足を背景にして、介護職のバーンアウトとそれに影響を与える要因としてのソーシャルサポートが注目されるようになってきている（金・石川 2014：澤田ほか 2014）。ただし、前節で述べたように、ソーシャルワーカーが受け取る資源にソーシャルサポートという名称を与える以上は、それは概念的に本来はインフォーマルな性格を有しているはずのものであるが、例えば上司からのサポートはインフォーマルか、フォーマルか、という点は現実的に峻別し難い。ゆえに、ほとんどの研究ではそうした厳密な区分を行っていない点には留意しておきたい。

　バーンアウト研究がソーシャルサポートを扱っているのは、主に予防の観点から、同僚ワーカーやスーパーバイザーとの関係を介して得られるサポートがその重要な因子として作用しているという仮説から来ている。そこで以下においては、まず、そうした方面での主な先行研究をレビューしてみる。

　まずは、海外の研究から取り上げてみる。1970年代にH. フライデンバーガー（Freudenberger, H. J.）やC. マスラッシュ（Maslash, C.）によって知られるようになった「燃え尽き症候群」、いわゆるバーンアウトとは、ソーシャルワーカーの実践にとっては不即不離なものであり、職業的にもソーシャルワーカーはバーンアウトに陥る危険率が平均以上である分野であるとの指摘がされてきた。ソーシャルワーカーは、サービス利用者との関係が強く、そのためにサービス利用者やその置かれている複雑な社会状況に容易に巻き込まれやすいと考えられてきたからである（Söderfeldt et al. 1995）。特に、HIV感染症・AIDSに代表されるような慢性疾患をもつサービス利用者に対してサービスを提供している病院ソーシャルワーカーは、上記のような事柄が背景になってバーンアウトに陥りやすい傾向にあることが調査研究で示されている（Sze & Ivker 1986; Oktay 1992）。加えて、ソーシャルワーカーの職場における環境、特に官僚制の弊害が特に福祉サービス部門において顕著にみられることが、バーンアウトに陥り易い理由であるという指摘もされている（Arches 1991）。

　もっとも、1995年のM. シェデルフェルトらのレビュー研究に従えば、こうしたバーンアウト研究のもつ重要な意義にもかかわらず、ソーシャルワー

ク領域においては驚くほど先行の実証研究が少なく、彼女らがレビューを行った時点（1995年）までの主要データベース（*MEDLINE*, Psychological Abstracts, and Sociological Abstracts）からヒットしたのは僅か18論文に留まっていたことが報告されている。しかも、それらの論文をレビューした結果、調査の方法論的な問題もあって、一概にソーシャルワーカーは平均以上にバーンアウトに陥りやすいとは断定できないとシェデルフェルトらは指摘している。彼女らの指摘で興味深いのは、バーンアウトがソーシャルワーカー達にとってポピュラーなのは、それがスティグマ性を有していないからであるというものであろう。すなわち、「無能 incompetence」や「愚かな ineptitude」という言葉と違って、バーンアウトという用語には非難のラベリングが皆無であるということである (Söderfeldt et al. 1995)。むしろ、「犠牲者」というニュアンスもバーンアウトという言葉には込められており、それだけにそれはソーシャルワーカーにとって受け入れやすい概念であり、その注目のされ方が先の調査論文の数で示されているもの以上であるのはそのためなのかも知れない。

　上記のような指摘があることを認識したうえで、これまでのバーンアウト研究でその軽減や予防に貢献し得る因子の一つとして注目されてきたソーシャルサポートについて焦点を当ててみたい。ソーシャルサポートの中でも情緒的サポートに注目して、それとストレスとの関連に対して実証研究を行ったのがオクラホマ大学のS.ジャヤラネらである。ジャヤラネらは、ソーシャルワーカーの業務に関連したストレス（役割の曖昧さ、役割葛藤）やバーンアウトに対して、同僚ワーカーとスーパーバイザーからの情緒的サポートがどう関連しているかを、ストレス緩和説に従いながら検証を行っている。調査対象は、全米ソーシャルワーカー協会（NASW）の専門ソーシャルワーカーズ・ディクショナリー1978年版への登録者から無作為に抽出した1,173人に調査票を送付し、回収された853人の中でも、ソーシャルワーク修士（MSW）学位を有し、フルタイムで勤務している541人である。重回帰分析の結果、ソーシャルサポートはストレスやバーンアウトに対して負の関連性を有していることが示された。ただし、調査対象者を性別によって分割してみた場合、明らかに両者にはパターン上の相違が見られたことも報告されて

いる。すなわち、男性ワーカーの場合は、ソーシャルサポートからの効果に有意差が見出せなかったのに対して、女性ワーカーではそれと逆の結果になっており、そこから特に女性ワーカーのほうがソーシャルサポートの効果に大きく依存しているという指摘がなされている（Jayaratne 1983）。

次に、M. デービス＝サックスらは、ある州の社会サービス部門で児童福祉を担当しているソーシャルワーカー238人のうちから選ばれた62名の女性ワーカーを対象に、配偶者、同僚ワーカーおよびスーパーバイザーからのソーシャルサポートとバーンアウトとの関係を分析している。その結果、配偶者とスーパーバイザーからのサポートは、バーンアウトの得点との間で弱い相関が認められたが、同僚ワーカーからのサポートについては有意差を見出せずには至らなかった。デービス＝サックスらは、同僚ワーカーからのサポートがバーンアウト予防に貢献していないという結果について、調査対象が児童福祉担当のワーカーであり、問題の性質ゆえに特に秘密保持の厳守が求められるフィールドであるという特殊な状況が、上記のような結果に影響を与えているのではないかという推測を行っている（Davis-Sacks et al. 1985）。

先にもあげたコースキーとコースキーは、ピッツバーグ大学MSWプログラムが作成したソーシャルワーカーのリストに従って直接接触して収集した91人のデータを分析した結果、特に同僚ワーカーからのサポートが、バーンアウトを引き起こすと考えられているワークロード量のインパクトを緩和し得ることを見いだしている。そして、回帰分析の結果を総合する形で、ソーシャルサポートが少ない場合に、ワークロードの大きさがバーンアウトを引き起こしうるとして、以下の図3-1にみられるようにソーシャルサポートのストレス緩和説への支持が得られてと述べている（Koeske & Koeske 1989）。

1990年代に入って、J. アーチェスは、マサーチューセッツ州で実践を行っているソーシャルワーカーから無作為抽出した275人を対象とした調査を実施し、そこでバーンアウトを従属変数とした重回帰分析を行っているが、独立変数のなかに、同僚ワーカーとスーパーバイザーからのサポートを含めて分析している。しかし、いずれともに有意差を見いだすことが出来なかった

（Arches 1991）。

　先にも、慢性疾患をもつサービス利用者への支援を行っているソーシャルワーカーの場合は、特に、バーンアウトの危険が高いとされていることを述べたが、AIDS 患者（HIV 感染者を含む）への支援を行っている病院ソーシャルワーカー128人を対象とした調査を行った J. オーティは、重回帰分析の結果、サポートグループとのかかわりがバーンアウト得点に影響を与えていることが示されたことを報告している。そのうえで、病院の管理者はサポートグループの有用性をより詳細に検証していくことを奨励している（Oktay 1992）。ここでいうサポートグループとは何を意味するのかの説明がオーティの論文の中では成されていないが、同じような問題（HIV 感染や AIDS）をもったクライエントを抱えるソーシャルワーカー同士の自助グループとして考えることが出来るだろう。そうしたグループとのつながりをもっている度合いが強いほど、バーンアウトに陥りにくいことになる。

　米国ではソーシャルワーカーの出身エスニックも多様なものがあるが、L. グラントらは、アフリカ系ソーシャルワーカーのソーシャルサポートに

低ソーシャルサポート				高ソーシャルサポート			
危機状態にあるクライエントの比率	.34**	ストレス	.59*** バーンアウト	危機状態にあるクライエントの比率	-.03	ストレス	.58*** バーンアウト
担当クライエントの数	.48***	ストレス	.59*** バーンアウト	担当クライエントの数	-0.9	ストレス	.58*** バーンアウト
直接クライエントと接する時間	.31*	ストレス	.59*** バーンアウト	直接クライエントと接する時間	-.25	ストレス	.58*** バーンアウト

* p<.10　** p<.05　***: p<.01

図 3-1　ストレスがワークロード-バーンアウト関係に及ぼす効果
サポートをコントロール化後
コースキーとコースキーを参考に作成（Koeske & Koeske 1989: 247）

焦点を置いて実証研究を試みている。グラントらは、NASW に加入しているソーシャルワーカーから無作為に抽出された 1000 人に調査票を送付し、返却された 520 人のなかでアフリカ系米国人である 288 人を対象にした調査を行った。そのなかで、同僚ワーカーとスーパーバイザーからのソーシャルサポートと否定サポート（social undermining）をそれぞれ測定し、不安、うつやバーンアウトとの関連についての分析を試みている。予備調査の段階で、肯定的、否定的サポートのいずれともにそれらが同僚ワーカーかスーパーバイザーによるものかで回答者の反応が異なることから、別々に重回帰分析を実施した。その結果、いずれのサポート源であっても、ソーシャルサポートはバーンアウトに対して負の偏回帰係数をもっていること、それとは逆に、否定サポートは正の偏回帰係数を有していることが示された。ここからグラントらは、特に、否定サポートは同僚ワーカーやスーパーバイザーとの関係で無視できない役割を果たしている可能性があることを強調している。ただし、対象がアフリカ系ワーカーに限定されていたために、こうした結果は必ずしもエスニックの相違を越えたすべてのソーシャルワーカーまでに一般化はできないとも述べている（Grant et al. 1993）。

　なお、先の否定的サポートについては、第 1 章で利用者のソーシャルサポート・ネットワークにおいてその存在が認識されるようになっていることを述べたが、専門職ネットワークにおいても同様の存在を前提にすることが必要と考えられ得ることが、先のグラントらの研究からもうかがえるだろう。

　さて、これまでは、バーンアウトに影響を与える要因を分析する際の統計方法としては重回帰分析がもっともポピュラーなものであったが、近年では、関連する変数間の関係を図式的にモデル化し、それと収集したデータとのマッチングをもとにして一括してのモデル検証を行うタイプの研究もみられるようになっている。その一例として、やや古いが「ストレス－ストレイン（バーンアウト）－アウトカム（仕事満足度）モデル」の検証を意図して、フロリダ州の臨床ソーシャルワーカーを対象とした M. ウンと D. ハリソンの調査がある。彼らは、フロリダ州の臨床ソーシャルワーカーとして登録しているワーカーから無作為抽出を行い、調査協力を得られた 241 人から、調査票の回答不備などから絞り込んで最終的に残った 166 名のワーカーを対象

に分析を試みている。そのなかで、スーパーバイザー、同僚ワーカーおよび配偶者・友人・親類からのサポートをそれぞれ観測変数として測定し、それらから潜在変数としてのソーシャルサポートを設定し、バーンアウトなどの他潜在変数との関連性が検証された。LISREL を用いた共分散構造分析の結果、ソーシャルサポートはバーンアウトに対して負の係数をもち、仕事満足度に対しては逆に正の係数を有していることが示された（いずれとも有意差検出）。ここから、ウンらはソーシャルサポートがバーンアウトと仕事満足度の間を媒介する役割を果たしていると述べている（Um & Harriosn 1998）。

　以上のように、海外における主な幾つかの研究をレビューしてみたが、バーンアウトの発生防止・軽減には同僚ワーカーやスーパーバイザーからのソーシャルサポートが寄与し得るとの仮説検証を試みている点では共通している。その結果については、対象や調査方法の違いもあってか、効果が認められたものもあれば、そうではないものもある。しかし、いずれにせよ、業務遂行から発生した人間関係の存在がバーンアウト対象にとって重要な因子であることが意識されていることは認めてもよいであろう。もちろん、それらはネットワークという言葉に値するものではなく、あくまでも職場における業務に関連した特定役割をもつ他者との関係に過ぎない。ここまで見てきた、バーンアウト関連の研究は、専門職ネットワーク概念という視点から見る限り、その概念形成の前段階に留まっていたものといえよう。

　なお、デービス＝サックスらの調査で、同僚ワーカーとスーパーバイザーからのサポートについては両者の間で高い相関（r=.61）が認められたが、配偶者のサポートはほかの二者との間については弱い相関関係にあることが示されている（Davis-Sacks et al. 1985）。このことは、従来において、同じソーシャルサポートという概念の傘のもとで同一に扱われていた、インフォーマルなサポート（配偶者から）と実践活動に即したサポート（同僚ワーカーやスーパーバイザーから）が、理論的のみならず実証データの上からも区別され得ることを示唆していると受け止められる。さらに、より重要なことは、そこからはソーシャルサポート・ネットワークと専門職ネットワークが実証面でも区別し得る可能性が提示されているということである。この点

については、将来においてより検討すべき調査研究の課題の一つになってくるであろう。

次に、日本での研究、特に社会福祉領域に絞って触れてみたい。日本でも、バーンアウトについては、田尾（1989）や田尾・久保（1996）によって、その理論や測定方法が紹介され、ソーシャルワーカーを含むヒューマンサービス領域におけるさまざまな専門職を対象とした研究が本格化していくことになった。同時に、そのバーンアウトのマイナス効果を軽減する因子として、専門職を取り巻くソーシャルサポートに注目が寄せられるようになっていく。田尾雅夫は、先行研究から引用する形で、職場の上司や同僚による「社会的支持」が、専門職のストレスを軽減させ、結果的にバーンアウトを起こしにくくしていることを述べている。そして、普段からそうした「社会的支持」を確保すべく「支持のための社会的ネットワークを方々に張り巡らしておくこと」（田尾 1987：105）を推奨している（田尾 1987）。いうまでもなく、この「社会的ネットワーク」が専門職ネットワークに相当するものであり、「社会的支持」がソーシャルサポートということになるだろう。

ソーシャルワークに先行する形で看護学などでは、例えば、上野徳美らがバーンアウトの予防効果をソーシャルサポート、特に上司からのそれが予防や緩和効果を有していることを報告している（上野・山本 1996）。さらに、久保真人はバーンアウトとストレスの関係を図示し、そこで両者の間を緩和する効果が期待されるものの一つとして他者からの助言をあげている（久保 1999a）。

社会福祉領域では、藤野好美が「職場内支援」という名称を用いて、ソーシャルサポートとバーンアウトの関連性を調査している。その結果、個人的達成感に対しては、管理的支援、教育的支援、支持的支援という3種類の職場内支援が正の効果を有している（情緒的消耗感と脱人格化は管理的支援のみ）ことが述べられている（藤野 2002）。

では、具体的に誰からのソーシャルサポートが効果的なのかについて介護支援専門員を対象に調査を実施したのが、高良麻子である。調査の結果、脱人格化が低かったのが、仕事に関する相談相手が同僚のケースであり、情緒的消耗感は上司が相談相手の場合であった。興味深いことは、友人が相談相

手の場合では情緒的消耗感が有意に高いという結果である。やはり仕事に関する困難ごとを、職場外の友人では十分カバーできないという可能性を示唆しているといえよう（高良 2007）。そのことは、ソーシャルワーカーの、あくまでも業務支援の範疇に位置づけられる専門職ネットワークと、私的領域の支援源であるソーシャルサポート・ネットワークを区別することのエビデンスを与えてくれているとも考えられる。

　また、先の久保は、看護師を対象とした実証研究において、「同僚」「上司」「医師」「他の医療従事者」「配偶者・家族」および「職場外の友人」からのソーシャルサポートを測定し、それらと看護師のバーンアウトとの関連性を探っている（久保1999）。その結果、脱人格化スコアの低い看護師ほど、同僚、上司、医者、他の医療従事にサポートを求める傾向にあるのに対して、脱人格化スコアの高い人はむしろ職場外の友人にサポートを求める傾向があったことを報告している。また、バーンアウトの三つの下位尺度すべてと負の関連性が認められたのは、上司、医師、他の医療従事者からのサポートであったことを述べており、それらの結果から久保は「仕事上の問題を理解し、適切な助言を与えてくれるのは、やはり、職場の状況を熟知している同僚であり、上司である」（久保 1999b：145）ことを強調している。そのうえで、先の知見とも関連させて「仕事の上で困った時に相談する相手として職場外の人を選択した人は、職場外に相談せざるをえない状況におかれている人なのではないかと推測できる」（久保 1999b：145）と指摘している。この久保の調査結果からも、上司、同僚などの職場内のネットワークとそこから得られるサポートと、いわば私的領域ともいえる家族、友人などのサポートは機能的にも区別されるべき必要性が窺えるだろう。

　そうしたこともあって近年では、先の藤野がいう「職場内支援」、すなわち私的領域のサポートではなく、あくまでも業務の枠内で形成されたネットワークから提供されるサポートを取り上げた研究がメインになってきているといえる。例えば、澤田有希子らは、地域包括支援センターの専門職（社会福祉士、看護師・保健師、主任ケアマネージャーなど）を対象とした調査の結果、所属する組織のソーシャルサポートが、専門職のバーンアウトに対して効果を有していることを報告している。具体的には、ソーシャルサポー

トを上司サポート、同僚サポートに分け、情緒的消耗感、脱人格化、そして個人的達成感に対して、それぞれに効果を有していること（前二者に対しては負の相関、最後については正の相関）が認められたという（澤田ほか2014）。

同じような枠組みで、韓国でもバーンアウトとソーシャルサポートとの関連についての実証研究が試みられている。金慧英と石川久展によれば、韓国の介護施設に相当する「老人療養施設」（ソウル市・近郊、釜山市・近郊）で介護業務に従事する「療養保護士」を対象とした調査では、上司、先輩および同僚による「的確な判断」「仕事の方向性の示唆」「やる気」「大変さの理解」、「助け」「人間としての気遣い」といった職場内サポートの存在がバーンアウトを緩和する効果が認められたことを報告している（金・石川 2014）。

ここまで、バーンアウトとの関連性で専門職のソーシャルサポートを扱った研究について、その僅か一部ではあるがその動向を眺めてみた。日本における実証研究でも、専門職のソーシャルサポート（この用法自体が誤解を生じさせるのではあるが）については、インフォーマルなものとフォーマルなものを機能的にも区別し得ることが示唆されているといえるだろう。その意味でも、バーンアウトに対しても特に効果が報告されている後者のサポートとその源である専門職ネットワークについては、バーンアウト予防、軽減が結果的にサービス利用者の支援につながっていく可能性を考慮して、両者の関係も含めて理論的にもいっそうの精緻化が望まれるところである。

2　他職種との連携・チームワークに関する研究

先にレビューしたバーンアウト研究と並んで、他職種との連携やチームワークに関する研究からも専門職ネットワークについての示唆を得ることができるであろう。連携やチームワークとは、特定ソーシャルワーカーの視点からみれば、まさしくそのワーカーがもつ専門職ネットワークのうえで展開されるものであると考えられるからである。そこで、次にこの面での研究について主なものをレビューしてみたい。

例えば、「チーム医療」という言葉が最近は良く用いられているのだが、

細田満和子によれば、近代的な病院というものは、そこにおいては直接的な医療の提供から、病院管理までの多様化した業務が生じる以上はそれぞれの専門性に応じた専従スタッフの存在が欠かせないという特徴を有している。当然、病院ではそうした専従スタッフが「一定の水準を保ち『調和協力』すること」（細田 2006：3）が必須になってくることから、細田は病院という医療提供の形それ自体がまさしくチーム医療を必要としていたことを指摘している（細田 2006）。細田は看護学の立場から上記のような見解を示しているのであるが、病院に限らず少なくともヒューマン・サービス領域においては、サービスがどのような形で提供されるかという点は、連携やチームというものに直結していくことは間違いないことだろう。その意味では、ソーシャルワーカーもその誕生期において、そのサービス提供の形態からも他職種との連携やチームは必然的であったといえる。

しかし、ソーシャルワークの中では、ネットワークの考え方と同様に、連携やチームが脚光を浴びるまでには相当の時間を要することになった。J.エイブラムソンとH.ローゼンタールは、ソーシャルワークのなかで連携が重視されるようになってきたのは1960年代以来であると指摘し、その理由としては、民営化、分権化、サービスの専門分化、そして解決のために多くのサービス提供者の相互協力を必要とするような複雑な社会的・経済的問題の発生を列挙している。また、財源の縮小、競争圧力の増大、そして管理的、技術的革新にともなう環境面での不安定さへの対処戦略として連携が強く意識されるようになったと述べている（Abramson & Rosenthal 1995）。

加えて、サービス利用者との関係も含めて、「関係」という概念はケースワークにおいては基礎的なものであり、1970年代における方法論統合化論者たちの中でも、ソーシャルワーク実践における他者に影響を及ぼすうえでの「関係」の重要性が強調されていた（Whittington 1983）。こうした伝統も、ソーシャルワークにおける連携重視の姿勢に影響を及ぼしていることは想像に難くないだろう。システム・アプローチに立脚したA.ピンカスとA.ミナハンも「ワーカー関係 worker relationship」について言及し、それがパーソナルな関係とは異なっている3点を指摘している。すなわち、一つ目はそれが専門的な目的をもって形成されたものであり、二つ目に個人的な関心で

はなくクライエントの支援に貢献すべきものであるという点、そして三つ目にそうした関係が客観的な判断に基づいて形成されているというものであった（Pincus & Minahan 1983：69-70）。私たちは、ここに専門職ネットワーク概念の萌芽を認めることができるであろう。

　1980年代の初期に入って、C. ウィティントンが現代のソーシャルワーク実践にとって、ネットワークの形のなかで他組織あるいは他職種との相互作用を行うことは、必要不可欠な部分になっていることを強調している。ソーシャルワーカーは、その属するチーム、部局（unit）あるいは組織の境界線（boundary）に位置し、その境界内外にかかわらず結びついた人々（それはネットワーク状になっている）と相互作用を繰り返しているからである。そして、ウィティントンはネットワークというアイデアを用いることは、ソーシャルワーカーが福祉国家の諸サービスを構成しているさまざまな職種との間に関係網を構築しているという事実を浮かび上がらせていると述べる（Whittington 1983）。

　ウィティントンは、ネットワークという言葉をどちらかというと修辞的に用いており、その議論展開は新たな概念形成までには踏み込むことなく終わっているが、専門職ネットワークの概念的な可能性を示唆したもっとも初期の論文の一つであろう。さらに、ウィティントンはネットワーク上につながった他者とソーシャルワーカーが提携して実践していくことを"accomplishment"と呼び、伝統的なケースワークのように直接的にクライエントと接することに焦点を置いたモデルでは、ソーシャルワーカーの日常の実践活動は十分説明できないと批判する。そして、"accomplishment"を遂行するためには連携が求められるが、連携とは決して自動的に発生するのではなく、作業分担、目標設定などの面での相違点が連携における障壁となることを警告している。その回避のためには、ネゴシエーション・スキルを公式にカリキュラム化し、専門職教育のなかに取り込んでいくことの必要性を強調しているのである（Whittington 1983）。

　一方、米国では、コスト削減を至上命題にして1990年代からマネージドケア（managed care）が導入されているが、そのシステムの中では、当然、コスト面を意識しながらサービス利用者に適切なケアやサービスを提供し得

る新たな手段を見つけだす必要性に迫られることになった。そうして見つけだされた方法のなかでもっともポピュラーなのが、さまざまな領域の専門職を最大限に活用していくことであった（Resnick & Tighe 1997）。T. ミザーリは、こうした多職種チームによって包括的なサービス・パッケージを提供していかなければ、アメリカ人の大部分がよけいな出費を強いられることになると述べており、コスト圧縮にはチームワークが欠かせないという認識を示している（Mizrahi 1993）。

　こうしたサービス供給のあり方が、連携やチームワークの重要性を認識させていくうえでの大きな要因になったことは上記の指摘からも明らかである。この点に関して、松岡千代は、高齢者領域に関してではあるが、高齢者ケアのパラダイム転換が、連携概念が重視されるようになった背景にあることを指摘している。それは、いわゆる「健康転換」概念から示唆を得たものであり、「感染症」→「慢性疾患」→「老人性退行性疾患」へと位相変化するなかで、健康概念のみならず、それに対応したシステムを社会的に構築していくことが求められてくるという。1985年頃に生じたとされる「老人性退行性疾患」の段階では、病院を中心としたサービス供給体制では対応することは不可能になり、福祉制度と在宅サービスを包摂した支援体制が望まれるようになる。当然、そうした包括的なサービス供給システムでは、さまざまな職種による連携が不可欠になってくる（松岡 2011b, 2013）。

　こうした松岡の指摘は、例えば、従前において施設収容を第一に考える傾向が強かった障害児者領域や、学校だけですべてを完結させる傾向があったスクール領域などでも、地域生活や地域住民との協力などが強調されるようになってきたという歴史的文脈を考えれば、高齢者領域のみならず、ソーシャルワークの全般にとっても大いに示唆的なものである。栄も、精神保健福祉領域ではあるが、入院から施設へ、そして地域へ、という法制度的な変遷にもともなって、精神障害者の多相的な生活を支えていくためには、必然的に複数機関の連携が欠かせなくなってきたことを指摘している。栄の議論は、組織間の連携に関するものではあるが、それは必然的にさまざまな機関の多様な専門職の連携を促進することになることを考えれば、サービス供給の考え方とその具体的な方法が及ぼす影響は大きかったことは否定できない

（栄 2010）。

　こうした健康転換、あるいは法制度やサービス供給システムの転換とも相まって、日本におけるソーシャルワークにおいても、近年になって連携やチームを取り上げた研究が多く現れるようになっている。連携については、先の松岡が欧米の文献を詳細にレビューし、そこから、「公共性」と「相互関係性」という二軸をもとにして四つのタイプに分類を行っている。すなわち、「打ち合わせ」「協力」「チームワーク」および「専門的助言」の以上である。そして、松岡は、連携とは連続体であり、さまざまな付随要因に応じて上記のいずれかの形態を取り得ると指摘している。また、この分類で特徴的なのは、チームワークを連携のタイプの一つに位置づけていることであろう（松岡 2000）。

　チームワークについては、先の松岡に加えて、堀越由紀子や菊池和則がA. ハルパー（Halper, A. S.）らの先行研究に基づいた分類を行っている。すなわち、「マルチモデル」「インターモデル」および「トランスモデル」である（用語は松岡のそれを採用した）。「マルチモデル」は、階層性が存在し相互作用性が小さく、関与する専門職の役割交換は皆無である。「インターモデル」と「トランスモデル」は、いずれともに階層性がなく相互作用性も大きいが、前者は役割交換がないかあっても乏しいのに対して、後者は役割交換が常態なタイプである（堀越 1999；菊池 1999；松岡 2000）。これらのうち、保健教育医療専門職の教育改革において、2013年に医学雑誌 *LANCET* で報告されている「21世紀の保健医療専門職の教育委員会」の検討内容では、「インターモデル」と「トランスモデル」が21世紀における保健医療専門職の連携モデルとして提示されている[※1]（松岡 2014）。なお、菊池は、チームワークではなく「チーム」という用語を使用しており、チームワークといった場合はチームを調整・統合する行動プログラムの意味で用いている（菊池 2000）。

　そして、松岡は、ネットワークと連携の相違についても触れ、前者は本来において構成要素間の連結の有様を意味しており、それがどのように働いているのかまでは触れていないと述べ、特に専門職の間に構成されたネットワーク上に発生する現象こそが専門職間の連携であることを認めている（松

岡 2000)。さらに、菊池は、チームは一つの組織の構成員のみだけではなく、複数の組織の成員によって構成されることも多いとし、その場合のチームはネットワーク上にあるとしたうえで、その種のチームには「ポリエージェントシステム」という名称を与えている（菊池 2000)。すなわち、チームと呼ばれるものがシステム＝ネットワークとして把握し得る可能性について言及したともいえるのである。

　さらに近年の動向として指摘しておくべき点は、多職種による連携が重視されるに従い、そうした連携を円滑に遂行できるスキルの取得という観点から、連携教育に関する研究も展開されるようになってきていることである（松岡 2009, 2011a, 2013；菊地 2013)。それは国際的な潮流でもあり、すでに、WHO は 1970 年代からヘルスケア領域における連携教育（IPE: interprofessional education)[※2]の重要性を認識し、さまざまな報告書をまとめてきている（松岡 2013 に詳しい)。そうした観点から、日本でも 1999 年に日本保健医療福祉連携教育学会が設立されており、なにより学会活動そのものが一種の多専門職連携の場になっていることから、今後における多職種連およびその教育についての理論的、実践的な知見の蓄積が期待されている。

　最後に、他専門職との連携を実施するなかで、ソーシャルワーカーとそれ以外の職種とでは他者とのつながり方に何らかの相違点が存在するのではないかという点は興味深いテーマであろう。このテーマは、ソーシャルワーカーとそれ以外の職種の専門職ネットワークを比較した場合に、ソーシャルワーカーのそれが有する特徴を考えるうえでさまざまな情報を提供し得る可能性を有している。その代表的な研究として、以下に英国の M. シェパードの研究について触れてみる。

　シェパードは、英国のナフィーリド精神保健センターの精神医療アドバイザリー・サービスに関与しているソーシャルワーカー、地域精神医療担当ナース（CPN）を対象にした比較調査を行っている。それによれば、ソーシャルワーカーが担当しているケースに関して GP（家庭医）と接触したのが 38％に留まっているのに対して、CPN のほうは 73％に達し、両者の間で有意差が認められた（$p<.0001$)。そこから、CPN のほうが GP とのコンタクトに価値を置く傾向が認められるのに対して、ソーシャルワーカーは GP

とのかかわりには消極的であることは明白であるとシェパードは指摘している。もっとも、GPと接触したケースでは、GPとの間でどのようなかかわり方を行ったかという点については、ソーシャルワーカーとCPNとの間では差はみられなかったと述べている。

　シェパードは、こうした結果には、ソーシャルワーカーと看護職の「接触の哲学」(Sheppard 1992:433)における相違が反映していると推測している。すなわち、患者への継続的なケアの提供にあたっては、看護職にとって医師との関係は情報確保の意味でも日常的なルーチンワークにならざるを得ない。一方、医師のほうも看護職とのコンタクトが多いことを当然視する傾向がある。それに対して、それ程深いかかわりを必要としないソーシャルワーカーは、医師との間では目的的なかかわりに終始することになる。こうした「接触の哲学」がソーシャルワーカーに生まれたのは、そもそも医療現場ではソーシャルワーカーは外来者であり、医療よりも福祉面での責任を自覚していることが大きいとシェパードは説明している。それが、医療ケアの必要性からGPとのコンタクトを継続的に行うことに関心をもたないというソーシャルワーカーのかかわり方を生むことになる（Sheppard 1992）。

　これまで見てきたように、徐々に連携やチームワークに関する研究がソーシャルワークにおいても次第に蓄積されるようになってきている。しかし、ソーシャルワーカーが関係しているすべての対専門職関係が、連携、ないしチームの状態に達しているわけではない。むしろ、その一部がある特定の状態にあるときに、私たちはそれを連携と呼んだり、チームと称したりしていると考えた方が良いであろう。つまりは、連携やチームワークは、ソーシャルワーカーが有しているネットワークの一部の「働き」であるに過ぎない。

　そうであるのならば、ある特定の職種との連携や特定チームとのかかわりのみを取り上げてみても、ソーシャルワーカーの実践のすべてをそれだけでは説明できないであろう。そのためには、むしろ、ソーシャルワーカーがもつ業務上の関係の全体を取り上げていく必要があるのではないだろうか。現在のところ、その面での萌芽的な取り組みはみられるものの、連携やチームワークの研究はまだまだ端緒についたばかりであって本格的な展開はこれからであり、そうした議論までには踏み込まれていないのである。

第3節　専門職ネットワーク概念の確立を目指して

　前節では、主に近年におけるソーシャルワークのなかで論じられた連携やチームワークに関する研究をレビューしてみた。そこでは、ソーシャルワークにおける連携などへの関心が1980年代後半から高まってきたことを述べてみた。しかし、ソーシャルワークの歴史において、漠然とした形も含めるのであれば連携への関心はさらに古い時代までに遡れるようである。例えば、J. グラハムとK. バーターは、ソーシャルワークの歴史の大部分をとおして、同じソーシャルワーカー同士、あるいは他職種との間での連携は実践スキルとして重視されてきたと述べ、医療ソーシャルワークのパイオニアとされるI. キャノン（Cannon, I.）や公的扶助分野でのS. トゥエル（Towell, S.）の実践をその好例としてあげている（Graham & Barter 1999）。同様に、A. アンドリュースも、ソーシャルワークの歴史を通して、単独で実践を行うことはむしろ稀であったことを指摘している。しかも、その業務は公式にも非公式にも、他の専門職との協働であったという（Andrews 1990）。このように、ソーシャルワークの発祥以来、常に、同僚、上司、スーパーバイザーに加えて、他専門職とのつながりのなかで実践が展開されてきたことは間違いないであろう。

　しかし、そうした連携やチームワークが展開される土台としての専門職ネットワークについては、その重要性にもかかわらず、概念化や明確な定義の試みまで踏み込まれていなかったのは既述のとおりである。そのために、直接的、間接的に言及されることはあっても、概念的には曖昧なままで、時にはイメージ先行で使われてしまっているという事態をもたらしているように思われる。今後においては、専門職ネットワークの形で概念の精緻化を図り、実証研究を進めていく必要があるのではないだろうか。この点について、H. スペクトの議論を以下に紹介してみたい。

　スペクトによれば、ソーシャルワークには、まず核となる理論（コア）が存在し、それをマスターしたうえで、医療ソーシャルワークや学校ソーシャルワークなどの専門分化したソーシャルワークに進むべきとする。このコア

となる理論には、人間の成長・発達、個人間相互作用、介入、政策・計画についての理論が一つに統合されたものとして位置づけられている（Specht 1988=1991:82）。

このコア理論の内の一つに位置づけられた個人間相互作用について、従来の関心がクライエントとの相互作用に偏りすぎていたこと、ソーシャルワーカーはクライエント以外の多種多様に渡る相互作用を行っていることをスペクトは指摘する。すなわち、近隣縁者、同僚、社会政治的有力者との間の相互作用である。これらの相互作用を通して、ソーシャルワーカーはさまざまな資源を交換し合っており、ソーシャルワーカーは他の専門職と比較して、より幅広く資源交換を行っているという（Specht 1988=1991:98-114）。

そして、スペクトは従来の自我心理学に立脚したソーシャルワークでは、こうしたソーシャルワーカーが行っているさまざまな他者との相互作用についてあまり重要視されてこなかったと批判する。さらに自我心理学は、ソーシャルワーカー・利用者関係以外の非臨床的関係の記述には不適切であるとし、社会交換理論、ネットワーク分析、社会学、人類学、社会心理学などの諸理論の視点を導入することによって、ソーシャルワーク実践の向上に貢献できると主張する（Specht 1988=1991:135-6）。

見てきたように、これまでのところ、以上のスペクトの議論のなかで提示されている方向性が十分に達成できたとはいえないであろう。スペクトが強調する他専門職や準専門職との相互作用に関する検討は、依然として宿題に課されたままである。この宿題に有効な解答を見いだす一つの方策が、専門職ネットワークを明確に定義づけたうえでそれに関する研究を発展させていくことであるのはいうまでもない。加えて、ソーシャルワーカーの実践のなかで専門職ネットワークが有する意味とサービス利用者への支援戦略にどのような関与が期待されるのかについての検討も欠かせないだろう。その際には、サービス利用者のネットワーク、すなわち、ソーシャルサポート・ネットワークと専門職ネットワークとの関連性が問われることになる。そして、これらの成果をソーシャルワークのコア理論のなかに刷り込んでいく作業こそが、今求められていると考える。

[注]

※1 ただし、松岡や菊地らが展開している「インターモデル」と「トランスモデル」の意味が、日本と欧米では意味内容が異なっていることが指摘されている。詳細は松岡（2013）参照のこと。

※2 酒井郁子は、英国の CAIPE: Center for the Advancement of Interprofessional Education の定義を紹介しているが、それによれば「2 職種、またはそれ以上の専門職が主体となって、協働とケアの質を改善することを目的とし、共に学び、互いから学び、互いについて学ぶという方法」ということになる。その意図することは、価値の転換であり、自職種を相対化し、他職種と相互に学ぶことによりチーム医療やチームアプローチのあり方を変革させていくことにある（酒井 2015）。

[文献]

Abramson, J. S. & Rosenthal, H. B. (1995) "Interdisciplinary and Interorganizational Collaboration," In R.L.Edwards et al. (eds.), *Encyclopedia of Social Work*, 19 edition, Washington DC: NASW Press, 1479-1489.

Andrews, A. B. (1990) "Interdisciplinary and Interorganizational Collaboration," In L.Ginsberg et al. (eds.), *Encyclopedia of Social Work*, 18th edition, 1990 Supplement, Washington DC: NASW Press: 176-188.

Arches, J. (1991) "Social Structure, Burnout, and Job Satisfaction," *Social Work*, 36 (3): 202-206.

Davis-Sacks, M. L., Jayaratne, S., & Ches,W. A. (1985) "A Comparison of the Effects of Social Support on the Incidence of Burnout," *Social Work*, 30 (3): 240-244.

藤野好美（2002）「社会福祉実践における『職場内支援』の検討」『社会福祉実践理論研究』11：11-21.

Garbarino, J. (1983) "Social Support Networks: RX for the Helping Professionals," In J. Whittaker & J. Garibarino (ed), *Social Support Networks: Informal Helping in the Human Services*, New York: Aldine Publishing, 3-28.

Graham, J. R. & Barter, K. (1999) "Collaboration: A Social Work Practice Method," *Families in Society: Journal of Contemporary Human Services,* 80 (1): 6-13.

Grant, L. H., Nagda, B. A., Brabson, H. V., Jayaratne, S., Chess. W. A., & Singh, A.

(1993) "Effects of Social Support and Undermining on African American Workers' Perceptions of Coworker and Supervisor Relationships and Psychological Well-Being," *Social Work*, 38 (2): 158-164.

堀越由紀子(1999)「保健医療と福祉のネットワーク──『医療ソーシャルワーク』が経験してきたこと」『ソーシャルワーク研究』25 (1):17-27.

細田満和子(2006)「チーム医療とは何か」鷹野和美編著『チーム医療論 第1版5刷』医療薬出版, 1-10.

今井一孝(1989)『現代の経営組織──構造と形成』中央経済社.

Jayaratne, S. Tripodi, T. & Chess, W. A. (1983) "Perceptions of Emotional Support, Stress, and Strain by Male and Female Social Workers," *Social Work Research and Abstract,* 19 (2): 19-27.

菊地和則(1999)「多職種チームの3つのモデル──チーム研究のための基本的概念整理」『社会福祉学』39 (2):273-290.

─────(2000)「多職種チームの構造と機能──多職種チーム研究の基本的枠組み」『社会福祉学』41 (1):13-25.

─────(2015)「チーム医療という仕組み──チームトレーニングの導入に向けて」『臨床心理学』13 (1):72-84.

金慧英・石川久展(2014)「韓国における療養保護士のバーンアウトの関連要因に関する研究:ソーシャルサポートとコントロール要因を中心に」『Human Welfare』関西学院大学, 6 (1), 47-61.

Koeske, G. F. & Koeske, L. D. (1989) "Work Load and Burnout: Can Social Support and Perceived Accomplishment Help?," *Social Work*, 34 (3): 243-248.

久保真人(1999a)「ヒューマン・サービス従事者におけるバーンアウトと個人属性との関係」『大阪教育大学紀要 第IV部門』47 (2):435-447.

─────(1999b)「ヒューマン・サービス従事者におけるバーンアウトとソーシャル・サポートとの関係」『大阪教育大学紀要 第IV部門』48 (1):139-147.

松岡千代(2000)「ヘルスケア領域における専門職間連携──ソーシャルワークの視点からの理論的整理」『社会福祉学』40 (2):17-38.

─────(2009)「多職種連携のスキルと専門職教育における課題」『ソーシャルワーク研究』34 (4):314-320.

─────(2011a)「チームアプローチに求められるコミュニケーションスキル」『認知症ケア事例ジャーナル』3 (4):401-408.

─────(2011b)「『健康転換』概念からみた高齢者ケアにおける多職種連携の必要性」『老年社会科学』33 (1):93-99.

─────(2013)「多職種連携の新時代に向けて:実践・研究・教育の課題と展望」『リハビリテーション連携科学』14 (2):181-194.

Mizrahi, T. (1993) "Unmanaged Care and Managed Competition: A Primer for Social Work," *Health and Social Work*, 18: 86-91.

Oktay, J. S. (1992) "Burnout in Hospital Social Workers Who Work with AIDS Patients," *Social Work*, 37 (5), 432-439.

Pincus, A. & Ninahan, A. (1983) *Social Work Practice: Model and Practice*, Itasca, Illinois: F.E.Peacock Publishers.

Resnick, C. & Tighe, E. G. (1997) "The Role of Multidisciplinary Community Clinics in Managed Care Systems," *Social Work*, 42 (2): 91-98.

栄セツコ (2010)「「連携」の関連要因に関する一考察――精神障害者退院促進支援事業をもとに」『桃山学院大学総合研究所紀要』35 (3):53-74.

酒井郁子 (2015)「専門職連携教育と看護教育―新しい酒は、新しい革袋に盛れ」『週刊医学界新聞』3135 (2015年7月27日) 6.

澤田有希子・石川久展・大和三重・松岡克尚 (2014)「地域包括支援センターの専門職の燃え尽きとソーシャルサポートに関する研究」『厚生の指標』61 (6):26-32.

Sheppard, M. (1992) "Contact and Collaboration with General Practitioners: A Comparison of Social Workers and Community Psychiatric Nurses," *British Journal of Social Work*, 22: 419-436.

進藤雄三 (1990)『医療の社会学』世界思想社.

Söderfeldt, M., Söderfeldt, B., & Warg, L. (1995) "Burnout in Social Work," *Social Work*, 40 (5): 638-646.

Specht, H. (1988) *The New Directions for Social Work Practice*, Prentice-Hall, Inc.(=1991, 京極高宣高木邦明監訳『福祉実践の新方向』中央法規出版.)

Sze, W. C. & Ivker, B. (1986) "Stress in Social Workers: The Impact of Setting and Role," *Social Casework* (67) 141-148.

高良麻子 (2007)「介護支援専門員におけるバーンアウトとその関連要因――自由記述による具体的把握を通して」『社会福祉学』48 (1):104-116.

田尾雅夫 (1987)「ヒューマン・サービスにおけるバーンアウトの理論と測定」『京都府立大學學術報告・人文』39:99-112.

―――― (1989)「バーンアウト――ヒューマン・サービス従事者における組織ストレス」『社会心理学研究』4 (2):91-97.

――――・久保真人 (1996)『バーンアウトの理論と実際』誠信書房.

Um, M. Y. & Harrison, D. F. (1998) "Role Stressors, Burnout, Mediators, and Job Satisfaction: A Stress-Strain-Outcome Model and an Empirical Test," *Social Work Research*, 22 (2): 100-115.

West, E., Barron, D. N., Dowsett, J., & Newton, J. (1999) "Hierarchies and Cliques and the Social Networks of Health Care Professionals: Implications for the Design of Dissemination Strategies," *Social Science and Medicine*, 48: 633-646.

Whittington, C. (1983) "Social Work in the Welfare Networks: Negotiating Daily Practice," *British Journal of Social Work*, 13: 265-286.

Woodard, K. L. & Doreian, P. (1994) "Utilizing and Understanding Community Service Provision Networks: A Report of Three Case Studies Having 583 Participants," *Journal of Social Service Research*, 18 (3/4): 1-41.

第4章

個別のネットワーク（3）
サービス提供組織のネットワーク

　この章では、前章がサービス提供者のネットワークであったのに対して、同じサービス提供サイドではあるが、サービス提供組織が所有するネットワークについて論じていくことにしたい。そこでは、組織間関係論がその議論のベースになっていくことになる。

第1節　組織間ネットワークの定義

　社会福祉やソーシャルワークにおいて、ある福祉サービス提供組織が他組織との間で結んだ組織間関係（interorganizational relationships）は非常に重要な意味をもってきた。かねてから、「連絡調整」「連携」という用語が福祉関係者の間で頻繁に使用されてきたが、いずれも組織間関係を対象にその操作の形態や必要性を示した用語だといえよう。その意味では、組織間関係は、社会福祉、特に地域福祉とは切っても切れない関係にあるともいえる（松原 1981）。また、1990年代に入って相次いで法定義務化された福祉計画（高齢者保健福祉計画、障害者基本計画、あるいは地域福祉計画など）の策定にあたっても、関連する組織・機関間での計画目標や目標達成の手段において細部における合意形成は必要不可欠であり（牧里 1988）、この点からも組織間関係のもつ重要性が理解できるだろう。

　にもかかわらず、日本では社会福祉における組織間関係のもつ意味、有機的な関係のあり方や特性、その生態（生成と発展、そして解消というプロセス）等に関する考察や分析がこれまでほとんどなされてこなかった。た

だ、漠然とした理想的な地域福祉体制——多様な組織、機関が組織的、制度的制約を超え一体となって地域福祉問題に取り組めるような配置——のイメージを「ネットワーク」という用語に含ませて組織間関係をとらえているように思われる。例えば、松原は次のように指摘している。

　関連諸機関との協力、連携および、地域社会、住民と一体になること、また他制度との一体的効率的、合理的運用ということなどのモザイクが、地域福祉担当の行政官のみならず、ひいては実践家、研究者の用いる「ネットワーク」の一つの像をおりなしていることがうかがい知れるのである。
(松原 1981：72)

　1990年代に入り、高齢者福祉を中心にして在宅サービス推進の流れが強まるにつれ、福祉事務所、社会福祉協議会、在宅介護支援センター（当時）、病院、老人保健施設（当時）等の関連組織間の連絡・調整網の構築と整備が進められるようになった。その背景には、専門職ネットワークに関して述べた先の箇所でも指摘したように、健康転換やサービス供給システムの変化が大きく影響している。こうして形成されていった連絡・調整網を「ネットワーク」や「サポートシステム」と称する場合が多いのであるが、やはり漠然とした理念やイメージが先行している感を拭えなかった。関連組織の代表者や実務家の会議をもてば、それだけで有機的な組織間関係が構築できると考えるのであれば、それはあまりにも楽観すぎる見方であると言わざるを得ないだろう。
　では、こうしたイメージを投射される対象としての組織間関係とは何だろうか。個人がその環境との間で絶えず相互作用を繰り返しているとの同様に、組織は環境からのインプットなしではその存続が不可能であるし、また自らのアウトプットによって環境に影響を与え続けている。そして、ある組織にとって他の組織は自らをとりまく環境の一部を構成している存在と考えられる（山倉 1977、1993）。したがって、組織と組織の関係とは、まさしく「組織と環境」との関係にほかならない。言い換えれば、組織は環境の一部たる他組織との関係を通してその組織目標を達成し、組織の存続を図ってい

ることになる。ここに、組織にとっての組織間関係の重要性と普遍性が存在している。同時に、組織間関係の発生は必然的でもあり、人工的に作られる部分はあるものの、その本質としては自然発生的であると見なして良いだろう。そうして、こうした事実からは、福祉サービスを提供する組織も免れないものと考えて良い。

この組織間関係を観察する際に、単に個々の組織に還元できない全体としての特性と相互作用のパターンの存在が知られるようになってきた。ここに組織論とは別個に組織間関係論が求められるに至った理由が存在している。赤岡功は、1960年代から展開されている組織間関係論に関心が寄せられている理由として次の2点をあげている。すなわち、組織間相互作用の特性が個別組織の行動と成果、ひいては社会全体に大きなインパクトを及ぼしていること、そしてコンティンゲンシー理論に代表される組織行動の環境規定説を克服し、組織が環境に働きかけるという主体的側面を解明するうえで大きな貢献を果たしていることである（赤岡1981）。また、K.クークは、組織をクローズドシステムではなくオープンシステムとしてとらえる重要性が認識されるようになったこと、および単独組織を分析対象とする従来の研究手法では絶えず変化する複雑な現代の社会構造を考察するうえで充分な知見を提供できないという認識が広まったことを指摘している（Cook 1977）。

こうして重要視されるようになった組織間関係を分析するために、これまでにいくつかのモデルが開発されてきたが、ここでは先ほどの赤岡の分類に従って、次の4種のモデルを紹介してみる（赤岡1981）。

① AとBという二つの組織間関係を扱う「二組織モデル」。組織間関係としてはもっとも単純、かつ基本的な単位である。
② W.エヴァン（Evan, W.）によって開発された「組織セットモデル」で、焦点組織とそれに種々の資源を投入するインプット組織、焦点組織が資源を提供するアウトプット組織からなるシステムを想定し、インプット組織→焦点組織→アウトプット組織の流れのみならず、アウトプット組織から他の2組織へのフィードバックの存在をも考慮する。
③ H.オルドリッチ（Aldrich, H. E.）による「活動集合モデル」で、一

定の目的のために一時的に同盟している組織の集まりを意味し、先の組織セットモデルとは違って焦点組織の存在を考慮せず同盟自体が分析の対象となる。
④ 「組織間ネットワーク」も活動集合モデル同様に組織の連関全体を考察の対象とするが、一つのまとまった団体として行動する存在としては位置づけられていない。その意味では各組織間の関係というものはきわめて緩やかなものである。

以上の四つの分析モデルはそれぞれまったく無関係に存在するのではなく、最後にあげた組織間ネットワークと呼ばれる全体として緩やかな諸組織の集まりがまず存在し、その集まりなかで他の三つのモデルが想定するような関係が発生し、維持され、消滅していると考えられる。したがって、これらのモデルは、取り上げる対象や分析視点の違いによって使い分けられる性質のものである（赤岡 1981）。

すなわち、福祉サービス提供組織を含めてあらゆる組織は、その外部環境の一部としての他組織との間に関係を有しており、それは全体として網状の連関になる。赤岡のいう組織間ネットワークは、焦点組織を前提としていない印象であるが、もちろん、特定組織に焦点化し、その組織が取り結んだ組織間関係の全体を組織間ネットワークと称しても良いであろう。

このネットワークのなかで、焦点組織にとって、ある組織Aとの関係は法律に基づいた公式の関係であり、別の組織Bとの関係は法定のものではないが両者の契約・合意の下で公式に維持されているということもあり得るだろう。また、組織間関係はこうした必ずしも公式化・構造化されたものとはかぎらない。むしろ、その大部分は、短期的、間欠的、アドホック的、非構造的なかかわりによって占められている。つまり、組織は、その目的達成の必要に応じて関連する他組織からさまざまな資源を、当座的に調達しようとしているのである。こうした組織間関係をA.ファンデファンとG.ウォーカーは、R.ワレン（Warren, R.）らにしたがって「動員コーディネーション mobilization coordination」と呼んでいる（Van de Van & Walker 1984: 598）。

同じく、組織間関係を R. ホールらは分類整理して次の三つのタイプに区別している。一つは、まったく自発的に結びついた組織間の関係を対象としたものであり、これまでの研究のなかでもっとも取り上げられる機会が多かったものである。第二に法制度的につながることが定められている（mandated）組織間関係であり、そして、第三は自発的な関係であっても、そこに公式化された合意や契約が存在しているような関係である。第三のタイプにおいては、公式化された合意、あるいは契約に従って組織間での資源交換が発生することになる。もっとも、ホールらは上記のような分類はあくまでも理念的なものであって、実際には、例えば、法制度的な強制によって生じた組織間関係であっても、そのなかで自発的な資源交換がみられることもあると述べている（Hall et al. 1977：458-9）。

ところで、T. ライタンは、組織間の関係（relations）をある程度の規則的な接触を維持したものととらえ、時折に生じるような作用（interaction）と区別している。そして、対人サービス組織にとって他組織との関係は死活的な重要性をもつと指摘している（Reitan 1998）。このようにアドホックな関係は組織間関係の範疇には含めないという捉え方もあり、この点については必ずしも一致した見解があるわけではないが、ここでは間欠的、アドホック的、あるいは先の「動員コーディネーション」のような関係であっても、すべて組織間関係に含めておくことにしたい。

また、ある組織間関係は常に一定ではない。消滅することもあるし、その質が変化することもあり得る。組織間の関係は、S. ダビッドソンによれば、次の五つに分類できるという。複雑さを昇順にして、①コミュニケーション、②コーポレーション、③コーディネーション（またはコンフェデレーション）、④フェデレーション、そして⑤マージャーになる。ただし、いずれのタイプごとの境界は曖昧であり、オーバーラップする部分があるとダビッドソンはことわっている。さらに、ダビッドソンによれば、組織間関係は変化することがあるといい、その場合は上記の順で右隣のタイプに移行するという。⑤のマージャーは、異なる組織がまとまって一つの組織になることを意味するが、そうなった場合も、新たに統合された組織として再び他組織との間で、最初のコミュニケーションの段階から組織間関係を出発させ

るという。したがって、組織間関係は一つの組織への統合化に向けた「中央集権化」の傾向が存在することになるが、もちろん、それとは逆の「分権化」の傾向も存在し得るという（Davidson 1976:119-21）。

　焦点組織はこうした多種多様な他組織との関係を、絶えず構築し、維持し、変化の手を加えていると考えられるのである。本書では、ある組織に焦点を当てて、すなわち焦点組織の存在を念頭に置いてその組織が有する網状の他組織との多種多様、かつダイナミックな関係全体（エゴ中心ネットワーク）を組織間ネットワークと呼ぶことにする。

　C. オルターとG. ヘイジによれば、組織間関係論では、これまで主に二つの組織間関係と関係する組織が三つ以上あるような組織間関係とを区別しないできたと述べ、特に後者のように、関係し合う組織のすべてを関心の対象にする場合は、ネットワークという言葉が適切であるとする（Alter & Hage 1993:23）。本書でも、基本的には彼女らの指摘に従いたいと考える。

　ただし、彼女らはこのネットワーク、すなわち、組織間ネットワークを次のように定義している。

　　組織間の資源交換、共同行動、及び共同生産を可能とするような基本的な社会的形態である。ネットワークは境界が存在しないか、境界を持った組織どうしの集まり（クラスター）であり、全く別の法的単位が非階層的に結びついた全体である。　　　　　　　（Alter & Hage 1993:46）

　オルターらの定義では、焦点組織の存在は前提にされていない。すでに述べたように、焦点組織を念頭においたエゴ中心ネットワークを組織間ネットワークととらえる本書の立場からは、オルターらの定義には完全に組みし得ない。オルターらの定義にみられるような全体ネットワークは、むしろ組織単位のネットワーキングとして見なしてもいいのではないであろうか。

　このように焦点組織が取り結んだ組織間ネットワークがまず存在して、赤岡がいうように、研究者の関心に応じて分析の対象を（エゴ中心ネットワークである）組織間ネットワークの一部に限定したものが、すなわち、「二組織モデル」や「組織セットモデル」にほかならないという立場を本書では取

ることにしたい。
　以上述べてきた点に関連しては、J.メトカルフェの言説を紹介することで、組織間ネットワーク概念の必要性を補強してみる。メトカルフェは、組織がその環境からの圧力に対応していく適応の様式は2種類あるという。一つは、「環境応答 environmental responsiveness」様式と呼ばれるものであり、外的な条件に適応すべく組織のポリシーを変えることである。もう一つは、組織の目標に合わせて外部環境自体を変えていくものであり、「環境効果 environmental effectiveness」様式と称される。そして、従来においては前者にあまりにも偏重し過ぎ、後者が無視されてきたと述べ、そのバランスを回復するためにも、組織間関係を入念に検討していく作業が要請されていると述べている。
　そして、「組織セットモデル」では、次の相互に関連し合った2点で「環境効果」様式による適応を果たしていくうえでは不十分さが残ると指摘する。一つは、変えるべき環境をどうとらえるかについて、もう一つは環境を変えるための具体的な戦略立案の構築において、「組織セットモデル」では十分な情報が得られない。その解決のためには、「組織セット」概念を定義し直し、その拡張を行うことが欠かせないとメトカルフェは主張している。その拡張版「組織セット」概念こそが、すなわちネットワークとして組織間関係をとらえていくと云うことを意味する。もともと「組織セットモデル」には、こうしたネットワークという本質を含有していたともメトカルフェは指摘している（Metcalfe 1976）。
　こうして、私たちは組織間ネットワーク概念を用いていくことの意義を確認することが出来たのであるが、C.マルロイは、この組織間ネットワークのもつ特徴として次の4点をあげている。すなわち、①構成組織は共通目標や方法を有しており、かつ組織間には共有された概念的枠組みが共有されるといった認知構造を有する、②非階層的な関係と共同での意思決定によって、構成組織の対等性（equal status）を確保し、同時に葛藤を減少させる、③分業がなされ、各組織が技術的、かつそれぞれにふさわしい技量を提供する、および④新しいサービスを創出する際には各組織が自己調整を行う、の以上である（Mulroy 1997：257）。

こうした言説から、組織間ネットワークとは、非階層的＝各組織が対等な関係であり、かつ各組織が自律性を有しているものと、その理念型が説明されていることが理解できるであろう。さらにマルロイは、「組織間ネットワークを多様な主体からなるものであり、ネットワークを構成している組織の目的、構造、活動及びその成果は全て異なっている」（Mulroy 1997: 257）と述べ、多様性が組織間ネットワークの不可欠な要素であることを示しているといえるだろう。

　ところで、「福祉サービス提供組織」について本書ではここまで特に定義をしてこなかったのであるが、この言葉を広い意味で用いている。すなわち、狭義の福祉サービスを提供する組織に限定せず、ヘルスケア関連サービスを提供する組織も含めている。その意味では、保健・医療・福祉にまたがる相当広義の意味範囲を有しているものと考えたい。

　なお、Y. ハーセンフェルドは、"People Processing" 組織と "People Changing" 組織という分類を行っている。後者は、サービス利用者の行動を変化させることをサービスの目的にする組織であり、医療や福祉サービス提供組織の多くはそこに含められるであろう。前者は、利用者に社会的地位を与えたり、あるいは他のサービス利用へのアクセスを提供したりすること目的とした組織であり（Hasenfeld 1972）、日本における「ハローワーク」などがそれに相当する。

　近年においては、社会福祉分野においても、直接的な「変化」を念頭に置いたサービスを提供しないでも、かつての老人介護支援センターや障害者地域生活支援センターなどのようにサービス利用者や家族などにとって各種の有益な情報を提供したり、社会福祉協議会やボランティア団体のようにボランティアの派遣やコーディネートを実施したりするなど、ハーセンフェルドのいう "People Processing" の性格を有する組織は多い。そこで、本書でいう福祉サービス提供組織とは、ハーセンフェルドのいう二つのタイプのいずれをも含めているものと解釈したい。したがって、「対人サービス組織」などの表現にほぼ重なるものと考えたい。

第2節　組織間ネットワークに関する先行研究について（組織間関係論）

1　古典的研究

　先に、組織間ネットワークについて本書なりの定義を行ったが、社会福祉やソーシャルワークの領域のなかで組織間ネットワークを取り上げた研究は少ないように思われる。それには、専門職ネットワークの箇所で述べたように、サービス利用者サイドのネットワーク（ソーシャルサポート・ネットワーク）に比べて、サービス提供側のネットワークについての関心が相対的に乏しかったという背景が存在するものと思われる。ただし、組織間ネットワークの方は専門職ネットワークと異なって早くからその概念自体は成立していたのであるが、それまで言及されることはそれほど多くはなかったように見受けられる。むしろ、その上位概念である組織間関係の形で、福祉サービス提供組織間のつながりを取り扱った先行研究の蓄積がみられる。そこで、まず社会福祉分野の組織間関係を取り上げた組織間関係論の立場からの先行研究についてレビューを試みたい。

　相互に密接に関連し合った組織群がもつ重要性が認知され始めたのは、C. W. ミルズ（Mills）の「パワーエリート」（1956年）の出版以来であるという指摘がある（Benson 1975：229；Hudson 1987：175）。しかし、組織間関係という形でその分析の必要性が提起されたのは、コミュニティのサービス提供機関における組織間の交換関係の研究からである。また、組織間関係をテーマとした多くの研究がコミュニティにおける社会サービス機関や医療機関の相互作用を分析の対象に取り上げ、組織間関係論の発展に大きな貢献を果たしている。その意味では、この研究分野は社会福祉、地域福祉などと密接にかかわってきたといっても過言ではないだろう。

　このように、組織間関係論の研究が社会福祉分野を含んだ社会サービスの組織に大きな関心を寄せる理由は、次のような特徴を本来的に社会サービス提供組織が備えているからであると思われる。すなわち、以下に述べていくことからも明らかのように、組織間関係の文献において中心を成す概念は

「相互依存 interdependence」である。社会福祉サービス提供組織においても、基本的には、資源に関して相互に依存し合っている。したがって、資源が過小な環境のなかにおかれている場合は、なおさらに、この相互依存について正確な知識が要請されることになる（Austin 1983：85）。特に、ビジネス組織とは異なって、福祉サービスのような非営利サービスを扱っている組織はその外部からの資源調達能力があるかないかでその組織の生存が決まってくるという（Van de Van & Walker 1984：599）。先のホールらによれば、社会福祉領域において組織間関係や組織間のコーディネーションに関心が寄せられる背景には、組織のサービスを受益する利用者は、通常、単独の組織ではなく関連する複数の組織によって取り扱われているという認識が作用していることがあげられるという（Hall et al. 1977）。

さて、社会福祉分野のみならず組織間関係論それ自体の嚆矢とされているのが、1961年のS. レヴィンとP. ホワイトによる研究である。彼らは、二つのコミュニティにおける保健サービス（health care）提供組織間の交互作用を分析し、それぞれの組織目標を達成するために二つの組織が自発的に結んだ関係による活動を「交換 exchange」と定義した。レヴィンらによれば、交換関係が発生するのは次の二つの理由からとされる。すなわち、一つ目は専門特化（specialization）であり、多くの組織がそれぞれ専門特化した機能を営んでいる。それゆえに、組織は自らの専門機能を遂行するために必要な資源を獲得する必要がある。そして二つ目が資源の希少性（scarcity）であり、組織機能を遂行する資源が乏しい場合、他組織との交換を通して資源を獲得することが求められるようになる。

また、この資源交換が、①当該関係以外から必要な資源への接近可能性、②組織目標とそれを実行するための特定の機能、および③組織間における活動領域（domain）の合意の程度によって規定されることを示した（Levin & White 1961）。彼らの大きな貢献は、組織間関係を一つの分析対象とする必要性を提起したことであり、また同時に、組織間関係をとらえる枠組みとして資源交換アプローチを示したことである（山倉 1993：10）。

そして、E. リトワクとL. ヒルトンは、共同募金（community chest）機関を取り上げ、他組織との連携（co-ordination）にかかわる問題（彼らは九

つの問題をあげている）が、すべて次の四つの変数によって説明されるとした。すなわち、①相互依存の程度、②相互依存の知覚、③組織活動の規格化（standardization）、そして④組織の数、である。そして特に調整機関（co-ordinating agencies）の存在に関して、中程度の規格化、高い相互依存の知覚、中程度の相互依存性、中程度（10-200）の組織数の時ほど調整機関が求められることを示したのである（Litwak & Hylton 1962）。

　次いで、W. リードは、シカゴ大学大学院の CO カリキュラム開発プロジェクトの一環として提出された論文のなかで社会福祉機関の連携を取り上げ、先のレヴィンらの交換理論に基づきながら連携を次の三つのレベルに分類した。すなわち、交換される資源の量と価値に関して、①アドホック型、②システム型、③プログラム型、である。まず①のアドホック型（ad hoc co-ordination）とは、各組織がそれぞれ特定のクライエントのニーズに応える形での資源交換であり、連携の程度がもっとも軽い。②のシステム型（systematic co-ordination）とは、ケースレベルでの連携が実施され、特定のケースに対してさまざまな機関からのサービスがかみ合わされる（meshing）。最後に③のプログラム型（program co-ordination）では、連携のレベルはケースではなくプログラム単位となる。その代表的なものが、複数組織による合同プログラムである。また、リードは連携が生じるかどうかを決定する要因として、次の3点をあげている。すなわち、Ⓐ目標の共有、Ⓑ資源の補完性、Ⓒ関係調整メカニズムである（Reid 1964）。

　さらに、M. エイケンと J. ヘイグは、米国ミネアポリスに存在する16の保健・福祉サービス提供組織を対象に、合同プログラムに代表される組織間関係と組織内行動の関係についての調査検証を試みた。その結果、多くの合同プログラムに参加している組織（言い換えれば、組織間関係を多く有している組織）ほど、より複雑かつ革新的な組織であり、組織内に活発なコミュニケーション経路と分権的な意志決定構造を有している傾向が示された。この点について彼らは、分業が進み組織が複雑かつ革新的になればなるほど、その革新性を促進するうえで必要な資源を他組織との関係を通して獲得する必要性が増えるという説明を行っている。そして、組織間関係が増えるほど、その組織はコミュニティの構造により深く組み込まれていくことになると主

張した (Aiken & Hage 1968)。

　以上が組織間関係論の主な古典的研究とされるものであるが、みられるように、福祉サービス提供組織の組織間関係を研究対象に取り上げた場合には、如何にして組織間の連携を実現し、あるいは現在の関係を（有機的なつながりという意味で）連携関係へと改善していくことができるか、さらに組織集合のなかでどの組織が調整的役割を果たすべきかといった問題が主要な関心になっている（Whetten 1981）。もっとも、すべての研究の中心テーマについてこの範疇に含まれるというわけではなく、例えば、E. ミシュラーと N. ワックスラーの研究の関心はクライエントの送致と送致者がどのような職種であったかという点に寄せられていた。彼女らは、米国マサチューセッツ州精神保健センターに入院を求めてきた 246 人を対象とした調査を行った。93 人（39％）については入院申請が受理され、その内の 64 人（69％）が実際に入院した。したがって、入院を拒絶された人は 153 人（71％）ということになる。この申請受理群と拒絶群は、カイ自乗検定の結果、センターに送致してきた相手が医師か否かで異なることが示された（$\chi^2=55.02$, $df=1$, $p<.01$）。すなわち、送致相手が医師（病院）であった場合のほうが、入院申請が受理されやすい傾向が明らかになったのである。ただし、一旦、申請が受理された場合は、送致元が何であれ、実際に入院までに至る傾向があることも報告されている（Mishler & Waxler 1963）。

　さて、組織間関係論自体は 1970 年代に入って組織論の一分野としての公認を受けると同時に、現在に至るまで主流的な位置を占める資源依存アプローチやそれに対するオルタナティブが提起されていく（山倉 1993：16-17）。これらの新たな視点では、主に企業組織を取り扱いながら組織間関係にかかわるさまざまな現象が分析の対象となった。しかし、特に福祉サービス提供組織を対象に組織間関係を取り上げる際の最大の関心事は、依然として連携やコーディネーションの問題であり続けたといえる。

2　1970 年代以降の研究

　さらに、1970 年代に入っても社会福祉分野に焦点を当てた組織間関係論

の研究でも、引き続き、連携やコーディネーションに主たる関心が寄せられ続けることになる。例えば、青年期の問題を扱う組織における二組織間関係の分析を通して、資源交換アプローチの有用性を検証することを目的にしたのが、先にも引用したホールらの研究である。そこでは、特に、組織間の関係が「自発的」「強制的」、および「自発的＋合意有り」といったいずれの状況（ベース）にあるかによって、組織間関係のコーディネーションに相違があるかどうかに関心の焦点がおかれた。調査対象は、米国中西部、およびアトランタ、ボルティモア、ボストンなどの11都市の10歳から18歳の子どもの問題を扱う組織（州児童局、市警の青少年部門、州児童精神保健部門、YMCAなど）であり（合計76組織の専門職3853人）、2311の回答（回収率60％）を得ることができた。

　独立変数であるベースについては、青少年問題に関連した組織間の基本的なつながりは、74％が「自発的」ベースであり、「強制的」ベースが15％、「自発的＋合意有り」ベースは11％に留まっていたことが明らかにされた。しかし、実際にはほとんどの組織が混合ベースであったことが報告されている。そして、「コーディネーションが十分行われているかどうか」を従属変数にステップワイズの重回帰分析を実施した結果、組織間関係がどのようなベースで構築されているかによって、コーディネーションの可否に影響を与えている要因が異なることが示された。こうした結果から、ホールらは、上記の意味でのベースが異なると、それに応じて異なる枠組みのなかでコーディネーションが達成されていると述べている（Hall 1977）。ホールらの研究では、社会福祉分野における組織間関係が自発的なものが大部分であることを示しており、そうでない関係であるかどうかで組織間関係のコーディネートが異なってくることを実証化したという意味で示唆することが大きい。

　さて、組織間関係論は資源交換アプローチ以外にさまざまなアプローチを開発していくことになるが、その中でも今日に至るまで中心的な位置を占めてきたものの一つに資源依存アプローチがある。このアプローチは、次のような基本的な前提に立つ。すなわち、組織が存続していくためには外部環境（他組織を含む）から資源を調達して処分しなければならないがゆえに他組織に依存する。そのために、組織間関係が発生し維持されることになる。し

かし、一方で組織は自律性を保持し、他組織の依存を回避し、あるいは他組織を自己に依存させようとする。したがって、この依存とその回避というダイナミズムのなかで組織間関係を把握していこうとする立場が、資源依存アプローチということになる（山倉 1993：35-6）。

　古典的な資源交換アプローチと同様にこの資源依存アプローチにおいても、分析の対象として社会福祉関連領域の組織が取り上げられる機会が多かった。資源依存アプローチの代表的な研究者であるK.ベンソンは、組織間ネットワークを「政治経済的」にとらえようとしたが、それが社会福祉を含めたヒューマン・サービス組織を対象とした実証調査の成果をまとめるなかで生まれたアプローチであることを強調している（Benson 1975：230）。すなわち、資源交換アプローチと同様に資源依存アプローチも、すべてではないにしても社会福祉関連領域の組織間関係の分析から発展し成長していったともとらえられ得るのである。

　その背景を考えるうえで、H.オルドリッチの以下のような見解が重要な示唆を与えてくれるであろう。彼によれば、一般に、組織機能が専門分化するにつれて単独での目的達成は難しくなり、他組織への依存がもたらされやすい傾向が生まれる。しかし、組織という存在は可能な限り他組織への依存を減らし、むしろ自己のドメインを確立しようとする動機を絶えず有しているという。そして、オルドリッチは福祉サービスを含めた社会サービス提供組織にとって、外部の資源にアクセスできるかどうかは死活的な意味をもってくることになるという。なぜなら、その種の組織のサービスは市場評価を受けるのが困難であり、自から資源調達市場が形成されていないためである。したがって、社会サービス提供組織は、多組織間関係におけるコーディネーションを常に指向せざるを得ない運命におかれているのである（Aldrich 1976：421-2）。

　では、福祉サービス提供組織を含めた組織一般が必要とする資源とは何であろうか。ベンソンによれば、金銭と権威がその根本であるという。もちろん、ベンソン自身、人員、情報、生産物やサービスなども組織が獲得すべき資源に数えられるかも知れないことを認めているが、何より金銭と権威が根本的なのは、それら二つのうちで最低いずれか一つがあれば、それ以外の資

源を獲得することが可能であるという点である。ゆえに、ベンソンは、金銭と権威をもっとも本質的な資源として位置づける（Benson 1975：232）。

　一方、J.ギャラスキウィッツとP.マースデンは、資源として情報、金銭および助言などのモラル・サポートの三つをあげている。これらの資源は、ミクロ的に見て各組織の意志決定、目標達成、正当性の確立と維持に不可欠であるばかりではなく、マクロ的に見ても地域にあるさまざまな組織の間で資源のやりとりとは、地域コミュニケーション（情報）、地域経済（金銭）および地域の連帯（モラル・サポート）といった社会構造を構成していると指摘する（Galaskiewicz & Marsden 1978；Galaskiewicz 1979）。サービス利用者の複合化したニーズへの対応という社会福祉組織の組織目標からいえば、ギャラスキウィッツが上にあげた3種類の資源に加えて、各組織が有する専門職それ自体、あるいはそうした専門職がもつ専門的知識、技術や技能、各種サービス（物品を含む）および設備器具なども含めて資源を考えることができるだろう。

　さて、この資源依存アプローチの考え方の中核を構成している、組織間の依存とパワーの関係を初めて公式化したのは、R.エマーソンであるとされている。エマーソンの公式に従えば、アクターAのアクターBに対するパワーは、BのAに対する依存と等しいことになる。したがって、Bが依存を減少した部分だけAのBに対するパワーは減じたことになる。具体的には、BはA以外の資源供給源を確保すれば、その分だけAに対する依存は少なくなり、同等にBに及ぼすAのパワーも相殺される（Emerson 1962）。

　資源依存アプローチの祖とされるJ.フェッファーとG.サランジックによれば、ある行為を達成するため、あるいはその行為の結果を獲得するため必要になるあらゆる条件を完全にコントロールできないときにはいつでも相互依存が発生するという（Pfeffer & Salancik 1978：40）。したがって、組織の本質は相互依存であるとフェッファーらは喝破しているといえる。もちろん、常に他者からの支援が欠かせないという意味での相互依存概念は目新しいものではない。資源依存アプローチが新しいのは、何らかの課題を果たす時には依存する相手へのパワーと影響力を開発する必要があるという視点をもたらした点である。そして、フェッファーは米国ゼロックス社を例に出し

て、情報通信分野において優れた研究開発能力をもつパロアルト研究所を有しながら同社がその分野で覇者になれなかった大きな理由として、商品化に向けて同研究所がゼロックス社内の他部門に対する影響力を行使する必要性を認識していなかった点をあげている。そのために、折角の技術を商品化することができず、むざむざ研究所のなかに埋もれてしまう結果を招くことになったとフェッファーはいう（Pfeffer 1992：38）。

　こうした指摘に基づいて、D. ジェイコブスは、それまでの先行研究が対象となる組織間に対等性が存在していることが前提になっていたと述べている。そして、非対等的な組織同士の関係はあまり重要でないと見なしがちであり、非対称関係にある一方の組織が他方をコントロールしているというイメージは生じにくかったとする。そして、ジェイコブスは、組織間のパワーと依存を次のように代数化する。すなわち、AとBという二組織において、Bに対するAのパワーは「Pab」、Aに対するBのパワーは「Pba」と代数化される。同様に、BのAに対する依存は「Dba」、そしてAのBへの依存は「Dab」と表される。こうした代数を用いたとすれば、先ほどの公式は「Dba＝Pab」と表現されることになる。そして、単にPab＞Pbaであるだけではなく、BがAからの指令を受け入れることがBの目的達成にとって重大な関心事であり、それゆえにBが指令を喜んで受け入れるとき、AはBをコントロールしていることになるとジェイコブスは説明している。ただし、資源供給者が多いという状況の中では、個々の資源供給組織は微々たるコントロールしか有しないことになるという。すなわち、ジェイコブスによれば、パワー、依存、ないしコントロールとは資源供給者の数の関数ということになる（Jacobs 1974）。

　社会福祉領域における組織間パワー関係を明らかにしようとした研究には、ほかにK. プロバンらの調査がある。プロバンらは、コミュニティのなかで資金を調達し各組織に配分する"United Way"を対象に、そこに属する46のヒューマン・サービス組織のディレクターやスタッフへのインタビューを行っている。従属変数のパワーについてはそれまでの研究をレビューして、「認知されたパワー」「潜在的なパワー」および「実行されたパワー」に分類し、それぞれ測定している。相関関係をみれば、特に「潜在的なパワー」

は、当該組織がもつ "United Way" 以外の資金供給主体との関係とで正の相関が見出せたことが報告されている。すなわち、資源調達先を多角化している組織ほど「潜在的なパワー」をもっていることが示されたのである。さらに、重回帰分析の結果、多組織間での共同プログラムを実施している組織ほど「実行されたパワー」が大きくなる傾向が見いだされた（Provan 1980）。こうした結果からは、多角的な関係をもつ組織ほどパワーが潜在的にも顕在的にも大きいという示唆が得られたことになるだろう。

さらに、A. ファンデファンと G. ウォーカーは、テキサス州がスポンサーになっている児童発達関連の 14 組織（ECD: early childhood development）を対象に、アドホック的な組織間関係（二組織間の関係）が何故生じたのかについての縦断的調査（3 段階）を行った。調査対象になった組織が築いた 95 の二組織間関係について、LISREL を用いた共分散構造分析を試みた結果、以下の点が示されたとする。すなわち、まず第一に組織間関係の発生には当該組織の目的達成のために必要な資源外部調達のニードがあること、第二に、必要な資源が資金の場合は事務的、かつスタッフの相互交流もないかかわりに留まるのに対して、クライエントの送致の場合はスタッフの交流が発生すること、そして、第 2 段階での組織間の合意（consensus）は次の第 3 段階における資源依存の度合いを低下させる一方で、第 3 段階での合意はむしろ資源依存を高めるという正反対の効果を有することが示されたと報告されている。

以上のなかで、最後の点についてのファンデファンらの解釈は、以下のとおりである。すなわち、資源依存のために組織間関係が発生し、とりあえずは両者の間で大枠面での合意が達成される。しかし、その具体化をめぐる両者間の交渉を通して、さまざまな対立や葛藤が生じ、それが次の段階における両者間の資源依存を減じる効果をもたらしたのではないだろうかというものである。そして第 3 段階に入って、引き続き交渉が続けられるなかで、改めて両者間での詳細な合意が達成され、その結果として再び資源依存が復活したというものである（Van de Van & Walker 1984）。いずれにせよ、組織間関係の理解には時間軸の導入を考慮する必要があることを認識させたという点では、ファンデファンらの調査の意義を見いだすことが出来るだろう。

ここまで、社会福祉分野で展開された資源依存アプローチに基づく主な研究を見てきたが、依然としてそれは支配的アプローチとしての位置を失っていないとはいえども、このアプローチには批判がまったく存在していない訳ではない。例えば、H. シュミッドによる以下のような批判がある。シュミッドによれば、組織環境（organization environment）とは、組織の機能に対して実際にも潜在的にも影響を与えるような外的条件である。このような環境は、大きく一般的環境とタスク環境に分けて考えられている。前者は、"Milieu" と呼ばれているもので当該組織にとって自らまったく影響を及ぼせないような外的条件を意味する。例えば、技術革新、文化、気候などである。一方、後者は "Niche" とも称され、当該組織と直接的な交互作用を行い、かつ当該組織がそれらに対して影響を与え得るような外的な要素である。この二つの環境の内で後者のタスク環境と組織との関係を説明する主な理論の一つとして「組織適用理論」があげられており、資源依存アプローチはその派生理論として位置づけられている。シュミッドは、組織と環境との間にみられる「パワー・依存」関係を理解するうえで資源依存アプローチの果たした貢献を認めつつも、「パワー・依存」以外の要因、例えば、イデオロギー、価値規範などを無視している点をこの理論の弱点であると指摘している（Schmid 2000）。

　見てきたように、組織間関係論においては、社会福祉領域での組織が分析の対象となってさまざまな知見をもたらしただけではなく、そのことが支配的なアプローチの確立の面でも大きな貢献を果たしてきたといえる。しかし、それらはあくまでも、基本的な立脚点は組織社会学や経営学の視点であり、社会福祉やソーシャルワークのそれではなかった。もちろん、こうした研究の成果は社会福祉やソーシャルワークにとっても極めて重大な意味を有していることは否定できない。福祉サービス提供組織どうして連携やコーディネーションがなぜ生まれるのか、またそれを維持していくためにはどうすればよいのかといった点で多くの示唆を与えてくれるからである。

　ただし、以上において見てきた限りでは、組織間ネットワークという概念的な拡がりはあまり見られず、むしろ二組織間関係が分析の主たる対象であった印象が強い。焦点組織が取り結んだ二組織間関係の総体が組織間ネッ

トワークであるという位置づけからは、確かに、ここまで見てきたような研究であっても、組織間ネットワーク（の一部）を扱っているという解釈は成り立つであろう。しかし、二組織間関係の単純な総和が組織間ネットワークとは言い切れない部分は確かに存在するのである。この点は、システム論でいうところの、システムとは要素を単に総和したものではないという説明と通底するものである。連携やコーディネーションの参加組織の数が二組織にとどまらないという意味でも、これまで見てきた先行研究には物足りなさを覚えざるを得ないだろう。

　これに対して、例えば、ミネソタ州立大学のギャラスキウィッツや南カリフォルニア大学のJ.ミラーなどの研究者によって、二組織間関係ではなく、組織間ネットワークの全体像を統計的に把握する試みが1970年代末から行われるようになっている。ギャラスキウィッツは、組織間ネットワークで交換される資源として、金銭、情報とモラール・サポートに分類化したことは先述したとおりであるが、米国中西部にある人口3万2000人ほどのタワータウン（仮名）を対象に、それぞれの資源ごとにコミュニティに存在するさまざまな組織のネットワークを図式化している。コミュニティにある109組織の代表者の内の73人にインタビューし、得られたデータを多次元尺度法であるSSA-Iを用いて、ユークリッド空間に各組織をマッピングするという方法で、資源ごとの組織のつながり、すなわち組織間ネットワークを視覚的に浮かび上がらせている（Galaskiewicz 1979）。一方、ミラーらは、非行少年（Status Offenders）地域を基盤とした多組織間の社会サービス提供システムをネットワークとしてとらえ、ソシオメトリーの手法を用いてその測定を行い、彼らの仮説であるネットワークにおける中心性（centrality）が与える影響を考察している（Miller 1980; Miller et al. 1981）。

　以上のような研究で扱われた組織間ネットワークとは、実はエゴ中心ネットワークではなく焦点組織のない全体ネットワークであるために、むしろ組織単位のネットワーキングとして位置づけられるものかも知れない。しかし、それにしても二組織間関係に焦点が置かれていたその他の研究とは一線を画しており、その意味では大いに意義があるものであると考えられる。それと同時に、そこで示された調査デザインは組織間ネットワークを統計的に

扱っていく際に有意義な指針を提供してくれるものと思われる。

第3節 組織間ネットワークに関する先行研究について（社会福祉）

　前節では、組織間関係論の立場からとり行われた主な先行研究をレビューしてみた。それでは、社会福祉やソーシャルワークの立場からの組織間ネットワーク研究はこれまでどのようなものが行われてきたのであろうか。B. ハドソンによれば、社会福祉においてはこれまで組織間のつながりがあまり顧みられてこなかったことを指摘し、それには多組織間の実践が二つの点で困難を引き起こしていることが背景にあると述べる。一つは、他組織との関係はややもすれば自分の組織の自由を喪失させる方向に働きかねないという懸念があること、もう一つは、他組織との関係を構築し、維持していくに値する資源が、果たして自己の組織が保有する限りのある中から調達することが出来るのかという不安である。この懸念と不安を払拭させ、福祉サービス提供組織の目を他組織との関係に向けさせるもっとも強力な動機は、その組織の目的が他組織との関係を通してのみでは達成することが困難であるという認識であるという（Hudson 1987）。ここにも、組織社会学的な組織間関係論がまさしく着目したように、福祉サービス提供組織にとって他組織との「相互依存」が大きな意味を有していることが示唆されている。そして、社会福祉の視点からも、この相互依存を建設的に発展させていく手段として期待されたのが、連携やコーディネーションであった。

　例えば、T. ライタンは、福祉サービス提供組織の領域での組織間関係論の大きなテーマは、各組織における断片的な対応と結合性の無さによるマイナス効果にどう向かい合っていくかという課題であったことを指摘している（Reitan 1998）。さらに、E. マルロイとS. シャイは、コミュニティのなかでの協力体制を通して、コミュニティの強化を図るというソーシャルワークの目標を達成するためには、ソーシャルワーカーは、当該コミュニティの組織間連携を如何に実現させていくことが出来るかが欠かせなくなると指摘している（Mulroy & Shay 1997）。また、R. ウィンファイマーらによれば、組織間関係が社会福祉のなかで注目されるようになったのは1980年代であり、

特に、組織やプログラムに資金を提供する財団などが、クライエントに対する包括的なサービスの提供という視点から、組織間での連携と意思決定を奨励したことが大きいと指摘している（Wimpfheimer et al. 1990）。もっとも、組織側からみれば、他組織との関係を重視する傾向は必ずしも積極的なものだけではない。追加的な財源獲得、限られた資源のなかで包括的なサービスに特定スキルをつなげていく、といった点で組織関係を取り上げていく積極的な理由に加えて、自組織の「芝生」を頑ななまで固執していると周囲から見られたくない、ほかとのかかわりを拒否するような官僚的な組織と周りからとらえられたくない、といった消極的な理由も無視できないとウィンファイマーらは示唆している（Wimpfheimer et al. 1990）。

　そこで、このように強く関心がもたれた続けた連携やコーディネーションの問題を中心に先行研究をレビューすることとし、その主な研究を取り上げてみる。福祉サービスに関連する機関どうし、あるいはそれらとヘルスケア関連サービスを提供する機関との組織間のつながりやコーディネーションに対する関心は、決して古いものではない。T. ブースによれば、英国における 1968 年の保健社会保障省（Department of Health and Social Security: DHSS）の設立や、「シーボーム報告」の勧告に従った地方における社会サービス提供の単一部門設立（いわゆるシーボーム改革）も、こうした関心が政策面で表れた結果だということになる（Booth 1981）。

　もとより、ソーシャルワークの源流として位置づけられることの多い慈善組織協会（COS）自体が、慈善団体間の調整を行うことがそもそもの出発点であった。COS の設立には、関連するサービスを異なる組織がそれぞれの方針で提供することは非効率的であるという発想があったといえる。したがって、シーボーム改革にみられる単一組織への一本化は、複数の組織間における資源交換のコストを削減する方向が採用されたことを意味し、組織間関係論のなかで資源依存アプローチと並んで中心を成す取引コスト論によるコンテキストでの説明が可能であろう（取引コスト論は第 8 章でも触れる）。

　さらにブースは、それ以降においては、統合化よりもむしろ複数の組織間のコーディネーションが重視される傾向になってきたと述べている（Booth 1981）。ブースによれば、特に、福祉サービスとヘルスケア・サービスとの

間で組織間のコーディネーションが求められる背景は以下の五つがあげられる。一つ目は、それぞれのサービスの受け手にはニードがオーバーラップしていること、二つ目に、不十分な福祉サービスはヘルスケア・サービスの利用増を招くといった補完的関係が存在していること、三つ目に、サービス内容に重複が生じやすく無駄やコストが発生しやすいこと、四つ目には、処遇効果を上げるためには相互の協力が欠かせないこと、そして最後に、政策的にもコミュニティを基盤としたサービスの開発にとってその種の連携が死活的な役割を果たし得ること、の以上である（Booth 1981）。

こうした関心から行われたブースの調査の目的は、福祉サービス提供組織とヘルスケア提供組織の合同プログラムの実施と成果に、それぞれの組織間に存在する相違点が影響を及ぼしているのではないという点であった。ブースによれば、相違点としては、①政治的（異なる法制度のコントロールを受けている）、②財政的（異なる財源から資金を得ている）、③組織的（組織構造や運営の仕方が違う）、および④職業的（異なる専門的視点や伝統を有する）があげられる。先にあげた目的を果たすため、ブースは西ヨークシャーにあるキャンデルダール（Canderdale）地区におけるさまざまな合同計画プログラムを対象として調査した結果、合同プログラムが両者の間の対立や葛藤の原因になっていることが多かったことを報告している。ブースは、こうした不首尾な結果がもたらされた原因として、①特定のクライエント群に対して共通の関心を有しながら優先順位が異なっていたこと、②個別のケースレベルでは、医師や医療スタッフの力が強すぎて相互に同意し得る方針が立てられにくかったこと、③両者が合意した活動範囲が広すぎて財源が追いつかなかったことの3点をあげている（Booth 1981）。

次に、A. アラショウスキとL. ハリソンによれば、1960年代と70年代の英国において、保健福祉サービスのコストが上昇する一方で、それらのサービスを提供する組織の量と種類の多さ、それとは逆にサービスの質の低さから、保健・福祉サービス提供における大きな論争をもたらしたという。特に、批判の目が向けられたのが、断片化され過ぎて、利用者に包括的なサービス・パッケージが提供できていない提供システムの運営管理構造であった。こうしたことが背景になって、多組織間のコーディネーションの必要性

が認識されていったのであるが、しかし他方、コーディネーションとは理論的には「黄金の言葉」であっても、実践的にはその実現は困難であると指摘されている（Alaszewski & Harrison 1988）。

そもそも他組織とのコーディネーションの問題というものは、組織の意思決定の問題とみなせるとアラショウスキらは述べる。そして、この組織の意思決定には二つの捉え方があるという。一つは A. ファルディ（Faludi, A.）に代表されるもので、組織は常に合理的な意思決定を行うというものであり、他組織とのコーディネーションについても当初から長期的視野に立って計画的に果たしていくという考え方である。これは、組織の意思決定と行動の合理性を軸にしていることから「合理的モデル」と呼ばれる。もう一つは、組織の意思決定は必ずしも合理的ではなく特には非合理的ですらあるが、その都度ごとの判断を行っているという捉え方になる。C. リンドブロム（Lindblom, C. E.）に代表されるこの種の考え方を「漸次モデル」と呼んでいる。このモデルによれば、当該組織のもつ組織間関係とは、その当該組織の試行錯誤の末に生まれた結果にほかならない。しかし、1970年代から80年代に入って、こられのモデルはいずれとも両極端であるとの批判が高まり、むしろ、実際の組織間のつながりのパターンなどに対して研究者達の関心が向けられるようになっていったという（Alaszewski & Harrison 1988）。

一方、組織間連携の規模について論じたのが、G. モーガンである。それによれば、サービスの質の観点からいえば、組織間の連携は大規模であれば自動的に「良し」とはいえないことを述べている（Morgan 1995）。モーガンの指摘は、組織間ネットワークではなく、あくまでも組織間の連携に関しての言及なのであるが、小規模で多様なサービス供給組織の結びつきのほうが、大規模で官僚的な連携よりも望ましいとモーガンが考えていることが示唆されている。実際に、小規模なサービス・プログラムが、政府が主導するようなシステムに組み込まれた場合は、それぞれのプログラムの自律性を喪失してしまうことになりかねないと危惧を表明している（Morgan 1995）。こうしたモーガンの考え方は、組織間ネットワークは、多様、かつ構成主体が自律性を有した緩やかなものであるべきとする風潮と軌を一にするところ

があると思われる。
　また、J. オローニーは、サービス供給システムの組織間関係についてアーキタイプ（元型）を提示し、それぞれの特徴を提示する試みを行っている。モデル定立の要因は三つで、それぞれ公的機関中心か民間主導か、ルース・カップルかタイト・カップルか、競争か無競争かを示し、それらの組み合わせで 8 種類の元型が成立することになる。この内で、ルース・カップルでは、システムを構成する諸組織間に公的なつながりはなく、それぞれが分権的かつ自律的に活動し、相互作用の調整は行われない。一方それとは逆に、タイト・カップルには集権的で相互依存関係が成り立ち、かつコーディネート機能が働くような連携システムがそこに含まれる（O'Looney 1993）。
　さらに、J. ホーワスと M. カルダーは、被虐待児などを支援する児童保護分野における組織間連携の現状についての検証を行っている。彼らによれば、英国では児童保護プログラムにおいて多組織間での実践が活発になりはじめたのは 1990 年代に入ってからであるといわれている。しかし、虐待が発覚し、それを組織側が把握した時点よりも後の時期（post-registration）においては、特に十分な多組織間の実践が出来ていないと指摘する。そうした背景には、コスト削減政策が推進される中では多組織間連携にスタッフを従事させるほどの財政的余裕がないこと、連携よりも各々の組織が本来もつサービスの提供を最優先するべきであるという圧力の存在も無視できないという。さらに、虐待発生の把握後における実践目的に共通の理解がないこと、中央政府に地方レベルでの取り組みに対するガイドラインが皆無であること、関連する組織の役割と責任が不明確であること、児童保護計画策定がその場凌ぎになっていること、なども多組織間連携がスムースに行かない要因としてあげている（Horwath & Calder 1998）。
　ところで、近年において、日本の社会福祉領域でも NPO 団体が果たす重要性が高まっているが、先ほど引用したマルロイとシャイは、今後の社会福祉領域における組織間関係には、NPO 団体とのつながりを構築していくことが重要であることを強調している。その理由として、彼女らがあげているのは、NPO 団体がやっかいな社会問題について革新的な解決方法を提示しうる力をもっている点である。マルロイらは、新たなアイデアと技術

を投入できる革新（イノベーティブ）さを、ソーシャルワークをはじめとした対人サービス・マネジメントの世界において新たなブランドになっているとし、このブランドを D. ヤング（Young, D.）に従って「起業家精神 entrepreneurial」と称している（Mulroy & Shay 1997：516）。

ここまで、主に英米の先行研究について見てきたが、日本では、松原が米国のウィスコンシン州にあるネイバーフッド・センターの連合体である UNC を対象に、先にも引用したリードの手法を用いての分析を行っているのが、社会福祉分野における組織間関係の先駆的な研究ではないかと思われる。そこでは、特に資金の分配という視点から分析が試みられ、UNC を構成するセンター間の関係が、資金の獲得時の相互依存から、分配時の対立、そしてサービス提供時の独立、という経過を辿ることを示している（松原 1980）。

近年では、村田文世が行政組織と当事者組織との間の委託関係を、組織間関係論の理論枠組みを用いて分析を試みている。そこで、村田は当事者組織が行政機関との委託関係を結び、それを広げていくことについて、当該組織が行政機関に代表される制度に取り込まれることでその組織としての合法性や安定性を得るという事情には「制度的アプローチ」が、ただ取り込まれてしまうと当事者組織が当事者組織たる当事者性などの自立性が喪失されかねないことから「戦略的組織行動」が求められてくるという事情には、本書でも先に述べた「資源依存アプローチ」がそれぞれ分析視座として有効である可能性を指摘している（村田 2005）。さらに村田は、こうした委託関係の拡充によって当事者組織に生じるリスクを詳細に分析しているが、その中でも「政府の代理人」になってしまう、あるいは連携先が増えるとそれだけ相手先からの影響を強く被り、組織としての自立性を失いかねないリスクが存在していることを浮き彫りにしている（村田 2008）。

なお、先にも引用した栄が精神保健福祉における連携で促進・阻害要因としてあげている「組織間要因」には、目標の一致・不一致、相互尊重、価値観の一致・不一致、役割分担の柔軟性・硬直性に加えて、情報の共有と抱え込み、という要因が含まれており（栄 2010）、これらの要因については組織の自立性の問題とも関連させて把握することもできるであろう。また、沖田

佳代子がケアマネージャーを対象とした質的調査の結果をもとに指摘している組織間の葛藤には、他組織への統制の問題があることがあげられている（沖田 2002）。つまり、サービス利用者の利益を代弁し、その利益にかなうべく相手組織にコントロールを及ぼそうとすることは、必然的にコントロールされる組織にとっては自立性を喪失しかねない事態になる。こうした福祉サービス提供組織の自立性に寄せられている関心というものは、組織間連携をいかにコーディネートしていくことができるか、という実践的な課題と実は表裏一体になっているものと思われる。

見てきたように、連携やコーディネーションへの関心もあって、社会福祉の立場から組織間関係を取り扱った研究は決して少なくない。また、組織間連携の規模が必ずしもサービス提供にプラスとは言い切れないとするモーガンの研究や、組織間連携を阻害する要因を浮き彫りにしているブース、あるいはホーワスとカルダーの研究など、福祉サービス提供組織間の連携を設計し維持していくうえで有意義な知見をもたらしてきたといえる。

ただし、組織社会学や経営学の立場と同様に、むしろ二組織間関係が主たる対象として遡上にあげられており、組織間ネットワークという概念への広がりはやはり見られていない。既述したように、二組織間関係の総和が、イコール組織間ネットワークとは言えないことを考えれば、従前の研究に対する物足りなさは否定できない。もちろん、K. ウッダードと P. ドレイアンの研究にみられるように、コミュニティ単位の組織間のつながりをシステム論的に組織間ネットワークとして把握し、その図式化を行う試みも成されている。ウッダードらは、先にも述べたギャラスキウィッツらの社会学的な研究成果を継承し、西ペンシルベニアの三つの郡を対象に、児童向けの精神保健福祉サービス関連の諸組織がどのようなネットワークを構築しあっているのかを、UNICET4 というソフトで中心性を計算させ、かつ GNET というアプリケーションで組織間ネットワークを描き出している（Woodard & Doreian 1994）。彼女たちが先行研究として参照したギャラスキウィッツの組織間ネットワークがそうであったように、それはコアを欠いた全体ネットワークであってエゴ中心ネットワークではない。その意味では、本書でいう組織間ネットワークとしては位置づけられないが、それはさておいたとして

も、ウッダードらのように二組織間関係を超えた視点はまだまだ少数派に留まっているようである。

　なおこの点に関して、小笠原浩一・島津望らの研究グループが、地域で展開されている「保健、医療、福祉、介護といった社会サービス領域に成立する地域連携ネットワーク」（小笠原・島津 2007：ⅴ）を「地域介護・保健ネットワーク」と称し、主にこれまで組織間関係論で提唱されているさまざまな理論枠組みのどれがもっとも適合するのかという観点から比較検証を試みている。そこで分析対象となっている「地域介護・保健ネットワーク」の実例が果たして専門職レベルのものなのか、サービス提供組織レベルのものなのかが定義のうえで曖昧な点はあるのだが、それでも二組織間関係に留まらず幅広く組織間関係論の枠組みを六つ取り上げて検討が行われている点は注目に値する。それぞれの利点と短所を比較検討した結果として、小笠原・島津は、（組織間の）ネットワーキングの考え方をベースにしつつも、この考え方はメンバーたる「行為者に与える影響を分析する」視座までを持ち合わせていないとし（小笠原・島津 2007：81）、ほかの理論で補完する必要性を強調している（小笠原・島津 2007）。彼らの研究は、研究目的に応じて分析枠組みとなる理論は代替可能であることを示唆しているのであり、今後は、組織間関係のさまざまな理論を適宜使い分けて、福祉関連のサービス提供組織間の関係を分析していく研究が増加していくことになるだろうし、またそれが強く望まれているのである。

　ただ、こうした組織間関係のもつ重要性にもかかわらず、依然として社会福祉領域には組織間関係を取り扱った概念モデルは少ない状況に変わりはない。そのこともあってか、ソーシャルワーカーをはじめとした関係者にとって、組織間関係は予期できない問題に満ちた、あるいは思いもかけない結果をもたらす「地雷原 a mine field」（Wimpfheimer et al. 1990：90）のようなものであるという指摘がなされている。このことを換言すれば、社会福祉やソーシャルワークの独自の視点で組織間関係や組織間ネットワークをよく咀嚼し、自らの血肉としたわけではないことを物語っているといえる。あるいは、組織社会学や経営学の立場から執り行われた研究、そこで生み出された枠組みに大きく依存しているともいえるのであり、如何にして、独自の視点

をそこに盛り込み、反映させることが出来るかが今後において問われてくると考える。

第4節　組織間ネットワーク概念の確立を目指して

　サービス提供側のネットワークについて、本書では、大きくソーシャルワーカーなどの支援者側が有するネットワークである専門職ネットワークと、そのワーカーが属する福祉サービス提供組織がもつネットワークである組織間ネットワークに分類した。その内で、前者については、第3章で述べたように、連携やコーディネーションが重視される一方で、そうした活動の土台として位置づけられる専門職ネットワークについては概念化の試みが十分に果たされていないままであり、定義が曖昧なままイメージが先行している。他方の組織間ネットワークについても、見てきたように、事情はまったく同様であり、組織間連携やコーディネーションの観点から組織間関係が取り上げられることは少なくなかったものの、組織間ネットワークの概念整理と社会福祉やソーシャルワークのなかにそれを位置づけていく研究はまだまだ乏しいのが現状である。そのために、組織間ネットワークについても、組織間関係の形も含めて言及されることはあっても、論者の間で一致した定義が見出せないまま、やはりイメージだけが一人歩きしてしまう状況を生んでいる。

　今後においては、専門職ネットワークと同様に組織間ネットワークにおいてもその概念の精緻化を図り、実証研究を進めていく必要があるのは間違いない。その際には、組織間ネットワークとは単なる資源交換の場だけではなく、むしろ、マイナスの資源（サービス利用者のネットワークでいえば、「マイナスのサポート」）も発生し得るという点については是非とも留意しておくべきであろう。ベンソンは、組織間では資源のようにその組織によって有益なものだけではなく、敵意や葛藤などが生じるのもまた組織間のネットワークであることを指摘している（Benson 1975:230）。こうした視点は、連携やコーディネーションという形でどうしても肯定的なイメージが投射されがちな組織間ネットワークを考えるうえで忘れられがちであることを考え

ると、非常に重要な意味をもってくることになる。

　加えて、この組織間ネットワークをソーシャルワーカーの実践戦略のなかでどう位置づけていくか、かつ、それと専門職ネットワークとの関係はどうなっているのか、さらにサービス利用者のネットワーク、すなわち、ソーシャルサポート・ネットワークとの関連性をどう把握するのかという点が問われることになる。そして、本章の第3節でも指摘したように、これらの疑問点を解明し、その成果をソーシャルワークのコア理論のなかに刷り込んでいく作業が要請されているのである。

[文献]

Aiken, M. & Hage, J. (1968) "Organizational Interdependence and Intraorganizational Structure," *American Sociological Review*, 33: 912-930.

赤岡功 (1981)「組織間関係論の対象と方法」『組織科学』15 (4): 5-13.

Alaszewski, A. & Harrison, L. (1988) "Literature Review: Collaboration and Coordination between Welfare Agencies," *British Journal of Social Work*, 18: 635-647.

Aldrich, H. (1976) "Resource Dependence and Interorganizational Relations: Local Employment Services Offices and Social Services Sector Organizations," *Administration and Society*, 7 (4): 419-454.

Alter, C. & Hage, G. (1993) *Organizations Working Together*, Newbury Park: Sage Publications.

Austin, C. D. (1983) "Client Assessment in Context," In H. Weissman, I. Epstein, & A. Savage (eds.), *Agency-Based Social Work: Neglected Aspects of Clinical Practice*, Philadelphia: Temple University Press, 83-95.

Benson, K. (1975) "Interorganizational Network as a Political Economy," *Administrative Science Quarterly*, 20: 229-249.

Booth,T. (1981) "Collaboration between the Health and Social Services: Part I A Case Study of Joint Care Planning," *Policy and Politics*, 9 (1): 24-49.

Cook, K. S. (1977) "Exchange and Power in Networks of Interorganizational Relations," *The Sociological Quarterly*, 18 (winter): 62-82.

Davidson, S. (1976) "Planning and Coordination of Social Services in Multiorganizational Contexts," *Social Service Review*, 50 (1): 117-139.

Emerson, R. (1962) "Power Dependence Relation," *American Sociological*

Review, 27: 31-41.
Galaskiewicz, J. & Marsden, P. V. (1978) "Interorganizational Resource Networks: Formal Patterns of Overlap," *Social Science Research*, 7: 89-107.
─────── (1979) "The Structure of Community Organizational Networks," *Social Forces*, 57 (4): 1346-1364.
Hall, R., Clark, J., Giordano, P., Johnson, P., & Van Roekel, M. (1977) "Pattern of Interorganizational Relationships," *Administrative Science Quarterly* 22: 457-474.
Hasenfeld, Y. (1972) "People Processing Organizations: an Exchange Approach," *American Sociological Review*, 37 (3): 256-263.
Horwath, J. & Calder, M. (1998) "Working Together to Protect Children on the Child Protection Register: Myth and Reality," *British Journal of Social Work* (28) 879-895.
Hudson, B. (1987) "Collaboration in Social Welfare: A Framework for Analysis," *Policy and Politics*, 15 (3): 175-182.
Jacobs, D. (1974) "Dependency and Vulnerability: An Exchange Approach to the Control of Organization," *Administrative Science Quarterly*, 19: 45-59.
Levin, S. & White, P. E. (1961) "Exchange as a Conceptual Framework for the Study of Interorganizational Relationships," *Administrative Science Quarterly*,. 5: 583-601.
Litwak, E. & Hylton, L. F. (1962) "Interorganizational Analysis: A Hypothesis on Co-ordinating Agencies," *Administrative Science Quarterly*, 6 (4): 395-420.
牧里毎治 (1988)「地域福祉におけるネットワークの展開と検討」『地域活動研究』兵庫県社会福祉協議会, 5:3-10.
松原一郎 (1980)「あるネイバーフッドセンター連合体における協働調整に関する社会学的考察」『社会福祉学』21 (2):1-22.
─────── (1981)「地域福祉論におけるネットワーク──その研究視角を求めて」『龍谷大学論集』419:68-83.
Metcalfe, J. L. (1976) "Organizational Strategies and Interorganizational Networks," *Human Relation*, 29 (4): 327-343.
Miller, J. (1980) "Access to Interorganizational Networks as a Professional Resource," *American Sociological Review*, 45 (3): 479-496.
───────, Lincoln, J. R., & Olson, J. (1981) "Rationality and Equity in Professional Networks: Gender and Race as Factors in the Stratification of Interorganizational Systems," *American Journal of Sociology*, 82 (2): 308-335.

Mishler, E. G. & Waxler, N., E.（1963）"Decision Processes in Psychiatric Hospitalization: Patients Referred, Accepted, and Admitted to a Psychiatric Hospital," *American Sociological Review*, 28（4）: 576-587.

Morgan, G.（1995）"Collaborative Models of Service Integration," *Child Welfare*, 74（6）: 1329-1342.

Mulroy, C.（1997）"Building a Neighborhood Network: Interorganizational Collaboration to Prevent Child Abuse and Neglect," *Social Work*, 42（3）: 255-264.

──── & Shay, S.（1997）"Nonprofit Organizations and Innovation: A Model of Neighborhood-Based Collaboration to Prevent Child Maltreatment," *Social Work*, 42（5）: 515-524.

村田文世（2005）「『委託関係』における当事者組織の自律性問題：組織間関係論に依拠した理論枠組の構築」『社会福祉学』46（2）：17-28.

────（2008）「事業委託における民間非営利組織の自律性問題：組織内部・外部過程から捉える自律性喪失のリスク」『社会福祉』日本女子大学, 48：165-181.

沖田佳代子（2002）「介護サービス計画の決定作成における倫理的ディレンマ──ケアマネジャーに対する訪問面接調査から」『社会福祉学』43（1）：80-90.

小笠原浩一・島津望（2007）『地域医療／介護のネットワーク構想』千倉書房.

O'Looney, J.（1993）"Beyond Privatization and Service Integration: Organizational Model for Service Delivery," *Social Service Review*, 67（4）: 501-534.

Pfeffer, J. & Salancik, G. B.（1978）*The External Control of Organizations: A Resource Dependence Perspective*, New York: Harper and Row.

────（1992）*Managing with Power: Politics and Influence in Organizations*, Boston: Harvard Business School Press.

Provan, K., Beyer, J., & Kruytbosch, C.（1980）"Environmental Linkages and Power in Resource-Dependence Relations between Organizations," *Administrative Science Quarterly*, 25: 200-225.

Reid, W.（1964）"Interagency Co-ordination in Delinquency Prevention and Control," *Social Service Review*, 38（4）: 418-428.

Reitan, T. C.（1998）"Theories of Interorganizational Relations in the Human Services," *Social Service Review*, 72（3）: 285-309.

栄セツコ（2010）「「連携」の関連要因に関する一考察──精神障害者退院促進支援事業をもとに」『桃山学院大学総合研究所紀要』35（3）：53-74.

Schmid, H.（2000）"Agency-Environment Relations: Understanding Task Environments," In R.J.Patti（ed）, *The Handbook of Social Welfare*

Management, Thousand Oaks, California: Sage Publications: 133-54.

Van de Van, A.& Walker, G. (1984) "The Dynamics of Interorganizational Coordination," *Administrative Science Quarterly,* 29: 598-621.

Whetten, D. (1981) "Interorganizational Relations: A Review of the Field," *Journal of Higher Education,* 52 (1): 1-28.

Wimpfheimer, R., Bloom, M., & Kramer, M. (1990) "Inter-organizational Coordination," *Administration in Social Work,* 14 (4): 89-102.

Woodard, K. L. & Doreian, P. (1994) "Utilizing and Understanding Community Service Provision Networks: A Report of Three Case Studies Having 583 Participants," *Journal of Social Service Research,* 18 (3/4): 1-41.

山倉健嗣（1977）「組織間関係の分析枠組み――組織セット・モデルの展開」『組織科学』11 (3)：62-73.

―――― (1993)『組織間関係――企業間ネットワークの変革に向けて』有斐閣.

第5章

個別のネットワーク（4）
ネットワーキング

　近年の社会福祉領域において「ネットワーキング」という概念・用語に触れる機会がずいぶん増えた。日本においてネットワーキングがこの分野に紹介されたのも、やはり1980年代半ばであり（山手 1989：23, 大橋 1993：5）、それ以降1990年代に入る直前まではこの概念を扱った論文や実践報告が比較的多く提示されていた。1990年代に入って文献上で言及される機会は減ったものの、久保元二が指摘するように社会福祉の実践現場ではネットワーキングが連携という言葉と並んで日常的かつ常識的に用いられている（久保 2000：108）。こうしてみると、ネットワーキングという言葉は社会福祉領域にすっかりと根を降ろし、その評価は一見定まったような印象を受けるかも知れない。

　しかし、ネットワーキングとは実際のところ何を意味するのかについては、未だ統一的な見解を示すには至っていないように思われる。そのオリジナルにおける意味と社会福祉領域での使われ方との間にズレがみられると云う指摘さえされている（大橋 1993：6）。また、社会福祉の実践現場が先に指摘されているような状況にあるとすれば、この用語は「当たり前の」概念でありすぎて、却ってその内容にまで踏み込んだ議論の必要性が意識されにくいという事情もあっただろう。こうしたことも背景にあってか、今一歩踏み込んだ研究が行われないまま、今日に至ってしまったという印象を禁じ得ない。この一種の研究・実践上の「怠慢」とでもいうべき状況（自戒を込めてであるが）が、日本の社会福祉におけるネットワーキングの定義についての混乱を引き起こしているものと思われる。バブルがはじけて不況に喘いで

いた日本経済に対する世評をもじっていえば、1990年代以降は社会福祉領域におけるネットワーキング概念の「失われた20年」であったといえるかも知れない。

特に、混乱に一層の拍車をかけていると思われるのが、類似の概念であるさまざまな「ネットワーク」との混用である。第1章で述べたように、ソーシャルワークで用いられるネットワーク概念については、ネットワーキングを除くと大きく次の三つに分類され得る。すなわち、サービス利用者のパーソナル・ネットワークである「社会ネットワーク」(ソーシャルサポート・ネットワーク)、援助者であるソーシャルワーカーが実践活動のなかで結合してきた人々との関係の総体である「専門職ネットワーク」、および社会福祉サービス提供機関がその役割を果たすために結びついたほか組織との関係の全体を意味する「組織間ネットワーク」である。この分類はネットワークの中心点(準拠点)に何をおくのかという点と、ネットワークの構成単位をどうとらえるのかという二つの基準に従ったものであった。こうして分類された各ネットワークは、それぞれ「サービス利用者レベル」「専門職レベル」および「サービス提供組織レベル」という位相に相当していると見なしてよい。そして、ネットワーキングとはそうした位相関係を超越し、その動態的側面に着目した概念であった。それにゆえに、先の三つの位相のすべてにおいて、ネットワークとネットワーキングの区別が曖昧になっている状況が観察されるのである。

ネットワーキングが社会福祉とその実践方法であるソーシャルワークにとって何がしかの意義があるのであれば、類似の概念との区別を厳密に行い、明確な定義づけを行っておく必要がある。そのうえで、それをソーシャルワーク実践のなかに体系的に位置づけて、その具体的な活用方法や理論・実践上の新たな課題を見いだしていくという手順を踏んでいくべきであろう。ネットワーキングという用語を多用しているソーシャルワーカーが上記のような混乱した状況をそのまま放置しつづけることは、専門職としての任務を放棄しているという批判を甘受しなければならないといえば言い過ぎになるだろうか。

本章では、上記のような問題意識に立って、まずネットワーキング概念の

そのオリジナルにおける意味を把握したうえで、社会福祉領域に導入された後のネットワーキング概念に関する議論をレビューし、日本における現状を探ってみる。加えて、欧米の研究動向についても触れていきたい。そして、それらの際には、混同されやすいネットワーク概念との区別を特に意識に入れながら論じてみることにする。

第1節　ネットワーキング論の源流

　ネットワーキングに関して多くの論者が指摘しているのは、この言葉が知られるようになったのは、1982年にJ.リプナックとJ.スタンプスが著した「ネットワーキング」が直接的な契機であるという点である。その意味では、同書はネットワーキング概念の記念なる出発点となったのであり、したがってそこに詰め込まれているネットワーキング論のエッセンスがその後の研究に大きな影響を与えることになった。

　リプナックらは、同書で「ネットワーキングとは、他人とのつながりを形成するプロセスである」（Lipnack & Stamps 1982＝1984：23）と述べ、米国におけるネットワーキングのさまざまな事例を紹介している。具体的には、「治療」「共有」「資源利用」「新しい価値」「学習」「成長」および「進化」という七つのカテゴリーにおけるアメリカのさまざまな市民団体の活動が示されている。彼女らの著作を邦訳した正村公宏は、ネットワーキングを「既存の組織への所属、職業上の立場、居住する地域などの差異や制約をはるかに超えて、目標あるいは価値を供する人々が市民的な連携を作り上げていく活動」であると評している（正村　1986：14）。このようにリプナックらにとってのネットワーキングとは、特定の事物を指すというよりは「市民的な連携」を実現するためのある特定の性格——敢えて一つの言葉に押し込めれば「差異を超えた目標共通性」とでも云うべきもの——を有した運動ないしプロセスを意味していることは明白だと思われる。一方で、ネットワークとは「われわれを結びつけ、活動、希望、理想の分かち合いを可能にするリンク」（Lipnack & Stamps, 1982＝1984：23）として位置づけられおり、この説明をもって解釈すれば、ネットワーキングによって築かれていった「市民的な連

携」という彩りをもった関係（リンク）こそが、すなわちネットワークということになるかも知れない。

リプナックらは、その後において企業を対象にコンサルティング事業を展開し、フォーチューン500社にランキングされる一流企業を顧客にした活動を行っている。1990年代に入ると、「チーム」と「ネットワーク」（ネットワーキングと同義）を合成した「チームネット」概念を提唱し、それを「21世紀の新しい経済のための組織」であると位置づけている（Lipnack & Stamps 1993＝1994：29）。

社会学において、個人の人間関係を個人のフォーマル・インフォーマル集団への参加という観点から分析する手法が伝統的に実践されてきたが、実際には、両者を明確に区分することは難しいという指摘がなされるようになっている。大谷信介によれば、さまざまな自主活動やサークルをこれまでの分類に従ってフォーマル集団として位置づけた場合、例えば、友人関係（インフォーマル集団）を通してそれらのフォーマル集団に加入する例や、自主活動やサークルに加入した結果、新たな友人関係の広がり、すなわちインフォーマル集団への新規結合が生まれるなど、現代都市生活において両者はボーダーレス化しているという。そして、リプナックらのネットワーキングの考え方が注目されるようになったのも、まさしくこうしたボーダーレス化と密接に関連していると大谷は指摘している（大谷 1995：59-60）。

さて、社会運動論の立場からは、このリプナックらの思想は1970年代後半にアメリカ社会に生まれつつあった「新しい社会運動」の潮流と無関係に論じるべきではないという指摘がなされている。日本における社会運動論の旗手の1人である高田昭彦によれば「新しい社会運動 New Social Movement」とは、「イデオロギーに先導された従来の労働運動あるいは組織動員型の大衆運動ではなく、個人自らが納得のいかない問題に対して抗議あるいは解決を目指して自発的に結集し、自己変革を重要なファクターとしながら社会変革を徐々に進めていこうとする様々な試み」（高田 1990：203）を意味している。この新たな性格をもった社会運動が勃興してきた背景には、それを取り巻く社会状況に加えて、社会運動自体の学習体験による内部成熟化が大きく寄与している。すなわち、日本を含めた西側先進諸国で

1960 年代から活発にみられるようになったさまざまな社会運動、例えば、学生運動や反戦運動が代表的なものであるが、それらは急進的な理想主義のあまりに政治的・暴力的な手段に傾斜しすぎて挫折を味わうことになった。高田は、こうした挫折経験から新たに生まれてきた運動は、旧来の社会運動とは異なって「地に足をつけた草の根市民運動」（高田 1990：204-5）である点に特徴があると指摘している。そして、新たに登場してきた社会運動にとって、自らが理想とする目標への到達手段ないし方向づけを与えてくれるものこそが、まさしくリプナックらのネットワーキングにほかならない。第1章で述べた「運動論的なネットワーキング」とは、まさしくこの延長線上に位置づけることができるものである。

なお「新たな社会運動」と旧来の社会運動との相違点を形成する草の根市民運動とは、次のような特徴をもつものとされている（高田 1985：183-4）。すなわち、①運動を取り巻く状況に応じて拡大・縮小や他グループとの結合・分離など絶えず変化しうる（部分集合的）、②個人の自主性・自発性が重視され誰でもリーダーになり得るし、現に中心人物が複数いる（多頭的）、③個人同士の横のつながりが運動の基底をなす（網の目的）、④直接コミュニケーションが可能な範囲での組織と活動（等身大性）、および⑤指導・支配という上下関係がなく、メンバー一人ひとりそれ自体完結した存在であると同時に、より大きな部分の一部になっている（部分と全体の統合性）である。これらは高田によって、一括して「ネットワーク型」と呼ばれている（高田 1986：59）。ネットワーキングがこうした意味でのネットワーク型の原則に従って他者とつながっていくプロセスであるのであれば、この概念には単なる関係形成のプロセスという以上の含意が含まれていることは十分理解できるだろう。ネットワーキングが草の根運動を実現するプロセスである以上は、形成プロセスそれ自体が「草の根運動」的（ないし「ネットワーク型」的）でなければならない。例えば、運動内部に、企業、官僚組織あるいは医療機関などにみられるピラミッド的な上下関係を維持したままであっては、決してその運動は「草の根的運動」とは呼ぶことができないであろう。

高田は、こうした草の根運動を形成するネットワーキングを、管理的な現代社会のあり方に対する生活主体の「異議申し立て」として位置づけてい

る。このネットワーキング観を支えているのは、以下のような現代社会観である。すなわち、「介入主義的な福祉国家」に代表される既存の公共システムは、「本来不可侵性である」私的な生活世界にまで介入しようとしており、現代社会は「それに抵抗する生活世界側の運動との間の紛争」によって特徴づけられているという捉え方である。したがって、ネットワーキングとは、生活世界からの既存の産業社会に対するオルタナティブにほかならないと云うのが、ネットワーキングの性格づけにおける高田の結論である（高田 1985：55-6）。

ただし、オルタナティブといっても、それは既存のシステムを廃してそれにとって代わろうというような急進的行動的なものではなく、あくまでも価値理念上の特質であるという指摘（金崎 1990：99）がされている。その一方で、杉野昭博はこの新しい社会運動にみられるネットワーキング（杉野は「ネットワーク」と呼んでいる）のオルタナティブ性を「組織」との関係からとらえ、ネットワーキングとは従来の組織にとってかわる「新しい集団形態」という意味が込められていることを指摘している。加えて、組織とネットワーキングとの間の対立は過渡的、一時的なものではなく、構造的なものであるとするのが新しい社会運動論的なネットワーキング観であるとも述べている。したがって、杉野も指摘するように、例えば資源動員論のように、組織を補完する存在として住民運動や社会運動をとらえていくオーソドックスな視点はそこには最早見られないという（杉野 1999：3）。こうした理解に従えば、ネットワーキングによって、時には既存の社会福祉システムを代表する各種組織との間には、ラディカルな対立が持ち込まれることになるだろう。それがラディカルかどうかは別としても、運動論的な展開でもって既存の枠組みを超える、あるいは従前とは異なる新たな何かを目指す、等という意味でのオルタティブ性が指向されているという点は、第1章でいうところの「運動論的なネットワーキング」にとって重要な特徴になっている。

さて、これまで述べてきた高田の捉え方からすれば、上記のようなネットワーク型を有していないにもかかわらず、例えば上下関係のような既存の組織原理を有したままで他者との間に関係を形成していくような方法論は、例えそれがネットワーキングを自称していたとしても本来の意味のネットワー

キングとは明らかに峻別されなければならない。したがって、経営学者の今井賢一や金子郁容らによって提唱されているもう一つのネットワーキング論は、高田の物差しからすれば、本来の意味でのネットワーキングではないという判定が下されることになる。実際に高田は、今井らに代表されるもう一つのネットワーキング論を「下からの」草の根運動的ではないという意味で「上からのネットワーク形成」（高田 1986：56）という呼称を与えている（ここでは「上からのネットワーキング（論）」と称しておく）。

　この今井らのネットワーキングに対する考え方（「上からのネットワーキング論」と称されるもの）は、高田のいう「下からのネットワーク形成」（ここでは「下からのネットワーキング（論）」と呼称しておく）が社会運動論から生まれてきたのと異なり、主に経営学、組織社会学ないし産業社会学の領域から提唱されたものである。以下、今井らの考え方を理解するために、彼らのいうところの「ネットワーク」（「ネットワーキング」とは称されていないことに注意）を見ていくことにしたい。

　まず、そもそもの彼らの基本的な出発点は、情報通信の発展にともなう経済社会の大きな変動を前にして、これまでの「古い秩序が壊れだし、新しい秩序が生まれつつあることは確かだ」（今井・金子 1988：7）という認識にある。この新たに勃興しつつある「新しい秩序」を示すキーワードこそ、彼らがいう「ネットワーク」にほかならない。こうした問題意識に立って、「さまざまな組織のうちわれわれは企業組織に焦点を合わせる。それは、企業というものが現代社会の中心的組織であり、産業社会における主役だからだ」（今井・金子 1988：8）ということになる。

　ここでいうネットワークとは、ヒエラルキー型の分業体制ではなく個々の企業が自立性を保ちながらも密接な相互依存関係を結んでいる様を表している。つまり、ネットワークは市場でもなくヒエラルキー組織でもない、従来の「市場−組織」の二元論を超えた存在として位置づけられている。すなわち、この場合のネットワークとは一種の中間組織的な形態として把握されていることが理解できよう。明らかに、この考え方は O. ウィリアムソン（Williamson, O.）によって提唱され発展してきた「取引コスト論」から導入されたものと思われる（取引コスト論については、第8章で取り上げる）。

同時に、ネットワークという用語には「市場－組織」を超えた別の性格をもった関係を作っていくプロセスという意味をも付与されている。この点は、例えば「ネットワークとは関係を変える関係形成のプロセスである」(今井・金子 1988：184) という言及からも理解できるだろう。こうした今井らの言説では、ネットワークを形成するプロセスをもネットワークと呼んでいるように、ネットワークとネットワーキングの区別が曖昧である。

金子は別の著書で企業組織に関する上のような議論を個人にも適用範囲を広げて論じているが、そこではネットワーキングとは、「一般にネットワークを形成される過程を意味するものであるが、それと同時にネットワーク形成過程の背後にある個と個の関係、個と全体の関係についての個人的な思想や思いを暗示する言葉である」(金子 1986：5) としている。つまり、ネットワーキングは一定の理念をもって関係形成を果たしていくプロセスという位置づけになる。ところが同書では、このネットワーキングの説明のすぐ後で「ネットワークというのは、それぞれが確立した『個』を互いの違いを認識しあいながらも、相互依存関係で自発的に結びついたもので、ある種の緊張をともなう関係のなかで意味と価値を作り出していくプロセス」(金子 1986：5) という言及がなされている。つまりは、ネットワークもネットワーキングも「プロセス」ということになっている。金子はさらにこうした視点をボランティア活動にも広げ、ボランティアとは「つながりをつけるプロセス」に従事する、すなわちネットワーキングを行う者であり、その意味ではネットワークをつくる人(ネットワーカー)にほかならないと断じている (金子 1992：124)。

今井や金子の説明は、結局はネットワークもネットワーキングとともに過程であるというものであって、非常に紛らわしいという点は否めない。例えば、公文俊平は今井と金子らの説明について、その概念が非常に曖昧であり、用法に一貫性が欠けていることを批判している (公文 1994：227-9)。このように、「上からのネットワーキング論」に対しては概念定義が不充分であるという印象をもたざるを得ないのだが、ここではとりあえず「下からのネットワーキング論」に従って、「上からのネットワーキング論」においても、関係形成のプロセスといった動的側面やそのプロセスを貫く「思想や

思い」をネットワーキングと呼び、ネットワーキングによって形成された関係をネットワークと呼んでいる、という理解でいることにしよう。

　ヒエラルキー性を排除し、かつ個々の自立性を尊重した横の関係形成のプロセスをネットワーキング（あるいはネットワーク）とする今井や金子の説明は、リプナックとスタンプスの「差異を超えた目標共通性」という考え方を基本的に継承していることは認めることができる。その意味では、彼らの「上からのネットワーキング論」もリプナックらの系譜を明らかに受け継いでいることは記銘しておかなければならない。ただし、「下からのネットワーキング論」と比較して、このアプローチには公共システムの私的な生活世界への侵入に対する異議申し立てという性格は皆無である。むしろ、既存システムにおける情報化が進展していったこと（すなわち情報社会化）を前提として、「もっと一般的で、プラグマティックで、オープンな結びつきを志向している」（金子 1986：194）ものとされる。そして、高田に代表される「下からのネットワーキング論」のみならずリプナックらに対しても「なにかアングラめいたもの」（金子 1986：193-4）という批判さえ投げかけているのである。その意味では、オルタナティブ性はやや弱い、あるいはラディカルさは相当に乏しいと見なせよう。

　以上において、ネットワーキングをとらえる立場には、大きく分けて二つのアプローチ、すなわち社会運動論に立脚した「下からのネットワーキング論」と経営学などから出発した「上からのネットワーキング論」が存在していることを示してみた。既存システムに対する草の根運動的性格とオルタナティブ性を強調する前者と、その種の性格は比較的に少なく、むしろプラグマティック性が強調される後者の間では明らかに立場の違いが見いだせる。しかし、一見して両者は敵対関係にあるかのように見えるが、実は両者で共通する部分が存在していることを指摘している論者もある。次に、そうした論者の代表として金崎一郎による言説を紹介してみたい。

　金崎によれば、二つのネットワーキング論の共通性は「組織の視点」に立った場合に見えてくるという。もう少しわかりやすくいえば、関係形成プロセスの質・あり方という点において両者に共通性が見いだせるというものである。具体的にいえば、高田のいうネットワーク型とは決して「下からのネッ

トワーキング論」の専売特許ではなく、それは「上からのネットワーキング論」における関係形成の質にそのまま当てはまる（金崎 1990：109）。確かに、ネットワーキングとは個の違いを前提とした自発的な相互依存関係を形成するプロセスであると金子がいうときに、それと高田のいうネットワーク型との区別はつけ難い。もし区別が困難であるとすれば、その理由は「組織の視点」では形式的に両者は同じ位相に置かれているからであるというのが金崎の説明である（金崎 1990：111）。金崎がいう「組織の視点」とは、結局は「作り方」にほかならないだろう。「組織の視点」とは、つまりは組織化の方法であり、異なる要素を如何にして結びつけていくかその「行い方」、あるいはネットワーキングという理念・思想とそれに基づく手法を用いての組織化にほかならない。つまりは、どのようにして関係を形成していくのかという方法論の点で、両者は共通の言語を用いているのである。

こうしてみると、二つのネットワーキング論には根底になる価値観の違い（金崎 1990：107-9）はあるものの、ネットワーキングを関係形成プロセスの質、および形成が完了した後の関係（すなわちネットワーク組織という意味でのネットワーク）の質を意味する点では一致することになる。換言すれば、ネットワーキング論とは関係形成の成果を重視する結果主義というよりも、こうしたプロセスやダイナミックスそのものを重視したアプローチであると見なすことができる。ソーシャルワークの伝統的な表現を用いるのであれば、ネットワーキングはタスク・ゴールではなくプロセス・ゴールに基づく概念であるといえば理解が容易かも知れない。社会学者の森岡清志が、ネットワーキングの論者はネットワークの質に対して一層の自覚的追及を行う側面を有しているという指摘（森岡 1986：68）を行っていることからも、あるいは都市社会学者の大谷が、ネットワーキングが「〈はじめに人間関係ありき〉という視点から集団構造を捉え直す」（大谷 1995：60）機運を象徴していると示唆している点からも、上記のような結論は的をはずしてはいないと考える。

第2節 日本の社会福祉における
ネットワーキング論の先駆け

　社会福祉領域におけるネットワーキング論の先駆的な役割を果たしたのは、播磨靖夫、山手茂の両氏であろう。両者ともに、前節で述べたオリジナルなネットワーキング概念から強い影響を受けつつ、日本の社会福祉がおかれている固有の状況を踏まえて、ネットワーキング概念にそれぞれ独自の加工を試みている。したがって、この固有の状況が両者の考え方に大きな影響を与えたものと考えられるが、例えば、後述するように、いずれとも一見して「下からのネットワーキング論」に近いという印象を与えながらも、実は「上からのネットワーキング論」にも親和的であるという点で共通しているのも、そのなせる技であると解釈できる。

　ただし、その反面、結果的にネットワーキングの意味内容の拡散を招き、今日に至るまで社会福祉領域におけるネットワーキングの概念的混乱を招いたともいえるのである。特に、ネットワーキングとそれ以外の各種のネットワーク概念と間で混同視される傾向を引き起こしたことは、この混乱状況に一層の拍車をかけることになったことも否めない。以下、こうした点について述べてみたい。

1　播磨靖夫のネットワーキング論

　播磨は米国で脚光を浴びるようになったネットワーキングにいち早く注目し、「ネットワーキング研究会」を立ち上げてその考え方の普及と研究活動を行ってきた。彼はネットワーキングを運動体として位置づけ、単に関係の構造を意味するネットワークと区別している。そのうえで、ネットワーキングとは「それぞれの独自の考え方や価値観を生かしつつ、必要に応じて柔軟で実行力のある共同行動ができる組織であり、運動体である」(播磨 1987：3) という説明を試みている。つまり、播磨にとってネットワーキングとは関係形成プロセスの質というよりは、運動を行う団体・組織（とその集まり）そのものであって、それも以下に述べられているような特徴を有するものに

限定される。

　ネットワーキングの特徴として播磨が指摘しているのは、①ヨコ型かつ多頭目型（リーダーが複数存在する）、②メンバーの自発性尊重と権限分散、③境界の曖昧さ、④代案提案型、⑤プリコラージュ（仏語で日曜大工：身近なものを創意工夫して創造していくこと）型、である。運動体がネットワーキングとしての性格を帯びることによって、異なった分野から学び、異なった分野と結合することが可能となり、それによって運動体が陥りがちな硬直的なものの見方から脱却することが可能になる、とその重要性を強調している（播磨 1987：3-5）。そこには、リプナックらの箇所で指摘した「差異を超えた目標共通性」という考え方、あるいは「異なる見方を見いだす」という意味で、さらにいえば播磨自身が示しているネットワーキングの特徴である「代案提案型」という点からも、弱いながらもオルタナティブ性を指向する視点がそこに提示されていることが理解できるだろう。

　こうしてみると、播磨のアプローチはネットワーキングを運動体として把握しつつ、リプナックらの視点を踏襲するなど、そこには運動体のあり方、原理を問いかける姿勢が強く現れているのは否定できないところである。その意味では、播磨の考え方も、運動体の活動実績よりもその形成・活動プロセスの質を一義的に見ていこうとするプロセス・ゴール的な立場を示しており、先に金崎が指摘していたようなネットワーキング論の二つの源流が共通してもつアプローチ（結びつける「行い方」やそのプロセスの質重視）から完全に逸脱しているわけではないことは言及しておくべき点である。

　また、播磨のネットワーキング観は、それを運動体として解釈することからしても社会運動論的な「下からのネットワーキング」との類似性を感じさせるかもしれない。実際に、播磨がネットワーキングへの関心が高まっている背景として福祉運動やボランティア運動が直面している排他性と自己防衛的な性格ゆえの行き詰まりを指摘していることからも（播磨 1987：2-3）、彼の関心が福祉運動、中でも障害者福祉領域でのそれにあることは明らかである。しかし、だからといって、播磨のネットワーキング論に対して「下からのネットワーキング論」の系譜に完全に連なっているという見方を行うには少し早計すぎるようである。というのも、既存の社会福祉システムへの異

議申し立てと対抗というオルタナティブ性が播磨のネットワーキング論にはそれほど強くは見られず、それゆえにその評価は慎重に行われなければならないという事情があるからである。

　結論からいえば、播磨のネットワーキング論はむしろ「上からのネットワーキング論」に親和的であるといってもよいだろう。そこには、市民運動としての福祉運動といえども、法制度に基づく既存の社会福祉システムから完全に独立して、それに対抗したり、異議申し立てを行ったりするだけでは運動の成果を見いだしていくことが困難である、という事情があるように思える。むしろ、福祉運動にとって行政をはじめとした既存システムとの間で如何にして協力体制を築いていくことができるか、という点でその真価が問われることになる。それゆえに、福祉システムの変革を意図する福祉運動であっても、既存システムに対してその活動主旨を理解してもらい、その理念を浸透させて協力を引き出していく努力は必要になる。よって、そのネットワーキング論もオルタナティブ性はどうしても中和される傾向になり、結果としてプラグマティックなものにならざるを得ないのという事情があるのかも知れない。ただし、ネットワーキングによって形成された運動体が既存システムとの間で関係形成を行っていく際にも、ネットワーキングの考え方に従って構築されていかなければならないとされる点は銘記しておくべきであろう。

　なお、1970年代において「青い芝の会」に代表されるような障害者運動が、障害者に対して極めて冷淡で「あってはならない存在」として処遇し続けた社会に対する告発活動として活発に展開されたのは承知のとおりである。こうした杉野昭博がいうところの「告発型」の活動は、重症障害児を殺害した母親に対する減刑嘆願や養護学校義務化に反対するなどの非常にラディカルな展開を遂げていくことになる。このラディカルさは、青い芝の会の綱領に「問題解決の道は選ばない」と掲げられていたことからもよく理解できる（杉野 1999）。まさしく、それは既存福祉システムに対するオルタナティブの極めて露わな形での発現とでも受け止めることができる。しかし、杉野が別のコンテキストでいうように、それは彼・彼女らの「過度に理念的な運動戦略」（杉野 1999：7）のなせる技であって、すべての福祉運動に一

般化できる特徴とはいえないかもしれない。ただ、それをネットワーキングと見なした場合は、明確に「下からのネットワーキング」として位置づけられることは間違いない。

　なお、立岩真也は、1970年代の障害者運動において重要なテーマであった自立生活について大きく三つの立場が運動側にあったと指摘している（立岩 1995；廣野 2011）。それは、第一に介助者の直接的な支援を受けて生活することの保証を求める立場、第二に公的な介護保障を求める立場、第三に生計の基本的な部分の保証を求める立場、ということになるだろう。廣野俊輔は、この立岩の分類を踏襲しながら、それぞれのカテゴリーに含まれる運動を分析したうえで、第一の立場は差別的な地域の変革、第二の立場は入所施設からの脱却、そして第三の立場では家族からの脱出が目指されていたことを指摘している（廣野 2011）。また、国際障害者年（1981）にともなう障害者実態調査を契機に、国（当時は厚生省）との継続的な関係を維持する運動も生まれてきている（立岩 1995）。

　このように障害者運動であってもその考え方や運動目標が多様であって、国、言い換えれば既存システムとの関係についても実にさまざまであり、すべてを十把一絡げに扱うことはできない。しかし、既存システムとの関係を維持しながらも何らかの変革、オルタナティブが指向されていた点は障害者運動には一致しているといえるのかも知れない。その中でも立岩があげた第一の立場は、その変革性、言い換えれば「下からのネットワーキング」としての特徴が際立っていたと見なせる。廣野はこの第一の立場の代表例として「青い芝の会神奈川県連合」をあげている（廣野 2011）。

　もちろん、青い芝の会に代表されるラディカルな運動の存在意義が否定されるというものではなく、その特異性があったがゆえに、障害者運動全般を先導し、障害者福祉政策に対するオルタナティブとしての挑戦を果たし得たという評価ができるだろう。またその成果も大きなものがあったことも否定できない。その意味では、まさしく典型的な「下からのネットワーキング」「運動論的なネットワーキング」として青い芝の会をとらえ直すことで、従前とは異なる、青い芝の会への見方や評価を提供できる可能性もあるかもしれない。

2 山手茂のネットワーキング論
——ソーシャルサポート・ネットワークとの融合化

　播磨と並ぶ先駆者として社会福祉分野におけるネットワーキング論に大きな影響を与えたもう1人の存在が山手である。山手のネットワーキング論の大きな特徴は、ネットワーキングとネットワークを統合的にとらえようとした点にあったと思われる。こうした点は、ネットワーキング研究の新たな発展を示し得たものと評価できるだろう。しかし、そのために両者の区別が曖昧になり、概念的な混乱を深める一因を招いたともいえなくもない。そこで、次に山手のネットワーキング論の中身を検討していくが、まずそれに先立って山手が批判の矛を向けたソーシャルサポート・ネットワーク論について説明したい。

　欧米のソーシャルワークでは、80年代に入って精神保健やコミュニティ心理学といった周辺諸領域の知見をもとにしてソーシャルサポート・ネットワーク論が導入され、急速な広がりを見せるに至った。この概念はその名が示すように、社会学や社会人類学で発展してきた「社会的ネットワーク」と、コミュニティ心理学やストレス研究の分野で生まれた「ソーシャルサポート」、という二つの概念の融合物であることは第2章で述べたとおりである。ソーシャルワークにこの概念の導入を図った代表的な人物としては、L.マグワァイア(Maguire, L.)、J.ガーバリーノとJ.ウッテイカー(Garbarino, J. & Wittaker, J.)といった名前をあげることができる。彼らによって推進されたソーシャルサポート・ネットワーク概念とは、或る個人が取り結んだ対人関係の中でも、家族、近親者、友人、近隣といった自然発生的なつながりを総称するものである（Garbarino 1983：3）。

　こうしたソーシャルサポート・ネットワーク論を日本に紹介した代表的な人物の1人が小松源助である。小松はガーバリーノやバークレイ報告に準じて、ソーシャルサポート・ネットワークを個人がもつ「専門職ではない、インフォーマルな援助者、家族、友人、隣人、地区の世話人などの素人の援助者」の総体であると定義づける（小松 1988：19）。そして、ソーシャルサポート・ネットワークを念頭に置いたソーシャルワーク介入を「社会的支援ネットワーク・アプローチ」と名づけ、それが包括的な枠組みに従って展開され

る介入方法ではあるものの、ソーシャルサポート・ネットワークの構成の複雑さから多面的な内容に成らざるを得ないとし、その詳細な分類を紹介している（小松 1986：236-8）。

山手のネットワーキング論は、この小松らによって日本に導入されたソーシャルサポート・ネットワーク論に対する批判からその序幕があがっている。山手の批判は、そもそもソーシャルサポート・ネットワーク論が「専ら専門的ソーシャルワークの方法・技法としてとらえられているために、『ソーシャルサポート・ネットワーク』の理論としては狭いものになっていると思われる」（山手 1989：26）という点に集約されるだろう。それでは、山手がいうソーシャルサポート・ネットワークの理論とは、本来どうあるべきととらえられているのかが問題になってくる。この点については、次のような記述から山手の考えを伺うことができる。すなわち、「対人サービス諸専門的職業従事者のチームワーク（フォーマル・ネットワーク）およびボランティア・友人・隣人・近親者などのインフォーマル・ネットワーク、それらを総合したソーシャル・サポート・ネットワークが重視されるようになってきている」（山手 1989：31）というもので、インフォーマル・サポート源に限定せず、フォーマルな専門職間関係を構築し、それとインフォーマルなサポート源とを有機的に結びつけたものをソーシャルサポート・ネットワークとして考える立場がそこに示されている。

なお専門職どうしのつながりは、必然的にその専門職が所属する組織や団体との結びつきに置き換えられるために、山手のいうソーシャルサポート・ネットワークには支援組織同士のつながり（いわゆる組織間ネットワーク）をも含有することになる。ただし、それとは別に「インフォーマルな援助者によるソーシャル・サポート・ネットワークの形成」（山手 1989：32-3）という表現がされており、これだけを取り上げると小松らの捉え方とそう変わりはないものになってしまい、この点に関しては混乱気味ではあるともいえる。

さて、いうまでも無くこうしたネットワークを形成していくことには、特定のサービス利用者に対する介入、支援の効果を確保していくことがその目標になっているのであり、ここに第１章でいう「介入的なネットワーキング」の考え方に近い視点が盛り込まれていることが理解できるだろう。この介入

をより実効性あるものにしていくためには、インフォーマルとフォーマルの融合が欠かせないという点に、山手の考え方の眼目の一つがあると見なせる。

山手の考え方のなかでもう一つ注目すべきなのが、家族、近隣などのインフォーマルなサポート源のみならず、専門職や社会福祉サービス提供組織といったフォーマルなサポート源を含めた総合的な福祉ネットワークをソーシャルサポート・ネットワークとして把握し、それを形成することこそがネットワーキングであると位置づけている点である。本書で立てた概念でいえば、ソーシャルサポート・ネットワークと専門職ネットワーク・組織間ネットワークを融合する方向性がそこに提示されているといえる。

しかも、単にこうした総合的な福祉ネットワークを形成するだけがネットワーキングではなく、そのプロセスにおいて「多発、多元、多重」（山手 1989：37）であることが重視されている。つまり、ソーシャルサポート・ネットワークの形成（ネットワーキング）には必然的に立場の異なるさまざまな人々、組織、団体が同時に関与してくることになる。そこでは、この立場の違いが壁になって、メンバー間で対立や葛藤が起こりかねない。そこで、こうしたセクショナリズムを越えてさまざまな立場の人々や組織、団体が自由に情報を発信し、相互にサポートを提供しあっている様子が「多発、多元、多重」という表現に込められている。そして、これらの原理に基づきながらソーシャルサポート・ネットワークを構築していくことこそが、ネットワーキングだと云うことになる。ここから、山手のネットワーキング観もまたリプナックらの視点を踏襲していることが容易に読みとれるだろうし、実際に彼の論文にはリプナックらの議論が多く引用、紹介されている。

こうした山手のネットワーキング論は播磨のそれと異なり、ソーシャルサポート・ネットワーク（究極的には総合的な福祉ネットワークと同義）の形成としてネットワーキングをとらえたところにそのユニークさがある。ただし、その形成途上において「多発、多元、多重」の原理が求められるという点に、これまで述べてきた他のネットワーキング論と同様に関係形成プロセスの質を重視する視点が堅持されている。その意味では紛れもなく、山手の立場もリプナックら以来の「伝統」を継承していることを認めることができる。また、山手の考え方には、彼がいうソーシャルサポート・ネットワーク

の形成によって既存の取り組みでは限界が見られたものを乗り越えていこうとする目論見（福祉社会の創設）が根底にあるのであって、既存のあり方に飽き足らない支援体制構築という意味ではオルタナティブ性をそこに認めることができるかもしれない。

しかし、彼がいうネットワーキングによって形成されるソーシャルサポート・ネットワークのなかに、既存システムに所属する専門職、その専門職が所属する社会福祉サービス提供組織や団体が含まれてくる以上、そのネットワーキング論における「異議申し立て」の彩りは薄くならざるを得ない。つまり、既存システムへの対抗ではなくそれとの協調、協力体制構築こそがネットワーキングのなかで模索されるのであって、この点から見る限りは、山手の立場も播磨のそれと同様に「上からのネットワーキング論」により近いポジションにあるものと考えられるだろう。

さて、総合的な福祉ネットワークづくりという視点から、ソーシャルサポート・ネットワーク、専門職ネットワークおよび組織間ネットワークとネットワーキングという四つの概念を融合化する作業が試みられたのであるが、こうした山手の考え方のユニークさに対する評価は別として、明確な概念的整理が行われないまま、各種の概念を福祉ネットワークとしてとらえたために、ネットワーク概念の混乱が生じたことは否めない。そのために、ネットワーキングによって形成された結果としてのネットワークとソーシャルサポート・ネットワーク、専門職ネットワークおよび組織間ネットワークとの相違も不明瞭になっている。

さらにいえば、ソーシャルサポート・ネットワークなどとネットワーキングとの間が等式で結ばれたために、これらの概念はどうしても堅く結びつき合った、決して剥離できない一体的なものとしてとらえられがちになる。したがって、例えば、ソーシャルサポート・ネットワークはネットワーキングの原理で形成されているはずであるがゆえに、そこには必ず「差異を超えた目標共通性」が存在しているに違いないという誤解が生まれかねない。同様の混同視が、専門職ネットワークや組織間ネットワークにおいても当てはまるのである。

しかし、それぞれの概念の焦点を置く部分はまったく異なっており、した

がって各々は独立的に扱われるべきものであろう。古谷野亘も、ネットワーキングは、他者との関係の全体という意味である社会ネットワークとは明瞭に区別されるべきであることを強調している（古谷野 1991）。この古谷野の指摘は、そのままソーシャルサポート・ネットワークとネットワーキングとの関係にも当てはまることになる。いずれにせよ、ネットワーキング概念をソーシャルワークの理論体系のなかに有機的に位置づけ、それを具体的な実践に適用していくためには、何よりも上に述べた概念上の混乱を如何にして収拾できるかにかかっているように思われる。

第3節　近年のネットワーキング論

ここでは、ネットワーキングに関する近年の言説をレビューし、前に述べた概念上の混乱を克服する試みが如何に果たされているのかという点を特に見ていきたい。また、播磨や山手以来、日本の社会福祉領域において独自に発展してきたネットワーキング論であるが、その概念としての精緻化を図り、ソーシャルワークの理論体系に組み込んでいくためには、欧米におけるネットワーキング論の動向から学ぶ点も大きいだろう。その意味でも、近年において欧米で取り上げられたネットワーキング論についても触れてみる。

1　日本におけるネットワーキング論

山手のようにソーシャルサポート・ネットワークとネットワーキングを一体的にとらえる視点は、ほかに牧里毎治によっても提示されている。彼は、ネットワーキングをソーシャルサポート・ネットワークが独自の組織化原理に従って形成されていく過程であると見なした。「コネやツテをたどって（中略）欠員となったネットワーカーを募集、補充する」（牧里 1993：250）プロセスであるネットワーキングは、ヒエラルキー構造の形成とは対極をなすものであり、対等・平等の人間関係がその基盤をなしていると述べられている。これとは逆に、ヒエラルキー型の階層構造を維持したままの関係形成を、伝統的なコミュニティ・オーガニゼーション（CO）の用語を使って、

それをインターグループワークと呼んでネットワーキングと区別している（牧里 1993：251）。

牧里のソーシャルサポート・ネットワークに対する捉え方は、山手のような総合的なものではなく、それを個人のもつインフォーマルなサポート源の集まりと見なしている点が特徴であり、その意味ではむしろ小松らの見方に近い。ただし、小松らによる自然発生的なソーシャルサポート・ネットワークという捉え方と異なって、牧里がソーシャルサポート・ネットワークをソーシャルワーカーが「目的的・意識的・職業的に」作り上げた人工的なパーソナル・ネットワークであるという位置づけを与えている点は、彼のネットワーキング観におけるユニークな点であろう。

以上の牧里の考え方では、ヒエラルキー構造の排除という関係形成上の原理をネットワーキングという言葉で強調していることは明らかであり、ここから従前のネットワーキング論がその本質として位置づけてきた視点が継承されていることが理解できる。また、牧里の立場は「上からのネットワーク」に連なるものであり、そのソーシャルサポート・ネットワーク観に示されているようにネットワーキングを行う主体とはソーシャルワーカーであって、ソーシャルワーカーが既存システムに属する専門職である以上は必然的に既存システムに対する異議申し立てという姿勢はそこには見られない。また、こうして形成されたネットワーキングを個別のサービス利用者やの支援に活用していこうとする視点が盛り込まれており、その意味では牧里の言説は「介入的なネットワーキング論」に含まれると見なせるだろう。

次に、田中英樹は精神保健福祉分野では「コミュニティ・ソーシャルワークを現実のものにする実践の科学化としての地域ネットワーク理論」の研究が十分成されてこなかったことを踏まえて、精神障害者の地域生活支援システムを形成する手段としての地域福祉ネットワーク理論の構築を試みている。ここで田中のいう「地域ネットワーク」とは、インフォーマルなサポート源、専門職、あるいは社会機関間のつながりなのであるが、ただし、単なる結びつきだけではなく、それに加えて「作動態様」の面、すなわち動的なプロセスをも照射した概念としてその説明がなされている（田中 2001：132, 143-4）。したがって、地域ネットワークは、プロセスに焦点を置いたネッ

トワーキングと、それ以外のソーシャルサポート・ネットワークなどのネットワーク概念とを融合した性格をもつものと解釈できるだろう。その意味では、ネットワーキングという呼称こそされていなものの、その内容は山手のネットワーキング論にほぼ重なることになる。かつ、それは「誰かから発したもののなのか起点がある」(田中 2001：132) という説明のされ方から、牧里の考え方と同様に、地域ネットワークとは、人工的、かつ意図的なものとして把握されていることが理解できるだろう。

　田中の地域福祉ネットワークの考え方では、「異質なものが有機的に結びついていく」プロセスを重視する視点と「ネットワーク構成員は決められた制限や基準から拘束されることなく、自由な参加意志でいつでも加わることができる」という柔軟性とオープン性をその特徴としてとらえている (田中 2001：132-3) 視点からも、それは伝統的なネットワーキング観をほぼ踏襲しているといえる。しかし同時に、そうした柔軟性とオープン性によって「不安定で伸縮の激しい、結果として役に立たない代物で終わるかも知れない」(田中 2001：133) リスクがあることが述べられ、ネットワーキングが決して万能でないことが強調されている。田中によれば、地域ネットワークとはアプリオリに素晴らしいものではなく、そこに構成メンバー間の相互作用によって「創発特性」が生まれてはじめて地域福祉活動の推進力になり得るとされる。こうした姿勢は、ややもすれば「ネットワーキング＝素晴らしいもの」というポジティブな点のみを強調する傾向がある従前のネットワーキング論とは一線を画しているものとして評価できるだろう。そして、「創発特性」という点から理解できるように、そこには「何か新しいもの」という意味でオルタナティブ性が目指されており、その点ではそれは「運動論的なネットワーキング」という見方もできる。

　以上のように、田中のネットワーキング (地域ネットワーク) の捉え方は、地域福祉の観点から、単なるつながりではなくそこで営まれる相互作用を通して得られるだろう新たな創造性を重視していることが理解できる。ただし、それは、福祉社会作りを目指す市民活動のような性格を有するものも存在するとしつつ、あくまでも既存の地域福祉システムの枠内で展開され、その内的発展を推進していくための手段として位置づけられている点には留意

すべきであろう。したがって、田中の捉え方も、オルタナティブ性に関する社会福祉のおかれた制約状況から、やはりどうしても「上からのネットワーキング」に近いものとして解釈し得る。

さらに、田中と同じく地域福祉の観点からネットワーキングを論じる渡邊洋一は、リプナックらの視点を基本的に継承し、ネットワーキングを「自己変革性を組織内部に保持すること、制度的側面と非制度的内面活動の連携を進め、その過程において、新しい理念の構築と開拓する姿勢を補完する」(渡邊 2000：168) ことであると述べている。そして、こうした特徴を有するがゆえにネットワーキングは単なるネットワークとは区別されなければならないと強調される。渡邊によれば、いわゆる「要援護者」に対して社会的にネットワークを形成することを当事者に代わって支援することこそがソーシャルワークの固有の業務であることを指摘しつつ、しかしこうした意味でのネットワーク形成それ自体には自己変革性の確保が無く、それゆえに今後の社会福祉理論、特に渡邊が関心を寄せる地域福祉理論にあってはネットワークよりもネットワーキングのほうがより重視されなければならないということになる（渡邊 2000：167-8）。

この渡邊のネットワーキング観では、牧里や田中とは異なり、ネットワークとネットワーキングは明らかに別のものとして把握されていることに気づくことができる。牧里らには、要援護者のネットワーク形成という意味で「介入的なネットワーキング」のニュアンスも色濃いのに対して、渡邊のネットワーキングは「運動論的なネットワーキング」の側にあるだろう。かつネットワークについては、何らかの事情によってそこに問題が生じ、それに対してソーシャルワーカーが人工的に修正や変革を加えることはあったとしても、本来それは自然発生的であるととらえており（渡邊 2000：167）、この点については、小松の視点を継承しているものとして理解できるのである。

また、先に引用したように、渡邊のいうネットワーキングとは「制度的側面と非制度的内面活動の連携」を重視した新たな組織原理としてとらえられているのだが、この言及のように、制度的側面、すなわち既存の公共システムとのあいだで有機的な連携を構築していくことこそがネットワーキングにほかならない。したがって、渡邊のネットワーキング論も、既存システムへ

の異議申し立てである「下からのネットワーキング」ではなく、「上からのネットワーキング」の系譜により近いといえる。加えて指摘しておきたいのは、先の田中の視点では薄れていた「ネットワーキング＝素晴らしいもの」というポジティブ的な把握が、渡邊のネットワーキング論では濃厚に生じていることである。この点についても、皮肉な言い方になるが渡邊のそれは従前のネットワーキング論から逸脱したものではないと考えてよい。

　さらに、小笠原浩一と島津望は、地域包括ケアシステムの分析枠組みについて、さまざまな組織間関係論および組織間ネットワーク論の代表的なそれらを逐一検証し、そのどれがもっとも適切なのかを探る試みを実施している。そのなかで、ネットワーキング論は組織間ネットワークの理論の一つとして位置づけられ、その適合性が俎上にあげられるのであるが、その結論をいえば、各地で展開されている先進的な医療・介護ネットワークが「国や医療・介護諸団体による制度化にさきがけて自主的に作られ」（小笠原・島津 2007：75）てきたことを考慮すれば、それらをネットワーキングの考え方で分析することは「ネットワークの生成を担ってきた推進者やそれができあがってくる過程におけるルール・ロール・ツールのような機能条件といったもの」（小笠原・島津 2007：76）を浮かび上がらせるうえで有用であることを指摘している。彼らの言説ではネットワーキングを関係形成プロセスの質という観点から見ており、それは伝統的なネットワークキング論に忠実であることが理解できる。事実、小笠原らはネットワーキング論の説明をリプナックら、あるいは今井らの業績に依拠しながら行っており、そこからも既存システムとの円滑な関係を前提とした「上からのネットワーキング論」の流れに含めることができるかも知れない。

　ただ彼らは、ネットワーキングの考え方では、ネットワークが形成され、安定してしまった後、換言すればネットワーク組織化が果たされた後のストーリーを語るには不十分であると批判的である（小笠原・島津 2007）。そこでは、ネットワーキングとはあくまでも分析のためのツール、それも形成プロセスに限定されたそれに過ぎない、という立場が打ち出されていることに気づくだろう。

　ここまで紹介してきた各論者のネットワーキング観というものは、オリジ

ナルの考え方に影響されて、そこに含まれているネットワーキングの要素を、その程度の多少はあるにしても、自らのなかに取り込んで、そこに、既存のシステムとの協力関係を重視せざるを得ない日本のソーシャルワーク実践における顧慮すべき事情を反映させる形でそれぞれ独自の捉え方をアピールしてきたと見なせる。それゆえに、既存の公共システム（そこには福祉サービスも含まれる）に対する生活世界のオルタナティブを強調する、ある異種のラディカルさをもった「下からのネットワーキング」ではなく、公共システムの内側でそれとの協力関係を築きながら、サービスの革新と新たな創造性を促進させる「上からのネットワーキング」にどうしてもそれらは親和的であったといえる。それは、ネットワーキングを分析ツールという、特化した側面のみに価値を認めるに過ぎない小笠原らの立場にもいえることである。

　しかし、こうしたオリジナルな視点をさほど重視せずに、ネットワーキングを純粋に技術論的、方法論的な観点からとらえる言説も見出せるようになっている。例えば、瓦井昇は、ネットワーキングをコミュニティワークに関連した新しい援助技術としてソーシャルワークへの組み込みを試みている。地域福祉の範疇では「要援護者を支えるソーシャルサポート・ネットワークを形成する意味で使われることが多い」（瓦井 1996：131-2）と述べられていることから、先の牧里との類似性が意識され得るだろう。ただし、それは牧里のようにサービス利用者の人工的に形成されたパーソナル・ネットワークではなく、それに加えて、専門職レベルおよび機関・団体レベルでのネットワークをも形成していき、かつそれらが重層的に機能を発揮し得る「要援護者の生活の営みから出発してトータルな生活圏」（瓦井 1996：132）を支えるものとして認識されている。つまり、瓦井はソーシャルサポート・ネットワークを、サービス利用者を取り巻く総合的な支援システムとして把握しているのであって、それは山手や田中の立場に極めて近いといえる。

　しかし、こうした瓦井の議論には、ネットワーキングを関係形成の質ととらえる姿勢は最早皆無である。純粋に、ネットワーキングを「ネットワークを作ること」として技術的あるいは実践戦略的にとらえている点がその最大の特色になっている。ネットワーキングを一介入戦略として見なしているこ

とから、それはまさしく言葉の純粋な意味においての「介入的なネットワーキング」にほかならない。このように、ネットワーキングを、ケースワークやグループワークと同列的な介入方法と見なす瓦井の捉え方は、後述する英国のトレビロンのアプローチに通じるものがある。ここに至っては、社会福祉領域でネットワーキング論が導入されて以来、細部において相違が見られたものの常に共有され、かつ保持され続けた視点（プロセス重視）が消滅したことを認識せざるを得ない。

また、児童虐待問題に取り組んできた加藤曜子は、虐待防止のためにさまざまなネットワークが構成されてきていることを指摘し、そのネットワークに対して「活動、目標の分かち合いを可能にする異分野集団によるリンクである」という定義を与えている。そして、このネットワークを作ることこそがネットワーキングとされている（加藤 2000：82）。加藤は、ネットワーキングによって形成された児童虐待に関するネットワークを、民間主導型（個人参加型）、混合型、行政主導型に分類してそれぞれの特徴を抽出しているが、民間主導型、混合型は専門職中心、行政型は関連組織・団体のつながりであって、サービス利用者のパーソナル・ネットワークは視野に入れられていない（加藤 2000：86-87）。

加藤の立場においても、関係形成プロセスの質を現す概念としてネットワーキングが選択されたのではなく、その言葉は字義どおり（エゴなしの）「ネットワークを作ること」の意で使用されている。したがって、彼女のネットワーキング論も瓦井のそれと同様に、播磨、山手以来の潮流からは断ち切られたところに存在しているといえるだろう。もちろんだからといって、瓦井や加藤の考え方が間違っているというような類いのものではなく、あくまでも理論的な系譜からして彼・彼女らが異なるポジションに立っているというだけに過ぎない点には留意したい。

以上、日本における近年のネットワーキング概念に関する主な言説を概観してみた。ネットワーキングに関する論文はそう多くはないが、残念ながら、以上のレビュー結果から明らかなように、論者ごとに一致している点もあればそうでない点も多いことが理解できる。したがって、ネットワーキングの概念整理が果たされたと云うにはほど遠い状況にある。しかも、当初に

おいて共通してもたれていた関係形成の質こそがネットワーキング概念の本質であるという視点は近年の言説ではやや薄れる傾向にあり、同じことがオルタナティブ性指向についてもいえる。ある意味、そのオリジナル由来のイデオロギー色が薄れ、代わってテクニカルなニュアンスが強まってきたともいえようか。このことは概念的な「転向」ないし「変質」とでもいうべき現象なのかも知れない。またその場合であっても、ネットワーキングが関係網を構築していくプロセスであり、同時に、その結果として生まれた成果物をも意味するという概念的な混乱から完全に免れていない。

こうしてみると、ネットワーキングが社会福祉領域に持ち込まれて以来の伝統的な捉え方（プロセスの質）を継承する立場がある一方で、関係形成することそれ自体をネットワーキングとして見なす立場が新たに生まれてきていると考えてみることもできるだろう。もちろん、後者であっても関係形成を果たすプロセスの質は重要なファクターとして意識されていることには変わりないのだが、どのような質が果たして最善なのかについては、その置かれている状況によって左右されるというコンティンゲンシー論的な見方が取られる傾向にある。

2　欧米におけるネットワーキング論

欧米においても、社会福祉分野のネットワーキングに関する文献は日本同様に多いとはいえない。しかし、だからといってネットワーキングが重視されてこなかったのではなく、例えば、W.ハチソンらは、ネットワーキングはソーシャルワーカーにとってまったく新しい概念ではなく、ソーシャルワークが専門職として勃興してきた20世紀初頭から用いられてきた援助戦略であったことを強調している（Hutchison et al. 1987）。つまりは、ネットワーキングという言葉こそは用いられてはいなかったが、同様の事柄は常にワーカーの実践のなかで展開されていたことになる。

では、ハチソンらがいうネットワーキングとはどのような意味のものだろうか。彼らは、ネットワーキングには以下の四つのタイプがあることを指摘する。すなわち、「自然発生サポート・システム」「クライエント・機関間連

結」「多専門職間連結」および「対人サービス組織間ネットワーキング」である。それぞれ、サービス利用者のソーシャルサポート・ネットワークへの支援、サービス利用者と他のサービス提供組織との関係づくり、専門職間のリンク作りおよびサービス提供組織の代表者レベルでの関係作りを意味する（Hutchison et al. 1987：428）。これら四つにタイプのいずれにおいて共通しているのは、サービス利用者に対する支援で効果を確保すべく戦略的に関係構築を果たしていくことであろう。すなわち、ハチソンらにとってネットワーキングは実践戦略の一環としての関係形成の意味で用いられており、形成プロセスの質に関する言及をその定義のなかに見いだすことはできない。いわばそれは、「介入的なネットワーキング」の典型例ともいえる。

　何らかの関係を構築ないし変容させていくことそれ自体をネットワーキングとしてとらえる立場は、他の論者からも示されている。例えば、全米ソーシャルワーカー協会（NASW）が発行している「ソーシャルワーク辞典」には、ネットワーキングは以下のように二つの意味があることが説明されている。すなわち、一つは「クライエントとクライエントを取り巻く人々、例えば、家族、友人、近隣及び同僚などとの間にある社会関係（social linkages）の機能を向上させ、発展させていくソーシャルワーカーの努力」（Barker 1996：253）であり、それは既存の関係の質を強化すること、新たな関係を構築することによって達成される。もう一つは、「社会システムを通して、アクションを促進するために専門職が取り結んだ他の専門職との関係」（Barker 1996：253）として説明されているものである。前者がサービス利用者の社会ネットワークの機能向上を目的とした介入を、後者はサービス利用者への支援を間接的に向上することを目的に専門職同士の間で意図的に構築された関係を、それぞれ意味しているのは明らかであろう。それぞれ異なるレベルのネットワークへの「介入戦略」としてネットワーキングが位置づけられている。

　また、現代英国のソーシャルワークの代表的な研究者であるM.ペインは、ネットワーキングに「ネットワークを構成する人々の結びつき（connections）の質と程度を改善するためにネットワークのうえで介入を行うこと」（Payne 2000：13）という定義を与え、ネットワークを構成してい

るさまざまな関係とその関係によって結びつけられた人々のパーソナリティを把握しておくことが、ネットワーキングの重要な側面になることを指摘している。そして、こうしたネットワーク・アセスメントを前提として、サービス利用者と他者（友人などのインフォーマルなサポート源、専門職、サービス提供機関など）と結合を構築していくことこそがネットワーキングの本質になると述べている（Payne 2000:96-7）。このようにペインのいうネットワーキングとは、ソーシャルワークの介入手法としてのそれであり、具体的にはさまざまなネットワーク（サービス利用者の社会ネットワーク、ソーシャルワーカーの専門職ネットワーク、サービス提供組織間のネットワークなど）をターゲットにしてその機能（質）的、規模（量）的な改善を図ることで問題解決あるいはその軽減を意図するものであると見なして差し支えないだろう。

　以上は、ネットワーキングをさまざまなレベルにおけるネットワーク形成方法として把握し、それをソーシャルワークの実践戦略の一部に位置づけていく立場、すなわち「介入的なネットワーキング」の考え方に依拠しているといえる。その一方で、基本的にこの立場に与しつつも、日本におけるネットワーキング論にみられるようにその定義において関係形成プロセスの質も重視していこうとする立場も存在している。

　例えば、J.カルーザらの定義に従えば、ネットワーキングとは、情報、知識および資源を共有するプロセスとされる。この世界がより複雑、流動的で、かつ相互関連性が高まっている状況のなかで、現象や問題を取り扱う有力な手段としての地位をネットワーキングは獲得してきたとされる。また彼らは、ネットワーキングというプロセスのなかで形成されるネットワークとは、より非公式的、柔軟かつ分権的なものであり、その意味でヒエラルキー構造とは区別されるものである。縦割りの堅固な壁を超えることが可能なこうしたネットワークは、研究者、調査者および実践家にとって、共に学び、働き、そして相互に高めあえる利用的な手段となり得ると主張する（Karuza, et al. 1988）。このカルーザらの視点において、単に関係形成を行って情報等を共有するプロセスとしてネットワーキングをとらえているのではなく、そのプロセスの一つの有り様として把握されていることが理解できる。

さらに、ペインと並んで英国ソーシャルワークにおいてネットワーキング論の体系化を精力的に進めている研究者の1人であるS.トレビロンは、ネットワーキングが極めて多様な広範な意味をもつ概念であることを認めたうえで、次のような定義を試みている。すなわち、「ネットワーキングは、個人、集団、あるいは組織が共通の目的の為に個別性を維持したまま（without merging their identities）共働作業（work with）を行うことを可能にする選択とエンパワメントを促進することを意図してデザインされたリンク、それも境界を越えたリンクを発展ないし維持すること」（Trevillion 1999:6）というものである。

トレビロンは、ネットワーキングとグループワークやコミュニティワークとの関連性についても言及しており、ネットワーキングについてはソーシャルワークの方法という位置づけを与えている。しかし、そのネットワーキングの定義には、リプナックらの視点である「差異を超えた目標共通性」と共通する部分（「共通の目的のために個別性を維持したまま共働作業」という箇所）が示されている点は注目しておくべきであろう。しかも、ネットワーキングと他のソーシャルワークの方法との相違点として、前者が「違うことを尊重しながら協働する」（Trevillon 1999:5）ことをトレビロンはあげている点を勘案してみれば、彼のネットワーキング論はリプナックら以来の「正統的な」ネットワーキング論に忠実のようである。

なお、先のトレビロンの定義のなかで用いられている「選択の促進」の意味は、ネットワーキングによって関係が新たに形成されるとそれだけ情報やサポートの入手先が増加することになり、その結果として選択肢が豊富になることを指している。また、エンパワメントという用語が使われているのは、豊富な選択を前提に情報のアクセスとサポートの確保によって自らの生活をコントロールする機会の拡大がネットワーキングによってもたらされると考えられていることによる（Trevillon 1999:5）。

最後に、チームワーク（専門職チーム）とネットワーキングの間にある種の連続性を想定し、両者をその両極端としてとらえている、S.リーヴィスらのネットワーキング論を紹介しておきたい。彼らのコンティンゲンシー・アプローチに従えば、構成員間の、相互依存、統合、責任の共有においていず

れも強固なものがチームワークであって、逆にもっともそれらの要素が弱いものがネットワーキングということになる。両者の中間には、チームワーク側にコラボレーションが、またネットワーキング側にコーディネーションがそれぞれ位置づけられている。この連続性において、その時々にもっとも適切な形態が選択されるべきというのがリーヴィスらのコンティンゲンシー・アプローチの主張になる（Reeves et al., 2010）。

リーヴィスらによれば、ネットワーキングとはチームに比較して、そこに所属する者の帰属意識（アイデンティティ）、明確な目標・ゴール、相互依存、統合、あるいは責任の共有という要素はそれほど本質的ではない。そのタスクとは、多くの場合は事前に見えているものであり（predictable）、かつ緊急性は乏しい。またその性格上、インターネットを介したバーチャルな関係であっても、ネットワーキングが成立し得ることになる。リーヴィスらがネットワーキングの例としてあげているのが、所属する組織の枠を超えた、臨床医らによる薬の副作用情報を共有するつながりや、臨床ガイドラインの応用方法を議論し合う集まりなどである。それらは必ずしも、直接的に対面することは必ずしも必須ではなく、メーリングリストやSNSでも十分に可能であろう。こうした緩やかな網の目関係がリーヴィスらのいうネットワーキングということになるだろう（Reeves et al., 2010）。以上のリーヴィスらの主張を敷衍していえば、ネットワーキングとチームは「差異を超えた目標共通性」を有する「エゴなしネットワーク」という点では共通しているが、構成員の結合の度合いや帰属意識の強さなどの面で両者は異なる性格を有する存在ということになる。

以上のように、ネットワーキングをどうとらえるかに関して、日本と同様に欧米においても、サービス利用者や専門職のネットワークを形成することそれ自体として位置づける立場と関係性プロセスのあり方（差異を超えた共通目標やオルタナティブ性）こそがネットワーキングの本質であると見なす立場に二極化しているといえるだろう。こうしてみると結局は、概念上の混乱は国際的なものであって、グローバルな意味でもその克服は果たされていない状況にあるといえる。だたし、例えばトレビロンの業績にみられるように、ネットワーキングを体系的にソーシャルワークのなかに位置づけていく

作業が展開されており、その中身は日本の研究者や実践家にとって参考になる部分は大きいと思われる。今後は、ネットワーキングの理論的な精緻化をはかるためには国際的な研究交流の促進が望まれるところである。

第4節　今後の課題

最後に、これまで述べてきたことを踏まえて、社会福祉領域におけるネットワーキングの概念整理と理論的な精緻化を果たしていくうえでの今後の課題について触れる。

1　理論上の課題

(1) 概念整理

概念的に百花繚乱状態にあることを覚えれば、第一の課題とは、何に増して概念整理を果たしていくことになるだろう。ここまで見てきたように、ネットワーキングそれ自体の定義がまずは大きく二つの系統に分裂してしまっている。すなわち、関係形成をネットワーキングと位置づける流れと、形成プロセスのあり方や質を言い表す用語としてネットワーキングを採用する流れとである。この分裂は、論者の視点の置き所の違いが生じさせているといえる。したがって、一方が正しく、他方が間違っているというものではないだろう。だからといって、このまま事態を放置することは混乱を増幅させかねない。ネットワーキングの定義が双方で異なるために、同じ用語を使用していても同じ土俵にあがっての議論にはならない。むしろ、「正当争い」を行うよりも、両者を別の概念として明確に区別していく方向を検討して行くべきではないかと思われる。それぞれの立場ともにネットワーキングという名称に対する愛着が存在しているものと思われるが、ネーミングの変更も含めて、両者を概念的に区別して論じたほうがより建設的であると考えたい。

さらに別の地平でも区別が必要になってくる。すなわち、準拠点＝エゴのあるネットワーク（ソーシャルサポート・ネットワーク、専門職ネットワークあるいは組織間ネットワーク）を対象にして、そこに新たな関係を結びつ

けていくことをネットワーキングと見なすのか（介入的なネットワーキング）、あるいは福祉運動のように準拠点のない不特定多数の集まりを新たに構築し、従前のシステムの限界を超越し、何らかのオルタナティブ性を目指すことをネットワーキングというのか（運動論的なネットワーキング）、あるいはまた以上の両者を融合したものをネットワーキングと名づけるのかという点においても論者の主張は一致していない。運動論的なそれについては、異議申し立てを強調する立場（下からのネットワーキング）とそれよりも既存システムとの円滑な関係が指向される考え方（上からのネットワーキング）にもさらに分裂することになる。実際にはさらに複雑で、上にあげた要素が複雑に絡まって、個別の論者の言説に濃淡をともなって現れているといって良い。

ここにおいて、ネットワーキングという用語の傘のもとに各々の考え方を無理に統合するのではなく、それぞれ別個の概念として分離させていくことも必要かもしれない。また、準拠点（エゴ）のあるネットワークを形成するプロセスとしてネットワーキングをとらえる場合は、ネットワーキングの対象になるネットワークをどのレベル（社会ネットワーク、専門職ネットワークおよび組織間ネットワークのいずれか、あるいはすべて）とするのかについても意見の一致を見いだしておくべきである。

加えて、ネットワーキングをプロセスと見なす立場では、その結果生まれた関係網についてもネットワーキングというネーミングを行っている場合もあり、混乱をさらに複雑にしてしまっている。少なくとも、プロセスとその結果生まれたものとは名称は異にすべきであると考える。

(2) 類似概念との区別

類似概念として、ネットワーキングとの関連性がもっとも問題になるのがネットワーク概念であろう。すでに見てきたように、多くの論者の議論のなかでネットワーキングとネットワークとの間で混同が生じている。特に問題なのは、ネットワーキングが関係形成プロセスの質として把握されている場合では、例えば専門職ネットワークにはネットワーキング概念で強調されているような質（「差異を超えた目標共通性」等）が具備されているという誤

解を与えかねないという点である。しかし、実際には専門職ネットワークを構成する上司、同僚あるいは他専門職との間に「差異を超えた目標共通性」が存在している保証はない。既述したように、そもそもそれぞれまったく異なる概念であり、かつ概念としての源流も異なっている。それゆえに、一体的にとらえてしまったことによる弊害は極めて大きいと言わざるを得ない。したがって、両者は概念的には明確に区別して位置づけておくべきであろう。

また、ネットワーキングと類似の概念としてはほかに「連携」をあげることができる。前田は、連携を「異なる分野が一つの目的に向かって一緒に仕事をする」ことであり、「別々の組織に属しながら、違った職種との間で取る定期的な協力関係」（前田 1990：13）であると定義づけている。この定義からも明らかなように、そこにはリプナックらのいう「差異を超えた目標共通性」と同様の発想が見いだせるのであり、それだけ連携とネットワーキングの区別が付きにくくなっている。ただし久保がいうように、連携によって結合される単位は専門職であり、それらが所属している組織や職種の違いを超えて築き上げられた協力関係を連携と呼ぶ傾向が私たちにはある。したがって、ネットワーキングによって連結される単位は必ずしも専門職に限らないという点において、連携とネットワーキングを区別できる可能性があるだろう（久保 2000：111）。ただし、社会福祉においては「公私の連携」「家族やボランティアとの連携」という表現も日常的に使用されており、久保がいうように連携の単位が専門職であるとは必ずしも言い切れない部分がある。

加えて、今日の社会福祉サービスの提供システムのなかで重要な位置を占めるに至っているセルフヘルプ・グループ（SHG）やNPO団体との関係も問題になってこよう。ネットワーキングを関係形成の質を言い表す概念としてとらえた場合、ネットワーキングとSHGやNPO団体の原理には重複する部分が多い。障害者運動などについても同じことがいえそうである。ネットワーキングを原理と見なす立場に対しては、果たして両者は同一のものなのかについての回答が要請されるだろう。

また、SHG、NPO団体あるいは障害者運動などは、プロセスの結果として生まれた成果物という位置づけも可能なのである。さらに、いずれともに絶えず新たなメンバーを獲得し、関係網を広げていく動的な活動体でもあ

る。そう考えると、ネットワーキングをプロセスとしてとらえる立場であっても、SHGなどとネットワーキングをどう区別するのかについて議論を進めておく必要があるだろう。

(3) ソーシャルワーク体系にこの概念をどう位置づけていくのか

概念整理を行い、類似概念との関係を明確にしたうえでの次なる課題としては、社会福祉の専門的実践技術であるソーシャルワークの体系のなかにネットワーキングをどう組み込んでいくのか、またその意義を何に見いだすのかが問われることになる。その場合には、特定のネットワークを好ましいものに形成し直すという方法論的な位置づけになるのか、ソーシャルアクションの一つとして運動論的な要素を強調していくのか、あるいは以上の両者を包摂する方法論として精緻化を図るのか、といった選択肢が考えられる。

なお日本では、本書で取り上げた論者に限ってみても、牧里や瓦井、あるいは精神保健福祉領域に限定されるが田中がそれぞれ主にコミュニティワークの範疇においてネットワーキングの意義を論じているが、果たしてそれはコミュニティワークだけに留まるものなのかは議論の余地があるだろう。現にトレビロンが、ネットワーキングを、ケースワーク、グループワークおよびコミュニティワークと並ぶソーシャルワークの一分野としてとらえている視点を提示している（Trevillion 1999:5）。また、瓦井の考え方もそれに近い。今後はこうした意見をも参考にしながら、ネットワーキングを方法論的に位置づけ、サービス利用者、専門職、サービス提供組織と提供システム全体、あるいは社会一般に対する包括的な支援戦略の一環としてネットワーキングの考え方が効果的に活用できるようにしていくべきであろう。

2 実践上の課題

社会福祉およびソーシャルワークが実践を志向した応用科学である以上は、ネットワーキング概念の可否は最終的には実践上の見地から評価が下されることになる。特に、方法論的なニュアンスでそれを用いる場合はなおさらそうなる。もちろん、その前提である理論上の課題が充分克服されていな

い現状では、実践への適用段階までには至っていないことは認めざるを得ない。ただし、すでにカルーザらによって実践上の課題が指摘されており、上述した理論的課題が果たされた後の次なる実践適用段階において直面するだろう課題として、ここで試論的な意味で取り上げてみたい。ただし、以下にいうネットワーキングとはカルーザらの定義の範疇に限定されていることには注意しておきたい（Karuza et al. 1998）。

　まず一つ目の課題は、地域社会や各種組織・団体による支援を如何に引き出していけるかというものである。ネットワーキングとは、カルーザらの定義にあるように非公式的なもので、メンバーの自発的な意志での参加に基づくことがその大前提になる。つまり、ネットワーキングとはボランタリズムに立脚したものであって、それゆえにボランティア活動と共有する部分があるという指摘につながる。だからといって、ネットワーキングへの参加者のボランタリーな努力のみでそれが維持されていく保証はない。ネットワーキングというプロセスには、さまざまな費用がかかるのも事実である。ネットワーキング専用オフィスや電話・ファックス・パソコン等を確保すれば、その購入費用のみならず維持費用がかさむ。定期的な会報発行による費用も無視できない額である。こうした費用をネットワーキング参加者の会費や寄付金だけで賄うことは、仮にそれが可能であったとしても、その財政的基盤は脆弱で不安定なものになるだろう。ここに、サービス利用者を含む市民、公的機関、あるいは参加者が所属する組織・団体からの財政的支援が強く求められる背景がある。そして、如何にしてそうした人々、組織・団体の理解と協力を獲得していくことが出来るかが課題になってくる。

　第二の課題は、ネットワーキングにおいて必然的にさまざまな職種がかかわることになることから生まれてくる多職種間による協力のプロセスにかかわる課題である。カルーザらの定義に従えばこの協力プロセスことがネットワーキングの本質そのものなのであるが、しかし、ネットワーキング外部におけるサービス提供システムでは依然として単一職種によるサービス提供という発想が根強い。あらかじめ決められたカテゴリーに沿って、特定職種、あるいは特定サービス提供組織の活動範囲が定められており、それを超えた活動は供用されにくい雰囲気が醸成され、個々人のネットワーキングへの参

加意思が抑制されてしまう可能性がある。サラソン（Sarason, S. et al）らがこうした状況を「専門主義の病弊 the disease of professionalism」と呼んだことを紹介しながら、それとネットワーキングの理念との間には明らかな緊張関係があることを指摘している（Karuza et al. 1988）。

この緊張関係をもたらしている「専門主義の疲弊」を如何に打破し、ネットワーキングへの関与を強化していくことが出来るかということが第二の課題になるが、このことは同時に第一の課題にも密接に関連していることに気づくだろう。つまり、「専門主義の病弊」が強固な根を張っている状況に置いては第一の課題を達成することは望むべくはない。結局は、この病弊を克服し、多専門職種の協力関係が当然であるという風潮を形成していけるかどうかに、実際のネットワーキングの可否が係っていると考えることができるだろう。

[文献]

Barker, L. (1996) "Networking," In L.Barker, The Social Work Dictionary, 3rd ed., Washington DC: NASW Press.

Garbarino, J. (1983) "Social Support b Networks: Rx for the Helping Professions," In J. Whittaker & J. Garbarino (eds.), *Social Support Networks: Informal Helping in the Human Services*, New York: Aldine, 3-28.

播磨靖夫（1987）「共生のネットワーキング」『障害者の福祉』1987 年 2 月，2-5.

廣野俊輔（2011）「自立生活の意味をめぐる 3 つの立場について —— 1970 年代の議論を中心に」『評論・社会科学』同志社大学社会学会, 96：63-86.

Hutchison, W. J., P. Searight, & J. J. Stretch (1986) "Multidimensional Networking: A Response to the Needs of Homeless Families," *Social Work*, 31 (6): 427-430.

今井賢一・金子郁容（1988）『ネットワーク組織論』岩波書店.

金子郁容（1986）『ネットワーキングへの招待』中央公論.

———（1992）『ボランティア——もう一つの情報社会』岩波書店.

加藤曜子（2000）「『児童虐待ネットワーク』の意義と発展に関する一考察」『社会福祉学』40（2）：81-97.

瓦井昇（1996）「地域援助技術（コミュニティワーク）とネットワーキング」硯

川眞旬編著『新社会福祉方法原論——21世紀福祉メソッドの展開』ミネルヴァ書房, 115-140.
小松源助 (1986)「社会福祉実践における社会的支援ネットワーク・アプローチの展開」日本社会福祉事業大学編『社会福祉の現代的展開』勁草書房, 223-239.
———— (1988)「ソーシャル・サポート・ネットワークの実践課題——概念と必要性」『社会福祉研究』42:19-24.
金崎一郎 (1990)「2つのネットワーキング論——その離反と交差について」『上智大学社会学論集』15:94-116.
Karuza, Jr. J., E. Calkins, J. Feather (1988) "Networking in Aging: Challenge, Model, and Evaluation," *The Gerontologist*, 28 (2): 147-155.
古谷野亘 (1991)「社会ネットワーク」『老年社会科学』13:68-76.
久保元二 (2000)「保健・医療・福祉の連帯についての概念整理とその課題」右田紀久恵・小寺全世・白澤政和『社会福祉援助の連帯』中央法規, 108-123.
Lipnack, J. & J. Stamps (1982) *Networking-The First Report and Directory*, Doubleday. (=1984, 正村公宏監修・社会開発統計研究所訳『ネットワーキング——ヨコ型情報社会への潮流』プレジデント社.)
———— (1993) *The Team Net Factor: Bringing the Power of Boundary Crossing into the Heart of Your Business*. (=1994, 田栄作監訳『チームネット——境界突破による競争優位』富士通ブックス.)
前田信雄 (1990)『保健医療福祉の統合』勁草書房.
牧里毎治 (1993)「高齢者をめぐるソーシャルサポート・ネットワーク」沢田清方・上野谷加世子編『明日の高齢者ケア2 日本の在宅ケア』中央法規, 233-256.
正村公宏 (1986)「ネットワーキングと情報社会の課題」『組織科学』20 (3): 13-21.
森岡清志 (1986)「都市生活におけるネットワークとネットワーキング」『組織科学』20 (3):67-76.
小笠原浩一・島津望 (2007)『地域医療・介護のネットワーク構想』千倉書房.
大谷信介 (1995)『現代都市住民のパーソナル・ネットワーク』ミネルヴァ書房.
Payne, M. (2000) *Teamwork in Multiprofessional Care*, Chicago: Lyceum Books, Inc.
Reeves, S., Lewin, S., Espin, S. & Zwarenstein, M. (2010) *Interprofessional Teamwork for Health and Social Care*, Wiley-Blackwell.
杉野昭博 (1999)「障害者運動の組織とネットワーク」関西大学経済・政治研究所『研究双書第122冊 組織とネットワークの研究』87-105. (杉野昭博「障害者運動の組織とネットワーク」www2.ipcku.kansai-u.ac.jp/^sugino\

ronbun/ronbun21.htm, 1-10.)
高田昭彦 (1985)「草の根運動の現代的位相——オルタナティブを志向する新しい社会運動」『思想』737：183-184.
——— (1986)「ネットワーク形成と草の根運動——高度産業社会へのオルタナティブとしてのネットワーク形成」『組織科学』20 (3)：55-66.
——— (1990)「草の根市民運動のネットワーキング」社会運動研究会編『社会運動の統合を目指して』成文堂, 203-246.
田中秀樹 (2001)『精神障害者の地域生活支援——統合的生活モデルとコミュニティソーシャルワーク』中央法規出版.
立岩真也 (1995)「はやく・ゆっくり——自立生活運動の生成と展開」安積純子・岡原正幸・尾中文哉編著『生の技法——家と家族を出て暮らす障害者の社会学』藤原書店, 165-226.
Trevillion, S. (1999) *Networking and Community Partnership*, 2nd ed., Aldershot: Ashgate Publishing.
渡邊洋一 (2000)『コミュニティケア研究——知的障害をめぐるコミュニティケアからコミュニティ・ソーシャルワークへの展望』相川書房.
山手茂 (1989)「社会福祉実践とネットワーキング」『社会福祉学』30 (2)：21-40.

第6章

ネットワークとソーシャル・キャピタル（社会関係資本）

　ここまでは、社会福祉、ソーシャルワークやその近接領域におけるネットワーク研究をレビューしたうえでその現状を把握すると同時に、ネットワークとは何かについての概念的な混乱状況を収拾するために本書なりの理論的な「交通整理」の整理を試みてきた。しかし、近年においてはソーシャル・キャピタル（社会関係資本）概念がこれらの領域でも頻出するようになっており、それ自体にはネットワークという名称こそないが、内容的にもネットワークと近似した概念になっている。それゆえに次に、ネットワークとソーシャル・キャピタルの両概念の関係が問われてくることになるだろう。そこで本章では、両者の関連性について本書なりの考えを述べてみることにしたい。

　なお、本書では「社会関係資本」ではなく「ソーシャル・キャピタル」の表記を用いる。これは、齋藤克子や山村靖彦が指摘しているように、すでに日本でも「ソーシャル・キャピタル」という訳語を用いる例が多くなっていること、インフラなどの社会的なハード資源（Social Overhead Capital）との混同を避けること、そして経済学でいわれる「社会的共通資本」との区別化を図る、という理由からである（齋藤 2008；山村 2010）。

第1節　ソーシャル・キャピタル論の系譜

　ネットワークに近似する概念として、近年、社会科学領域を中心に注目されるようになっているのがソーシャル・キャピタル、あるいは社会関係資本である。日本では、内閣府がコミュニティ再生との関連でこの概念を取り上

げた調査を委託し、それらが報告書（内閣府 2003、2005）にまとめられたことが契機になり、多様な領域で研究の対象になっていった（森 2013）。この概念は、その代表的な研究者の 1 人である N. リン（Lin）が指摘しているように、この 20 年間ほどで社会科学の領域においては、多様な個人や集団の行動を理解するにあたって社会的要素がそこに影響を及ぼしていることを説明し得るパラダイムの一つとして、すっかり「流通通貨（カレンシー）」としての位置を占めるに至ったものである（Lin 2005）。例えば、投票率、ボランティア参加など民主主義政治制度、健康、そして経済発展や地域開発との関係が、ソーシャル・キャピタル研究の大きな潮流になっているという指摘もある（中田 2010）。藤澤由和らは、学術論文に限定してソーシャル・キャピタルを扱った文献をサーチしたところ、社会科学のみならず、心理学、さらには医学、環境科学、農学、生物学あるいはコンピューターサイエンスなどの自然科学分野にまで及んでいたことを報告しており（藤澤ほか 2007）、その「流通」振りには驚かされるものがある。言い換えれば、この概念が如何にして「よくいえば柔軟性がある」（所 2007：11）ものであるかを物語っているといえる。

　社会福祉を含めたヒューマンサービス、特にヘルスケア領域に関連していえば、先にあげたテーマの中でも、特に個人の健康や幸福（well-being）に対して、このソーシャル・キャピタルが与える影響について注目されるようになってきている（Poortinga 2006, Putnam 2000）。例えば、アメリカにおけるうつ病との関連性（Fujiwara & Kawachi, 2008）やヨーロッパでの健康自己評価との関係（Poortinga, 2006）などについて調査研究が実施され、それぞれ関連性が実証されたことが報告されている。日本でも、先の藤澤らの主観的健康との関連性に関する調査が報告されている（藤澤ら 2005）ほか、2013 年からの「健康 21（第二次）」においてソーシャル・キャピタルが取り上げられたこともあり、さらには近年ではハーバード大学の I. カワチ（Kawachi）らの研究書が翻訳、刊行されているなど健康との関連で注目が集まってきている（Kawachi et al. 2007＝2008；Kawachi et al. 2013＝2013）。さらには、子育てへのポジティブな影響を有する可能性も指摘されており（齋藤 2008）、ソーシャル・キャピタルは今後においてますます注目されて

いく概念であることは間違いない。

　このソーシャル・キャピタルの定義としてよく知られているのが、「(中略)信頼、規範、ネットワークといった社会組織の特徴」とする R. パットナム (Putnam) によるものであろう (Putnam, 1993=2001:206-7)。ここで注目すべきは、ソーシャル・キャピタルの定義のなかに「ネットワーク」が要素の一つとして含まれている点であり、それゆえにヒューマンサービス領域、もちろんその一部としての社会福祉、ソーシャルワークにとってネットワークを理論的に考察していくうえでも、そのなかにソーシャル・キャピタルをどう位置づけるかが重要になってくる。以下、この点について本書なりの整理を試みたい。

　そもそもソーシャル・キャピタルとは、先のパットナムによる一連の著作によって広く知られるようになった概念であるが、彼自身はそのもっとも初期の使用者は、アメリカにおいて学校とコミュニティとの関係のなかでこの用語を用いた L. H. ハニファン (Hanifan) だったと指摘している (川島 2011；Putnam 1993=2001；佐藤 2003；齋藤 2008；山村 2010)。佐藤によれば、ハニファンは、社会的な集団における相互善意、友情、共感をさすものとして比喩的にこの言葉を使ったのであるが、後の時代に整理されていくこの概念の基本的なエッセンスがすでにこの時点でそろっていたとされる (佐藤 2003)。もっとも、教育学者のデューイ (J. Dewey) が 19 世紀末にすでにこの言葉を使っていることも指摘されており (原田 2010；森山・瀧口 2010)、あるいは 1830 年代の A. トゥクヴィル (Tocqueville) のアメリカ民主主義の観察のなかに、類似した指摘がなされている (宮川 2004)。そうであればさらに歴史を遡ることもできることになり、この概念には登場以降 100 年以上の歩みがあって、ネットワーク概念よりも一回りは古い概念ということになるだろう。

　このソーシャル・キャピタル概念の歴史については、すでに多くの論者が紹介しているところのものなのであるが、それらを参考にして以下において簡単に概観してみることにしたい (Schuller, et al. 2000；所 2008；Webber, 2005；山村 2010)。まず、この概念の理論的な発展に最初の貢献を果たしたとされるのがフランスの社会学者 P. ブルデュー (Bourdieu) とされている。

彼は、主に集団に参加することによって得られる利益に焦点を当ててこの概念を定義づけている。特に、何らかのパワー（経済学的な財や文化的な資本を含む）を有する人と結びつくことで、そのパワーにアクセスできるという図式を示したのである。ちょうど、それは「人脈」や「コネ」といった言葉をイメージさせるものであろう。彼は、このソーシャル・キャピタルを、経済的資本や文化的資本などと並んで、人々の社会生活を円滑に営むうえで欠かせない要素としてとらえた。ただ、ブルデューに代表されるフランス社会学の扱う内容が非常に抽象的になりがちであり、そのために実証主義が重視される英米ではソーシャル・キャピタルについての彼の功績に言及されることが少ないとされる。

　それに対して、実証的な手法でソーシャル・キャピタルのアイデアを発展させたのが教育社会学者のJ.コールマン（Coleman）である。彼は、ブルデューと違ってこの概念の対象を、パワーを有するような集団に限定せずに非エリート集団までに拡大しており、特に家族、親族と近隣関係に大きな焦点を当てている。「家族の社会関係資本とは、親と子の関係のことである。（中略）両親の人的資本が多くても、あるいは少なくても、家族関係というかたちをとった社会関係資本によって補完されないなら、子どもの教育上の成長には無関係」であると述べており（Coleman:1988=2006:224）、「社会関係資本」という訳語にみられるように、相手の関係（社会関係）それ自体が資本であるという認識を示したのである。

　このコールマンの業績は、パットナムによって受け継がれ、彼の一連の著作によってこの概念が広く知られるようになる。2000年に発表された『Bowling alone』（邦訳「孤独なボウリング」）でパットナムは、ボウリングが単なるレクリエーションではなく、社交の場として人々のより広い社会生活の維持に貢献していたという。したがって、ボーリング・クラブの減少は市民の相互のかかわりが乏しくなったことを意味しているのであり（個人の娯楽化）、つまりそれはソーシャル・キャピタルの衰退を表している、というのが同書におけるパットナムの指摘である（Putnam 2000=2006）。彼のソーシャル・キャピタルの定義は、地域社会におけるボーリング・クラブを取り上げていることから理解できるように、個人にかかわるものというより

はコミュニティの所有物という捉え方をしている。

　こうしたパットナムの研究によって、ソーシャル・キャピタルという概念が広く知られるようになったのであるが、ここまで本書で取り上げた論者によってもその捉え方が違うことに気づくだろう。また、彼らの研究やこの概念自体に対してもさまざまな批判が寄せられてきたことも忘れてはならない。特にパットナムに対しては、先の「孤独なボウリング」におけるソーシャル・キャピタルの測定方法や、地域におけるソーシャル・キャピタル衰退の理由づけ（パットナムはテレビ視聴を原因の一つにあげている）に納得できないなど、の批判が寄せられている（Lin, 2001=2008：266-7）。同じく、日本でも佐藤誠が広範な視点からパットナム批判を展開しているが、ここでは佐藤があげた七つの批判点の中でも、パットナムがソーシャル・キャピタルの肯定的側面ばかりを強調したこと（後にパットナムも、K.K.K.のように排他的な組織があることを認めている）やソーシャル・キャピタルの歴史的規定性を強調するあまりにそれが宿命論になりかねない点などを紹介するに留めたい（佐藤 2003）。なお、宮川公男も同様にソーシャル・キャピタルの課題を指摘しているが、そのなかでソーシャル・キャピタル論には肯定的側面が強調されること、ソーシャル・キャピタルがパットナムのいうように果たして減退するようなものなのかと述べ、佐藤と同じような疑問を示している点には触れておく（宮川 2004）。

　こうした意味では、古い歴史があるとはいえども、ソーシャル・キャピタルとはすでに十分成熟した概念というのではなく、今後においてもさらなる議論と研究が必要なものであるといってよい。特に、佐藤や宮川が指摘しているように「資本」という名称である以上はその肯定的な側面のみがイメージされてしまうことは否めないのであるが、それはソーシャルサポート・ネットワーク概念と事情はまったく同じであることに気づくであろう。

第2節　近年における社会福祉領域での
ソーシャル・キャピタル研究

　こうして発展してきたソーシャル・キャピタル概念であるが、それでは社会福祉、ソーシャルワーク領域ではこの概念を用いてどのような研究が行われて

いるのであろうか。以下に、近年におけるいくつかの研究を紹介してみたい。

まず、中田知生は、世界銀行のプロジェクトで用いられるSOCAT（The Social Capital Assessment Tool）と呼ばれるソーシャル・キャピタル評価ツールを地域福祉に応用できる可能性を探っている。このSOCATとは、発展途上国を念頭に地域資源が経済発展にどのように影響を与えたかについて検証するために用いられたもので、ここでいう地域資源がすなわちソーシャル・キャピタルということになる。SOCATでは、①当該コミュニティにおいてさまざまな組織に所属している人（もしくは世帯）の割合などの成員の密度（密集度）、②組織成員における成員の多様性（同じ親族・性・宗教・教育レベル・年齢などから構成されるか）、③意志決定への参加、④他の側面（サービスにアクセスできる可能性の程度）といった構造的側面（構造的ソーシャルキャピタル）と、⑤連帯の程度、⑥信頼と協同の程度、⑦紛争と紛争解決、の機能的側面（機能的ソーシャルキャピタル）をそれぞれ測定するようになっている（中田 2010）。

なお、世界銀行が開発した測定ツールには他に、SOCAPIQ/SCIQ（Social Capital Integrated Questionnaire）などが存在しており、SOCAPIQ/SCIQでは、ソーシャル・キャピタルの六つ側面として、「集団とネットワーク」「信頼と連帯」「集合行動と協同」「情報とコミュニケーション」「社会的凝集性」「エンパワーメントと政治的行動」を把握するように設計されている。また、パットナムとハーバード大学は、Social Capital Community Benchmark Survey（SCCBS）を開発しているが、先の世界銀行が開発したツールは発展途上国で使用されることが念頭にあった一方で、SCCBSは先進国、特にアメリカでの実証研究のために開発されたものである（藤澤ほか 2007；小籔ほか 2007）。

さて先の中田の関心は、このSOCATが日本における福祉コミュニティ研究に応用できるかどうかという点なのであるが、①評価対象の地域の範囲が日本では曖昧になってくること、②SOCATでは地域組織の数が多ければポジティブな効果が得られるという前提で設計されているが果たしてそのような論理に単純化できるかという問題（例えば、同様の地域組織の乱立など）、③地域福祉の資源、福祉コミュニティというもが、操作化された

SOCAT の項目だけで評価し尽くせるのかという問題、④そして地域福祉に SOCAT を用いる際に何を外生変数として用いるのか、という問題をクリアする必要があることを指摘している（宮田 2010）。中田の議論は、ソーシャル・キャピタルの実証的研究には、結局はその操作化のために明確な概念定義が欠かせないのだが、現状ではそれが果たせず曖昧なままであること、何より地域福祉において効果測定等を実施する際にはソーシャル・キャピタル概念の曖昧さに加えて、コミュニティや地域というものをどう把握するのかという、地域福祉の実証研究における宿命的なアポリアに行き着くこと示しているように思える。

次に、川島ゆり子は浩瀚（こうかん）なソーシャル・キャピタルの先行研究レビューを実施し、特にコミュニティ・ソーシャルワークにおけるその位置づけを検討している。川島は従前のさまざまなネットワーク、ネットワーキング概念では、ミクロレベルに偏重しているがゆえに以下のような限界があることを指摘し、それを克服し、ミクロ・メゾ・マクロの各レベルを貫徹する「総合的なネットワーク」実践のための理論的ツールとしてソーシャル・キャピタル概念が有用であることを指摘している（川島 2011）。

川島が主張するこれまでのネットワーク論の限界を、本章なりに整理すると以下の3点になる。

① 要支援者個人に焦点を当てたミクロなネットワーク論では、メゾ・マクロレベルのネットワークとの関係が見えてこない。
② 同じミクロレベルであるにもかかわらず、異なる要支援者のネットワーク間の関係が見えてこない。
③ ミクロレベルのネットワーク論では、地域はネットワーク強化のための単なる資源扱いにされがちであり、地域そのものをターゲットにしていく視座に乏しい。

以上のミクロのネットワーク論に対して、ソーシャル・キャピタルのほうはネットワークとしての側面（関係構造）に加えて、信頼や規範という側面をも取り入れており、さらには「集団としての利益に波及していくという外

部性をもち、そのことがミクロとメゾをつなぐことができる理論的基盤となる可能性をもつのである」(川島 2011：56) と川島は主張している。

　また、日本社会において孤立し、社会的排除に陥りがちな難民とその申請者への支援について、地域福祉の視点から森恭子はソーシャル・キャピタルを重視することで、難民／申請者の地域社会への社会統合の可能性を論じている。森は、塩原良和（2010）の「越境的な社会関係資本[※1]」の考え方などを引用しながら、ソーシャル・キャピタルが難民／申請者を地域社会に包摂する可能性を示唆している（森 2013）。

　また、市民参加型の在宅緩和ケアを25年にわたって実施してきた医療法人の職員とボランティアへのインタビュー調査を実施し、パットナムの定義を枠組みとして分析した鏑木奈津子の研究もこの系譜に連なるのは明らかであろう。鏑木は、調査対象組織の分析にパットナムの「ネットワーク、互酬性の規範、信頼」という枠組みが有効であること、組織が時間的に変化していくことに応じて、パットナムがあげた3要素が次第に生成されていったこと、しかし次第にソーシャル・キャピタルの蓄積に必要な参加者の積極性が弱まっていったことから、今村晴彦ら（今村ほか 2010）が提唱する「"遠慮がちな"ソーシャル・キャピタル[※2]」へとその中身が変成していった可能性を指摘している（鏑木 2012）。

　以上のように、いくつかの近年の研究を取り上げてみたが、日本における社会福祉、ソーシャルワークの領域では主に地域福祉の観点からソーシャル・キャピタルが論じされている点が注意をひく。実際に、社会福祉分野におけるソーシャル・キャピタル論の先駆者とでもいえる、所めぐみ、山村靖彦は、いずれともに地域福祉とソーシャル・キャピタルとの関係をどうとらえるかという観点から論じている。所は、地域福祉にソーシャル・キャピタルを導入するとすればどのような枠組みでそれをとらえていけば有用なのかを問い、それを地域社会から遊離したものとしてではなく、当該の地域のコンテクストのなかに埋め込まれた存在であるという認識が欠かせないと指摘する（所 2007）。また、山村は、地域福祉の基本理念である「住民主体の原則」に関連させ、豊富なソーシャル・キャピタルによって住民の自発性が高まり、もって先の地域福祉の理念がより完徹されやすくなることを指摘し、

ソーシャル・キャピタルは地域福祉の促進に欠かせないエンジン（山村は「根本的要素」（山村 2010：45）と称している）役になることを述べている（山村 2010）。以上のように、そもそもの出発点からして地域福祉のなかにおいてソーシャル・キャピタル論が導入されてきたのであり、しかも依然として地域福祉がこのテーマの「熱源」になっていることには変わりない。

ソーシャル・キャピタルが地域福祉領域においての注目を引き寄せているのは、川島が述べているように、この概念には、信頼や連帯性といった「集団としての利益」が包摂されており（他方、個としての利益を重視する立場もあるとしている。この点は後述）、そうした側面によって地域の統合性などを向上させていくことができるという発想があるといえる。もちろん、ここでいう「信頼」や「連帯性」とは個人の有するそれではなく、地域社会全体で共有されるメゾ、マクロ的なそれにほかならない点には注意すべきであろう。コミュニティ・ガバナンスとソーシャル・キャピタルとの概念的な関連性を論じた先の中田の研究も、当然この流れ（地域福祉でのソーシャル・キャピタル研究）に属することになる（中田 2015）。なお、この中田の研究では、先の佐藤や宮川のそれとも異なるソーシャル・キャピタル論に対する根源的な批判も紹介されており、この点は本章の後に触れることにしたい。

もちろん、研究領域が地域福祉に限定されるかというと決してそうではなく、近年では高橋順一らの報告のように、高齢者領域などでも展開されるようになってきている。高橋らは、記憶機能が低下した高齢者にとってのソーシャル・キャピタルの影響というテーマでミクロ的な観点からの研究を行っており、ソーシャル・キャピタル研究が必ずしも地域福祉領域やメゾ・マクロ研究の側に大きく偏っているともいえなくなりつつあることを示している（高橋ほか 2012）。高橋らの研究では、認知機能低下をストレスと感じる人ほど近隣とのつながりを求め、かつそのつながりが強い人ほど精神的健康が良好であるという結果が報告されている。また、伊藤大介と近藤克則は、ソーシャル・キャピタルの指標の一つである地域組織への参加と要支援・要介護認定率（認定率）との関連性について介護保険者を対象とした調査データから分析を試みている。その結果、後期高齢者層においては参加度が高いほど認定率が高いという結果が見いだせたのだが、それ以外は参加度が高い

ほど認定率が低い傾向が見られたという。ただ、参加頻度については、「週1回程度以上」よりも「年数回以上」や「月に1～2回以上」のほうがより認定率との関連性が強かったことを報告している。それらのデータから、伊藤と近藤は、後期高齢者の場合は、ソーシャル・キャピタルの負の側面、例えば、地域組織への参加圧力がストレスになるなどの影響が考えられること、参加頻度よりも「つながっている」というそれ自体が肯定的な影響を及ぼしていている可能性などを指摘している（伊藤・近藤 2013）。

　ただ、先の高橋らはその調査結果を受けて、「公民館や老人クラブ、高齢者サロン等の活動の支援、ネットワークづくり、地域の行事への参加促進などをさらに進め、住民同士の絆を深め、どのような状況においても周りとの関係を保てるような地域を形成していくこと」（高橋ほか 2012：64）が必要になってくると、結論において福祉コミュニティ形成に議論を展開していっている。また伊藤と近藤の研究でも、地域組織への参加程度が認定率へのモニタリング指標として活用できることをやはり結論的に述べており（伊藤・近藤 2013）、彼らの結論の延長線には地域とのつながりの形成、強化、維持による要支援・要介護認定への予防などが視野に入ってくることになる。ちなみに、地域福祉の立場からでは、先の山村が高齢者のサロンを取り上げ、それへの参加率がソーシャル・キャピタル関連項目との間に極めて強い正の相関があったこと、またサロン運営の困難さがソーシャル・キャピタル項目群との間で強い負の相関が示されたことを報告し、ソーシャル・キャピタルは社会資源として把握できることを述べている（山村 2012）。

　そのように考えれば、やはり社会福祉、ソーシャルワークの領域でソーシャル・キャピタルを論じる以上は、あるいは高齢者領域から出発していたとしても、テーマ設定自体に地域福祉的な要素が組み込まれ、結果的に地域福祉的な土壌での議論へと引き寄せられていくことは避けられない点をこれらの研究は示しているともいえるだろう。見ようによっては、地域福祉的な土壌でネットワーク論を展開すると、必然的にソーシャル・キャピタル論という体裁を取ることになるし、今後はなおさらである、という事情を示唆しているのかもしれない。

第3節　二つのソーシャル・キャピタル概念

　留意すべきことは、ネットワークと同様にソーシャル・キャピタルについてもその使用範囲が拡大するにつれて多義化の傾向は避けられず、研究上において混乱が生じているとされる点である（鹿毛 2002、Lin 2005）。リンは、個人・集合行動を規定し得る資源というものが社会的文脈のなかで構成されているという共通理解がソーシャル・キャピタルの概念的隆盛の背景にあることを指摘しつつ、それゆえにこそ多様な領域にこの概念が応用されるにつれ、必然的に多義化は避けられず、それは「手軽で何でも有り（a handy catch-all）」のタームとなる危険を生み出していると警鐘を鳴らしている（Lin 2005）。この点も、先のネットワーク概念とも共通する傾向になっている。

　ちなみに、金光淳と稲葉陽二は、ソーシャル・キャピタルがあまりにも焦点が拡散し過ぎたことを指摘したうえで、彼らの関心である企業組織との関連で、企業の経営にとって欠かせない「資本」、すなわち投資して価値を生み出すものに限定した「企業ソーシャル・キャピタル・アプローチ」というものに言及している。そこでは、ソーシャル・キャピタルは知的資本、ブランド資産とそれを支えるレピュテーションと並んで、企業の無形資産としてとらえられている。そして、彼らはこの第三の資本と企業の不祥事との関連性の検証を試みている（金光・稲葉 2013）。このように、ソーシャル・キャピタルの各論的、領域限定的な位置づけの必要性が示唆されている以上は、この概念を社会福祉、ソーシャルワークにおいて用いる場合も思い切った限定化、例えば「福祉ソーシャル・キャピタル・アプローチ」とでもいうべきものが求められてくるのかもしれない。

　この点に関して、所もソーシャル・キャピタルの研究が進むなかで、「限定化」と「類型化」という形で理論的な再構築が展開されるようになっていることを指摘している。ここでいう「限定化」とは、ソーシャル・キャピタルの「定義を研究対象や目的にそって限定する」（所 2007：14）ことを意味している（一方の「類型化」とは、ソーシャル・キャピタルをさらに細か

く分類していこうとする動きをさす)。そして、所も地域福祉の視点からの限定化のためにも、その独自の把握の仕方が必要であると指摘している(所2007)。

　一方で、藤澤らが指摘しているように、ソーシャル・キャピタル研究の裾野が広がるにつれて、それぞれの領域毎に研究者や実践家が「ソーシャル・キャピタルの要素や特徴のすべてもしくは一部をソーシャル・キャピタルとしてある種恣意的に定義し、それぞれの領域に対して適用している状況」(藤澤ほか 2007：31)にあるのも事実であり、多様な領域を超えてその定義の統一的、普遍的な見解が必要と思われる側面もあることは否定できない。その意味では、上述したような「福祉ソーシャル・キャピタル・アプローチ」の提唱は、藤澤らが危惧する方向へとさらに加速しかねないリスクがあることになる。しかし、社会福祉、ソーシャルワーク領域にとっての有用な概念であるためには、たとえ「恣意的」になるのかもしれないが、ある程度の限定化はやむを得ないと考える。というのも、あまりにも概念が一般化、普遍化され過ぎると抽象的になり、実践への適用性が薄れてしまうからである。ただ、限定化の場合であっても少なくとも当該領域においての「恣意性」は払拭されるべきであるし、他領域はともかくとしてもその領域の研究者、実践家のすべてが納得するものまでには「鍛えておく」必要があるだろう。その「鍛錬」の際には、ソーシャル・キャピタルとネットワーク概念との関連性を整理するという作業が、重要かつ必須の手順になることは間違いない。

　さて話を元に戻して、そもそもソーシャル・キャピタル概念については大きく二つの潮流があることが知られている。というのも、パットナムの定義には「信頼、規範」と「ネットワーク」という次元の異なる要素が混在していることから理解できるように、前者を重視する「認知的アプローチ」と後者(構造：ネットワーク)を主軸におく構造把握的なアプローチとによってソーシャル・キャピタルの捉え方がまた異なってくるのである。ピッパ・ノリスも、パットナムのソーシャル・キャピタルの定義には大きく二つ次元を異とする要素があることを指摘している。すなわち、構造的要素(社会ネットワーク)と文化的現象(社会的規範)である(ノリス 2004)。実際にそのことはパットナム自身にも自覚されており、彼はこの概念の先駆者たちの主

張を踏まえながら「社会関係資本には個人的側面と集合的側面、私的な顔と公的な顔がある」と述べている（Putnam 2000=2006：15）。

　こうした「中間的立場」（宮川 2004：39）ゆえに、ソーシャル・キャピタルはあたかもヤヌス神であるかのような二面性を持たざるを得ず、パットナムのホームグラウンドたるアメリカ政治学においても、個人レベルで把握する立場とマクロ社会的な変数としてとらえる立場に大きく分かれる一方で、ソーシャル・キャピタル概念のそもそもの発祥とされる社会学における使われ方ともまた異なっていることが指摘されている（鹿毛 2002）。言い換えれば、ソーシャル・キャピタル概念それ自体に、分裂に向けての「種」がそもそもその誕生からインプットされていたといえる。あるいは、所が述べていたような「柔軟性」がそこに遺憾なく発揮されていると見なせよう。

　鹿毛利枝子によれば、社会学では J. コールマンの枠組みが示しているように、インフォーマルな対人関係、すなわちネットワークの存在が個人行動を規定しているとする方法論的個人主義に社会的文脈を取り入れたフレームワークとしてソーシャル・キャピタルが理解されていたとされる。つまり、ソーシャル・キャピタルとは、物的資本、人的資本と並ぶ、個人の有する第三の資源（リソース）であり、ミクロ的分析の立場をベースにしつつも、マクロ的視座も取り込んだところにその社会学的な眼目があったといえる。それゆえに、鹿毛も指摘しているように、社会学でのソーシャル・キャピタルの考え方は社会ネットワークとほぼ重なってくることになる。「資本」＝「サポート」という類似性を考えれば、ソーシャルサポート・ネットワークにも重なってくる。

　さて鹿毛によれば、社会学とパットナムに代表される政治学との相違点は、両者の分析レベルとソーシャル・キャピタルの機能における考え方に見いだすことができる（鹿毛 2002）。より大きな相違点は前者の分析レベルであって、社会学ではあくまでも個人の行動を説明するための「ミクロ・レベルの変数」（鹿毛 2002：112）であるのに対して、政治学では「マクロ社会的な変数」（鹿毛 2002：112）ということになる。後者の代表として、政治学においてはパットナムが定義するような「信頼感や規範意識、ネットワーク」というソーシャル・キャピタルの要素はあくまでも公共財としてのそれ

であって、社会全体に影響を与える（「社会全体の効率性を高める」）変数として位置づけられている。それゆえに、パットナムにおいてソーシャル・キャピタルが充実している社会とは「社会全体の効率性」も高いことになる。しかし、社会学における個人主義アプローチでは必ずしもそうとは限らない。というのも、社会学において高度のソーシャル・キャピタルが存在しているということは、個人の行動がソーシャル・キャピタル＝ネットワークによって大きく左右されることを意味するのであって、むしろ個人の行動がマイナス方向に誘導させられたり、束縛されたりする結果、すなわちネガティブ効果もそこに生じ得ることになる。

しかし、こうしたソーシャル・キャピタルにもともと内在する二つの指向性を「飼い慣らす」ことはやはり困難であったようで、事態は概念的統一への収斂ではなく、1980年代後半以降、マクロレベルでソーシャル・キャピタルをいわば公共資本ととらえる立場と、ソーシャル・キャピタルをミクロ的に把握し、社会ネットワーク論との接点を強調する立場に明確に分化していくことになる。糸林誉史は、前者を制度論的アプローチ、後者を個人主義的アプローチとそれぞれ呼んでいる（糸林 2007）。政治学や経済学では制度論的アプローチが、また社会学では個人主義的アプローチがそれぞれ主流をなしている。さらに諏訪徹は、こうした社会学的、個人主義的なソーシャル・キャピタルの捉え方を「ミクロ―ネットワーク型アプローチ」と称しており、他方で彼が「マクロ―公共型アプローチ」と呼んでいるほうでは、分析単位はコミュニティや国家などのメゾからマクロレベルのものになり、必然的に公共財としての信頼や互酬性が扱われることになる（諏訪 2007）。

また、先の中田は、ネットワークという側面を重視する立場と、コミュニティにおける近隣関係、地域のクラブ・組織、市民グループなどの地域を基盤としたさまざまな社会集団をソーシャル・キャピタルとみなす立場に分けている（中田 2010）。後者は、地域福祉研究にそのまま用いられる枠組みとなり得るだろう。中田がいうネットワーク重視の立場は糸林がいう個人主義的アプローチ、あるいは諏訪がいう「ミクロ―ネットワーク型アプローチ」に同義的であるし、逆に社会集団を重視する立場の方は制度論的アプローチや「マクロ―公共型アプローチ」に近いと見なせる。また後で述べることに

なる、川島の「個としての利益」「集団としての利益」をそれぞれ重視する立場からの分類（川島 2011）も上記の二つのアプローチにそれぞれ対応しているといえる。結果的に、こうしてさまざまに呼称される二つのアプローチの併存状況こそが、またソーシャル・キャピタルの概念的な混乱を示唆しているといえるだろう。

　ここまでの「ミクロか、マクロか」という軸と、先のノリスがあげていた「認識・文化的現象か、構造か」という軸を組み合わせてみれば、次の図6-1のようにソーシャル・キャピタルは合計で四つ（2×2）に類型化できることになるだろう（今井 2011）。

　こうしてみると「ミクロで、かつ構造」の立場（第三象限）でソーシャル・キャピタルをとらえると、本書でいう「エゴ中心ネットワーク」（特に、ソーシャルサポート・ネットワークや専門職ネットワーク）の捉え方と重なることになるし、一方で「マクロで、かつ構造」（第二象限）と位置づけると「組織間ネットワーク」や各レベルの「エゴなしネットワーク」にやや近くなってくる。この様に考えると、ヒューマンサービス領域において取り上げられているさまざまなネットワーク概念とソーシャル・キャピタル概念には一部に重なる部分があり、あるいはソーシャル・キャピタルを「構造」として把握する立場からすると、ネットワークとソーシャル・キャピタルはほぼ同じ基準で同一視し得る概念ということになる。

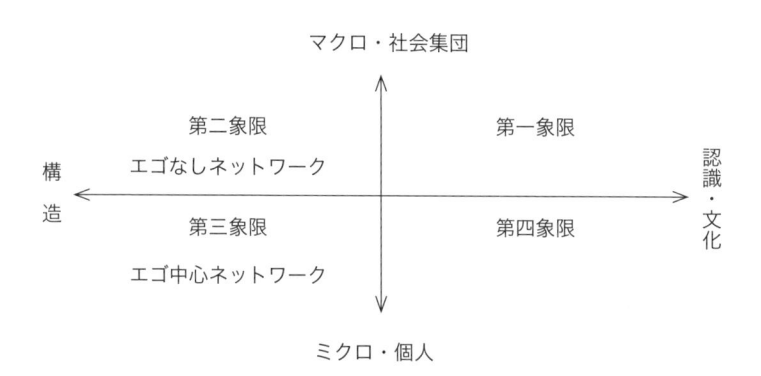

```
                    マクロ・社会集団
                          ↑
         第二象限         │        第一象限
       エゴなしネットワーク │
  構造 ←──────────────┼──────────────→ 認識・文化
         第三象限         │        第四象限
       エゴ中心ネットワーク│
                          ↓
                    ミクロ・個人
```

図6-1　ソーシャル・キャピタルの4類型

出所：今井（2011）を修正のうえで引用

先の森は、ソーシャル・キャピタルは地域社会の人々の関係に着目する概念であり、ソーシャルサポートやソーシャルネットワークの概念の延長線上、あるいはそれらを包含する概念として認識されていることを指摘している（森 2013）。さらに「あえてSC（引用者注：ソーシャル・キャピタル）という概念を使用しなくても、SCの『橋渡し』機能に類似する『つながり』や『ネットワーク』の構築は徐々に地域福祉の推進のなかで、政策、実践、研究レベルにおいて根付いてきている」（森 2013：157）とも述べており、個人を焦点に置いた場合には、ソーシャル・キャピタルとネットワーク（ソーシャルサポート・ネットワークや専門職ネットワーク）という二つの概念は相互に代替的な関係にあることが示唆されているのである。同じく、先のカワチも、心理学や公衆衛生学領域にとって「さまざまなリソースは、自らの社会的ネットワークを介してアクセスするものである。それゆえに、既にこのリソースを記述する用語として確立されている『ソーシャル・サポート』があるにもかかわらず、なぜわざわざ別の用語に置き換える必要があるのか」（Kawachi et al. 2013＝2013：5）という問題に直面することを告白している（もっとも、Kawachiはそれに対する回答として「そこに属する個人の行動を促進する社会構造の特徴である」という回答を示しており、公衆衛生学の立場としてそれがマクロ的な指標であることを強調している）。
　ところで、藤澤らは、ソーシャル・キャピタルとは「個人および集団がお互いの繋がりから何らかの資源や利益を得ることができるという考え方であり、こうした繋がりから得られた資源や利得はある種の成果を作り出すために用いることができるとされるのである」（藤澤ほか 2005：84）と指摘している。ここでいう「利益」について、それが個人のそれか、地域社会などの集団のそれかによってソーシャル・キャピタルの考え方が大きく二つに分かれると指摘したのが川島である。先に少し述べた点であるが、要援護者などの個人にとっての「利益」に重きを置いた場合は「個としての利益」を重視する立場となり、一方で地域社会などの集団の「利益」に関心を寄せた場合は、先述したように「集団としての利益」を重視するアプローチとなる。そして川島は、地域を基盤とした総合的なソーシャルワークの実践のためには、「個としての利益」を視座に入れるアプローチを採用することが妥当で

あると述べ、その理由として、①「集団としての利益」を重視する立場では、その分析対象があまりにも抽象的であり、限定することが難しい、②ソーシャルワーカーにはまずは個に働きかけ、それが集団、地域に波及するという考え方にある、③ソーシャルワーク実践との関連性、地域社会への波及効果を探るという戦略的な観点からは、「個としての利益」を重視したアプローチのほうが実証化しやすい、というものである（川島 2011）。自身が採用する「個としての利益」を重視する立場を代表する研究者として川島がリンの名をあげているように、この立場に立脚すると、個人から地域までを含んだ「総合的なソーシャルワーク」のためにと言いながらも、実質的にそのソーシャル・キャピタル概念とは一層にミクロ的なネットワーク概念に近づくことにならざるを得ないだろう。

それを踏まえてここまでの議論を整理するとすれば、ソーシャル・キャピタル概念を社会福祉、ソーシャルワークの文脈でとらえるべく「福祉的ソーシャル・キャピタル・アプローチ」というものが仮に成立し得るとするとすれば、川島がいう「集団としての利益」を重視した地域福祉的なソーシャル・キャピタル論と、「個としての利益」を重視する個人主義的なソーシャル・キャピタル論がそこに包摂されることになるだろう。前者でいうソーシャル・キャピタル概念では「エゴなしネットワーク」や「運動論的なネットワーキング」概念との相違が問われてくることになるし、後者の場合は「エゴありネットワーク」概念との区別が問題になってこよう。先に「地域福祉的な土壌でネットワーク論を展開すると、必然的にソーシャル・キャピタル論の体裁を取ることになるという事情」があると述べたが、それは「集団としての利益」を重視する前者の立場においてこそ成立するものなのかもしれない。その場合には、地域福祉的なソーシャル・キャピタル概念とは、すなわち「エゴなしネットワーク」や「運動論的なネットワーキング」と親和的であると見なせよう。

次に、後者（「個としての利益」を重視する立場）のほうのみに議論を絞ることとし、その際の二つの概念（ネットワークとソーシャル・キャピタル）間の関係について、リンの見解を紹介することにしたい。

第4節　N. リンによるソーシャル・キャピタルの定義

　リンは、2001 年の論文において社会ネットワークにおける「資産」(assets in social network) としてソーシャル・キャピタルを位置づけ、そこでは「埋め込み」という用語を使って定義づけている (Lin 2001)。さらに社会ネットワークとソーシャル・キャピタルという概念間の関係整理を精緻化させていく過程で、リンはソーシャル・キャピタルの概念的な混乱を収拾する目的で、次のような原則に従ってソーシャル・キャピタル概念の明確化を試みている (Lin 2005)。すなわち、①想定し得る因果関係や効果からは独立した概念であること、②社会ネットワーク概念との関連性を明確にしたものであること、そして③その活用や成果物（returns）をも概念化し得るものであること、の以上である。リンは、コールマンやパットナムのソーシャル・キャピタルの定義のなかで社会ネットワークと一体視するような言及がなされていることが概念的な混乱や曖昧さの原因になっていると批判しており、それゆえに両者の間に何らかの線引きを明確にしておく必要性から、先の②の原則が引き出されたといえるだろう。

　こうした原則に従ってリンが導き出した定義とは、「社会関係資本とはその (one's) 社会ネットワークのなかに埋め込まれた資源の多様性の程度 (the extent of diversity of resources)」(Lin 2005) というものである。この定義で明らかのように、社会ネットワークはソーシャル・キャピタルとの間に等号式は置かれていない。社会ネットワークとソーシャル・キャピタルとの関係は、後者は前者の特質によっては増加することもあれば、減少することもあるという。その意味で、一方が他方の要素を成すという構成的 (constitutive) なものではなく、一方が他方の側面を示す指標であるという提示的なもの (propositional) であるという位置づけなのであり、その点がリンによる定義上の特徴になっている。

　ただし、リンはこの意味での多様性があれば良いという単純な関係ではなく、多様性が欠如した状態のほうが「より良いソーシャル・キャピタル」の状態ということもあり得るとする。つまり、ソーシャル・キャピタルが良い

か悪いかという判断は、特定の成果獲得に有用かどうかという相対性によって左右されるものだからである。この多様性の程度（ソーシャル・キャピタル）を左右する社会ネットワークの特質としてリンがあげているのがネットワークの密度にほかならない。

以上のようなリンが整理した、社会ネットワークの密度、ソーシャル・キャピタルおよびその成果・報酬（returns）の見解をまとめると、次の図6-2のようになる。

この図6-2で注目すべきは、これまでのソーシャル・キャピタルの研究を顧みた場合、その多くは「低密度の社会ネットワーク→多様な資源の獲得→社会的連帯の醸成」という把握がされてきており、それは論理的に破綻しているとリンが批判している点である。パットナムに代表されるように、ボランタリー組織など緩やかな結合（低密度）をとおしての市民参加が奨励されるのは、さまざまな背景を有する市民が集合しているという環境のなかで必然的にそうした人々が有している多様な資源へのアクセスが可能になるという理由である。その点はリンも否定していない。しかし、多様な資源へのアクセス可能性がすべての参加者の前に提示されているのであれば、むしろ資源アクセスへの競争的関係が生じるはずであり、もしそうであればその報酬（returns）とは「連帯」や「一体感」などではなく、それと反する「競合」であるはずというのがリンの主張の眼目になる（Lin 2005）。

このリンの批判を、例えば専門職ネットワーキングの考え方に当てはめてみると次のようなことがいえるだろう。つまり、多様なバックグラウンドを

ネットワーク密度	⇒	ソーシャル・キャピタル	⇒	成果・報酬
低密度の関係網 Less dense relations	→	多様性の高い資源群 More diverse embedded resources	→	市場型競争 Market competition
高密度の関係網 High dense relations	→	多様性の低い資源群 Less diverse embedded resources	→	社会的連帯 Social solidarity

図6-2　ソーシャル・キャピタルの平行理論モデルとその定理（Lin 2005）

有する専門職が同じ目的を達成すべく一堂に会したネットワーキング（低密度で資源多様性が高い）では、論理的にいえば一体感・協力関係よりも専門職間の競合や葛藤が生じやすい傾向にある。つまりは、「低密度・資源多様性」確保と「一体感」醸成の双方を同時に達成することは矛盾している。そうであれば、この矛盾のうえに専門職ネットワーキングが位置づけられる以上、専門職の間の葛藤や対立の発生は必然的といっても過言ではないことになるだろう。

　リンの先の図式に従う限り、専門職ネットワーキングをはじめとしたネットワーキングという考え方はそもそも論理的矛盾を孕んだ存在であって、しかもそれを超克するための具体的なメカニズムが理論的には導出されていないのである。結局は、現実の経験の積み重ね、いわば「現場の知恵」の蓄積によってのみ、相互対立・競争の軽減・回避と専門職どうしの連帯感・一体感創出を同時に獲得していかざるを得ないことを宿命づけられた存在といってよいかもしれない。それゆえに、さまざまなネットワークとソーシャル・キャピタルを、利用者として、あるいは専門職、組織としていかにマネジメントしていくのかという点が、ソーシャルワークの立場から見て、非常に重要なトピックスとして浮かび上がってくることに気づく。この点こそが、次章以降のテーマになってくるものである。

第5節 「福祉ソーシャル・キャピタル・アプローチ」の課題

　ここまで見てきたように、ソーシャル・キャピタル概念はその注目の寄せられる度合いに比例するかのように概念上の多様性が認められ、今後の研究の進展によってそれもまた大きく変わっていく可能性があるといえる。特に、近年になって社会福祉、ソーシャルワーク領域でもその操作化＝測定が難しいという事情にもかかわらず実証研究が積み重ねられるようになっており、そうした知見から理論研究へのフィードバックも大いに期待されるところである。

　最後に、ソーシャル・キャピタル概念に対する根源的な批判があることを紹介しておきたい。まず先の中田は、ソーシャル・キャピタルの量とは増や

すことが可能なものなのか、という疑問を提示している（中田 2011）。それと関連して、諏訪も、マクロになるほどソーシャル・キャピタルは歴史的、文化的に形成された部分が大きくなり、そうであれば実践でそれらに変更を加えるというのではなく、実践がそれらによって規定されると見なしたほうが適切になることを指摘している（諏訪 2007）。その論でいけば、いくら実践を展開してもソーシャル・キャピタルを変化させることはできない、ということになりかねない。もちろん、それらに対しては反論もあるにはあるが、この問題はソーシャル・キャピタルをどうとらえれば良いのかという根源的な点での議論にかかわっているともいえる。

　より深刻な点は、次の中田によるものであろう。先にもあげた所や山村も同じ点を指摘しているのであるが、ここでは中田の議論を紹介しておきたい。中田は、そもそもソーシャル・キャピタルがいう「資本」について根本的な疑問が生じることを指摘している。というのも「資本」である以上は個人によって所有されるものでなければならず、また「資本」であるのであれば、金銭やモノのように、根拠、実態のあるものでなければならないはずなのに、ソーシャル・キャピタルはそうした「資本」としての性格を欠いているという（中田 2015）。佐藤も、「スミスからマーシャルに連なる経済学の主流において、資本とは所得を生み出す資源として理解されてきた」（佐藤 2003：16）と指摘している。言い換えれば、所得と関係の無いソーシャル・キャピタルとは果たして「資本」といえるのか、ということになるのだろう。

　加えて、ソーシャル・キャピタルでは説明できない現象もまた存在していることも指摘しておかなければならない。例えば、樋口直人はソーシャル・キャピタルと社会運動との関係を解説してなかで、福島第一発電所原発事故の後に生じた反原発運動を例にあげ、それが個人の対人関係＝ネットワークやコミュニティなどを媒体にして発生したというよりは、インターネットやツイッターなどのSNSがその基盤になったことを指摘している。また、樋口はヘイトスピーチへの勧誘でも同じ現象が生じており、またそれに反対する人の運動にも同様のことが生じていることも述べている。つまりは、それらはソーシャル・キャピタルと無関係な形で生じているといえる（樋口 2015）。

なお付言すれば、インターネットやSNSがソーシャル・キャピタルに与える影響については賛否両論がある。それが、ソーシャル・キャピタルの有する物理的な障壁を取り払い、その拡充に貢献できたという意見がある一方で、逆に人々のコミュニティからの孤立を促進し、断片化させたという考え方もある。さらに第三の見方として、インターネットやSNSはソーシャル・キャピタルとは相互に補完し合う存在であると見なすことも可能である（Ellison et al. 2011）。この辺りの問題は、ネットワーク概念との関係においても共通しているものであり、いずれともに今後はバーチャルなネットワークとの関連性が問われることは間違いない。情報科学の知見の積極的な摂取もまた必要としているといえる。

本章では、先行研究レビューを通して本書なりの整理を試みたのであるが、ソーシャル・キャピタル概念とその研究自体がいわば進化の真最中であり、現時点においてさまざまな課題を抱えつつも、今後においてはそれらの克服が期待されるものであることが確認できたに過ぎない。そして、本章ではその過程を追うだけで終わったしまったとの感もまた否定できないところである。ただそれであっても、所のいう「限定化」の試みとして、「福祉ソーシャル・キャピタル・アプローチ」とでもいうべき、社会福祉、ソーシャルワーク領域において有用なソーシャル・キャピタル概念と理論の確立、ということを目指していくことも今後における一つの選択肢になるかもしれない、ということはいえるだろう。

その際には、「福祉ソーシャル・キャピタル・アプローチ」に包摂すべきは、一つ目に地域福祉的な性格を帯びることになる「集団としての利益」を重視する立場がまず考えられる。この立場に立脚する場合には、ソーシャル・キャピタル概念とは「エゴなしネットワーク」や「運動論的なネットワーキング」と重なることが多いものと見なせよう。他方、「福祉ソーシャル・キャピタル・アプローチ」の傘に入るもう一つとは「個としての利益」を重視する立場であり、そこでの「エゴありネットワーク」とソーシャル・キャピタルとの関係は、リンの示唆に従い、相互に提示的（propositional）なものであると考えるに留めたい。

もちろん以上の本書なりの結論は、あくまでも現時点でのもの、とりあえ

ずのそれであったとしても今後大いに書き換えられていくべきものである。「福祉ソーシャル・キャピタル・アプローチ」の立て方それ自体の是非も含めて、さらなる理論的、実証的研究が望まれるところである。

[注]

※1　塩原は、ニューカマー外国人の子どもに対する学習支援の取り組みを取りあげ、そこでは日本人学生がメンターとして、日本社会で生きていくことの意味を伝える「つながり」役になっていることを指摘し、同じエスニックグループによるソーシャル・キャピタルに対して、こうしたエスニシティを超えた多文化的なつながりを「越境的な社会関係資本」と呼んでいる（塩原 2011）。

※2　今村らは、欧米にみられる自立性、自発性が強い地域組織や住民活動に立脚した「強い自発性のソーシャル・キャピタル」に対して、日本の場合は「強い自発性の発露というより、むしろほかの人たちから影響を受け、他人を配慮する」（今村ほか 2010：157）ことを土台に成り立っている〝遠慮がちな〟ソーシャル・キャピタル」であるとして、その日本的な特質を述べている（今村ほか 2010）。

文献

Ellison, N., Lampe, C., Steinfield & Vitak, J.（2011）"With a Little Help From My Friend," In Z. Papacharissi（ed）, *A Networked Self: Identity, Community, and Culture on Social Network Site*, Routledge, 124-145.

藤澤由和・濱野強・Nam Eun Woo・Sisira, Edirippulige・小藪明生（2005）「ソーシャル・キャピタルと健康の関連性に関する予備的研究」『新潟医療福祉学会誌』4（2）：82-89.

―――（2007）「ソーシャル・キャピタル概念の適応領域とその把握に関する研究」『新潟医療福祉学会誌』7（1）：26-32.

Fujiwara,T & Kawachi, I.（2008）"A Prospective Study of Individual-level Social Capital and Major Depression in the United States," *Journal of Epidemiology and Community Health*, 62: 627-633.

原田博夫（2010）「政策論としての社会関係資本：試論」『社会関係資本研究論集』1：7-12.

原田謙・杉澤秀博・浅川達人・斎藤民（2005）「大都市部における後期高齢者の社会的ネットワークと精神的健康」『社会学評論』55（4）：434-448.

樋口直人（2015）「ソーシャル・キャピタルと社会運動」坪郷實編著『ソーシャル・キャピタル』ミネルヴァ書房，68-77.

今井雅和（2011）「ソーシャル・キャピタル論とは何か」高崎経済大学附属産業研究所編『ソーシャル・キャピタル論の探求』日本経済評論社，1-13.

今村晴彦・園田紫乃・金子郁容（2010）『コミュニティのちから"遠慮がちな"ソーシャル・キャピタルの発見』慶應義塾大学出版会.

糸林誉史（2007）「ソーシャル・キャピタルと新しい公共性」『文化女子大学紀要人文・社会科学研究』15：75-85.

伊藤大介・近藤克則（2013）「要支援・介護認定率とソーシャル・キャピタル指標としての地域組織への参加割合の関連──JAGES プロジェクトによる介護保険者単位の分析」『社会福祉学』54 (2)：56-69.

鏑木奈津子（2012）「市民参加型の在宅緩和ケア体制──A 組織の方針および体制の長期的な変化過程の分析を通して」『社会福祉学』53 (2)：3-16.

鹿毛利枝子（2002）「『ソーシャル・キャピタル』をめぐる研究動向（一）──アメリカ社会科学における三つの『ソーシャル・キャピタル』」『京都大学法学会法学論叢』151 (3)：101-119.

金光淳（2005）「『ソーシャル・ネットワーキング』を社会ネットワーク論にどう位置づけるか？」『日本社会情報学会学会誌』17 (1)：17-21.

────・稲葉陽二（2013）「企業ソーシャル・キャピタルの企業業績への効果──役員内部構造と企業間役員派遣ネットワーク構造分析アプローチ」『京都マネジメント・レビュー』京都産業大学，22：133-155.

川島ゆり子（2011）『地域を基盤としたソーシャルワークの展開』ミネルヴァ書房.

Kawachi, I., Subramanian, S. V. & Kim, D. (eds.) (2008) *Social Capital and Health*, Springer.（= 2008，藤澤良和・高尾総司・濱野強監訳『ソーシャル・キャピタルと健康』日本評論社.）

────, Takao, S. & Subramanian, S. V. (eds.) (2013) Global Perspectives on Social Capital and Health, Springer.（=2013，近藤克則・白井こころ・近藤直巳監訳『ソーシャル・キャピタルと健康政策──地域で活用するために』日本評論社.）

Lin, N. (2001) "Building a Network Theory of Social Capital," In Nan Lin, Karen Cook and Ronald S. Burt (eds.), *Social Capital: Theory and Research*, Aldine de Gruyter, 3-29.

──── (2005) "Social Capital," In Jens Beckett (eds.), *International Encyclopedia of Economic Sociology*, New York: Routledge, 604-612.

宮川公男（2004）「ソーシャル・キャピタル論──歴史的背景、理論および政策的合意」宮川公男・大守隆編著『ソーシャル・キャピタル──現代経済社会のガバナンスの基礎』東洋経済新聞社，3-54.

森山千賀子・瀧口優（2010）「社会への意識とソーシャル・キャピタル──品川

区の地域ネットワーク調査から考える」『白梅学園大学短期大学教育・福祉研究センター研究年報』15：31-41.
内閣府国民生活局編（2003）『ソーシャル・キャピタル──豊かな人間関係と市民活動の好循環を求めて』国立印刷局.
───（2005）『コミュニティの機能再生とソーシャル・キャピタルに関する研究調査報告書』（http://www.esri.go.jp/jp/archive/hou/hou020/hou015.htm.2012.6.4）
中田知生（2010）「ソーシャルキャピタルと福祉コミュニティに関する分析枠組みの検討」『北星学園大学社会福祉学部北星論集』47：67-75.
───（2011）「ソーシャルキャピタルと生活困難の関連──マルチレベルモデルを用いた分析から」『北星学園大学社会福祉学部北星論集』48：59-69.
───（2015）「コミュニティ・ガバナンスとは何か──コミュニティ研究における社会関係資本」『北星学園大学社会福祉学部北星論集』52：93-101.
ピッパ・ノリス／下村恭広訳（2004）「ソーシャル・キャピタルと情報通信技術──社会的ネットワークは広げられるのか強められるのか」宮川公男・大守隆編著『ソーシャル・キャピタル──現代経済社会のガバナンスの基礎』東洋経済新聞社, 155-185.
Novosel, J. & Sorensen, R.（2010）"Management and Administration of Collaborative Models," In Brenda Freshman, Louis Rubino & Yolanda Chassiakos (eds.), *Collaboration across the Disciplines in Health Care*, Jones and Bartlett Publishers, 153-173.
Poortinga, W.（2006）"Social Capital: An Individual or Collective Resource for Health?," *Social Science & Medicine*, 62: 292-302.
Putnam, R.（1993）*Making Democracy Work*, Princeton University Press.（＝2001、河田潤一訳『哲学する民主主義──伝統と改革の市民的創造』NTT出版.）
───（2000）*Bowling Alone: The Collapse and Revival of American Community*. New York: Simon & Shuster.（＝2006、柴内康文訳『孤独なボーリング──米国コミュニティの崩壊と再生』柏書房.）
佐藤誠（2003）「社会資本とソーシャル・キャピタル」『立命館国際研究』16（1）：1-30.
齋藤克子（2008）「ソーシャル・キャピタル論の一考察──子育て支援現場への活用を目指して」『現代社会研究科論集』京都女子大学,（2）：71-82.
塩原良和（2011）「越境的社会関係資本の創出のための外国人住民支援──社会的包摂としての多文化共生に向けた試論」『法学研究』84（2）：279-305.
Sculler, T., Baron, S. &Field, J.（2002）"Social Capital: A Review and Critique,"

In Baron, S., at al, (eds), *Social Capital: Critical Perspectives*, Oxford University press, 1-38.

諏訪透（2007）「福祉の学習活動の理論に対するソーシャル・キャピタル論の適用の可能性に関する予備的考察」『日本福祉教育・ボランティア学習学会年報』12：210-233.

高橋順一・中島望・李志嬉（2012）「認知症の前駆状態等としての記憶機能の低下のある高齢者に対するインフォーマルな資源の有効性」『関西福祉大学社会福祉学部研究紀要』16（1）：57-65.

所めぐみ（2007）「ソーシャル・キャピタル概念と地域福祉についての一考察」『龍谷大学社会学部紀要』30：11-20.

Webber, M.（2005）"Social Capital and Mental Health," In Jerry Tew（ed）, *Social Perspectives in Mental Health: Developing Social Models to Understanding and Work with Mental Distress*, London: Jessica Kigsley Publishers, 90-111.

山村靖彦（2010）「地域福祉とソーシャル・キャピタル論の接点に関する考察」『別府大学短期大学部紀要』29：39-49.

───（2012）「社会資源としてのソーシャル・キャピタル──地域福祉の視座から」『別府大学短期大学部紀要』31：23-33.

第7章

ネットワーク・アプローチの構築の試み
ネットワーク概念の共通性に着目して

　ここまでソーシャルワークにおけるさまざまなネットワーク（およびソーシャル・キャピタル）を各論的に述べてきた。それぞれにおいて独自の課題が存在していることが示されたのであるが、概念的な定義が未成熟であるがゆえに、この言葉の使用者が有するイメージの混入が生じやすい状況を生んでいることの克服が共通する課題の一つであることが理解できた。そのことを踏まえたうえで、すでに最初で述べたとおりのことであるが、それぞれ異なる用い方の間の関連性を探り、それらが全体としてソーシャルワークにもつ意義を明確化すること、およびそれを準拠枠組みにして介入方法を導き出すという三つの課題について検討を行っていきたいと考える。

　そこで本章では、それらのうちの第一の課題に関連して、ソーシャルワークのなかで異なる使い方がされているネットワークの概念群には共通する要素がいくつか存在していることを示してみたい。後述するように、それらの共通要素はかなりのところソーシャルワーカーたちの理想像が投射されているように思える。それは、先にも述べた、概念的に明確さを欠いている状況でイメージが混入しやすいという状況と無関係ではない。しかし、例えそうであっても、何らかの共通性を導出することができれば、ソーシャルワークにおいて用いられているさまざまなネットワークを一体的・総体的に把握していくことの可能性が生まれてくることになると思われる。ただし、概念的には、そこに期待的なイメージが混在したネットワーク（「期待されるネットワーク」）とそうしたイメージを排した現実に目の前ある実体的なネットワーク（「現実のネットワーク」）とは、それぞれ概念的には区別されるべき

であると思われるので、そうした考えに基づいて「一次ネットワーク概念」と「二次ネットワーク概念」という区分を提示してみたい。

そして次に、第二の課題である、共通要素の存在によって総体的に把握され得たネットワーク（「統合ネットワーク」と称する）という考え方が、ソーシャルワークにおいて如何なる意義をもっているのかという点を検討してみる。あわせて、それに準拠することで、ソーシャルワークの介入方法としては如何なる内容のものが志向されているのかについても考察してみたい。特に最後の目的を果たすために、社会福祉援助を幾つかの要素からなる構造体としてとらえるモデル（社会福祉援助構造モデル）を分析枠組みとして用いることにする。またこうした検討の結果、新たな介入方法を具体化して実際に展開していくために果たすべき課題についても触れてみたい。

第1節　ネットワーク概念の共通性

1　ネットワーク概念とネットワーキング

これまでネットワークに与えられた定義はさまざまであるが、G.サンプトンは「ある構造を成す一連の要素が鎖状結合あるいはシステムを形成しているような関係の総体」（Thompson 1993：51）をネットワークとしている。その意味では、個人（サービス利用者、専門職）であれ、組織であれ、それぞれのレベルに於いてさまざまな他者（他者、他専門職、他組織）との関係、すなわちネットワークを軸にそれぞれの日常生活・活動を営んでいることになる。それは、エゴがあるかないかについて依存していない。したがって、行為者のレベルが如何なるものであっても、また構成メンバーに相違があったとしても、エゴがあるかないかに関係なく、何らかのネットワークのうえに立脚しながら、それぞれの日常生活・活動が営まれているといえる。この意味でのネットワークとは、行為者の日常生活や活動の土台を成す実体的なものであろう。こうした実体的な側面のみを指し示すものは、「現実のネットワーク」であって、本章において後述するように「一次ネットワーク概念」と呼ぶものがそこに含まれてくる。

ここまで述べてきたことを踏まえ、現在のソーシャルワークのなかで用いられているネットワーク概念を列挙してみると、①サービス利用者（以下、利用者）のもつ対人関係の総体（社会ネットワーク）でソーシャルサポート・ネットワークを含む、②社会福祉関連組織の相互のつながり（組織間ネットワーク）、③共通の関心があるということのみを基軸にして人々や組織同士がつながり方やそのプロセス（ネットワーキング）、④ソーシャルワーカー自身が同僚や他機関のワーカー、あるいは他の専門職種等との間に結んだ対人関係の総体（専門職ネットワーク）、があげられた。

①②と④はいずれも、元来は社会福祉の周辺領域（例えば、人類学、社会学や経営学）において提唱され、発展してきた概念であり、それらが社会福祉の領域に持ち込まれたという点で共通している。また③についても、そもそもはどちらかというと社会学的な文脈で用いられ始めたものであり、かつそれとまったく同義ではないが、「チームワーク」や「多職種間連携」の観点から医学や看護学等の周辺領域においても研究や実践が行われてきたものである（ただし、それらはエゴなしになる）。例えば、C. ジャーメインは、医師と看護職はナーシングケアが生成された初期の頃から相互に連携していたことを指摘している（Germain 1984：198）。すなわち、チームワークや連携の問題は、決してソーシャルワークに固有のものであるとは到底いえないであろう。

このように、ソーシャルワークにとってネットワーク概念とはすべからく移植された外来の用語であることが理解できる。ただし、③については、それがむしろ「つながり方」などのプロセスや動的側面に着目した概念、あるいはそこに貫徹する原理的側面を表現する意味合いをももち、その意味ではそれ以外の概念（①②④）とは位相がまったく異なる。また、そうしたプロセスや原理によって生まれた成果物をネットワーキング、あるいはそれ自体をもネットワークと呼ぶこともあるが、その場合でも、その作られ方や作られたものに通底する理念が重視されていることには変わりなく、かつ焦点となる行為者（エゴ）を念頭に置かない「全体ネットワーク」であって、構成メンバーが共通する目標を果たすべく相互に結びつきあった全体であり、時には運動体として把握され得るものであることが多かった。こうしてみる

と、ネットワーキングはやはり他のネットワーク概念とは異なる扱いが必要であると思われる。したがって、すでに指摘したことであるが、ネットワーキングは概念的には他のネットワークとは明確に別扱いされなければならないことをここで改めて強調したい。そこで、以下においては、ネットワーキング以外の①、②および④を「ネットワーク概念」として位置づけ、そこにはネットワーキングを含まないようにしておく。

なお蛇足ながら、実践現場でよく言及される専門職が共通の目的のために集まったものをネットワークと呼ぶ場合は、上記の意味でのネットワーキングの成果物としての全体ネットワークであるということになる。よって、それはむしろネットワーキングの範疇に含まれるべきであり、本書でいうネットワークとは異なる存在として把握されることになるだろう。

ただ注意したいことは、第5章でも述べたように、これまで（そして現在でも）ネットワーキングとそれ以外のネットワーク概念が等式で結ばれる傾向にあったということ、かつその傾向が、ネットワーク概念（ソーシャルサポート・ネットワーク、専門職ネットワークおよび組織間ネットワーク）が曖昧であったり、未確立であったりするがために、一層拍車がかかっていたように思われる点である。そうしたことだけが唯一の理由ではないにしても、ネットワーキングに限定して込められている要素がネットワーク概念までにも紛れ込んで取り込まれてしまい、その結果としてネットワークは実体的な概念ではなく、ある種の理念が優先した「こうあるべき」という理想像、期待値をともなった概念として認知されるようなことは当然ありうることとして考えられる。その結果として生まれた理想像が込められたネットワーク概念とは、必ずしも実態を把握したものではない可能性があるだろう。こうしたネットワーク概念を、本書では後述するように「期待されるネットワーク」、あるいは「二次ネットワーク概念」と呼んでいくことにしたい。

この二次ネットワーク概念というものを設定しなければならない必要性には、ネットワーキングとの混同視が無視できない影響を及ぼしている事情が存在していることが大きい。そして、そのことからネットワーク概念の共通性を探る分析の対象になるものは、実は二次ネットワーク概念のほうである。というのも、抽出すべき共通性にはかなりのところソーシャルワーカー

のもつイメージ（期待値）が反映されていると思われるからである。このイメージこそが、レベルが異なるネットワークの諸概念にとっての「接着剤」として活用できる可能性がある。そこで、そうしたイメージのもとになったと思われるネットワーキング概念も以下の分析に加えて、その検討を行うことにしたい。

2　分析のアプローチ

　さて、ネットワーキングを含んだ各種のネットワークは、一見したところ、それぞれの用語が指し示す意味内容はかなり異なっているように思える。これらの用語間に何らかの関連性を見いだそうとする研究はこれまで限られた範囲にとどまっているが、ここではその代表的なものとして牧里毎治と松原一郎の言説を紹介してみたい。ただし、いずれともにネットワーキングは対象にしていない。

　まず、牧里は、すでに紹介したように「ミクロ」「メゾ」「マクロ」の三つのネットワークを類型化している（牧里 1993）。一方、松原のほうはネットワークを「クライエント・レベル」「プログラム・レベル」「ポリシー・レベル」の三つの視点から区分して論じている（松原 1993）。両者の分類内容は微妙に異なっており、かつ先述した3種類のネットワークのすべてを含有しているわけではないものの、いずれともにシステム論的な見地からネットワークの分類を行っており、上位システムと下位システムという観点で多様なネットワークを一体的に扱おうとする試みであると受け止めることができるだろう。

　こうしたシステム論的な関連性の説明は一見して非常に理解しやすく、かつ相互連動性という視点から各レベルのネットワーク間関係が把握可能なものになっており、その意味でシステム論的接近は有意義な示唆を私たちに与えてくれるといえる。しかし、本章の目的に関していえば、このアプローチにはある種の制限が存在していることを認めなければならないだろう。というのも、ここからは一体的に扱われたネットワーク全体を用いた具体的な介入方法が想像しにくいし、そもそもなぜ多様なレベルのネットワークがソーシャルワークのなかで重視されてきたのかについての示唆は、それだけでは

得られるものは余り多いようには思えない。したがって、これらの点を明確にするためには、これまで試みられてきたようなシステム論的アプローチとは別の接近方法を検討する必要が生じてくると考える。

そこで本書が採用するアプローチとは、さまざまなネットワーク概念に共通性が存在しないのかどうかを検討し、もし存在するのであればそれを媒介にしてネットワーク概念を一体的に扱う方向を見いだすというものである。そうすることによって、何故にソーシャルワークがさまざまなネットワーク概念を重視するようになったのかという疑問への回答は、この共通性の存在によって説明することが可能になるだろう。つまり、逆説的な言い方になるが、各種のネットワークに共通して存在する期待的な要素こそがソーシャルワークにとって不可欠な意味合いをもっていると認識されたからこそ、そうした要素をもつネットワーク概念がソーシャルワークのなかで重要視されるようになったと考えるのである。そして、ネットワークという観点からみたソーシャルワークの具体的な介入方法としては、この共通性を具現化する、言い換えれば、「現実のネットワーク」を「期待されるネットワーク」に転換するというベクトルで描くことができ得るのではないかと考える。

こうしたアプローチに基づいて、以下において、試論的であるがさまざまなネットワークの内容を吟味して見たい。結論からいえば、そこには以下の五つの共通要素が存在しているものと考える。すなわち、①成員の相互作用性、②成員の主体性、③成員の対等性、④成員の多様性、⑤資源交換性、以上の五要素である。これらは、ネットワークの実体的側面を表すものもあれば、この概念を使うソーシャルワーカーたちにとって、ネットワークであればそこにあって然るべきと認知されているような要素も含まれている。

なお近年の研究では、ここであげる五つの要素以外の要素も含めるべきという見解が示されている。例えば、山野則子は市町村児童虐待防止ネットワークを対象に、同ネットワークのマネージメントへの従事者へのインタビュー調査を実施し、このネットワークの参加者に「情報の共有化」が生じていたことを示している（山野 2009）。また、川島ゆり子も、コミュニティワーカーを対象に実践評価指標についての調査を実施し、その中でも媒介性と実践力との間で高い相関関係があったという結果から、「人と人との間を

とりもっていく」(川島 2011：169)力としての「創発性」というものが、実践力の高いソーシャルワーカーのネットワーク構造に欠かせない要素であることを指摘している(川島 2011)。

　これらの研究が示唆するところは大きいが、本書ではさしあたって次のように考えたい。山野のいう「情報の共有化」については⑤の資源交換の結果であって、そこに包摂できるものであるということ、また川島のいう「創発性」についても①の相互作用性の成果であり、やはりそこに収斂するものと解釈できる、というものである。ネットワーク性についてはさまざまな議論が可能であり、本書の立場には批判があることにはもちろん甘受しなければならない。そのことを踏まえて、以下については先の五つの要素でもってネットワーク性を検討してみたい。

3　五つの共通性

(1) 相互作用性（関係性）

　ネットワークを構成する各成員は相互に作用し合っており、したがって、現象の原因や結果は個人や個別組織に帰されるのではなく、相互作用し合う関係の全体に求められるという視点である。一般的に、ネットワークは「つながり」や「関係網」を意味することが多いことからも、この相互作用性（関係性）という点は、ネットワーク概念の本質的な要素であるといえる。

　山中京子が連携の要素の一つとして指摘する「関係性」（山中 2003）も、連携が実際にはさまざまな形態を取るにしても、松岡千代が指摘しているたように、そのすべてが（エゴなし）ネットワークのうえで展開されているという事実を思えば（松岡 2000）、まさしく関係のうえで相互作用し合っているその実体こそがネットワークにほかならない。同時に見過ごされがちであるが、この関係性・関係網をとおして各種資源が交換されるという事実が重要な意味をもってくる。「エゴなしネットワーク」においてはその参加者間でさまざまな資源交換が展開されているのであって、また「エゴ中心ネットワーク」の場合もエゴが利用者・専門職・組織のいずれであっても、エゴは自らに結合しているさまざまな関係を介して諸資源を調達し、あるいは提供

していることには変わりはない。

　さて少し先走りすぎたので、話を元に戻したい。社会学的の立場からも、J. ギャラスキウィックとS. ワッサーマンは、ネットワーク構成単位であるアクター（actor）やその行為は相互依存的であることを社会ネットワークの基本的前提であることを指摘している（Galaskiewicz & Wasserman 1994）。そして、西尾祐吾が、ネットワークを「何らかの目的のために複数の個人又はシステムが有機的に統合された姿として想起される」（西尾 1987：4）と述べている根底には、まさしくこの要素の存在（相互依存するアクター）があるからといえる。同様に、H. スペクトは、社会ネットワークは内容的に幅広く言及されるソーシャルサポートよりも特殊な意味を有していると指摘したうえで、この概念の意味するところは、互いにそしてさらにほかの人々とも相互作用している人々の内の幾人かであるところの他者との個人間相互作用であると述べている（Specht 1988=1991：260）。

　そもそも、社会ネットワークが社会学の分野で提唱された背景には、既存のパラダイム（T. パーソンズ流の「構造—機能分析」）に対する批判や不満があったといわれている。つまり、個人の行動は地位や役割関係では説明されず、むしろ諸個人が相互に作りあう関係の総体性によってはじめて説明できると考えられたのである（森岡 1986）。したがって、個人の属性ではなく彼・彼女が結んだ相互関係の全体の特徴によって、さまざまな現象の説明や分析が試みられることになる。よって、社会学において社会ネットワークを志向することは、社会的な現象を、社会的な行動主体（actor）同士のパターン化された関係の配列として概念化される（Galaskiewicz & Wasserman 1994）。また、ソーシャルサポート・ネットワーク研究においても、それを情報提供システムとして機能する諸関係の集まりと位置づけて議論が展開されている（Garbarino 1983）。それは、文字どおり、ネットワークを関係する網状の全体としてとらえる視点である。

　以上のように、ネットワークをそこに含まれる要素が相互作用し合う関係として把握する視点は、A. ダウゲリがいうように、環境への対処をあくまでも一個人の問題として見なす臨床的見地が陥りがちな集合的エゴ中心主義（collective egocentrism）から脱却するうえで重要な概念枠組みを提供して

くれるといえる。加えてダウゲリは、アメリカ社会の伝統的なエートスである個人主義によって、多くの人々が自らの社会ネットワークにおいて相互依存しあっている事実をソーシャルワーカー達は見失っていたことを指摘している。その意味でも、この概念によって、周囲から孤立した人々への支援や社会ネットワークに組み込まれている人の成長を促進するための概念枠組みを獲得することができたと評価しているのである（D'Augelli 1983）。

　ダウゲリが指摘するような集合的エゴ中心主義からの脱却は、サービス利用者レベルにとどまらず、ソーシャルワーカーなどの専門職、社会福祉組織におけるネットワークおいても果たされるべき課題であるだろう。例えば、G. モーガンは、自己のプログラムやサービスのみしか視野に入れようとしない「自己中心的」（organization-centric）思考を排除し、相互関連するプログラムやサービスをも視野に入れた「鳥瞰的視点」（eagle-eye）の必要性を説いている（Morgan 1995）。

(2) 成員の自律性（主体性）

　ところで、上記のような相互作用する関係の全体が重視される場合、そのような関係の網中にある個人や組織は、こうした関係を形成し、維持し、変容していく主体者として描かれることになる。この自律性、ないし主体性とでもいうべき要素は、さまざまなレベルのネットワークにおいて、焦点となる行為主体（個人や個別組織）の自律的、主体的な判断と行動によって、ネットワークが運営、維持されていることを意味する。換言すれば、自らのネットワーク全体を自らコントロールすることであり、ネットワークを構成する他者との個別の関係についてもそのコントロールのなかで運営される。「自律」という名称が与えられた所以がそこにある。

　牧里は、ネットワークと企業・官僚組織とを対比させて、後者が分業と協業によって秩序立てられているのに対して、前者は構成要素である各パーツが自由に動き回っているところ、すなわち自律性・主体性に特徴の一つを見いだしている。そして、自由に動き回りつつもそこに一定の調和が保たれていると述べている。さらに、牧里は、サービス利用者の主体性の確保、主権の尊重が援助理念として重要視されるようになったことを指摘し、構成要素

の主体性尊重がネットワークにとって欠かせない要素であることを示している（牧里 1993）。

　ネットワーク概念とネットワーキングを統合するような形で地域ネットワーク論を展開する田中英樹は、その活動は誰から始めてもよいものであると述べ、メンバーは自由な参加意思でいつでも加わることが可能であることを指摘している（田中 2001：127）。また鈴木勉は、欧米におけるネットワーク論台頭の間接的理由として、「サービスの受け手」を専門職が提供する諸資源の単なる受け手としてとらえるのではなく、自らが能動的に社会的なつながりを活用していくことがその本来的な意味であるという視点が受け入れられるようになったことをあげている（鈴木 1994）。こうした説明を見るにつけても、ネットワーク概念における自律性・主体性という要素が如何に重要性を有しているかを私たちに教えてくれていることが理解できる。

　こうした自律性・主体性を重視した視点は、特にネットワーキング論に、非常に顕著、かつ極めて濃厚な形で見いだせる。第5章で述べた「下からのネットワーキング」論では、ネットワーキングとは「共通の目標」、あるいは「共通の価値観」をもった人々の自発的な活動であったし、「上からのネットワーキング」論であっても、決して強制されたものではなく、「共感」に基礎づけられた高度に自主性が備わったものとして描かれている。すでに見てきたように、ネットワーキングとネットワーク概念が混同視されている状況の中では、こうしたネットワーキング概念が保持する特徴がそれ以外のネットワーク概念にも当てはまると受け止められるようになるのは当然のことであろう。この自律性・主体性という要素は、その意味では、ネットワーク概念固有の要素ではなく、ネットワーキングと混同されたことによって、後者から前者のなかに紛れ込んできたものであるという解釈が成り立つかも知れないと考える。この仮説は非常に興味深いものであるが、その詳細な検討を行うことは筆者の力量をオーバーすることになるので、ここではこれ以上触れないでおく。

　もっとも、ネットワーク概念のほうでこの要素を最初から有していなかったというと決してそうとも思えない。確かに、個人や組織にとって誰をネットワークのなかに取り入れるかという点については、選択の余地がないか、

あっても乏しいようなケースが存在するのは疑いない。例えば、サービス利用者にとっては、家族、親族や近隣といったネットワーク・メンバーとの関係は、本人が自ら選択したとはいえないであろう。その意味では、そうしたメンバーから成るネットワークは、自律的に形成されたものとはいえない。しかし、自らの意思によって形成されたネットワークではなくても、個人や組織は自らのネットワークに意図的に働きかけ、ネットワークの部分を必要に応じて選択し、そこから必要な資源を調達したり、あるいは逆に提供していたりするとも考えられるのである。

この様な考え方に基づけば、すべてのネットワーク概念においては、ネットワークの拠点たる個人、組織を、ネットワークを自律的に形成、維持している主体者、統括者として扱っている点では一致しているといえる。

(3) 成員の対等性（多中心性）

ネットワークを構成する成員は、意志決定者として相互に対等性をもつことを意味する。したがって、ネットワークは反ヒエラルキカルな構造を有した存在として描かれることが多い。例えば、牧里は、協働することをネットワークの特性の一つとして指摘し、そのためにはメンバー同士が対等な関係でなければならないことを述べている（牧里 1993）。すなわち、構成メンバー同士が対等な関係でなければ、それでは協働ができないのであって、したがってネットワークとはいえないことになるだろう。同様に、丸尾直美はネットワークという言葉が、人間的・相互的・有機的であり、かつ非階層的な横のつながり重視というイメージをもたれていることを指摘している（丸尾 1993）。また、木下安子は、ネットワークの発展の4条件の一つとして、「援助者が対等な関係で活動に参加すること」（木下 1990：22）をあげている。C. ガービンと J. トロップマンが、ネットワークとは一般的にいって、個人や組織からなるルースな結びつきのシステムであり、相互交換と相互支援の関係システムであると述べているが（Garvin & Tripman 1992：216-7）、そこにも構成メンバー間にヒエラルキカルな上下関係とはまったく相反する原理がネットワークには存在しているものと把握されていることが理解できるだろう。

経済学の視点ではあるが、塩沢由典はネットワークに期待が寄せられる理由の一つとして、現代の企業社会においては、長時間労働や複雑な人間関係に翻弄されて決して楽しい労働の場ではないことの反動があると指摘している。すなわち、そうした状況に対する人々の不満が、ヒエラルキーではない「より水平的でより流動的な関係を作り出せば、人間はもっと自由で闊達な雰囲気の中で仕事が出来るのではないか」(塩沢 1994：10) という夢がネットワークという言葉に込められているというのである (塩沢 1994)。こうした指摘は、おそらく社会福祉やソーシャルワークにおいて用いられるネットワーク概念にも当てはまるものであろう。すなわち、現状のソーシャルワーカー・クライエント間における上下関係やヒエラルキカルな組織環境に対する不満と現状打破の期待を、ネットワークという概念に込めていると見なすことができるのではないだろうか。

　これらの研究者の見解を受けて、実践現場でも同様なネットワーク観を示している。例えば、祖父江文宏は児童虐待を防止するうえでは関係行政機関をつないだ組織間ネットワークが必要であることを述べ、かつ単につながりあうだけではなく、ネットワークを構成する機関や代表者の役職によって発言の軽重があってはならないことを強調している (祖父江 2001)。

　ネットワーキングという用語が使われる場合においても同様で、対等なグループや個人がつながる「よこ型の運動体」であることが強調されている (花立・森 1997)。先の田中も、その地域ネットワーク論のなかで、それは階層的な組織原理では機能するものではなく、多中心性を意識することが無ければ破綻しやすいことを指摘している。そのうえで、結びつきの「緩やかさ」がネットワークの特質であることを強調している (田中 2001)。第4章でも述べたように、組織間ネットワークにおいて有力なパースペクティブの一つに数えられる取引コスト論 (第8章でも詳述) は、まさしく、組織同士が取り結んだ極めて緩やかな関係に着目し、そこに市場と組織とは異なるネットワークの特徴を見いだしているのであるが、そうした視点も同様の事情があってこそ生まれたものであると考えられる。

(4) 資源交換性

　ネットワークを構成する成員間で資源が「交換」されることを意味する。ここでいう交換（exchange）とは、社会学者のG. ホーマンズ（Homans, G. C.）によって先行的に述べられ、P. ブラウ（Blau, P. M.）によって提唱された概念であり、行為者の間で互いに満足の源泉が相手の行為者であるような相互行為をいう。そして、経済的な交換とは異なって、社会的な交換は「不特定の将来の義務」（Blau 1964=1974：83）をともない、かつ「時間的に持続的な」義務の観念なくしては成立しないとされる（富永 1997：25-6）。したがって、社会的交換においては、提供を受けた側は、特定の期間内に特定の義務を遂行する必要は必ずしもない。提供した側は、いずれかの期間において何らかの受け取りが相手から期待され得るのである。本書でも、交換とはこの社会的交換の意味で用いていく（「交換」の定義は136頁も参照）。

　そして、ネットワーク性の要素の一つである相互作用性とは、まさしくこの交換＝資源のやり取りの相互作用を意味するとも解釈できるのであり、またこれらの資源が交換されるパイプ網の全体が、すなわちネットワークという捉え方ができるだろう。ギャラスキウィックとワッサーマンも、社会ネットワークの基本的前提として、ネットワーク・メンバー（アクター）間の関係を資源のフローとしてとらえる点を指摘している（Galaskiewicz & Wasserman 1994）。

　なお、ここでいう資源とは、M. サイポリンがいうように、それを受けることで当該人物がその社会的な機能を果たし、抱えているニーズの充足や問題解決のためにそれを活用したり、あるいは具体的な形で使用したりすることができるようなものである（Siporin 1987）。同じく「ニードを充たすに必要になってくる既存サービスや有用なもの（commodity）」（Barker 1996：324）という説明がR. バーカーによってなされている。これらの説明は、サービス利用者サイドから見たものであるが、サービス利用者が自らの問題解決を果たし、その社会生活機能を遂行していくうえで有用なものがすなわち資源なのである。

　こうした視点は、ネットワーク概念の中でもソーシャルサポート・ネットワークのなかにもっとも顕著に表れているといえる。すなわち、ソーシャル

サポートこそがそこでいう資源にほかならない。換言すれば、この資源交換性とは、ネットワークを介して流通し、交換されるサポート、サービス利用者レベルではソーシャルサポートとよばれてきたものの存在を指し示す要素であるといえる。

牧里は、自己およびその所属する集団にはないものを求めて集合することによってネットワークが形成されるのであり、それは、ネットワークを通してつながった相手から協力や情報提供を獲得していくことを意味すると述べている（牧里 1993）。同時に、資源とは相手から受け取るだけではなく、それとは逆に相手に対して資源の提供を行うという意味で交換性があるともいえるのである。これについては、スペクトも、ネットワークを構成する行為者は、具体的、象徴的で、取り替えが効かないような資源をその相互作用のなかで交換し合うことを述べている（Specht 1988＝1991：254）。

同様に、ソーシャルワーカーにとっても、サービス利用者への介入を行う際に有用なものはすべて資源として見なすことができるだろう。この資源が、当該ソーシャルワーカーにすべて備わっていればそのワーカー単独での介入が可能であるが、そうでない場合は、ワーカーは自らのネットワークを介して外部調達してくる必要が生じる。自己以外の専門職から調達する必要のある資源としては、具体的には、情報、助言、支持、技術、サービスなどがあげられる。同様のことは、福祉サービスを提供する組織レベルでも当てはまるだろう。すでに述べたが、組織間ネットワークを分析するにあたって資源交換アプローチや資源依存アプローチが成立する根拠には、組織間ネットワークにおける資源を巡る相互作用があるからにほかならない。

(5) 成員の多様性

ネットワークにおける相互関係の全体を構成しているのは、多様な成員であることを意味する。したがって、この要素の存在ゆえにネットワークとは本来的に多様な成員から構成されているという印象を与えることになる。

一般に、多様性というと質的な面での相違の大きさを意味するが、ネットワーク概念に込められた多様性には二つの意味が存在しているように思われる。一つは、字義どおりの質的な面での多様性である。例えば、山手茂は、

多様な職種（ソーシャルワーカー、医師、看護婦等）からなるフォーマルな支援ネットワーク、家族、友人、近隣などからなるインフォーマルなネットワーク、そしてそれらを連結する総合的な福祉ネットワークを形成することがネットワーキングの目的であると述べている（山手 1989）。牧里も、ネットワークは同質的なものの集合体ではなく、異なる性格や属性をもった異質なものが集まってできる組織体であると説明している（牧里 1993）。

こうした理解は実践現場においても同様であり、例えば、平井俊圭は「小地域ネットワーク」「専門担当者レベルネットワーク」および「機関・組織間ネットワーク」を取り上げ、それぞれについてその構成メンバーを列挙している。いずれもがネットワーキングの結果として構築された人工的なネットワークを意味しているようではあるが、例えば、「小地域ネットワーク」では、「民生委員をはじめ、近隣者や友人、地域関係者、利用者宅への出入り業者、ホームヘルパー、保健婦・士、行政担当者、社協職員、場合に応じては本人や家族」が構成メンバーとしてあげられている。つまり、ネットワークとはその顔ぶれがさまざまなものであるという認識がそこに如実に示されているといえる（平井 2000）。

この多様性という要素を第四の要素である資源交換性に関連づければ、ネットワークの構成員が多様であればあるほど、ネットワークを介することでそれだけ種類の豊富な資源の獲得が可能となる可能性があることを意味することになるだろう。才村純は、児童虐待防止のためには「地域ネットワーク」の構築と機関連携が欠かせないと指摘したなかで、その理由として、虐待が発生する過程には複数のニーズを抱えていることから一つの機関だけでは対応するには限界があることを述べている（才村 2000）。こうした指摘には、ネットワークを介して複雑なニーズに対応すべく多様な資源を多様な機関から調達しなければならないという認識が反映されていることは明らかであり、間接的ながら、ネットワークは多様な構成でなければならないという視点を示していると思われる。

多様性に込められたもう一つの意味は、質よりもむしろ量的なものであり、資源が流れるパイプの多さである。この点は、J. ブルームがいうように、ネットワークとはその構成メンバーが量的にも豊富であるからこそ、そ

れだけ必要な資源にアクセスする機会が多く獲得できることになるだろう（Bloom 1986）。換言すれば、資源調達においてはネットワークを利用すれば、調達先チャンネルの多角化が図られていることになる。この量的な多さについては、ネットワーク概念に込められている要素としては、あまり言及されていないものであろう。

　先述したように、多様性ということは、換言すれば、ネットワーク構成要素の異質性をまずは意味することになる。大谷信介によれば、都市社会学においては、むしろ異質性についてはその負的側面が強調される傾向があったという。大谷は、都市化によって個人レベルの異質性が高まることによって、結果的に、社会解体がもたらされてしまうことを述べた L. ワース（Wirth, L.）、あるいは、職業移動の観点から異なる社会的経済的地位にある人々との結合がさまざまなジレンマを引き起こす可能性を示唆するブラウらを例にあげながら、異質結合のマイナス側面がクローズアップされてきたことを述べている。ただし、その一方で、大谷は、必ずしも異質的結合のマイナス側面のみが取り上げられてきたのではなく、G. ジンメル（Simmel, G.）や R. パーク（Park, R.）らにおいては、むしろ個人の異質的結合がもつプラス面の側面を評価してきた伝統もあることも指摘している。そして、都市社会学、特にその主流を形成していたアメリカ社会学において異質的結合のマイナス評価が生み出される背景には、多民族社会にあるアメリカ社会では、人種や宗教などが異なる者同士の結合がさまざまな葛藤とトラブルを引き起こす契機になっている厳しい現実があると説明している（大谷 1995：202-7）。

　上記の大谷の指摘は、多様性にはプラス面のみならずマイナスの側面を有していることを私たちに教えてくれている。そして、このことはソーシャルワークにおけるネットワーク概念を検討していくうえで極めて重要なポイントになってくる。この点については、また章を改めて詳述してみたい。

　以上のように、極めて大雑把ではあるがネットワークの共通要素を5種類抽出することを試みてみた。これらは、濃淡の差はあれどもすべてのネットワーク概念とネットワーキングにみられると本書では考える。そしてここでは、これらの要素を一括りして「ネットワーク性」と呼んでおきたい。そし

て、この5要素がすべてのネットワーク概念に共通してみられるということは、このネットワーク性こそがさまざまなネットワーク概念の中核を形成しているものであるという理解が可能ではないだろうか。換言すれば、ソーシャルワークのなかでこれまで多義的に用いられたネットワークの意味内容は、「ネットワーク性」を媒介することによって総体的・一体的に扱うことができることを示している。

第2節　一次・二次ネットワーク概念と統合ネットワーク概念

1　ネットワーク概念の区別と統合

　前節のまとめをもとに概念を整理してみると、ネットワーク概念とは焦点となる行為者が有する他者との関係の総体についてその実体を意味する概念であり、同時にネットワーク性がすべて込められた概念でもある。すなわち、それは焦点となる行為者をもたない全体ネットワークではなく、特定焦点のあるエゴ中心ネットワークを意味するものと位置づけられる。そして、ネットワークの焦点となる行為者を、サービス利用者、ソーシャルワーカー、および福祉サービス提供組織に置いた場合に、それぞれに対応して、それ以外のネットワーク構成メンバーとしてサービス利用者のインフォーマルなサポート源（ネガティブなサポート源を含む）、ソーシャルワーカーをはじめとした各種専門職、社会福祉サービスや関連する各種サービスを提供する組織を想定し、それぞれ毎に、ソーシャルサポート・ネットワーク、専門職ネットワーク、および組織間ネットワークと分類され得る。これらは、人工的なものではなく、もちろん部分的には人工的に追加された関係があったとしても、原則としてはそれぞれ自然発生的という性格をもつ。人工的に作られた関係網は、定義から見ても、むしろネットワーキングの範疇に含めて検討すべきであろうというのが本書の立場である。

　もちろん、ここでいうネットワーク性とはあくまでも、それを使うソーシャルワーカーたちの認識レベルのものであって、現実のネットワークにはこれらの共通要素のすべてが備わっていないような場合もみられることを認

めなければならない。「主体性」「対等性」「多様性」を例にとってみても、サービス利用者のソーシャルサポート・ネットワーク、ソーシャルワーカーの専門職ネットワーク、および福祉サービス提供組織の組織間ネットワークにおいてどこまで実際にそれらの要素が認められるかは疑わしいところがある。「かくあるべき」という期待値、あるいは支援後のあるべき姿がそこに相当に紛れ込んでいることも、この語の使用者は自覚する必要がある。

　例えば、谷口政隆は地域社会における高齢者のインフォーマル・サポートの実態を横浜で調査した結果、その多くはネットワークが小さく孤立していることが明らかになったことを報告している。そして、一地域の調査だけでは普遍化できないという断りをしつつも、「地域の中の豊かな連帯とは幻想であり、地域福祉の前提としてこれを想定することには無理がある」（谷口 1986：83）と述べている。こうしたことからも、ネットワーク＝豊かなものという把握の仕方や「多様性が確保されたネットワーク」という認識がいずれともに「幻想」であることがうかがえる。同様な調査結果が、精神障害者のソーシャルサポート・ネットワーク研究でも指摘されている。結局は、福祉的ニードを抱える人々のネットワークは質、量の両面で多様なものではなく、そうであるからこそソーシャルサポート・ネットワークがソーシャルワークのなかで重要な介入ターゲットになっていたことを思い返す必要があるだろう。そして、ここからソーシャルワークが目指すネットワークのあり方とは多様性が確保されたネットワークを意味することになり、知らず知らずのうちに、ネットワークとは多様性をもったものであるという思いこみを生じさせていたのかも知れない。

　さらに、サービス利用者が自己のネットワークにおいてどこまで自律性・主体性を発揮できているのかについても、これまた疑問が生じ得る。むしろ、自律性・主体性が発揮できないからこそさまざまな生活問題を抱え込まざるを得なくなったとも解釈できるのである。今日のソーシャルワークにおいて「エンパワメント」が強調されるようになったのも、川田誉音が久木田純を引用しながら指摘しているように（川田 2000）、「コントロールを取り戻す」こと、すなわち自律性の回復が渇望されていることがまさしくその背景にあることを認識すべきであろう。

また、ネットワークの各関係は相互作用によって特徴づけられるが、W. スコットらによれば、それぞれ「公式−強制」「公式−任意」「非公式−任意」に区分される（Scott et al. 1976=1985:315-6）。この区分は組織を念頭に置いたものであるが、個人レベルでも適用が可能であろう。すなわち、ネットワークといっても、そのなかにある諸関係は法制度に基づくものである場合（公式）やそうでないもの（非公式）もあり、かつ自発的に結びつけられたものもあれば（任意）、その反対に他者の指示や命令によるもの（強制）もあり得る。田中は、ネットワークのなかに公式的な関係や強制的な関係が多いと、どうしてもヒエラルキカルな組織原理に同化してしまいかねないことに警鐘を鳴らしている（田中 2001:132-3）。一般的に、ネットワークとは非公式的かつ緩やかというイメージをもたれがちであるが、必ずしもそうではないことがこうした指摘からも理解できるであろう。

　同様に、専門職ネットワークにおいても、例えば医師とソーシャルワーカーとの関係においてヒエラエルキーが存在していない（＝対等である）かどうか、ソーシャルワーカーはそうした関係について何処まで主体的に意思決定を果たし得るのか、あるいは組織間ネットワークにおいてどこまで多様な組織とのつながりを確保できているか、といった疑問が生じ得る。堀越由紀子は、医療専門職、特に医師とソーシャルワーカーの間には明確なヒエラルキーが存在していることを述べ、かつそれが医療の分業化によって必然的に生じてきたものであると指摘している（堀越 1999）。また、A. アンドリュースも、多専門職関係（interdisciplinary relationship）においては、対等主義である場合よりもヒエラルキカルな関係になることが認められることを指摘している（Andrews 1990）。J. ミラーも、組織も人もネットワークに参加することで多くが得られるが、その見返りとして犠牲になるものがあると指摘し、その一例として、オートノミーをあげているのである（Miller 1980）。

　これらの要素は、したがって、ネットワーク概念に含まれてはいても、必ずしも実際に具現しているとは限らない要素であると考えた方がよいといわざるを得ないのではないだろうか。すなわち、それらの要素を実現することは、ソーシャルワークにとって実践活動のなかで必ずしもできていない、あ

るいはそれらを実現するのが現状では困難であると思われるのである。こう考えると、これらの要素によって、今日のソーシャルワークが抱える問題点が逆説的に浮かび上がってくるのではないだろうか。このことを換言すれば、上に抽出できたネットワーク性とは、現在の、そして今後のソーシャルワーク実践のあるべき姿・理想像を構成している要素ではないかということである。

このように、③多様性、④自律性（主体性）および⑤対等性については、必ずしもすべてのネットワークに具現化されているとは言い難い。ネットワーク性に理想像が投影されているとすれば、それはまさしくこれらの部分であろう。そして同時に、ネットワーク性が投影されているこの部分こそが今後のソーシャルワークに欠かせないと判断されたがゆえに、さまざまなネットワーク概念が重視されるようになったとも考えることもできるのではないだろうか。換言すれば、このネットワーク性は、今日の、あるいは今後のソーシャルワークが追求すべき方向性を暗示しているのであり、それがゆえに、ネットワーク性を暗喩としてもつさまざまな意味のネットワーク概念がこれまで積極的に導入されてきたのではないかと考えられるのではないだろうか。先にも引用したなかで触れてみた点なのであるが、ネットワークという用語に見いだせる従来とは異なる新たな志向性とは、これらの共通要素の総体が示すベクトルにほかならないのではないかと位置づけられよう。

ただし、上記の内で①相互作用性と②資源交換性については、単なるイメージではなく確かにネットワークと呼ばれる現象の性質そのものであるといえる。まず①について、社会心理学者の藤澤等は「関係」には次の三つの要素があると述べている。一つは当該者にとっての複数の対象であり、二つ目はそれらの対象との結合の度合い（結合強度）であり、そして最後にこの結合の方向性である。そして、結合の方向性は、A, Bの二者についていえば、A→BとB→Aが共に存在する円環性を有していると指摘している（藤澤 1998：99-100）。つまり、関係とは円環的であり、その意味で相互作用にほかならないことになる。

また②について、J. ガーバリーノは「ネットワークに多大な借しがあって交換可能な資源をもつことができない者は、それ以上の交互作用を切らざ

るを得なくなったり、あるいは切られたりしてしまうであろう」(Garbarino 1986：35) と述べ、関係にある者同士の間での資源の流れは多少の偏向はあっても必然的に双方向性を帯びること、すなわち資源交換性の存在を強調している。ただし、S.トレビロンによれば、資源交換は必ずしも意識的あるいは明示的なものである必要はない。そして、完全に身辺処理を自らの社会ネットワーク、なかんずく家族に大きく依存している人物は、一方的にケアを受けるだけのように見えるが、要介護者のケアは家族が担当すべきという社会的条件がある以上は介護者という役割を果たすことによって家族には社会的評価を得ることができると述べ、一見して交換に見えない、あるいは交換可能とは思えない関係であっても暗示的な報酬が存在している場合は、その関係が継続されることを指摘している (Trevillion 1988)。

こうしてみると、①相互作用性と②資源交換性こそはネットワークの実体的な側面をも示した要素であるともいえ、もしそれらを測定した場合、たとえどのようなネットワークであっても何らかの値が大小はあってもすべてに見いだせるようなものであろう。そうした意味で、この二つの要素のみを備えたものは、本章の冒頭でも述べたように一次ネットワーク概念としてとらえることができる。換言すれば、私たちがネットワークと呼んでいる現象を直截的に指し示す概念こそが一次ネットワーク概念であり、この概念によって指し示められた現象としてのネットワークは一次ネットワークとして位置づけることが出来るだろう。さらにこの一次ネットワークは、エゴ＝行為者のレベルに応じて、一次ソーシャルサポート・ネットワーク、一次専門職ネットワーク、一次組織間ネットワークに分類され得ることになる。

これに対して、上記二つの要素に加えて、③多様性、④自律性（主体性）および⑤対等性も備わったもの、換言すれば、ネットワーク性の五つの要素がすべて備わったものは、実体的側面に加えてイメージ的側面、期待値やあるべき姿が付加された概念であるといえる。このようなイメージ先行の要素をも含んだネットワーク概念を総称して、ここでは二次ネットワーク概念と呼ぶことにしよう。一次ネットワーク概念には含まれていない上記のような要素は、したがって、その存在は不確実で確固としたものではない。実際の現象としてのネットワークに具現しているかも知れないし、まったく備わっ

ていないかも知れない。後者のような場合には、したがってそれらの要素が測定し得るものであったとしても、その結果は値がゼロということは十分あり得るだろう。

　なお、一次ネットワーク概念と同様に、二次ネットワーク概念によって示されたネットワークを、二次ソーシャルサポート・ネットワーク、二次専門職ネットワーク、二次組織間ネットワークと呼ぶことにしたい。そして、こうした二次ネットワーク概念が生じた背景には、ネットワーキング概念との混同が見られ、ネットワーキングに込められていた理念的な要素が混入してきたことが一つの理由でないかと本書では仮説設定しているのは既述したとおりである。

　そして、上記の意味で、すべてのネットワーク性を媒介してさまざまなネットワークを結びつけて総体的に扱ったものを「統合ネットワーク」概念と称することにし、それぞれ意味が異なり個別に扱われるネットワークと区別することにしたい。いうまでもなく、この統合ネットワークは、その本質からして二次ネットワーク概念として把握されるべきものである。

　ここまでの分類をまとめてみたものが、次の表7-1 である。

　なお、以降においては、例えば、「ソーシャルサポート・ネットワーク」を一次、二次ネットワーク概念のいずれかであるかを明示していくが、特に両者にまたがるような場合は単に「ソーシャルサポート・ネットワーク」とだけ称することがある。

表7-1　ソーシャルワークにおけるネットワーク概念分類（1）

	行為者のレベル			
	サービス利用者	サービス提供・専門職	サービス提供組織	（統合）
一次ネットワーク概念	一次ソーシャルサポート・ネットワーク概念	一次専門職ネットワーク概念	一次組織間ネットワーク概念	—
二次ネットワーク概念	二次ソーシャルサポート・ネットワーク概念	二次専門職ネットワーク概念	二次組織間ネットワーク概念	統合ネットワーク概念

さて、以上のように、いわば二次ネットワーク概念の上位概念として統合ネットワークという概念を用いることは、以下のような意味があると考える。

① ソーシャルワークがネットワーク性へ傾斜していっていることが認識できる。
② ソーシャルワークの実践をネットワーク性に近づけていくことを目標にとらえて、今後の理論的、実践的な課題を提示し、かつそれらを検討していく可能性を提示できる。

なお、ネットワーク性（もちろん、理想像としての要素も含めて）がなぜこれほどに重視されるようになったのかという背景については、次の第8章で検討してみたい。

2 ネットワーク分析指標とネットワーク性

ところで、従来においてネットワークの分析測定のためにさまざまな指標が示されてきた。それは調査研究者の主たる関心によって、あるいは調査対象のどの部分に焦点がおかれているかによって、異なる指標が開発され、さまざまな方法がとられてきた。それぞれにメリットがあればデメリットもあり、どれがもっとも優れているかは一概には決められない（大谷 1995：83）。例えば、J.ミッチェルは、社会ネットワークを形態的基準と相互作用的基準に大別して整理している（Michell 1969＝1983：23-42）。それに倣う形で、G.オースランダーとH.リトウィンは、形態的（morphological）側面と相互作用パターン（interactional patterns）に大別し、それぞれの指標をあげている。前者の側面とは、文字どおり、ネットワークの形態にかかわるものであり、サイズ、構成、密度、あるいは資源への到着可能性（reachability）が含まれている。そして、後者には、相互性（reciprocity）、接触の長さ、接触頻度がその代表としてあげられるとされている（Auslander & Litwin 1990）。

以上のミッチェル、あるいはオースランダーらの指摘は、ネットワーク

の構造的側面を意味することになるが、第2章でも指摘したように、機能的側面を表すソーシャルサポートと合わせて、両者を包摂したソーシャルサポート・ネットワーク概念や、T. アントヌッチらによる社会関係（social relation）概念などで一体的に把握しようとする傾向が強まっている。したがって、例えば、サービス利用者のソーシャルサポート・ネットワークを測定する場合は、ミッチェル、オースランダーらがいう形態的側面と相互作用パターンに加えて、ソーシャルサポートの測定が欠かせないということになるだろう。

当然、ソーシャルサポート・ネットワークも含めたすべての一次ネットワーク概念を測定する場合には、上記に準じた指標を用いていくことが当然求められることになる。すなわち、一次専門職ネットワークや一次組織間ネットワークを測定しようとするのであれば、それぞれの構造的側面（形態的側面、相互作用パターン）と機能的側面であるサポート（資源）を表す指標を用意しておかなければならない。しかし、その際に本書の関心に関連して問題になるのは、これら測定されるべき各指標とネットワーク性との関連性についてである。

ここまで見てきたように、一次ネットワーク概念とは実体的なものであり、かつそれゆえに測定が可能とされるものであった。そして、ネットワーク性の中でも相互作用性（関係性）と資源交換性から構成されるものとして一次ネットワーク概念は位置づけられていた。そこでまず、相互作用性に注目すると、この要素はネットワークの中心点（エゴ）である行為主体との間でつながって相互作用している他者の全体を表すものであり、実体的なネットワークの構造的側面そのものを意味するものと考えることができるだろう。換言すれば、オースランダーがいう形態的側面と相互作用パターンのいずれもがそれに該当するものと見なせるのである。このことをさらに言い換えれば、構造的側面を表す各指標を用いることによって、一次ネットワーク概念の相互作用性の測定が直接的に可能になるということを意味する。もちろん、二次ネットワーク概念であっても相互作用性はそこに含まれるのであり、同じく、その構造的側面の指標によって相互作用性の測定が可能であると考えたい。

次に、資源交換性については、相互につながったネットワーク・メンバー間での資源交換、すなわちサポートのやりとりを意味するのであり、それは例えば、サービス利用者レベルに関していえば、ソーシャルサポートの形で測定されるものであるといえるだろう。したがって、ネットワーク概念（一次・二次）の資源交換性は、ネットワークの機能的側面を評価する指標を用いることによって把握され得るものと考えたい。

以上の二つ（相互作用性と資源交換性）は、一次・二次ネットワーク概念のいずれにも共通するネットワーク性であると考えられるものであるが、では二次ネットワーク概念のみにみられる残りの三つの要素についてはどうであろうか。まず多様性については、それが質的にも量的にも資源交換相手の多角化を意味する要素であったことに注意したい。このことは、オースランダーらの分類に当てはめていえば、ネットワークの形態的側面においても測定することが可能であると思われる。というのは、多様化とは、構成の質的な豊富さであり、あるいは量＝サイズの大きさを意味すると考えることができるからである。特に前者については、エゴたる行為主体者が関係を結んでいる相手について、何からの基準によって類型化することでカウントすることが出来るだろう。したがって、多様化という要素を測定する場合は、形態的側面を表す指標によって表現されることになるだろう。

一方、残る二つの要素、すなわち自律性と対等性については、構造的側面の量ではなく質的な評価を意味するように思えるが、むしろ機能的側面の指標で表現できる可能性があるかも知れない。例えば、資源交換の非対称関係、すなわちソーシャルサポートの受給と提供のアンバランスをもって対等性を測定することがその一例である。また、組織関係論で提示されている資源交換の不均衡さによる支配・従属関係を設定する資源依存アプローチのアナロジーから、同じくソーシャルサポートの測定で自律性の把握できる可能性もあるだろう。

しかし、本章での定義に従えば、自律性とはむしろ行為主体者の能動性とでもいうべきものであり、したがって、資源交換の賃借対照表が例え赤字であっても、自律性や主体性が小さいとは決して言い切れないのである。児童、障害者や高齢者といったサービス利用者には、むしろそのネットワーク

からさまざまな資源を受けることのほうが多い立場にあるケースを考えてみれば、「資源交換の赤字イコール自律性の喪失」とは簡単に断じられないことがよく理解できるだろう。

また対等性については、本書の定義でいえば、意思決定を対等な立場で行うという意味合いが強い。したがって、資源交換のバランスが保てていないからといって、意思決定面での対等性が充たされていないとは決していえないことは、上にもあげたさまざまなサービス利用者の置かれている状況から容易に想像がつく。むしろそれとは逆に、資源交換のアンバランスがあったとしても、自律性と対等性が保障されなければいけないとするのがソーシャルワークの立場であった。それゆえに、これらの要素は実体的なものではなく、むしろ理想像の色彩を強く帯びているのである。

したがって、結論をいえば、自律性と対等性についてはオースランダーらの分類のいずれの指標にも、またソーシャルサポートとも直接的な関連性を見いだすことはできないことになる。それゆえに、この二つの要素については、それらの測定のためにまったく新たな指標を開発していくことが欠かせないと考える。

以上をまとめてみれば、一次ネットワーク概念については、オースランダーらのいう二つの側面とソーシャルサポートに対応するものであり、それらの指標を用いて測定することが可能である。しかし、二次ネットワーク概念については、多様性については形態的側面からの間接的な測定、自律性と対等性については新たな指標を用いた測定を行う必要性があるといえる（表7-2参照）。

表7-2 ネットワーク分析指標とネットワーク性の関係一覧

ネットワーク分析指標		ネットワーク性
形態的側面 相互作用パターン	→	相互作用性（関係性）
ソーシャルサポート	→	資源交換性
形態的側面	→	多様性
なし		自律性（主体性）
なし		対等性

3　社会関係、専門職間関係および福祉サービス組織間関係

　以上のように、本書では、ネットワークの焦点である行為者と構成メンバーのレベルに応じて、ソーシャルサポート・ネットワーク、専門職ネットワークおよび組織間ネットワークに分類し、かつネットワーク性の観点から、それぞれを一次ネットワーク概念と二次ネットワーク概念に分類した。

　しかし、これで概念の整理が完全に終了したわけではなく、さらに検討する余地があると思われる。というのは、以上のネットワーク概念には、それが一次・二次に関係なく、サポート概念が下位概念としてそこに含有されているからである。ネットワーク性のうちで資源交換性とは、まさしくこの側面を表したものであるといえる。その意味では、例えば、一次ソーシャルサポート・ネットワークとは、下位概念としてネットワークとソーシャルサポートを含んだ上位概念であり、アントヌッチらがいうところの社会関係にほかならないことになる。

　第2章でも述べたが、社会関係概念はその下位概念として、構造的側面を表すネットワークと機能的側面を示すソーシャル・サポートを含んでいた。こうした社会関係概念が登場した背景には、個人レベルのネットワークで、本来において別の意味を有している社会ネットワーク概念とソーシャルサポート概念の二つが同義的に使用される傾向があったこと、したがって概念的には両者を峻別しなければならないにもかかわらず、両者を厳密に区別することが困難であるという事情があった。

　もっとも、概念的にはともかくとしても、ネットワークとサポートは分析的には区別されなければならないという指摘もある。この点については、野口裕二による調査研究がさらに参考になるだろう。野口によれば、日本全国の60歳以上の男女を層化二段無作為抽出で選んだサンプル2200を対象とした調査に基づき、高齢者のネットワークとソーシャルサポート（ポジティブ）は、相関が認められ相互に関連性を有していると思われるものの、単純にネットワークのサイズや頻度が大きいから、得られるサポートも多くなるというものではなく、高齢者の世帯類型によって両者の意味合いが異なってくることが示唆されたと述べている。この結果から、野口は、ネットワーク

とサポートは少なくとも分析的には区別される必要性があることを指摘する（野口 1991）。

さて、ここで問題になるには、本書でいう各ネットワーク概念がそれぞれ「ネットワーク」と「サポート」という下位概念から構成されているのであれば、下位概念と上位概念が同じ「ネットワーク」という名称になり、再び、別の形での概念的混乱が引き起こされることである。そこで、社会関係概念の考え方をここでも基本的に継承することとし、表7-1であげた個別のネットワーク概念を以下のように呼び替えたい（表7-3参照）。

よって、サービス利用者レベルではそのまま「社会関係」を、またサービス提供を行う専門職レベルでは「専門職間関係」をそれぞれ用いる。加えて、サービス提供組織レベルでは「組織間関係」という呼称は、すでに組織社会学や経営学で用いられている概念であり、かつそれが2組織間の関係をも含んだものであるから、それとの峻別を図る意味で「福祉サービス組織間関係」というネーミングを行っている。

ただし、「統合ネットワーク」概念については、それがソーシャルワークにおけるさまざまなネットワーク概念を統合的に扱った概念という意味があるために、敢えて「ネットワーク」という名称を残しておきたい。また、「ネットワーク概念」についてもそのまま用いるし、それを分類した「一次ネットワーク概念」と「二次ネットワーク概念」も必要に応じて使用したい。

表7-3　ソーシャルワークにおけるネットワーク概念分類（2）

	行為者のレベル			
	サービス利用者	サービス提供・専門職	サービス提供組織	（統合）
一次ネットワーク概念	一次社会関係概念	一次専門職間関係概念	一次福祉サービス組織間関係概念	―
二次ネットワーク概念	二次社会関係概念	二次専門職間関係概念	二次福祉サービス組織間関係概念	統合ネットワーク概念

第3節　ネットワーク・アプローチ

1　社会福祉援助構造のモデル

　それでは「統合ネットワーク」概念を導入することによって、ソーシャルワークのネットワーク性への傾斜はどのように描かれ、また具体的な介入アプローチとしては如何なる志向性が提示され得るのだろうか。これらの考察を進めるうえでは、ソーシャルワーク（社会福祉援助）を複数の要素からなる構造体としてとらえていく視点が有意義になってくるものと思われる。なぜなら、介入方法それ自体が社会福祉援助を構成する要素であり、システム論的にみて、当然他の要素から独立無関係に存在し得ず、他の要素からの影響を受けてその内容が左右されると考えることができるからである。

　社会福祉援助の構造については、サービス経済論の考え方を社会福祉の諸サービスに対して適用した、古川孝順らによる社会福祉サービス論が参考になるだろう。古川のモデルでは、サービスとは「人間労働やモノの有用なはたらき」（古川 1998：43）と位置づけられ、サービスの提供プロセスは以下の五つの要素から成るものと想定される。すなわち、①サービスの提供主体、②サービスの源泉、③サービスの提供手段、④サービスの対象、⑤サービスの利用主体、の以上である。この内で、①はソーシャルワーカー、⑤はサービス利用者をそれぞれ意味することは容易に理解できる。②は、相談業務などの場合は労働としての実践活動、日常生活用具や補装具などの物財、社会財としての施設、精神財としての書籍、ビデオ、パンフレット類が含まれるという。次に、③はソーシャルワークやケアワークといった専門的な知識や技術を意味する。最後に④は、サービスが作用し効果を現す部分を示しており、サービス利用主体に直接的な効果が示される場合は④と⑤と一体であるが、例えば住宅改造のように、利用者本人というよりはその住居の変化を働きかける場合は、④と⑤は区別されなければならないとされる（古川 1998）。以上を図式化したものが図7-1である。

```
         ②┌─────────┐
          │サービスの源泉│
          └────┬────┘
               │        ③┌──┐  ④┌──────────┐
               ▼         │サ│   │サービスの利用主体│
          ①┌─────────┐  │ー│   └──────────┘
          │サービスの提供主体│→│ビ│→
          └─────────┘  │ス│   ⑤┌──────┐
               │         │の│   │サービスの対象│
               │         │提│   └──────┘
               │         │供│
               │         │手│
               │         │段│
               │         └──┘
               │          ▲  ▲
               └──────────┘  │
                  影響        │
                            影響
```

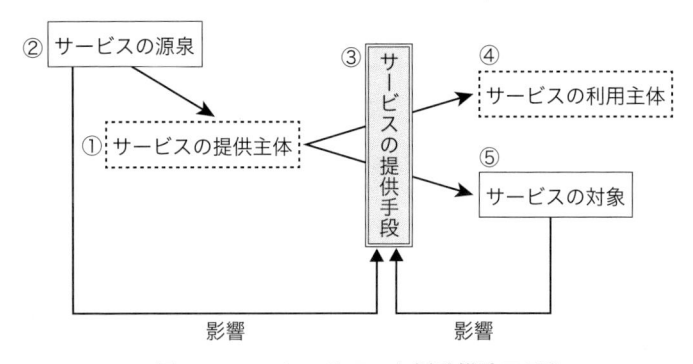

図7-1　ソーシャルワーク援助構造モデル

出所：古川孝順（1998）をもとに作成

　このモデル上において、介入方法は③の「サービスの提供手段」に位置づけられる。そして上に述べた「統合ネットワーク」の定義に従えば、その介入方法とは「ネットワーク性」を志向した「サービスの提供手段」という形で描かれることになるだろう。既述したように、「サービスの提供手段」は他の要素上の変化による影響をまったく受けないで独立して存在するとは考えられない。他の4要素のなかで、①と⑤については、「サービスの提供主体」としてのソーシャルワーカーが、「サービスの利用主体」としての利用者に何らかのサービスを提供しているという形態には現在においても基本的に大きな変化はないことから、この2要素は不変であるとここでは位置づけておきたい。よって、「サービスの提供手段」が影響を受けるとすれば、残る②の「サービスの源泉」と④の「サービスの対象」ということになる。この2要素のいずれともにおいて「ネットワーク性」が重要視されているとすれば、その影響は自ずと「サービスの提供手段」および、そこに何らかの志向性が生じることになるであろう。こうした視点から以下において考察を進めたい。

2　サービスの対象におけるネットワーク性志向

　この要素において用いられる一次社会関係概念とは、すなわち利用者のも

つソーシャルサポート・ネットワークに相当するものであろう。この用語がソーシャルワークに持ち込まれてきた背景には、1970年代から始まるいわゆるインフォーマル・ケアを重視する傾向があったことが指摘されている（小松 1986）。

特に、さまざまな資源（逆資源も含む）を交換し合っている相互作用が対人関係網のうえで成立しており、かつそれがクライエント・システムにとって問題解決に向けた「第一線」としての機能を有し、さらには利用者をフォーマル・サービスにつなげていく役割も果たしている点に関心が注がれた（Dubois & Miley 1996：236-7）。E. ルイスとZ. スアレスは、ソーシャルサポート・ネットワークの構成メンバーがもつ機能として、以下の三つを指摘している。すなわち、環境からのストレスの緩和（バッファー機能）、物質的・情緒的サポートの提供およびそれぞれの立場でコンサルティング・情報提供・送致の実施、である（Lewis & Suarez 1995）。現在は、特に高齢者分野において活発に調査研究が実施されており、国際比較の試みも実施されている（藤崎 1998；Litwin et al. 1996）。

また、伝統的なソーシャルワークの援助志向、特に医学モデルに基づけば、直接的に働きかける部分として利用者個人やその家族、もっと限定していえば、属性（年齢、パーソナリティ、障害の種類や程度、家族構造など）とそこから派生する問題が特に優先的に扱われ、それらの変容を目指すことに介入の主眼が置かれていた。この場合は、古川のモデルでいう「サービスの利用主体」と「サービスの対象」の二要素は一体的であったといえる。

しかし、システム思考や生態学的視点の導入によって利用者を取り巻く環境の重要性が再認識されると、利用者とその環境との関係（person-environment fit）に目が向けられるようになっていく。そこでは利用者の属性は特権的な立場を失い、むしろ利用者と家族、友人、近隣などとの関係のほうにより焦点が置かれるようになる。ここに、ソーシャルワークの主たる支援対象が、伝統的なパースペクティブに基づく個人としての利用者から利用者のもつ関係性まで拡大していったことが窺えるだろう（Abramson & Rosenthal 1995）。このことを社会福祉援助構造のモデルに当てはめれば、「サービスの対象」が拡充され（関係性、あるいは環境）、これまで「サービ

スの利用主体」と一体化していたためにその存在が隠れていたものが、明確な形で独立して浮かび上がってきたことを意味する。

　こうした視点の延長線上で、ソーシャルサポート・ネットワーク（あるいは社会ネットワーク）への支持、あるいは組織化を図り、それを積極的に活用していくことの重要性が強調されていった（小松 1986）。ここで介入の基本前提になったのは、「家族、友人、及びインフォーマルなサポート源の方が、それを含めていないようなタイプのセラピーよりは望ましい」(Maguire 1991: 26) というものであった。こうした思想は、R. スペックらによって開発されたネットワーク療法の考え方によく現れているといえる。ネットワーク療法では、サービス利用者の家族をはじめとした主たるソーシャルサポート・ネットワークのメンバーを集め、その全体をチェンジ・エージェントとして活用する実践が採用される（Spech & Rueveni 1969）。

　この考え方がさらに発展し、いわゆるセルフヘルプ・グループ（SHG）のように専門職による直接的なサービス提供を必要のない限りにおいて排除し、その関与を間接的な部分に限定しようとする思考も強まる。SHG は本来的には「自分自身の問題とそれに関する行為について責任を持つ」(Dearling 1993: 162)、自分たちが中心になって運営する主体的な活動体であって、ソーシャルワーカーとグループの関係は、まったく対等なものであり、ソーシャルワーカーにとってはむしろ特定の利用者支援のために連携すべきパートナーという位置づけになっている（Powell 1995; 山崎・三田 1990）。

　利用者のネットワークを利用者支援のための協力相手として位置づける一方で、利用者の社会ネットワーク分析の成果として、ソーシャルサポート・ネットワーク上で発現したさまざまな「制限」が利用者の「問題」と密接に関連していることも認識されていく。例えば、相互作用関係の縮小や喪失、利用者の主体性の喪失やそれへの侵害、相互作用関係の範囲が家族や血縁関係に限定されるなどの関係の多様性の減少、資源交換の一方向性などによる対等性の喪失などである。当然の如く、ワーカーの介入目標として、ソーシャルサポート・ネットワーク上に生じたさまざまな制限の解消に重きが置かれることになり、そこでの介入目的は一言で言い切るとネットワーク性の

獲得、あるいはその維持ということにほかならないだろう。先述した社会ネットワークの支持と組織化を図る場合であっても、ネットワーク性を前提においたうえでの目標設定が必要になってくる。ここに、一次社会関係が二次社会関係としての色彩を帯びていくというベクトルを見いだすことができるだろう。

3　サービスの源泉におけるネットワーク性志向

　それでは、②のサービス源泉における変化とは如何なるものであろうか。これらは相談業務におけるソーシャルワーカーの労働、物材、社会材、精神材など利用者を直接的に指向し、あるいは利用者へ対して直接的に提供されるサービスの構成物となるものであった。こうした直接的なサービス源泉に加えて、利用者向けサービスの充実に間接的に貢献できるものが豊富であればあるほどそれだけ直接的なサービス源泉における利用可能な選択肢も広がっていくものと考えられる。

　ネットワークとの関連で注目すべきサービスの間接的源泉は、次の二つの側面に分けて論じることができるだろう。一つは、ソーシャルワーカーが、同僚や他組織のワーカー、あるいは同一組織、他組織に拘わらず他専門職との間でもたれる結びつきを意味する一次専門職間関係である。ソーシャルワーカーは利用者にかかわることに加えて、この専門職間関係を構成する人々との交渉を日常的にもち、そこで専門的技術や知識の相互交換を行われている。また、同僚同士によるインフォーマルな情緒的・道具的サポートがバーンアウトを予防し、ソーシャルワーカーの実践を支える文字どおりの土台になっている（Um & Harrison 1998）。近年になって脚光を浴びているIPW（interprofessional work）とは、別の側面からいえば、実はこのレベルでの関係に目を向けてそれを積極的に活用していこうとする動きであると見なすことができよう。それらは、この一次専門職間関係を基盤にしながら、その上において展開される実践形態であると考えてもよいだろう（松岡2000）。

　さて、IPWにおいては上記の相互依存関係とその関係を通して交換され

る資源が重視されるのは当然として、そこに参加する専門職の自律性・主体性、多様性、そして専門職間の対等性が重視されることになる。なぜならば、自律性・主体性と対等性の喪失は特定専門職によるほかへの支配を意味するのであり、そのような場合にはチームや連携関係の円滑的運営は覚束ないからである。また、利用者の複雑な問題に対処していくうえでは一次専門職間関係の構成は多様であったほうがよい。例えば、A.レオンは家族サポート・サービスとの関連で、社会サービス以外に、医学・保健、精神医学、レクリエーション、その他地域を基盤とした関連サービスの専門職が関与することの必要性を指摘している（Leon 1999）。このように、一次専門職間関係が二次専門職間関係へと転換されることの必要性がソーシャルワーカーたちに認識されるようになったと考えられるのである。

　間接的なサービス源泉におけるもう一つの側面は、社会福祉サービスを提供する組織や団体、あるいはそれと関連するサービスを提供する組織（病院、ハローワークなど）同士のつながりである。個々のソーシャルワーカーがそうであるように、社会福祉サービス組織もその業務遂行に関連して日常的にさまざまな他組織との交渉を保持している。この関係の全体が本書でいう一次福祉サービス組織間関係であるが、チームワークや多職種間連携と同様に注目が高まっている組織間連携とは、この一次福祉サービス組織間関係を土台にして展開されていく組織間の「関係のあり方」として位置づけられる。

　ソーシャルワーカーを含めてヒューマン・サービスの専門職はそれぞれ何らかの組織に所属している場合がほとんどであるために、組織の垣根を越えた専門職レベルのチームワークや連携を発展させていく場合は、その基礎として各自が所属する組織間の連携が果たされているほうがスムースに運ぶものと考えられる。換言すれば、専門職間連携と組織間連携は密接に関連しているのであり、一次専門職間関係の内容は一次福祉サービス組織間関係のそれから影響を受け、規定されている可能性を想定できるのである。そして、組織間連携の望ましい姿は、チームワークや専門職種連携等と同様にそこに参加する組織の主体性、対等性が維持されつつ、多様な組織の参加によって多様性を確保し、より多種多様な資源交換を実現していくことによって、ニーズが複雑な利用者に対するサービス提供の環境を整備していこうという

ものであろう。それは、すなわち一次福祉サービス組織間関係の二次組織間関係化である。

以上が、社会福祉援助構造における要素であるサービスの源泉のうえにみられた志向性であるが、社会福祉援助においてはアンドリュースが指摘しているように、その歴史を通して協働作業が遂行されてきたのであり（Andrews 1990）、その意味ではネットワーク性が重視されるのは決して目新しいことではない。むしろ、それは社会福祉援助の価値のある伝統の再認識、あるいはリバイバルとして受け止めることができるかもしれない。

4 サービスの提供手段における変化
―― ネットワーク・アプローチ

社会福祉援助構造における二つの要素「サービスの源泉」と「サービスの対象」における変化とは、端的にいえば、いずれともにネットワーク性への傾斜、さらに別の言い方でいえば、一次ネットワーク概念を二次ネットワーク概念へ転換する必要性の認識が強まっているという形で描写された。当然、こうした傾斜や強化が生じれば、サービス提供手段という要素においても一定の志向性が生じることは避けられない。この点について試論的にまとめたものが図7-2である。

図7-2における縦軸は、社会福祉援助構造の要素「サービスの対象」を意味しており、かつこの軸の両極は、それぞれ「利用者本人」に焦点化する伝統的な傾向（この場合は、「サービスの利用主体」の要素との区別はない）と「関係性全体」重視の傾向を表す。同時に、後者の極はこの関係性のなかでネットワーク性を重視することを示す。横軸は「サービスの源泉」要素の中でも「間接的源泉」を示し、その一方の極に間接的源泉として「単独職種・単独組織」に限定するこれまで一般的であった傾向、他方の極に「多職種・多組織」の傾向を置いたものである。横軸の場合も、後者の極には、他職種、他組織との関係のなかでネットワーク性が強調される傾向が含まれている。

これら二軸を交差させて得られる四象限のなかで、Ⅰは「単独職種・単独組織」をサービスの間接的源泉として活用しながら「利用者本人」に焦点

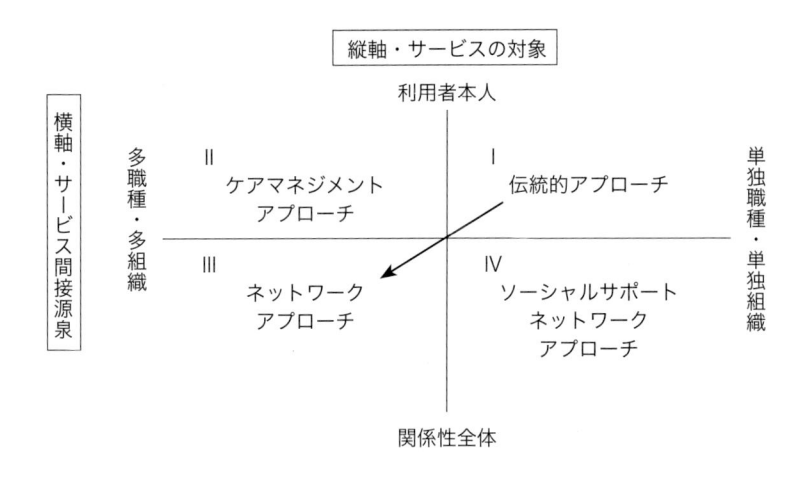

```
            縦軸・サービスの対象
                利用者本人
                    │
         Ⅱ          │         Ⅰ
 多    ケアマネジメント  │    伝統的アプローチ      単
 職      アプローチ     │                    独
 横 種                │                    職 単
 軸 ・                │                    種 独
 ・ 多  ─────────────┼─────────────       ・ 組
 サ 組                │                    単 織
 ー 織   Ⅲ           │         Ⅳ          独
 ビ                  │                    組
 ス    ネットワーク    │    ソーシャルサポート   織
 間     アプローチ     │     ネットワーク
 接                  │      アプローチ
 的                  │
 源                  │
 泉                関係性全体
```

図 7-2　サービスの提供手段における志向

化されたサービス提供手段を意味し、これを「伝統的アプローチ」と位置づけておく。次にⅡは、「利用者本人に焦点化」してサービスを提供する手段であるがそのための間接的源泉として「多職種・多組織」による実践を重視していくことであり、これを「ケアマネジメント・アプローチ」と称しよう。またⅣは、サービスの主体を利用者本人に焦点化せずその関係性全体と把握しながらもサービスの間接的源泉を主に単独職種・単独組織に限定している。そこから「ソーシャルサポート・ネットワーク・アプローチ」と表現しておく。最後にⅢは、サービスの間接的源泉として「多職種・多組織」に立脚し、かつサービスの利用主体として利用者の関係性全体を念頭に置いたサービスの提供手段を意味しており、これを「ネットワーク・アプローチ」と呼ぶことにする。この図を用いて要素「サービスの提供手段」、すなわちソーシャルワークの技法上における志向性を描くとすれば、それはⅠの「伝統的アプローチ」からⅢの「ネットワーク・アプローチ」への移行という形で表現できるのではないだろうか。この第 3 象限のアプローチこそが、ここで抽出できた「統合ネットワーク」概念から導き出され得る、今後のソーシャルワークが具体化すべき介入アプローチとして位置づけられるのではないかと考える。つまり、「ネットワーク・アプローチ」とは、「サービスの対象」

と「サービスの源泉」における、さまざまなつながりを重視していくと同時に、そこにネットワーク性志向を融合したものとして理解し得る。

　ところで、伝統的なソーシャルワーク論では、「サービスの対象」はともかくとして「サービスの源泉」に対する分析はそれほど大きな関心は寄せられていなかったように思える。こうした姿勢が変化するのは、生態学的アプローチによる影響が大きい。この点について、宮崎法子の言説をもとに若干の説明を試みたい。

　宮崎によれば、ソーシャルワークにおいて伝統的な「医学モデル」から、人々と環境の双方に焦点化した「生活モデル」へのパラダイム変換の中では、従来の心理学・精神医学による一元的なアプローチから、心理学に加えて社会科学からの知見を融合していく「メタ・セオリー」が志向されたと説明される。この「メタ・セオリー」に大きな影響を与えたものとして位置づけられるのがシステム・アプローチであるが、宮崎法子は、「伝統的なシステムの観点」と「非伝統的なシステムの観点」からこのアプローチを比較したJ. ダーキン（Durkin, J.）らによる研究を紹介している。それによると、A. ピンカスとA. ミハナンの理論は「伝統的なシステムの観点」として把握されるものであり、その特徴は、ソーシャルワーカーがさまざまなシステムを操作する者として位置づけられていること、およびワーカーの操作によって望まれる結果がシステム内に生じるという「原因－結果」志向をとることに求められる。それに対して、C. ジャーメインとA. ギッターマンの生態学アプローチでは、ソーシャルワーカー自身がシステムの一部分としてとらえられている。したがって、ソーシャルワーカーとシステムとの「関係性」や「相互作用性」が基本的な出発点となる（宮崎1992）。

　いうまでもなく、ソーシャルワーカーとシステムの「関係性」とは「サービスの源泉」というシステムへのソーシャルワーカーのかかわりに代置され得るだろう。その意味では、本書でいうネットワーク・アプローチとは、生態学的アプローチの視点を継承するものであると位置づけられ得るのではないだろうか。

　ただし、現状ではこのアプローチは充分に確立されたメソッドとまではいいきれず、もちろんそのための試みはなされているが、まだまだ今後のソー

シャルワークにおいてその志向性が向けられた「あるべき姿」を示しているという側面が強い。むしろ、Ⅱの「ケアマネジメント・アプローチ」やⅣの「ソーシャルサポート・ネットワーク・アプローチ」においてより具体化が進んでおり、このことは多様なネットワークがそれぞれ別個にソーシャルワークのなかに位置づけられている現状を反映しているものとも解釈できる。

今後は、これら別個の動きを一つに融合する形で「ネットワーク・アプローチ」を発展させていく必要があるのではないだろうか。そのためには、この「ネットワーク・アプローチ」を単なる志向性に留めることなく、その確立のための研究・実践の積み重ねが求められるだろう。

5 多様なネットワークの全体的理解のために

統合ネットワーク概念のように行為者レベルの異なる諸概念を一体的に把握するような試みに対しては、例えば、利用者の社会関係（ソーシャルサポート・ネットワーク）は一次、二次のいずれの社会関係概念であったとしても、それ自体が独立した事象であって、他のレベル（専門職、サービス提供組織）のネットワークとの関連性を検討する必要性は存在しないという批判もあり得るだろう。確かに、社会学や文化人類学的においては、サービス利用者のネットワーク分析を一つの独立した領域として扱うことは可能であろうし、あるいは組織社会学や経営学的にいえば福祉サービス組織間関係はそれ自体が完結された一つの研究領域であってもよい。しかし、社会関係とは、あくまでも利用者の対人関係の構造および機能に関する研究・実践であって、ネットワークという言葉がもつ意味の広がりの中では非常に限定された部分のみを対象にしているに過ぎない。同様のことが、専門職間関係や福祉サービス組織間関係においてもいえるであろう。

そして、利用者の社会関係を豊かなものにするためには利用者自身の能力の向上を図るだけでは不充分であり、すでに積極的に導入されているケアマネジメントなどの手法から判断できるように、ソーシャルワーカーがもつ専門職間関係やワーカーが所属する組織のもつ福祉サービス組織間関係を総動員していく必要があるものと考える。実際、利用者の「社会ネットワーク」

と支援者や社会福祉組織の「ネットワーク」との間には何らかの相補関係が存在しているという指摘もされており（Litwak & Meyer 1966）、文献上で、インフォーマル（利用者の社会ネットワーク）とフォーマル（専門職および組織間ネットワーク）の双方を含めた形でのネットワーク形成が言及されることが多いのも（山手 1989）、このことを裏づけている。

　このようにソーシャルワークの範疇内においては、利用者の社会関係、ソーシャルワーカーの専門職間関係や福祉サービス提供組織の福祉サービス組織間関係を把握しようとする以上は、そのどれか一つだけを取り上げてほかとの関連性を無視、ないし軽視して、それだけを分析や検討の対象にしてみても大した意味があるとは思えない。なぜなら、ソーシャルワークの関心は利用者とその環境との相互作用への介入にあるのであって、例えば、利用者の社会関係の分析それ自体のみにあるのではないからである。むしろ、実践を志向する応用科学の立場からいえば、種々のネットワークという用語が指し示す意味間の関係をも視野に含めて、それら全体を利用者に対する介入に適用していくことによって、より効果的な実践活動を図っていくことが社会福祉の実践と研究に求められるからである。この点は、第6章でも述べた川島ゆり子が指向していた「地域を基盤とした総合的なソーシャルワークの実践」に向けた問題意識とも通底するものである（川島 2011）。

　こうした意味では、異なる行為者レベルであっても、そこに上位概念を提示することで総合的に扱うことは、ソーシャルワークにとって、ネットワーク概念の間の有意味な関連性を提示し得ることになり、ここに「統合ネットワーク」概念のもつもう一つの意義があるものと考えられる。

第4節　脱コンサマトリー化にむけて

1　コンサマトリー化と脱コンサマトリー化

　以上の考察を通して、ソーシャルワークにおける「統合ネットワーク」の導入は、社会福祉援助構造上のサービスの対象とサービスの（間接的）源泉という二つの要素におけるネットワーク性への傾斜、およびその影響を受け

てのサービスの提供手段という要素における「伝統的アプローチ」から「ネットワーク・アプローチ」と呼ばれるものへの志向という形で描くことができた。しかし、現在のところは「ネットワーク・アプローチ」はあくまでも志向性を描くという段階に留まっているという印象が強く、今後は実践にむけたその具体化が求められるだろう。

　その際には、やはりネットワーク性というものが重要なキーワードになってくるが、このネットワーク性を取り扱う場合に留意すべきことがある。すなわち、すでに指摘したことであるが、それらが多くのソーシャルワーカーにとっては、二次ネットワーク概念という形で、その実践活動が目指すべき理想像という性格を示しているという点である。つまり、「自律性（主体性）」「対等性」「多様性」といったネットワーク性の各要素は、実践上で「こうあればよい」、あるいは「こうあるべき」という理想的イメージや期待の表れになっているものと考えられる。実践現場において、何らかのネットワーク（一次ネットワーク）さえあれば、即、実践が抱えるさまざまな矛盾や困難の克服に結びつくような印象を与えてしまっている一半の理由に、ネットワークに対するこの種の理想化されたイメージの存在（二次ネットワーク概念）があるのではないだろうか。つまり、ネットワーク＝理想像という等式が成り立っているために、実際はそうではないにも拘わらず、ネットワークという言葉を用いればそれで万事良し、と錯覚してしまうことになる。

　こうしたネットワークの自己目的化というべき現象を適切に表現する用語を、生憎もソーシャルワークは持ち合わせていない。そこで本書では、社会学などで用いられる「コンサマトリー（consummatory）化」の用語を援用して、こうした状況の説明を試みてみたい。この「コンサマトリー」とは、即自的あるいは完結的と訳され、社会学者の今田高俊によれば、「手段的という用語の対極に位置する概念として用いられている。そしてこの言葉は、ものごとを手段－目的図式で考えるのではなく、それ自体を求めることに意義を見いだす」（今田 1987：19）ことを意味する。今田があげている例でいえば、それまでは労働とは生活という目的のための手段であったはずのものが、生きがいのある労働をすることそれ自体が人生の価値、すなわち目的としてとらえられるような現象を指す。また、労働の疲れを癒す手段であった

余暇が、それ自体が人生の充実であると見なされるようになったこともコンサマトリー化の一例であるとされる（今田 1987：18-23）。

　ネットワーク性とは、それが具現化されることでソーシャルワーク実践の質的向上に結びつき、ひいてはソーシャルワークの目標を達成するうえで貢献を果たすものであって、それ自体はあくまでも手段に過ぎない。「ネットワーク性」の一部が理想像であり、さまざまなネットワークにそれが投影されている（二次ネットワーク概念）がゆえに、本末転倒が生じて「ネットワークがあるだけで良い」、あるいは「ネットワークを作ればそれで良し」という形で自己目的化し、とにかく行為者レベルに応じた他者との間でつながりをつくっていけば万事解決という風潮を生んでいるのではないだろうか。そして、如何にして理想とされるべき関係を構築していくのか、構築した関係をサービス利用者の問題解決にどのようにして活用していけるのかといった具体的な手順が省略されてしまっている。こうした現象ないし傾向が存在するのであれば、以下にも述べる理由であまり適切とはいえないかも知れないが、それに対しては上記の意味でのコンサマトリー化という用語を当てはめてみても良いのではないだろうかと考える。

　もちろん、ここでいうコンサマトリー化の言葉のもつニュアンスは本来の社会学での用いられ方との間に差異があることを認めざるを得ない。例えば、社会学でいうコンサマトリーとは、あくまでも近年において観察されるようになった一つの社会現象を指す用語であって、それ自体は好悪に関係ない中立的なものである。しかし、明らかに本書ではこの用語を否定的な意味合いで使用している。かつ、自己目的化の意味も、本来の意味と違って、その実現のための手順の省略という意味合いがそこに混入している。しかし、ネットワーク構築それ自体が目的になるような現象を表すのに適切な用語がソーシャルワークのなかに見当たらないので、ここでは批判を覚悟のうえで敢えてこの用語を用いている。

　先述したように、ソーシャルワークの方法論ないし技法において、ネットワーク・アプローチが志向されているにもかかわらず、その具体化を果たせていない理由の何割かは、このコンサマトリー化のメカニズムで説明できるのではないだろうか。つまり、「ネットワーク」という看板を掲げればそれ

で良いのであって、そこにネットワーク性を如何にして実現するかという具体的な方策を検討することが、ややもすれば忘却されたり、軽視されたりしてしまう。

　本書でいう意味のコンサマトリー化とは、ソーシャルワークで用いられる他の概念にも観察できるように思われる。例えば、「共生」という用語がその一例であろう。「共生」それ自体が理想化されて安易に言及されることが多いが、高田眞治がいうようにそれは決して予定調和的ではなく、差別と闘うという姿勢無くしては容易に達成できないものであろう（高田 1999）。にもかかわらず、安易に「共生」をお題目のように唱えるだけで、その実現のための方法論の構築は十分ではないままである。

　したがって、ネットワーク・アプローチをもまた幻想に終わらせないためには、まずは統合ネットワークの「脱コンサマトリー化」とでもいうべき作業を果たしておかなければならないことになる。そして、ネットワーク性こそがコンサマトリー化の発現だとすれば、皮肉なことではあるが、二次ネットワーク概念として統合ネットワークがよって立つネットワーク性そのものを問い直すことが求められることになるのである。

　そのための有効な方法としては、ソーシャルワークで用いられているさまざまなネットワーク概念を、一次ネットワーク概念、または二次ネットワーク概念として明確に区分できる基準をソーシャルワーカーたちは学習する必要があるだろう。そして、それをもとにして両者を区別していく姿勢がもたれなければならないと考える。さらにそのためには、何より実証化のメスを入れること、特に一次ネットワークに対して、が欠かせないのではないだろうか。具体的な数値で表わされた一次ネットワークを示すことで、「ネットワークとは何か」の理解が深まるものと思われる。

　以上の作業を果たすことによって、ネットワークとはソーシャルワークの目標を果たすべき一種の手段であり、道具であることが再確認できるようになるものと考えたい。そうすることで、この手段ないし道具をどのようにして磨きあげれば、ソーシャルワーカーたちが望ましいと考えているネットワーク性を確保することができるかという検討が可能になると考える。こうした作業は、これまで用いてきたコンサマトリー化という用語に類していえ

ば、脱コンサマトリー化とでもいうべきプロセスになるだろう。この脱コンサマトリー化によって、各種のネットワークという手段をソーシャルワークの目標達成のために如何にブラッシュアップしていくべきかという具体的な課題が私たちの目の前に浮かび上がってくるものと考える。

2　ネットワーク性の実証的研究

　最後に先に述べた脱コンサマトリー化のプロセスを遂行するためには、何が可能であるかを考えてみたい。結論からいえば、先にも述べたように、それは一次ネットワーク概念と二次ネットワーク概念を峻別することに尽きるのであるが、それに加えて、実証的に前者の実態を把握しつつ、かつネットワーク性を構成する各要素が相互にどう関連し合っているかを同じく実証的に明らかにしていくという作業もまた考えられるであろう。そうすることで、例えば、ネットワーク性のある要素の向上を達成するためには、その要素と相関が強い別の要素を強化するといったような方策が可能になる。この点について、以下に、M. ブルマーの指摘を紹介し、それに批判することを通して、先述した作業の必要性を強調しておくことにしたい。

　ブルマーによれば、社会福祉においてネットワーク（この場合は社会ネットワークを意味している）が取りあげられるとき、その使われ方によって大きく次の二つに大別できるという。すなわち、ネットワークを比喩（メタファー）として取り扱う場合と、ネットワークを分析の対象や手段とする場合とである。前者は、A. ラドクリフ＝ブラウンや R. マッキーバーの用法に代表されるように、全体社会や地域社会をさまざまな関係の網としてとらえていく視点からネットワークという用語を比喩的に用いたものである。したがって、ネットワークは明確に定義されず、また観察可能かつ計量可能な対象としては位置づけられていない。これに対して後者は、ネットワークをデータによって観察が可能な存在として把握したうえでその構造や機能を説明しようとしており、その意味で、社会調査的な性格を帯びている。

　上記の二つの用法の内で、ブルマーは明確な定義から出発するネットワーク分析の立場こそ、今後の社会福祉援助において重要視されなければならな

いとする。その理由をコミュニティケアとの関連で次のように述べている。すなわち、「コミュニティ」という用語は内容的に非常に曖昧であり、それが研究・実践の両面で大きな混乱の素になっている。そこで、雑多なイメージが重なっているこの用語を避け、誤解を招かない明確な定義をもつ用語を代わりに採用しなければならない。そうしてブルマーが注目した用語が、まさしく「社会ネットワーク」なのである。いわば、ブルマーは「コミュニティ」の代用としての意義をこの用語に認めたといえるだろう。しかし、現実にこの用語には比喩的用法と分析的用法が混在しており、その状況はいっこうに改まらない。このままでは、折角の用語が「コミュニティ」と同じ運命を辿りかねない。そこで、ブルマーは明確な定義から出発するネットワーク分析の立場こそが今後のソーシャルワークにおいて重要視されなければならないと強調するのである（Bulmer 1987：108-41）。

　同様の見解が他の研究者からもなされている。例えば、P. シャーキーによれば、先のブルマーによるネットワークの用法の二類型を有効なものと評価したうえで、比喩的用法から分析的用法へと進化していくべきことを主張している。また、ネットワーク分析がややもすれば数学的手法に偏りすぎて難解になりがちという批判に対して、必ずしも難解な数学的方法に頼らずとも実践家にとって理解可能かつ有益な研究や方法が示されていると述べ、分析的用法のもつ有用性を擁護している（Sharkey 1989）。また湯浅典人も、従来のソーシャルワークにおいてはネットワーク概念の検討が疎かにされてきたと述べ、ネットワークに基づく科学的援助を発展させていくためには分析的用法を用いていくことが重要であると主張する（湯浅 1993）。

　いうまでもなく、分析的用法が適用され得るのは実体的な一次ネットワーク概念のほうであるだろう。それに対して、ブルマーのいう比喩的な用法には、ソーシャルワークにとってのあるべき理想像を示す二次ネットワーク概念がそこに含有されているものと受け止められる。つまり、二次ネットワーク概念とは、ソーシャルワーカーたちの理想像を比喩的に表現したものであり、その意味では、それらは直接的に分析できるものではないことになる。

　確かにブルマーらが力説するように、具体的な応用可能性という点からしては、分析的用法、換言すれば、一次ネットワーク概念の優位は明らかであ

るといえる。もっとも従前においては、分析的方法の適用が社会福祉構造モデルでいう「サービスの対象」のみに向けられていたため、サービス利用者に対するアセスメント・ツールとしての位置づけに甘んじていたように思われないでもない。今後は、「サービスの源泉」についても分析的手法を活用し、その成果を「サービスの対象」分析の成果に結合させることによって、ネットワーク・アプローチの具体的な介入戦略を開発していくための一つの研究方向を提示し得るのではないだろうか。

　ただし、以上のようなブルマーらの見解には肯けることは多々あったとしても、全面的には承服できないものがある。というのも、統合ネットワーク概念に代表されるような比喩的用法、二次ネットワーク概念は今日のソーシャルワークにおいて廃れていっているどころか、それとは逆に、むしろ隆盛を極めているといったほうがよい状況にあるからである。上に述べたような点で分析的用法の優位が明らかにもかかわらず比喩的用法が多く用いられ、またそれらが広く受け入れられる余地があるという現状があるにもかかわらず、ブルマーらがいうように、それらは一次ネットワーク概念に比べて優位ではないから重視すべきではないと一刀両断するのは、やはり極端、かつ一面的な立場であることは否めないのではないだろうか。あるいは、ブルマーらのような解釈によって、ソーシャルワークの実践現場で待望されているものが一体何なのか、何故それが待望されているのかという問題意識から私たちを遠ざけ、そうして点に対するソーシャルワーカーの関心の目を閉ざしてしまいかねないという危惧を覚える。

　本書でいうように、ソーシャルワーカーたちがイメージしているあるべき理想像が比喩的用法イコール二次ネットワーク概念に込められているのであれば、むしろ比喩的用法を軽視するどころかむしろそれを深く掘り下げていく作業が求められるのではないだろうか。そして、それらに対しても何らかの方法で実証化のメスを入れることを考えていくべきではないかという疑問を覚えざるを得ない。

　本論では、すでに見たように二次ネットワーク概念については、ネットワーク性という形でその構成要素を抽出することを試みた。したがって、それが、ブルマーらがいうような比喩的用法であっても、そこにみられる要素

についてそれらの概念定義次第では観察と測定計量が可能になってくると思われる。結局は、先述したようにこれらの実証的な研究を通して、ソーシャルワークにおけるネットワーク概念の脱コンサマトリー化を果たすことこそが何よりも求められていることではないかと考える。

[文献]

Abramson, J. S. & Rosenthal, H. B. (1995) "Interdisciplinary and Interorganizational Collaboration," In R. L. Edwards et al. (eds.), *Encyclopedia of Social Work*, 19 edition, Washington DC: NASW Press, 1479-1489.

Andrews, A. B. (1990) "Interdisciplinary and Interorganizational Collaboration," In L. Ginsberg et al. (eds.), *Encyclopedia of Social Work*, 18th Edition, 1990 Supplement, Washington DC: NASW Press, 175-188.

Auslander, G. K. & Litwin, H. (1990) "Social Support Networks and Formal Help Seeking: Difference Between Applicants to Social Services and a Nonapplicant Sample," *Journal of Gerontology Social Science*, 45 (3): s112-s119.

Barker, R. L. (1996) *The Social Work Dictionary*, 3rd edition, Washington DC: NASW.

Blau, P. M. (1964) *Exchange and Power in Social Life*, New York: John Wiley & Sons, Inc. (=1974, 間場寿一・居安正・塩原勉『交換と権力——社会過程の弁証法社会学』新曜社.)

Bloom, J. (1986) "The Relationship of Social Support and Health," *Social Science of Medicine*, 30 (5): 635-637.

Bulmer, M. (1987) *The Social Base of Community Care*, London: Unwin Hyman.

D'Augelli, A. (1983) "Social Support Networks in Mental Health," In J. K. Whittaker & J. Garbarino (eds.), *Social Support Networks: Informal Helping in the Human Services*, New York: Aldine, 71-106.

Dearling, A. (1993) *The Social Welfare Word Book*, Essex: Longman.

Dubois, B. & Miley, K. K. (1996) *Social Work: A Empowering Profession*, 2nd edition, Englewood Cliffs, New Jersey: Prentice Hall.

藤崎宏子 (1998)『高齢者・家族・社会的ネットワーク』培風館.

藤澤等 (1998)『「関係科学」への道——社会-心理事象の解明に向けて』北大路書房.

古川孝順 (1998)「社会福祉理論のパラダイム転換」古川孝順編『社会福祉21

世紀のパラダイムⅠ理論と政策』誠信書房，33-74.
Galaskiewicz, J & Wasserman, S.（1994）"Introduction: Advances in the Social and Behavioral Sciences from Social Network Analysis," In S.Wasserman & J. Galaskiewicz（eds.）, *Advances in Social Network Analysis*, Thousand Oaks, California: Sage Publishing, 11-17.
Garbarino, J.（1983）"Rx for Helping Professionals," In J. K. Whittaker & J. Garbarino（eds.）, *Social Support Networks: Informal Helping in the Human Services*（1983）New York: Aldine.: 3-28.
─────（1986）"Where does Social Support Fit into Optimizing Human Development and Preventing Dysfunction?," *British Journal of Social Work*（16）supplement: 23-37.
Garvin, C. D. & Tropman, J. E.（1992）*Social Work in Contemporary Society*, Englewood Cliffs, New Jersey: Prentice Hall.
Germain, C.（1984）*Social Work Practice in Health Care: an Ecological Perspective*, New York: Free Press.
花立都世司・森実（1997）「ワークショップ──ネットワーキング時代の学習論」日本社会教育学会編『ボランティア・ネットワーキング』東洋出版社，47-63.
平井俊圭（2000）「利用者主体を可能にする具体的手法」『月刊福祉』2000年6月号，22-25.
堀越由紀子（1999）「保健医療と福祉のネットワーク」『ソーシャルワーク研究』25（1）：17-27.
今田高俊（1987）『モダンの脱構築』中央公論.
川島ゆり子（2011）『地域を基盤としたソーシャルワークの展開』ミネルヴァ書房.
川田誉音（2000）「無力化の意味とエンパワメント」伊藤克彦・川田誉音・水野信義編著『心の障害と精神保健福祉』ミネルヴァ書房，53-66.
木下安子（1990）「介護福祉のネットワーク──医療・保健・福祉の連携」『社会福祉研究』44：19-24.
小松源助（1986）「社会福祉実践における社会的支援ネットワーク・アプローチの展開」日本社会事業大学編『社会福祉の現代的課題』勁草書房，223-239.
Leon, A. M.（1999）"Family Support Model: Integrating Service Delivery in the Twenty-First Century," *Families in Society*, 80（1）: 14-24.
Lewis, E. A. & Suarez, Z. E.（1995）"Natural Helping Networks," In R. L. Edwards et al.（eds.）, *Encyclopedia of Social Work*, 19 edition, Washington DC: NASW Press, 1765-1772.
Litwak, E. & Meyer, H. F.（1966）"A Balance Theory of Coordination Between Bureaucratic Organizations and Community Primary Group,"

Administrative Science Quarterly, 11: 31-58.
Litwin, H. ed. (1996) *The Social Networks of Older People: A Cross-National Analysis*, Wesport, Connecticut: Praeger.
Maguire, L. (1993) *Social Support Systems in Practice: A Generalist Approach*, Washington DC: NASW Press.
牧里毎治(1993)「高齢者をめぐるソーシャル・サポート・ネットワーク」沢田清方・上野谷加代子編著『日本の在宅ケア』中央法規，233-56.
松原一郎(1993)「連携の分権の位相」右田紀久恵編著『自治型地域福祉の展開』法律文化社，61-76.
松岡千代(2000)「ヘルスケア領域における専門職間連携――ソーシャルワークの視点から」『社会福祉学』40(2)：17-38.
丸尾直美(1993)「高齢化社会の介護ネットワーク」『社会保障研究』29(2)：109-114.
Micthell, J. C. (1969) *Social Networks in Urban Situations*, Manchester University. (=1983, 三雲正博・福島清彦・進本真文訳『社会的ネットワーク――アフリカにおける都市の人類学』国文社.)
Miller, J. (1980) "Access to Interorganizational Networks as a Professional Resource," *American Sociological Review*, 45 (3): 479-496.
宮崎法子(1992)「社会福祉援助技術『統合化』の理論と適用」古川考順編『社会福祉供給システムのパラダイム変換』誠信書房，254-267.
Morgan, G. (1995) "Collaborative Models of Service Integration," *Child Welfare*, 74 (6): 1329-1342.
森岡清志(1996)「都市生活におけるネットワークとネットワーキング」『組織科学』20(3)：67-76.
西尾祐吾(1987)「福祉ネットワークにおける行政の役割」『ソーシャルワーク研究』13(1)：4-7.
野口裕二(1991)「高齢者のソーシャルネットワークとソーシャルサポート――友人・近隣・親戚関係の世帯類型別分析」『老年社会科学』13：89-105.
大谷信介(1995)『現代都市住民のパーソナル・ネットワーク』ミネルヴァ書房.
Powell, T. J. (1995) "Self-help Groups," In R.L.Edwards et al. (eds.), *Encyclopedia of Social Work*, 19th edition, Washington DC: NASW, 2116-2123.
才村純(2000)「児童虐待対策の現状と課題」『月刊福祉』2000年12月号，24-27.
Scott, W. G., Mitchell, T. R. & Birnbaum, H. (1976) *Organization Theory: A Structural and Behavioral Analysis*, 4th Edition, Richard D. Irwin, Inc. (=1985, 鈴木幸毅監訳『組織理論――構造・行動分析』八千代出版.)
Sharkey, P. (1989) "Social Networks and Social Service Workers," *British Journal of Social Work*, 19: 387-405.

塩原由典（1994）「市場・組織・ネットワーク――ネットワークは第3の秩序か」『経済学雑誌』大阪市立大学経済学会, 95 (1.2)：1-27.
Siporin, M. (1987) "Resources Development and Service Provision," In A.Minahan (ed), *Encyclopedia of Social Work*, 18th edition, Washington DC: NASW, 489-503.
Spech, R. V. & Rueveni, U. (1969) "Network Therapy: A Developing Concept," *Family Process*, 8: 182-191.
Specht, H. (1988) *The New Directions for Social Work Practice*, Prentice-Hall, Inc. (=1991, 京極高宣・高木邦明監訳『福祉実践の新方向』中央法規出版.)
祖父江文宏（2001）「児童虐待の地域支援のための展望――CAPNA の活動から見えるもの」『月刊福祉』2001 年 7 月号, 42-5.
鈴木勉（1994）「福祉の構造転換とネットワーキング」広島女子大学文学部紀要, 29：101-109.
高田真治（1999）「社会福祉における『共生』の思想」秋山智久・高田真治編著『社会福祉の思想と人間観』ミネルヴァ書房, 48-63.
田中秀樹（2001）『精神障害者の地域福祉生活支援――統合的生活モデルとコミュニティ・ソーシャルワーク』中央法規.
谷口政隆（1986）「地域社会のニードとネットワーク」阿部志郎編『地域福祉の思想と実践』海声社, 79-108.
Thompson, G. (1993) "Network Coordination," In R. Maidment & G. Thompson (eds.), *Managing the United Kingdom*, London: Open University Press, 51-74.
富永賢一（1997）『経済と組織の社会学理論』東京大学出版.
Trevillion, S. (1988) "Conferencing The Crisis: The Applications of Network Models to Social Work Practice," *British Journal of Social Work*, 18 (3): 289-308.
Um Myung-Young & Harrison, D. F. (1998) "Role Stressors, Burn-out, Mediations, and Job Satisfaction: A Stress-Strain-Outcome Model and an Empirical Test," *Social Work Research*, 22 (2): 100-115.
山手茂（1989）「社会福祉実戦とネットワーキング」『社会福祉学』30-32: 21-40.
山崎喜比古・三田優子（1990）「セルフ・ヘルプ・グループに関する理論及び論点の整理と考察」『保健医療社会学論集』1：76-87.
湯浅典人（1993）「ネットワーク分析の方法――ソーシャルワークへの応用についての検討」『社会福祉学』34 (1)：147-167.
山中京子（2003）「医療・保健・福祉領域における『連携』概念の検討と再構成」『社会問題研究』（大阪府立大学）53 (1)：1-22.
山野則子（2009）『子ども虐待を防ぐ市町村ネットワークとソーシャルワーク――

グラウンデッド・セオリー・アプローチによるマネージメント実践理論の構築』明石書店.

第**8**章

統合ネットワーク概念と資源調達モデル

　前章では、ソーシャルワークで用いられているさまざまなネットワーク概念にはいずれも共通する特質、すなわち「ネットワーク性」が存在しており、このネットワーク性こそがソーシャルワーク実践にとって欠かせないと認識されたがゆえに、多様なネットワーク概念（および統合ネットワーク概念）が今日のソーシャルワークにおいて隆盛を極めているのではないかという分析を行った。当然、この仮説の延長線上においては、なぜそれほどにネットワーク性が重視されるようになったのかその理由を分析していくことが次なる課題として要求されてくるだろう。

　本章では、二次ネットワーク概念としての統合ネットワーク概念がソーシャルワークのなかで重視されるようになった背景を、資源の外部調達という観点から本書なりの一つの解答を試みる。この考察を通して同時に、今後のソーシャルワーク実践においてネットワーク・アプローチを具体的なものにしていくためにどのような作業が求められるのかについて検討してみたい。

第1節　分析の枠組み

1　ニーズの複合化と資源調達

　本章の分析軸を資源調達におくことをはじめに述べたが、そもそもなぜ資源調達が必要になるのかについては、そこにサービス利用者のニーズ複合化という問題が横たわっているものと考えられる。というよりは、ニーズが複

合的であることが認識されたといったほうがより正確であろう。この問題はすでに多くの論者によって指摘尽くされた観もあり、「手垢のついた」印象を免れないが、日本においてはマクロ的な福祉政策、地域福祉およびケアマネジメント関係のなかで特に強調されてきたものである。例えば、福祉政策の分野では、すでに1976年4月の全社協社会福祉懇談会報告「これからの社会福祉——低成長下におけるそのあり方」で「社会福祉ニードの変化、多様化」が指摘されている（宮田 1996：66-8）。また地域福祉の分野では、地域福祉という概念が重視されるようになってきた背景の一つとして、牧里毎治は福祉要求（ニード）の高度化と多様化をあげている（牧里 1989）。

　ケアマネジメント関連では、例えば白澤政和は、要支援者のニーズは、医療、保健、社会福祉、住宅などの多分野に重複する場合が多く、ニーズ全体の充足のためには各種の社会資源からのサービス調達とその調整が必要になってくるとする。さらに、ニーズの多様化と高度化に対応して従来の均一的・画一的なサービス提供では限界が生じており、利用者のニーズにふさわしい社会資源の取捨選択が求められることになってくることを指摘している（白澤 1992：26-7）。また英国と並ぶケアマネジメントの本家である米国での事情については、J. ロスマンとJ. セイガーが、20世紀半ば以降においてヒューマンサービス専門職の役割をケアマネジャーとしてのそれに変化させるような利用者群が登場してきたことを指摘している。そしてこの利用者群の特徴は、重度で長期にわたる生活上の困難や障害が広範囲にわたっている「脆弱さ」であり、そして彼・彼女らのニードは一つのものに特異的に焦点化されるものではなく、偏在化かつ多様化していることをあげている（Rothman & Sager 1998：3-6）。こうしたサービス利用者のニーズ複合化に対応すべくサービス提供側（組織あるいはソーシャルワーカーなどの支援者）が取り得る戦略の一つが、その外部からの資源調達であろう。すなわち、自組織、あるいは当該ソーシャルワーカーのみが有する資源では多岐にわたるリードのすべてをカバーできない場合は、他組織、他の専門職から必要な資源を調達してくるという選択である。

　例えば、社会福祉ニードに対応すべく設置されたサービス提供組織は、各々さまざまな法制度に基づいて設置されており、発足以来それぞれ立脚す

る法制度の枠内で個別にサービスを提供してきた。そのために、法制度で定められた提供すべきサービスという枠組みの観点からのみで利用者のニード把握を行うロジックに染まってしまい、ニードの高度化・多様化が上記のような枠を跨ぐ形で生じれば、必然的に利用者のニードに対して充分な対応が困難になる（Noblit 1999）。

以上に加えて、福祉政策サイドによってサービス提供の場所がそれまでの施設中心から在宅へと転換していったことは、京極高宣が指摘するように、サービス対象者をまるごと「要援護者として世話」する「要援護者指向アプローチ needy oriented approach」ではなく、個別ニード毎に必要なサービスを提供する「ニード指向アプローチ need oriented approach」が大きな比重を占めていくことと表裏一体を成すものであった（京極 1990：54）。後者のようなアプローチが社会福祉サービスの提供における中心的な位置を占めるようになったことが、先のニーズ複合化の流れと合流することによって、個別ニードへのバラバラの対応から長期的、包括的かつ統合化されたサービス提供の戦略を練り直す必要性を生んだといえる。

なお、ここでいう「資源」とは、サービス提供側がサービス利用者のニード充足という目標達成のために手段的価値を有する要素のすべてを意味する。これまで社会福祉の実践においては「社会資源」という用語が多用されてきたが、この場合はサービス利用者に直接的に波及する価値を有するものとして用いられる傾向にある（渡辺・松岡 1991）。しかし、サービス提供側の視点に立てば、利用者のニーズを満たすための実践を遂行するうえで有益な要素であってもそれらがサービス利用者に直接的にその価値がもたらされるものとは限らない。例えば、サービス提供サイドで交わされる情報、助言、評価などは、サービス利用者に直接作用するようなものではないだろう。こうしたことからは、資源概念とは（サービス利用者に直接作用する）社会資源の上位概念であって、かつこの資源概念には社会資源概念の範疇に含まれない別の下位概念が含まれていることも想定し得ることになる。

ここでは、資源概念には含まれつつも、社会資源概念には属さない概念を「間接資源」と呼び、その対比で社会資源についても「直接資源」と呼ぶことにしよう。もちろん、間接資源であっても最終的にその価値はサービス対

象者に波及していく点を考慮すれば、直接資源と間接資源を厳密に区別することは困難であることには留意しておきたい。

なお蛇足ながら、ケアマネジメントは資源の中でも直接資源について扱い、その外部調達を包括的かつ計画的に実施するための手続きとして位置づけることができるであろう。

2 資源調達とネットワーク

次に、資源調達と統合ネットワーク概念との関係について論じて行くが、この資源とネットワークというテーマについてはこれまで主に経済学あるいは経営学によって扱われてきたものである。そこでの考察・分析の対象は企業などの組織が中心であることから、以下ではまずサービス提供組織を念頭に置いて、組織レベルでのネットワーク概念である福祉サービス組織間関係と資源調達との関係について検討し、その結果を本書の分析枠組みとする。そのうえで、同様の枠組みが専門職間関係やサービス利用者の社会関係にも適用可能かどうかの検討に進んでいくことにする。

(1) 組織間関係におけるさまざまなアプローチ

T.ライタンは、対人サービス組織が「組織間関係」を構築、維持する理由を説明するために、経済組織論（取引コスト論を含む）、資源依存理論、制度化論、社会学理論およびマルクス主義、そしてポストモダン・アプローチをそれぞれ取り上げて検討を試みている。そのうえで、それぞれのアプローチは同等に有益ではなく、それぞれに向き不向きがあることを指摘している。例えば、ミクロレベルでは経済組織論や資源依存理論などが、またマクロレベルでは制度化論以下の諸アプローチが有効であると述べている（Reitan 1998）。また、E.アレクサンダーは、組織間関係の発生を説明する三つの主要な理論として、資源依存理論（アレクサンダー自身は交換理論と呼んでいる）、コンティンゲンシー理論・環境理論、そして取引コスト論をあげている（Alexander 1995: 7-14）。

このように組織間関係に関するアプローチの多様性（heterogeneity）、あ

るいはさまざまなアングルの存在（variety of angles）はいずれともに、個別の組織間関係やその総体である組織間ネットワークはさまざまな理由で生じるのであって、一つのアプローチのみでの説明では不十分であることを意味している。先に引用したライタンが指摘するように、これは組織間関係が社会科学の諸学問（discipline）間にある境界を超えて接近していかなければならない点に負うところが大きい。そのことは、社会科学者たちのなかに組織間関係が何故成立し、維持されるのかという問題について混乱を引き起こす原因にもなっている。

　よって、その説明を無理に一つに限定することはむしろ弊害が大きいのかもしれない。この点は極めて重要な警鐘であることを十分に留意しつつも、多様なアプローチのすべてをあたることは、かえって上記の意味での混乱をなぞるだけに終わるという判断から、以下では特に資源調達を扱っている資源依存アプローチおよび取引コスト論の二つを取り上げてみたい。

(2) 資源依存アプローチ

　社会福祉サービス提供組織はあらゆるニードに対応できる直接資源および間接資源をその内部にプールしておくことは、制度的、財政的、物理面および人的資源でのコストが大きい。この種のコストを「資源保有コスト」と称することにしよう。ニードの複合化に対応するためには、この資源保有コストの問題に直面せざるを得ない。一般的には、この種のコストが増大すれば、外部からの資源調達の必要性が生じやすくなると考えられる。換言すれば、ある組織が、サービス対象者に対して包括的、継続的、統合的なサービスを提供するため、自ら保有していない諸資源を外部から調達してくることは、資源保有コストの低減に貢献できる。そうすることは、自組織の顧客たるサービス利用者の複合化したニードの充足とその結果としての顧客満足を得ることにつながるだけに、資源調達の成功は個々の支援戦略のみならず組織自体の生き残り戦略のうえでも資源保有コストの削減は極めて重要な意味をもってくることになる。

　実際、C.オースティンは、こうした資源調達の重要性から組織間関係における資源依存理論（resource dependency theory）がケアマネジメントの

実施にあたってのガイドラインになる得ることを示唆している。何故なら、ケアマネジメントは、クライエントが受け取るサービスを誰がどの程度提供するのかについて意志決定を行うサービス資源の配分プロセスとして見なすことができるからである。その際に重要な戦略になるのが、資源依存理論であるとオースティンは主張する（Austin 1983）。そもそも、資源依存理論、あるいは資源依存アプローチとは、組織社会学における組織間関係論の領域で提唱されてきたもので、組織間関係の形成と維持、組織間の非対称関係発生の説明などで有益な分析組みを提供してくれることから、現在では組織間関係論における支配的パースペクティブの一つとして位置づけられている点（山倉 1993：15-7）は第4章において見たとおりである。

　資源依存理論の代表的な研究者であるJ. フェッファー（Pfeffer）らは、この理論の基本的出発点を以下のように説明する。すなわち、組織はその生存のためには環境からさまざまな資源を調達してくる必要がある。その具体的な方法として、各資源を配下に収めている諸組織との関係が構築される。一方で、他組織から必要な資源を調達してくることは当該組織にとって他組織への依存を意味するのであり、それはその組織の自律性を損なうことにつながる。当然、組織は自律性を維持しようと努め、あるいは逆に他組織を自らに依存させようと試みるであろう（Pfeffer 1992：38-9）。よって、組織間関係はこの依存と支配の力動的な関係によって形成、展開されることになる。つまり組織は、「資源ゆえに他組織に依存している現実と他組織から自律的であろうとする要請とのはざまで、自らの存続を確保」（山倉 1981：26）する努力を絶えず繰り返しているのである。

　資源依存アプローチが新しいのは、何らかの課題を果たす時には依存する相手へのパワーと影響力を開発する必要があるという視点をもたらした点である。つまり、外部環境が組織に与える効果の重要性を指摘し得たこと、中でも資源獲得の問題が特に重要であることを強調したといえる（安田 1996：31）。そして、第4章でも紹介したように、フェッファーはゼロックス社を例に出して、同社が情報通信分野で覇者になれなかった理由として、商品化に向けて情報通信部門を担当する研究所がゼロックス社内の他部門に対する影響力を行使する必要性を認識していなかった点をあげている（Pfeffer

1992：38)。

　資源依存アプローチにおいては、組織とは以上のように開放システムであって外部からの資源調達無しには存続できず、しかしその一方で、外部からの資源調達は他組織への依存関係が発生し、そのために程度の差こそあれ組織としての自律性を減じてしまう一種の喪失コストが発生する可能性のあることが示されている。組織間関係論における古典的アプローチである資源交換アプローチでは、単に資源交換の必要性によってのみ組織間関係の発生が説明されるのに対して、資源依存理論は資源交換アプローチでは導出できない資源調達によって発生するコストという視点を示し得るという点において優れていると考えられ、そのことが組織間関係論における支配的アプローチとならしめている要因であると思われる。

(3) 取引コスト論

　組織が自ら保持していない資源を外部（市場）から調達する場合には相手との間で「取引」を行う必要があるが、その際には、情報の収集・解析、取引相手との交渉・契約手続き、取引相手の監視や変更などのさまざまなコストが発生する（島田 1998：39）。これが「取引コスト」(transaction cost) と呼ばれるものである。

　1991年にノーベル経済学賞を受けたR.コース (Coase) によって出発した取引コスト理論であるが、それをさらに発展させたのがO.ウィリアムソンであるとされる。彼によれば、取引コストの中でも特に重要視されるべきものは、まず「限定された合理性 bounded rationality」と「不確実性 uncertainty」であることになる。前者は意思決定において合理性が限られていることを意味し、取り巻く環境の複雑さが生じると不確実性が増大し、合理的判断はそれだけ制約を受けることなる。そしてその結果、取引にも予測不能性が高まることになる。さらに、取引相手が少なく取引先の交替が効かない状況を意味する「少数性 small-numbers bargaining」の条件の下では、相手がその分優位に立ち、かつ相手が戦略的に自己利益で動く傾向（したがって、裏切りも生じ得る）、すなわち「機会主義 opportunistic behavior」が高まる。その場合には、相手の言動によって取引が翻弄されたり、不利

な取引を飲まされたりするような危険に晒される確率は高まることになる（Williamson 1975=1980：35-60）。また、上記の「少数性」とも関連するが、相手の有する資源が特殊であるという「資源の特殊性 asset specificity」が存在する場合も、相手の機会主義は増大し、取引が困難になる（Johanson & Mattoson 1987）。

　経営学の分野では、部品・原材料の供給などの企業間の分業活動や日本型の産業組織を理解するうえで、取引コストの考え方は必須の分析枠組みであるという評価が成されている（明石 1994）。社会福祉領域においては、すでに J. オローニーがこの取引コストを取り上げて論じている。彼は社会福祉関連サービスの統合化について取り上げ、その効果の一つとして取引コストの軽減に焦点を当てている。オローニーによれば、サービスが複雑化して、より高度な技術が求められ、かつ長期化すればするほど、取引コストは上昇する傾向がある。そして、この取引コストは組織レベルだけではなく利用者レベルでも発生し得るという（O'Looney 1993）。

　連携という概念に関連してではあるが、J. グラハムと K. バーターが連携とはかつての英国トーリー党の政治理念や機能主義社会学者の考え方にみられるような安定調和的なものではなく、むしろ葛藤、パワーの格差、そして妥協の必要性が前提とされると述べていることは、こうしたコストの発生を考えるうえで示唆的であろう（Graham & Barter 1999）。

　このように、取引コスト論は資源依存理論と異なる論理を用いながらも、組織にとって必要な資源調達を実現するためにはさまざまなコストが発生するという同じ結論に行き着いたことになる。

(4) 資源調達モデル

　以上の二つのアプローチを土台にして本書の分析枠組みを提示してみたい。まず「取引コスト」については、「取引」という言葉には商業的なニュアンスが強いために、それに代えて「資源調達コスト」という名称を用いることとし、かつその意味をウィリアムソンが重視したコストよりも範囲を広げ、資源依存アプローチで示された資源調達にともなうさまざまな喪失コストや調達先範囲を拡大することによって必要になる調整作業（コーディネー

ション）にかかる労力もそのなかに含めてみたい。

　組織間にはこの資源調達コストが存在する一方で、資源を特定の組織に内部貯蔵することにも当該組織能にとっては多大なコストが覆い被さってくる。すなわち、先述した資源保有コストである。結局、組織はこの二つのコストの軽重を評価・判断して、より高いほうのコストを避けて低いほうのコストを敢えて負担することになるだろう。先述したニーズの複合化という問題は、明らかに福祉サービス提供組織をして、資源保有コストを避ける方向に傾斜させるのに大きく与るものと解釈できるのではないだろうか。

　さまざまな組織が介在する福祉・介護サービス提供の場においては、他組織に依存することなく十分なサービス提供が可能になるよう必要な資源を内部貯蔵することが非現実的な状況であるといえる。つまり、資源保有コスト負担が、ほぼ不可能な状況にあると言い得る。そこで、他組織からの資源調達によって活路を見いださざるを得なくなる。しかし、そうすると今度は資源調達コストの負担に頭を悩ますことになる。例えば、先のオローニーは、利用者のニーズが複雑化すればするほど、高度な技術が求められれば求められるほど、処遇が長期に渡ればわたるほど、取引コスト、すなわち資源調達コストは上昇することを指摘している（O'Loony 1993）。

　資源調達コストのみに焦点を当てれば、その削減のためには、英国で実施された「シーボーム改革」にみられるような関連組織の一本化という発想も可能である。しかし、そうした単一組織は極めて巨大なものになりがちであり、その内部の運営管理面での困難は飛躍的に増大しよう。それをも資源保有コストと見なすのであれば、単一組織化は資源保有コストの面では不利だといわざるを得ない。そもそも、分権化と多元化が奨励されているなかで、そうした動きとは真っ向から反対してしまう。

　資源保有コストを削減し、同時に、資源調達コストをも軽減すべく当該組織が取り得る戦略は二つのパターンが考えられるのではないだろうか。一つは、二木立によって指摘される「保健・医療・福祉複合体」（以下、複合体）方式によるものである。この複合体とは、「母体法人」が単独、または関連・系列法人とともに、医療施設（病院・診療所）と何らかの保健・福祉施設の両方を開設しているものと定義される（二木 1998：4）。複合体は、この定

義から明らかなように、同じ経営系列の下で、保健、医療および福祉という異なる分野のサービス提供組織のつながりの全体である。1989年のゴールドプランによって高齢者福祉サービスの拡充が進められるなかで、複合体化が顕著にみられるようになったものであり、それが2000年の介護保険によって一層の拍車がかかったといえるだろう。

複合体は、その中核を成す母体施設としてまずあげられるのは私立医療機関であり、約20年前と少し古いのであるが二木の実態調査（1996年）によれば、老人保健福祉施設（現介護老人保健施設）の84.9％には母体施設としての医療機関の存在が認められ、特別養護老人ホーム（現介護老人福祉施設）でも30.7％がそれに該当したこと、さらに在宅サービスの拠点とされていた老人介護支援センターの場合でも44.5％に母体医療機関が存在していることが報告されている（二木1998：11）。

二木によれば、複合体は母体施設を頂点とした一種の「垂直統合」であり、それによって取引コストの削減が図れることが指摘されている（二木1998：37）。よって、母体施設からいえば、自らの施設内部に資源貯蔵する方向ではなく（制度的にもそれは不可能ないし困難という事情がある）、かつ資源調達を完全な外部組織から調達して取引コスト発生を避けるためには、同じ系列のなかでさまざまな組織を設立していくという方法、すなわち複合体化を取れば有利であると判断されたことになる。ただし、この場合の取引コストとは純粋に経済学的なものにとどまっており、本論でいう資源調達コストではないことには注意したい。

しかし、二木も指摘しているように、こうしたある種の閉じられた組織間関係では、地域内の福祉サービス独占化が生じやすく、場合によっては、組織間の競争を阻害し、サービスの質の低下をもたらすことになる（二木1998：41-2）。そして、二木は指摘していないものの、これまで述べてきた資源調達コストの面から問題になるのは、母体組織がどうしても複合体内部でヘゲモニーを握りやすい傾向があると考えられることである。かつ、母体施設が医療機関であることを考慮すれば、なおさら、複合体の内部に、母体施設を頂点とした支配・従属関係が持ち込まれやすいと思われる。つまり、母体施設以外の組織にとっては、複合体化のオプション選択では資源保有コ

ストはかからないものの、コーディネーションの負担が却って増加し、あるいは依存や従属などの資源調達コストが不可避的に発生することになる。

　もう一つの資源保有コストを削減する方法としては、相互に対等な組織間関係の構築を求めていく方法であり、言葉を換えれば、それは二次ネットワークである福祉サービス組織間関係を構築していくという方向である。もちろん、この場合の福祉サービス組織間関係とは、多様性、自律性、対等性が盛り込まれた二次ネットワーク概念で示されたものである。

　二木によれば、複数の独立した各組織が契約に基づいて結びつく「戦略的提携」や、特別な契約をしないで機能的に連携する「機能的連携」が、数は少なく十分機能している地域も限られているものの、その存在が認められることを指摘している。これらの「戦略的連携」や「機能的連携」を行っている組織の関係の全体は、そこに所属している特定組織からみれば、それは「かくあべき」二次福祉サービス組織間関係にほかならないだろう。

　以上の二つの方向性のどちらが望ましいと福祉サービス提供組織に認識されているかといえば、その答えはおそらく二つ目の二次福祉サービス組織間関係を構築していくベクトルのほうであろう。実際に、二木も、本書でいう二次福祉サービス組織間関係こそが「『保健・医療・福祉の統合』が本来めざしているもの」（二木1998：29）であることを認めている。

　資源保有コストを削減しつつ、同時に資源調達コストの負担を重くしないという二正面作戦に直面していることが、福祉サービス組織関係者やソーシャルワーカーたちに二次福祉サービス組織間関係概念が（たとえ、それがイメージ先行であっても）受け入れられていった大きな理由ではないかと考えられるのである。

　以上に述べてきた図式を、ここでは「資源調達モデル」という名称を付与しておきたい。なお、ここでいうモデルについては、秋山薊二がいう「ある現象や状況をどのように見ることが出来るかを象徴的に記述するもの」（秋山1995：159）という意味である。

第2節　資源調達モデルの適用

1　専門職間関係への適用

　社会福祉サービス提供組織に焦点を置いて検討したなかで提示され得た資源調達モデルが、福祉サービス組織間関係に限定されず、それ以外のネットワーク概念にも適用できるのかどうかの検討に入る。まずは、ソーシャルワーカーなどの専門職同士のネットワーク、すなわち専門職間関係について考察してみる。

　J. アブラムソンとB. ローゼンタールは、1980年代以降において専門職間または組織間連携に対する関心が顕著に高まってきていると指摘したうえで、連携によって得られるメリットを以下のように述べる。すなわち、多くの異なる視点を反映できること、ニーズ複合化にともなう複雑で入り組んだ問題を広い視野と包括的視点から分析可能になること、それによって問題解決の質を向上させ多様な状況に応答していけること、他の参加者からの必要なサポートを得ることができバーンアウトの予防につながること、などである（Abramson & Rosenthal 1995）。このアブラムソンらの説明は、ネットワークという表現を一言も用いていないにせよ、彼女らのいう連携が何らかのネットワーク（専門職間、あるいは組織間）上で展開されるという指摘（松岡 2000）を踏まえれば、ニーズ複合化とその対応として、資源保有コストを避けるべく他職種との関係を活用し、それを土台にしてさまざまな資源を調達することによって得られる利点を表現しているものと考えられる。

　同様に、A. アンドリュースは、専門職同士の連携で得られるメリットの根源に、そこに参加した各種専門職による共同意思決定（group decision making）の存在があることを示唆し、それによってより正確な問題分析、より多くの資源へのアクセス、創造的な解決、満足のいく作業環境の実現、専門職個人の発達とエキスパタイズの向上などが得られると指摘している（Andrews 1990）。それらは、連携によって得られた間接資源の恩恵であると位置づけることが可能であろう。アンドリュースの説明にはニーズ複合化

への言及はされてはいないが、連携という形で他職種との関係を通じて他の専門職からさまざまな資源を調達することによって、サービス利用者のみならず（すなわち直接資源のみならず）、専門職側にも多くのメリット（間接資源）が得られることが示されているといえるだろう。

　一方、専門職間の関係を介しての資源調達においては、コストは発生しないのであろうか。英国では、1990年の「国民保健サービス（NHS）およびコミュニティ・ケア法」導入によって、ニードを抱えた成人に対して、保健およびソーシャルサービスが重複することなく、柔軟で効果的な切れ目の無い（seamless）サービスを提供していくことが一層求められるようになった。B. モーガンは、この種の協同アプローチは、知識、スキル、経験の豊富な共有をもたらしたと評価される一方で、各専門職間にあるイデオロギーや使命の深刻な裂け目、資源の争奪といった問題から、多職種間の連携には大きな問題が指摘されるようになったという（Morgan 1996）。

　同様に、T. シーマンらは、社会関係がコストと利益の二つの側面から特徴づけられると述べ、コストとして、アシスタンスの一方的な要求、批判、その他の対人関係上の葛藤が考えられると指摘している。すなわち、専門職間の関係においても利益（資源調達）がある一方で、その反面として何らかのコストは必ず発生し得るものであると考えたほうがよい。そして、シーマンらは、こうした社会関係上のコストについてはこれまでの研究では無視される傾向があったと批判している（Seeman et al. 1996）。僅かに第2章でも指摘したようにK. ルークによって「社会的侵害」（social undermining）という概念が提唱されていた例があったが（Rook 1984）、L. グラントらが述べるように、これまでにおいて理論的にも、実証的にも重要視されるまでには至っていない。数少ない先行研究をレビューした先のグラントらの指摘では、利益（ソーシャルサポート）に比べるとコスト（社会的侵害）の発生は量的には少ないものの、その与える影響は後者のほうが圧倒的に大きいとされる（Grant et al. 1993）。その意味でも、専門職種間の関係におけるコストの研究を一層深めていく必要性が高いものと考えられる。

　では、具体的にどのようなコストが生じるのだろうか。J. ウーベルバイトは、チームワークで生じるさまざまな問題について言及している（Øvertvait

1993)。チームは専門職間の人間関係から構成されていることを考えれば、以下の事柄は同時に他職種からの資源調達によって生じる問題であるともいえる。すなわち、連携スキルの不足、ケース負担の増大に加えて、コーディネーション不足、役割の重複、自律性の喪失である。特に、後の三点については、間違いなく資源調達コストと見なしても差し支えないであろう。

　例えば、ソーシャルワーカーと医師との関係は、往々にして対等な関係にはならず医師優位で推移することも少なくない。そうしたケースでは、医師の判断、ないしその主導でサービス利用者に対する処遇が決定され、ソーシャルワーカーなどの職種は必ずしも本意とはいえない対応を強いられたり、医師との調整に苦慮させられたりすることも起こり得る。M. カップも、医師が職種間の協力（interprofessional cooperation）にとって「もっとも頑なな障壁」（stiffest barriers）になることを指摘している（Kapp 1987）。こうした医師との関係は、まさしく、自律性と対等性が侵害されている状況、すなわち資源調達コストが発生している様子を端的に表している例であろう。

　職種によっては、自律性・独立性に差があることが指摘されているが、P. アイリスとR. オーラックが指摘するように、医療コンサルタントや心理臨床士は伝統的に「事例自律性 case autonomy」が高く、上級職からの監視に縛られることなくアセスメントと治療を実践している（Ilis & Auluck 1990）。こうした職種との間の関係を考えれば、その実践環境において必ずしも自律性・対等性が高いとは言い切れないソーシャルワーカーにとって、資源調達コストの発生は相当なものになる可能性はあるだろう。

　そして、専門職間関係における多様性や資源交換性を確保しようとすればするほど、他専門職との間にさまざまな葛藤や対立がその分だけ生じやすくなってくる。このような背景の中では、資源調達コストの発生を軽減すべく、二次専門職間関係に価値がおかれるようになったのは自然な潮流ともいえるのではないだろうか。

　そもそも、ライタンがいうように、専門職の種類が異なれば援助戦略やサービス利用者観も大きく違いが生じることや、対人サービス組織は往々にして特定職種によってスタッフが専有される傾向があり、そのような場合に

は組織間関係は専門職間関係に置き換えられてしまうことから、「組織間」と「専門職間」という用語は同義的であると見なされる（Reitan 1998）。よって、福祉サービス組織間関係において先ほど提示した枠組みは専門職間関係においても当てはまるものと結論づけることができるだろう。

2　利用者の社会関係への適用

　すでにオローニーを引用して、取引コスト、およびそれも含めた資源調達コストは利用者サイドにも発生し得ることを述べた。そもそも、社会福祉サービスの利用者であるかどうかに関係なく、日常的に直面する生活障害やさまざまなストレスは、インフォーマルな対人関係（その総体が社会ネットワーク）を介してのソーシャル・サポートの交換を通して、緩和されたり軽減されたりしていることは多くの論者によって指摘されている。このことは、例外はあるものの、社会関係内部での資源調達コストがそれほど大きくないことを示唆しているものと思われる。一般論であるが、サービス利用者にとって資源調達コストが大きくなるのは、第7章でも取り上げたスコットらの分類でいえば「公式－強制」、または「公式－任意」を通しての資源調達の場合であろう（Scott et al. 1976=1985）。

　これらのケースの多くは専門職、または公私の社会福祉サービス提供組織との関係を介することになるが、サービスに関する情報不足、サービス申請にかかわる時間・費用・労力、契約制の場合は詐欺や悪質なサービスを提供される危険性、専門職への依存と自律性の喪失、あるいは権利侵害の発生といった資源調達コストの危険が高まる。ところがその場合であっても、資源保有コストと比較して資源調達コストは遙かに小さく、サービス利用者は必然的に専門職や社会福祉サービス提供組織を介しての資源調達に依存せざるを得ない状況がある。ニーズが複合化していればそれはなおさらであろう。このように利用者レベルでは資源調達コストに比べて資源保有コストが圧倒的に大きいという点は、組織レベルや専門職レベルとは大きく異なる独自の事情であるものと思われる。

　こう考えてみると、資源調達コストの負担が比較的軽いと考えられるイン

フォーマルな関係を介しての資源調達（ソーシャル・サポートの利用）の活発化、専門職とは異なる視点でサービスを提供し得るセルフヘルプ・グループへのリンケージ、あるいはエンパワメントや権利擁護が強調される背景には、こうした資源調達コスト負担の問題が横たわっているのかもしれない。

ただ注意すべきことは、だからといって資源調達コストの大きい専門サービスの提供を控えて、その代替として社会ネットワーク支援によるソーシャル・サポートに依存すればよいということには決して意味しないということである。むしろ、サービス利用者にその種のコスト負担を強いないような資源提供の方法を検討していくべきと思われる。この資源調達コストの考え方が、公私の社会福祉サービス利用抑制の免罪符に使われてはならないことは留意しておくべきであろう。

第3節　まとめと課題

本章で提示し得た枠組みとは、結局は、以下のような内容である。すなわち、サービス利用者のニーズ多様化に対応すべく資源保有コストの負担が大きくなりすぎたために、資源保有コストを削減すべく二次ネットワーク概念が受容されるようになっていったというものである。そして、こうした説明は、行為主体者のレベルが、サービス利用者、専門職および福祉サービス提供組織のいずれであっても共通した適用が可能であることが示唆されたといえる。すなわち、統合ネットワーク概念のソーシャルワークへの受容は資源調達モデルでも説明できることになる。

二次ネットワーク概念に込められているネットワーク性の中身を思い返してみると、その中には必ずしも具現化されておらず、むしろ理想像としてのニュアンスが強い要素が含まれていた。すなわち、多様性、自律性（主体性）および対等性である。まず多様性とは、ネットワーク構成の質に関連した要素であることが理解できるだろう。すなわち、資源調達先の多様性を確保できるということはそれだけサービスメニューの幅が拡充されることにつながる。サービス利用者のニーズが複合化している場合、このことは実践戦略上において極めて大きな意味をもってくる。このように、多様性とはソーシャ

ルワーク実践がさまざまなレベルの一次ネットワークを活用して資源調達を図っていくうえでの質的向上に言及した課題であることが理解できるだろう。

　一方で残る二つの要素、自律性（主体性）と対等性はどうであろうか。ここで先の枠組みを当てはめて考えてみると、両者とも資源調達コストと密接に関連していることに気づく。繰り返しになるが、行為主体のレベルの違いに関係なく資源を外部調達することによって、調達先への依存（調達先からの支配）、自律性の喪失、あるいは上下関係が生じる可能性があり、それらを資源調達コストに含めて考えることができた。すなわち、自律性(主体性)と対等性はこの資源調達コストが回避、ないし軽減された状態を意味するのであり、あるいはその負担を強いることなく各種資源の調達が成功した姿を示すメルクマールでもある。

　サービス利用者のニーズの複合化に、資源保有コストの増大を回避する形で対応するためには、まずサービス利用者レベルで直接資源を多様な相手先から調達していく必要性が高まっていく。そのためには、ソーシャルワーカーなどの専門職や社会福祉サービス提供組織レベルにおいても各種資源の外部調達先を多様化させていくことが必須になってくるだろう。その一方で、資源調達先が多様にわたることによる資源調達コストの増大は避けられず、その軽減、または回避が、サービス利用者、専門職および社会福祉サービス提供組織のいずれの行為者レベルにおいても至上命題になってくる。

　ここにソーシャルワークが果たすべき課題、あるいは実現すべき理想像としてのネットワーク性が成立する背景が存在していると思われるのである。またこれは同時に、それぞれのレベルの二次ネットワーク概念がソーシャルワークに受容されるようになっていった背景の一つであると考えられる。よって、ネットワーク性とは、資源保有コストの負担を大きくすることなく資源調達を行うこと、その結果としてそこに生じる資源調達コストに関連づけられた、今日のソーシャルワークが直ちにでも対応しなければならない課題であることが理解できるだろう。そして、各レベルの二次ネットワーク概念とは、そうした各行為者の期待を背負って紡ぎ出された概念であるように受け止めることができる。さらに換言すれば、一次ネットワーク概念的な意味でのネットワークを、二次ネットワーク概念的なものへ変容させていくこ

とが期待されているのである。

　しかし、ネットワーク性を構成する各要素のうちで、二次ネットワーク概念のみに含まれる三つの要素（多様性、主体性および対等性）をすべて同時に実現していく具体的な方法は未だ確立されたわけではない。二次ネットワーク概念が「コンサマトリー化」しているとするのであれば、そこには、まさしくネットワーク性の実現が急務の課題であるにもかかわらず。それらを果たすべく具体的な戦略をソーシャルワークが見出せないでいること（先に述べた「アノミー現象」）への焦りが存在しているといえないだろうか。

　ネットワーク・アプローチが、前章で述べたように、上記の三つの要素を統合ネットワークのなかに実現していくことであるならば、その具体化な介入戦略を導出していくためには、多様性、自律性および対等性の各要素が果たして如何なる関係にあるのかを実証的に把握していくことがまず求められると考える。なぜなら、それらの要素が正の相関関係を有しているのか、あるいはトレード・オフの関係にあるのかでは、まったく介入戦略が異なってくるからである。そのうえで、二次ネットワーク概念の各要素を実現していくためには、ソーシャルワーカーの力量としてどのようなものが要求されるかを探っていくことが課題になってくるであろう。

［文献］

　　Abramson, J.S. & Rosenthal, B. B. (1995) "Interdisciplinary and Interorganizational Collaboration," In R. L. Edwards et al. (eds.), *Encyclopedia of Social Work*, 19th edition, Washington DC: NASW, 1479-1489.
　　明石芳彦（1994）「取引費用理論」小西唯雄『産業組織論の新潮流と競争政策』晃洋書房，69-81.
　　秋山薊二（1995）「ソーシャルワークの理論モデル再考――統合モデルの理論的背景、実践過程の特徴、今後の課題」『ソーシャルワーク研究』83：156-166.
　　Alexsander, E. R. (1995) *How Organizations Act Together: Interorganizational Coordination in Theory and Practice*, Luxembourg: Gordon & Breach.
　　Andrews, A. B. (1990) "Interdisciplinary and Interorganizational Collaboration," In L.Ginsberg et al. (eds.), *Encyclopedia of Social Work*, 18th edition

1990 supplement, Washington DC: NASW, 175-188.
Austin, C. D. (1983) "Case Management in Long-term Care: Options and Opportunities," *Health and Social Work*, 8: 16-30.
Graham, J. R. & Barter, K. (1999) "Collaboration: A Social Work Practice Method," *Families in Society: Journal of Contemporary Human Services*, 80 (1): 6-13.
Grant, L. M., Nagda, B. Brabson, H. V., Jayarantne, S., Chess, W. & Singh, A. (1993) "Effects of Social Support and Undermining on African American Workers' Perceptions of Coworker and Supervisor Relationships and Psychological Well-being," *Social Work*, 38 (2): 158-164.
Ilis, P. & Auluck, R. (1990) "Team Building, Inter-agency Team Development and Social Work Practice," *British Journal of Social Work*, 20: 151-164.
Johanson, J. & Mattoson, L. (1987) "Interorganizational Relations in Industrial Systems," *International Studies of Management and Organizations*, 17 (1): 34-48.
Kapp, M. J. (1987) "Interprofessional Relationship in Geriatrics: Ethical and Legal Considerations," *The Gerontologist*, 27 (5): 547-552.
京極高宣（1990）『現代福祉学の構図』中央法規.
牧里毎治（1989）「地域福祉の思想の素描」大塚達雄・阿部志郎・秋山智久編『社会福祉援助の思想』ミネルヴァ書房，185-201.
松岡千代（2000）「ヘルスケア領域における専門職間連携」『社会福祉学』40 (2)：17-38.
宮田和明（1996）『現代日本社会福祉政策論』ミネルヴァ書房.
Morgan, B. (1996) "Community Care and Social Work with Adults," In A. Vass (ed), *Social Work Competences, Core Knowledge, Value and Skills*, London: SAGE Publications, 106-131.
二木立（1998）『保健・医療・福祉複合体──全国調査と将来予測』医学書院.
Noblit, G.W., Richards, P.L., & Adkins,A. (1999) "Working Together? An Introduction," In A. Adkins et al. (eds.), *Working Together?: Grounded Perspectives on Interagency Collaboration*, Hampton Press.
O'Looney, J. (1993) "Beyond Privatization and Service Integration: Organizational Model for Service Delivery," *Social Service Review*, December, 501-534.
Øvertvait, J. (1993) *Co-ordinating Community Care: Multidisciplinary Teams and Care Management*, Buckingham: Open University Press, 113-120.
Powell, T. J. (1995) "Self-Help Groups," In R. L. Edwards et al. (eds.), *Encyclopedia of Social Work*, 19th Edition, Washington DC: NASW, 2116-2123.
Reitan, T. C. (1998) "Theories of Interorganizational Relations in the Human

Services," *Social Service Review*, 72 (3): 285-309.

Rook, K. S. (1984) "The Negative Side of Social Interaction: Impact on Psychological Well-being," *Journal of Personality and Social Psychology*, 46: 1087-1108.

Rothman, J. & Sager, J. S. (1998) *Case Management: Integrating Individual and Community Practice*, 2nd edition, Boston: Allyn and Bacon.

Scott, W. G., Mitchell, T. R. & Birnbaum,H. (1976) *Organization Theory: A Structural and Behavioral Analysis*, 4th Edition, Richard D. Irwin, Inc. (=1985, 鈴木幸毅監訳『組織理論──構造・行動分析』八千代出版.)

Seeman, T., Bruce, M. L., & McAvay, G. J. (1996) "Social Network Characteristics and Onset of ADL Disability: MacArthur Studies of Successful Aging," *Journal of Gerontology Social Science*, 51B (4): s191-s200.

島田克美 (1998)『企業間システム──日欧米の戦略と構造』日本経済評論社.

白澤政和 (1992)『ケースマネジメントの理論と実際』中央法規.

山倉健嗣 (1981)「組織間関係論の生成と展開」『組織科学』15 (4):24-34.

────── (1993)『組織間関係──企業間ネットワークの変革に向けて』有斐閣.

安田雪(1996)『日米市場のネットワーク分析──構造社会学からの挑戦』木鐸社.

渡辺顕一郎・松岡克尚 (1991)「多問題家族へのアプローチ──コミュニティ資源の観点から」『社会福祉学』32 (2):1-21.

Williamson, O. (1975) *Market and Hierarchies*, Free Press. (=1980, 浅沼萬里・岩崎晃訳『市場と企業組織』日本評論社.)

第9章

ネットワーク・アプローチにおける実践戦略

　本章では、第7章で提示したネットワーク・アプローチにおける実践戦略についての手がかりを得ることを目的に考察を進めてみる。特に、「脱コンサマトリー化」の一環として、ネットワーク性を構成する各要素間の関係を検討してみたい。そのために、前の第8章で述べてみた「資源調達モデル」を準拠枠組みとして用いることにする。加えて、この枠組みから導き出されるサービス提供側の「コーディネーション能力」とネットワーク性との関係について特に焦点を当てて論じてみる。

　なお、ここでいう「実践戦略」という用語は、ソーシャルワーク実践の介入目標を設定することに加えて、その目標を達成すべくサービス提供側（ワーカー、組織）の適切な支援体制を構築していくという意味で用いている。当然の如くそれは、アセスメントや事後評価にとって重要なインデックスをもたらすことになると考えている。

第1節　準拠枠組みとしての「資源調達モデル」と実践戦略

　ネットワーク・アプローチとは、ソーシャルワーク全般に当てはまる抽象度の高いものであり、具体的に焦点化された対象者や問題を念頭に置いたモデルではない。つまり、ソーシャルワーカーが具体的に何をすべきかを細かく定めたものではなく、むしろ具体的な実践を可能にならしめる道標や方向性を提供してくれるものである。その意味では、芝野松次郎がいうところの、対象とする領域が広範囲で、抽象度が高くかつその範囲内を超えない限

りでソーシャルワーカーの自由裁量を許容するような「実践理論」に該当するものと思われる（芝野 2000）。

　ネットワーク・アプローチは上記の意味で抽象度の高いものであり、「ネットワーク性の実現」という表現だけではそこから具体的な実践戦略を生み出すのは困難である。そこで、ネットワーク性を構成する各要素間の関係を探ることによってネットワーク性の実現の具体的方策を検討することとする。先ほど引用した芝野の説明に準じれば、それはすなわち、絞り込んだ対象者や対象問題に対応するより具体的な「実践モデル」の提示ということになるであろう（芝野 2000）。しかし、そのためには、何らかの準拠枠組みが必要になってくる。以下に、この枠組みを構築する作業を行いたい。

　まず、ネットワーク性の中身をよく観察してみれば、一次ネットワーク概念と二次ネットワーク概念において共通している①相互作用性と②資源交換性の二つは、サービス利用者のニード充足や問題解決に直接的、間接的に資するような資源を自己が関係する他者から調達してくることを表したものであると解釈できるだろう。既述したように、この二つの要素はこれまでに実証研究や分析的用法の対象にもなっており、それ以外の要素がソーシャルワーカーの理想像や期待値がそこに投影されているという性格が色濃いのとは異なっている。

　次に、上記以外の要素のなかで二次ネットワーク概念のみにみられる要素も含めての検討に移る。まず、③多様性については、第7章でも述べたように、ネットワーク構成の質と量に関連した要素であり、サービス利用者のニーズに応じた多角的かつ多数の資源調達先からさまざまな内容の資源を確保していくことを意味する。この多様性と資源交換、資源調達との関係は、比例、ないし正の相関関係にあるものと考えられる。つまり、質的にも量的にも多様なネットワーク・メンバーを有しているほど、交換できる資源も多くなり、かつ必要な資源調達ができる可能性がそれだけ高まることになる。

　これまでにおいては、各種のネットワークについてその規模が大きければ大きいほど、あるいはその構成メンバーの顔触れが多様であるほど、各行為主体は有用な資源をそのネットワークを介在して調達してくること、あるいは逆に自分が資源を提供し得る可能性が高まるのであり、その分におい

て資源交換と結果としての資源調達が促進されて実践活動をより有利に展開できるように一般には思われていた。つまり、ネットワークの多様性が大きければ大きいほど、資源交換の面でより有利であるという考え方である。T. シーマンとL. バークマンも、ネットワークの大きさとサポートをシンクロナイズしてとらえている傾向があったことを指摘しているのである (Seeman & Berkman 1988)。

それゆえに、多様性を確保することがソーシャルワーカーたちに望ましい理想像としてイメージされ、そこに多様なメンバーによる緩やかなかかわりを含意するネットワーキング概念との混同が生じたこともあって、ネットワークといえば本来的に多様であるかのような幻想を想起させているのではないかという仮説については既述したとおりである。

ネットワークの構成が多様であることへの肯定的な見解は、これまでの調査研究においてもみられる。E. ウェストらによれば、専門職から構成される「社会ネットワーク」(すなわち、本書でいう専門職間関係) が情報伝達と専門的実践のイノベーションに大きな影響を与えていることを示した研究の中でも、1966年にJ. コールマン (Coleman) らによって実施された医療関係者を対象にした実証研究がその基礎を構成する役割を果たしたと評価する。専門職の社会ネットワーク研究の基礎として位置づけられるコールマンらの研究は、米国中西部の三つの都市において勤務する125人の医師を対象に、新薬であるテトラサイクリンの採用を巡って彼・彼女らの社会ネットワークとの関係をインタビューで明らかにしようとしたものであった。調査の結果、他の医師と交流が多い医師ほど新薬を採用する傾向が高いことが示され、ネットワークのサイズが新薬採用に影響を与えていることが導き出されたのである。つまり、多くの医師との関係をもつ者ほど、そうでない者に比べて新薬に関するさまざまな情報や助言を得やすいポジションに立つことが出来ることになる (West et al. 1999)。

コールマンらの基礎研究に従えば、専門職がもつ専門職間関係の構造面での規模 (下位概念としてのネットワークのサイズ) が大きいほど、また交流頻度が多いほど、情報や助言が得られることにつながるのであり、多様性の中でも量的側面に限定されてはいるものの、ネットワークのサイズと交流頻

度が直接的にイノベーションの伝搬に影響を及ぼしているという解釈が生まれてくるだろう（West et al. 1999）。このことは、先述したネットワークの多様性信仰を裏づけすることにつながる。

一方、R.バートはネットワークの規模の影響を認めつつも、それのみですべてが説明できるのではないことを強調している。むしろ、ネットワーク・メンバー間の関係の状況のほうがより重要であるとバートは述べる。すなわち、ネットワーク・メンバーがそれぞれ顔見知りである確率が高い、すなわち密度が高い（redundancy）ネットワークではそれだけ同質性が高く、ネットワーク内の情報の伝搬は早い。それに対して、密度の薄いネットワークではメンバーは同じネットワーク・メンバーからの情報が直接的に得にくいがゆえに、他のネットワークとのかかわりをもとうとすることになる。こうした分析から、バートは密度の小さなネットワークのほうが、同じコストで得られる情報の多様性に優れていると結論づけることになる（Burt 1992: 17）。このバートの指摘は、ネットワークにおいては規模だけではなくそれ以外の指標も劣らず重要であることを述べたものであり、特にその中でも密度に着目して資源交換との関連性について言及しているといえるだろう。

以上のバートの指摘は、一見して、ネットワークの多様性信仰を批判するような印象を与えているかも知れない。しかし、その内容をよく吟味すればバートの指摘も多様性をポジティブなものとして受け止めているものとして理解できるだろう。というのは、バートのいう密度の低さは、ネットワークの構成メンバーが相互に異質的であるということであり、それはまさしく質的な多様性を意味していると思われるからである。

同時に、バートは「structural hole」という概念を提示しており、ネットワークのなかで特定の相手との間に絆が存在しないことによって、当然、資源調達の選択性と代替性がその分だけ減少することを指摘している（Burt 1992）。「structural hole」が少ないということは、それだけ資源調達の選択肢（市場を念頭に置けば、取引相手の代替可能性）が豊富であることにつながり、その意味でも、質的な多様性は大きなメリットを与えるだろう（安田 1996：40-1）。

ところがその反面、資源調達先を多チャンネル化すればするほど、上下関

係の発生、調達先への依存（調達先からの支配）、自律性の喪失、アイデンティティの希薄化といった一種のコストが生じる可能性もそれだけ高まることになるとも思われる。このコストを「資源調達コスト」と称していることは、先述したとおりだが、ネットワーク性の④主体性と⑤対等性とは、まさしく資源調達コストの回避、ないし軽減を示していると解釈できるだろう。

　社会学者の大谷信介は、アーバニズムにおけるネットワーク研究を概観するなかで、個人レベルにおける異質結合（大谷の提起によれば「まざりあった紐帯 mixed tie」）が特定の価値、技術、制度普及などによって修正され、新たな革新をもたらす起爆剤になる一方で、「文化的葛藤」を引き起こすマイナスの側面を有していることを社会学者たちが認識してきたことを指摘している（大谷 1995：204）。いうまでもなく、後者（文化的葛藤）とは、資源調達先の多チャンネル化（異質結合の推進）がもたらす資源調達コストについて言及したものという理解ができる。

　以上の事柄は、次のような例をあげれば理解しやすい。すなわち、医療や保健との連携が叫ばれるなかで、医師や看護職等の専門職を自らのネットワークのなかに組み込んでサービス提供に資していくことが望まれるようになっているが、医療関係職など異なる職種を専門職間関係の一員に迎え入れることによって規模的な拡大を図ると、さまざまな対立や葛藤が生じる可能性もそれだけ高まることは十分予測される。そこにまさしく、専門職間関係の拡大・資源調達と他職種との対立・葛藤回避の間でうまくバランスを取るという意味での最適化が求められる状況が良く表現されていると思われる。

　こうしてみると、②資源交換性と③多様性の間では正の相関関係があると想定される一方で、それらと④主体性および⑤対等性との間では、逆に、反比例、ないし負の相関関係にあるものと推測できるのではないだろうか。図9-1は、両者が反比例関係にあるものとしてグラフ化してみたものである。この図は、社会交換研究で著名な社会学者のP.ブラウ（Blau）が提示している事例（オフィスにおける古参職員と新人職員の間での助力と服従の関係）を無差別曲線に適用する試み（図9-2参照）を参考にしたものである（富永1997：29）。

　ブラウによる事例とは、オフィスにおける古参職員と新入社員との間にお

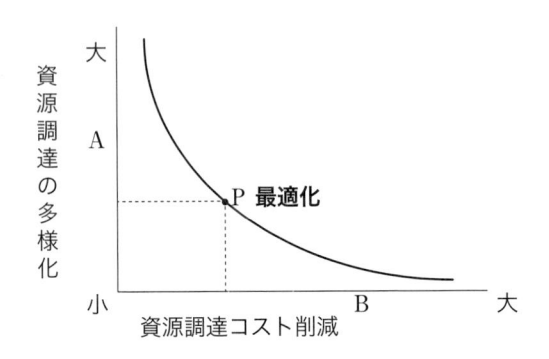

図 9-1　資源調達と資源調達コスト削減との無差別曲線

ける助力と服従の社会的交換を表したものである。すなわち、新入社員にとって古参社員の助力は大きな魅力であるが、その獲得には返礼としての服従が求められる。古参社員にとって新入社員からの服従は、自己の地位上昇を意味する価値のある社会財である。ブラウは、この二つの社会財を数量化できるという前提のもとで2次元表にグラフ化すれば曲線を描くことができるとし、それによって社会的交換の有用な命題を引き出そうと意図したのである。具体的には、X軸に古参社員との社交によって得られる利益、Y軸には他者への助言から得られる利益をおく。ただし、曲線はグラフ上で一意に定まらないので、何らかの制約を課す必要がある。そこで、ブラウは限られた余暇時間のなかで（直線AB）、古参社員が新入社員への助力にどれだけの時間を当てるかを定式化しようとしたのである（富永 1997：17-30）。

　もし、この種の関係が二人の行為主体間に成り立つのであれば、行為主体がそのネットワークを活用しながら（①相互作用性）も、多様な資源調達の実現（②資源交換性と③多様性）と資源調達コストの削減・回避（④主体性と⑤対等性）は同時に完全な形で達成することは困難なこととして把握される。ここで可能なのは、資源調達多様化と資源コスト調達削減・回避の間で最適なバランスを図ること、いわば「最適化」を実現させていくことになるだろう（図9-1ではP点が最適になる）。

　往々にして、ソーシャルワーカーは資源調達のために、サービス利用者の社会関係や自らの専門職間関係を拡大することのみに注意を奪われがちであ

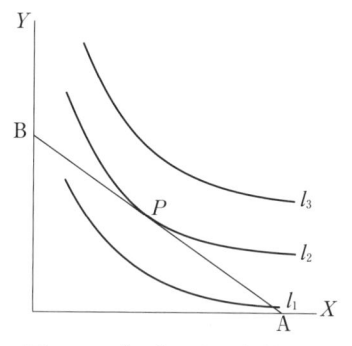

図9-2 ブラウによる無差別曲線

出典：富永（1997）29頁

るし、それゆえに、とにかくネットワークを広げなければいけないというプレッシャーを強く感じることも少なくない。しかし、上記のような最適化の考え方がもし正しいとすれば、こうした旧来のネットワーク観は大きく修正を求められる可能性があるだろう。

同様のことがサービス利用者の社会関係にもいえる。従来の考え方であれば、とにかくサービス利用者の社会関係を拡大することに介入目標が置かれがちであったが、単にサイズを大きくするだけではサービス利用者の資源調達コスト負担をそれだけ大きくさせてしまいかねないことになる。

このような構図に対して「資源調達モデル」という名称を与え、これをネットワーク・アプローチの実践戦略を導き出す準拠枠組みとして位置づければ、そこからは以下の二点が実践戦略として浮かび上がってくるだろう。すなわち、一つ目はサービス利用者が自らの社会関係を活用する際に上記の意味での最適化が自主的に図れるように支援することとであり、もう一つは、そのために必要になる資源を専門職間関係や福祉サービス組織間関係を介して調達する際にも最適化を達成できるようにしていくことである。一見すれば、このモデルは常識的なことを述べているように過ぎないように思えるが、既述したように、資源調達モデルは、これまでのソーシャルワーカーのもつネットワーク観の転換を促す可能性をもつものと考える。

ところで、図9-1にあるように資源調達多様化と資源調達コスト削減との関係を示す曲線は、そのままでは図上でその位置が一意に定まらない。曲線

の位置を一定にするためには、数学的な例を用いて喩えれば、$y=1/ax+n$ という式においてちょうどnにあたるものが必要になってくる。nの値が決まれば、自動的に直線ABの位置も定まることになる。この直線AB（そしてn値）が、先ほどのブラウの例でいえば、余暇時間にあたる制約条件を意味することになる。ところで、このnは曲線（$y=1/ax$）を上に押し上げたり、逆に下に押し下げるような働きを有することに気づく。すなわち、nが大きければ大きいほど最適化のレベル（P点）もそれだけ高くなる。その意味で、より高いレベルでの最適化を実現するためには、このnが極めて重要な意味をもっていることが理解できる。

では、nに働きかけては曲線を上に押し上げる役割を果たすものは何であるかが問題になってくるが、n値の上下に応じて $y=1/ax$ という曲線もまた上下することから、これは当該ネットワークを持ち主の一種の力量を意味するものと思われる。そのように解釈することで、力量のある者・組織ほどネットワーク利用にあたってより高レベルでの最適化が可能となるという結論が導き出されるだろう。ここから、ネットワーク・アプローチにおける実践戦略としては、上記の最適化を果たすことに加えて、この最適化のレベルを押し上げるような力量それ自体の向上、改善、あるいは維持を図っていくことがその不可欠な要素に数えられことになる。

これまでの議論をもとに、ネットワーク・アプローチの実践戦略は以下のようにまとめられるだろう。

戦略A. サービス利用者が自らの社会関係を最適なレベルで活用できるように、サービス利用者の力量を高めていくこと。

戦略B. Aを実現するために、ソーシャルワーカー・組織が自らの専門職間関係・福祉サービス組織間関係の活用において最適なレベルを確保することを目指して、ソーシャルワーカー・福祉サービス提供組織の力量を高めていくこと。

ところで、ソーシャルワークでは問題解決につながるような力量を、サービス利用者側においては「ワーカビリティ」や「コンピテンス」が、またサー

ビス提供側については「コンピテンス」という概念が用いられてきた。このうちで、コンピテンスについては第1章でも簡単に触れたが、改めてその定義を確認すると、「ある具体的な目標が設定されたときに、その目標を達成するために必要な総合的な能力」（日本社会福祉実践理論学会 1993：57）ということになる。そして、その目標への動機づけ、認知的能力、自己に対する制御力、環境に対する制御力などによってコンピテンスは構成されると考えられている。そうであれば、この用語をサービス提供側のみならずサービス利用者にも使用することは十分に可能であろう。

このコンピテンス概念は、上記から明らかなように、ネットワーク・アプローチのなかでその占める位置は極めて大きい。サービス利用者が自らのネットワーク活用を最適化できるように、かつその最適化レベルをより高めるために、サービス利用者のコンピテンスを向上させていくことがソーシャルワークの重要な介入対象として浮かび上がってくるからである（戦略A）。また、それを可能とならしめるために、サービス提供側における最適なネットワーク活用を推進していくことが欠かせないが、それにはサービス提供側自体のコンピテンスを強化していくことが重要になる（戦略B）。

ネットワーク・アプローチにおけるこうした実践戦略の内容をより明確なものにするために、サービス利用者とサービス提供側双方のコンピテンス概念に関する研究動向をそれぞれ探っておくことが必要になる。ただし、ここではサービス提供側のコンピテンス概念についてのみ取り上げる。なお、社会福祉サービス組織については、先述したライタンの指摘に従って、ここではソーシャルワーカーのそれに準じた位置づけを与えられるものと解釈しておきたい。

第2節　ソーシャルワーカーのコンピテンス概念

1　コンピテンスの要素とネットワークとの関係

英国ミドルセックス大学のA. ヴァスらは、ソーシャルワーカーのコンピテンスに関して「自己理解、他者に働きかける効果への理解、またスーパー

ビジョン結果、介入結果、あるいは同僚・ユーザー・他機関との関係の結果に影響を与えるものへの理解、といった各プロセスのなかで必要になる知識、価値およびスキルの上質な（successful）アマルガムである」（Vass 1996：195）という言及を行っている。ここから容易に理解できるように、コンピテンスとは極めて幅の広い概念である。また、米国のA.モラレスとB.シーフォアも指摘するように、ソーシャルワーカーは個人と環境の双方に対する変革を達成する専門職として、そのコンピテンスは非常に多岐多様に渡ることになるのは当然なのかもしれない（Morares & Seafor 1995：194）。かつ、それは奥田いさよがいうように「後天的な習得が可能であり、学習によって獲得でき、体得によってさらに習熟の度を深めることができ、実行が可能なもの」（奥田 1992：213）なのである。したがって、それはいわゆる生まれつきの才能とは明確に区別されなければならないものであろう。

　それでは、具体的にコンピテンスの内容に含まれる範囲はどの程度のものであろうか。特に、本章の主題であるさまざまなネットワークと関連する要素とは何であろうか。先のモラレスとシーフォアは、大きく直接サービスと間接サービスの活動において、ソーシャルワーカーのコンピテンスを形成する要素を指摘している（表9-1参照）。この中からネットワークに関連したコンピテンス要素を抜き出してみると、間接サービスのなかにある「サービス提供システムの知識」では組織間関係に、また「スタッフ情報交換」では専門職間関係（ただし同一組織内の）に、それぞれ関連していることが注目される（Morales & Seafor 1995：197-216）。

　視点を英国に向ければ、英国ソーシャルワーク中央教育研修協議会（CCETSW）は、1987年に発表したソーシャルワーカー資格（Diploma in Social Work）の規則・要件を1989年に出版し、1991年と1995年にそれぞれ改訂を行っている。その改訂版の一部が、伊藤淑子によって翻訳されて紹介されている（伊藤 1996：403-15）。

　その1995年版はすでに20年前のものになるが、そこでは、コンピテンスはソーシャルワークの知識、価値および技術を包摂した包括的な概念とされており、中でも次の六つがコンピテンスの中核に位置づけられている。すなわち、①コミュニケーションと関与、②促進、③アセスメントと計画、④介

表9-1　モラレスとシーフォアによる課題とコンピテンス

直接サービス（direct service task）
- 対人援助（interpersonal helping）
- ケア計画とメンテナンス（case planning and maintenance）
- 個人・家族処遇（individual / family treatment）
- リスク・アセスメントと送致（risk assessment and transition services）
- グループワーク（group work）
- サービスとの連結（service connection）

間接サービス（indirect service task）
- サービス提供システムの知識（delivery system knowledge development）
- スタッフの情報交換（staff information exchange）
- スタッフ・スーパービジョン（staff supervision）
- スタッフの能力開発（staff development）
- 争いの解決（dispute resolution）
- プログラム開発（program development）
- 組織の維持（organization maintenance）
- 専門的コンピテンスの開発（professional competence development）

出所：Morales & Seafor（1995）をもとに作成

入およびサービス提供、⑤組織内作業、⑥専門的コンピテンスの開発、である（O'Hagan 1996）。また、先のヴァスも同じくCCETWAによって示された六つの中核コンピテンスについて独自に指標を割り当てている。これらにおいても、「多専門職チーム」、「協力関係の構成、発展、維持」あるいは「ネットワーキング」といった指標が含まれており、各種のネットワーク（ソーシャルサポート・ネットワーク、専門職ネットワークおよび組織間ネットワーク）を活用していくことがワーカーのコンピテンスの一部になっているという認識が示されている（Vass 1996）。

　以上の英米の研究者の説明に従えば、ソーシャルワーカーのコンピテンスにはさまざまな位相のネットワークを有効に活用していくことが、少なくともその重要な一部分を成しているという共通認識の存在が示唆される。それは、他の専門職・組織との連携のみならず、サービス利用者の家族、友人といったインフォーマルなサポート源との連携をソーシャルワークが伝統的に重視してきたことを考えれば当然のことなのかも知れない。しかし、ある意味ではソーシャルワーカーにとって無意識的であったその種の認識が明確な

形で意識野に昇ってきた背景には、サービス利用者の複雑なニーズに対して如何にして効果的な介入を実施していけるかという議論があったことは明らかであろう。

　特に英国では、1990年の「国民保健サービスおよびコミュニティ・ケア法」導入により、「サービス利用者の参加、ケアの混合経済化、他職種の専門職との協働といった方向性によって、日々の業務を行うように要請されることになった」（小田 1998：53）と指摘されている。ここでいう「協働」に関しては、ニードを抱えた成人に対して保健およびソーシャル・サービスが重複することなく、かつ柔軟で効果的な切れ目の無い（seamless）サービスを提供していくことが要求されるようになっていることが背景になっている。ところが、この種の協働アプローチは、知識、スキル、経験の豊富な共有をもたらしたと評価される一方で、各専門職間にあるイデオロギーや使命の深刻な裂け目、資源の争奪といった問題から、多職種間の連携には大きな問題が指摘されるようになっており（Morgan 1996）、そのことが専門職間関係と組織間関係を如何に上手に活用できるかが、それまで以上に問われる背景になっているものと思われる。

　またヴァスも、力量のある（competent）ワーカーとは単独で実践するのではなく、同一組織の同僚や外部の専門職との間に効果的なつながりを構築していくような存在であることを強調している（Vass 1996）。こうしたことから、多組織・多職種の協働という環境の下で、そこに発生し得るさまざまなデメリットをうまく回避しながら有益性を確保していくことがソーシャルワーカーのコンピテンスの一部を構成しているという認識が強まっていったのは自然な流れであろう。

2　ソーシャルワーカーのコンピテンス概念に対する批判

　ところで、上記のようなコンピテンス観に基づいてソーシャルワーカーの養成と訓練を行うことに対しては、いくつかの批判が寄せられている。例えば、K.オヘイガンによれば、その種の養成・訓練はソーシャルワーカーを雇用する側や組織の関心に寄り添うものであって、管理主義を助長するもので

あるという批判があることを紹介している（O'Hagan 1996）。また、M. アイジットと M. ウッドワードは、コンピテンス概念によって草の根活動の経験を積んだ活動家やサービス消費者自身の力量を認知する具体的な手段が提供されたのであり、専門職のエリート主義を「下から」克服するうえで多大な貢献をしたと評価する。その一方で、コンピテンス概念は1990年代以降における公的福祉サービスの再構築の一環として「上から」提示されたという性格をも併せもち、政府主導による職業教育の再編成政策にともなって生まれてきたという点を指摘する。いうまでもなく、それは普遍的サービス提供から市場主導サービス提供への福祉サービスにおけるイデオロギー転換が背景にある。1960年代から70年代にかけて「コミュニティ」という用語が政策サイドで頻繁に用いられたが、コンピテンスとは丁度それと瓜二つであるという印象をアイジットらは述べている（Issit & Woodward 1992）。

　これらの批判に対して、オヘイガンはかつて英国を席巻したサッチャーイズムの負の遺産を問題視するあまりの過剰反応であるとして、以下のように反論を試みている。彼女によれば、CCETSWが定義するコンピテンスにおいても、ソーシャルワークの共通基盤として認められている知識、価値および技術を土台とする姿勢は崩されていない。よって、コンピテンスそれ自体を達成することではなく、コンピテンスを支える共通基盤の修得がソーシャルワーカーの養成と訓練の中心になる以上は、そこに管理主義云々という批判はあたらないとオヘイガンは指摘する（O'Hagan 1996）。

　しかし、エディンバラ大学のC. クラークは、①定義の曖昧さ、②障壁の多い実証化、および③専門職個人のコンピテンス測定の困難をあげて、さらなる疑念を提示している（Clark 1995）。これらの内で①の概念の曖昧さについては、先のアイジットらも同様の指摘を行っている。彼女らによれば、コンピテンスとは包括的かつ融通無碍な概念であり、草の根運動からも政策主体からも魅力的に移るのもそのためであろう。しかし、そうであるために逆に下位概念に細分化していくと却って全体が見え難くなる。そうなると、コンピテンスの一語でもって専門職が求められる力量の全要素を包含できるかが怪しくなってくる。アイジットらは、仮にコンピテンスを各要素に分解できても、その要素の総和が果たしてコンピテンスといえるのかと述べ、コ

ンピテンスの還元主義的な理解について疑問を呈している。また、細かな要素に分解し得たと仮定してみても、その要素を満たしていく活動とは疑いなくアトミック、かつルーティン化された業務に陥ってしまうと警鐘を鳴らす。さらにクラークのあげた②と③の問題について、アイジットらも同様にコンピテンス概念それ自体が機能分析によって客観的把握が可能であるという実証主義的な「我々の学術的伝統」から生まれたものであることを指摘したうえで、しかし、個々のワーカーのコンピテンスを測定する際にそれぞれの要素が満たされているかどうかを問うことは主観的な判断なのではないかと指摘し、コンピテンスの客観的測定が可能であるという主張に対する批判的な見解を示す (Issit & Woodward 1992)。

　以上のように、コンピテンス概念に対する批判の幾つかを紹介してみたが、その一つひとつには頷けることが多いのも事実である。しかし、こうなってくるとコンピテンス概念に対する批判も、理論的、実践的な範疇を超えてしまい、一種の神学的、哲学的論争になってしまっている印象を禁じ得ない。

　確かに、ソーシャルワーカーの力量を示す全要素をただ一つの概念のなかに閉じこめたり、それを無理に測定したりすることには弊害も大きい。ソーシャルワーカーの実践や取るべき役割が広範囲に渡ることを考えれば、十分納得できる指摘ではある。だからといって、ソーシャルワーカーの力量を示す概念を構築するのは不可能とみなす、あるいはその必要性をまったく認めないというのはやはり極論であろう。サービスを必要としている人々にそのニーズに見合った良質のサービスを提供していく力量がソーシャルワーカーに求められているのは事実であるし、それを上手に説明するためには何らかの概念を、例え、不完全、あるいは部分的なものであっても提示しておく必要があると思われるからである。そのうえで、この概念を可能な限りにおいて測定可能にしておくことは、実践をより有用なものにしていくために必要な情報を得ていくうえで欠かせないと判断する。

　こうした考え方を基底に置くことにして、次にクラークの「ディシプリン」概念というアイデアをもとにして、ネットワーク・アプローチの実践戦略に欠かせない概念を如何に規定していけるかという課題に取りかかってみたい。

3　ディシプリンとネットワーク

　クラークは、あるソーシャルワーカーがコンピテントかどうかを問うことは当該ワーカーの取り組みを理論的な適切さの観点から吟味することではなく、そのソーシャルワーカーが事例を適切に処理し得たかどうかが大きなウェイトを占めていることを指摘する。そして、その際には、新たに経験する事態に対して想像力を働かせて創造的に応用していくことが重要になってくること、また、それなくしては、昨日の問題解決方法をただ貯蔵するだけの惰性的な実践に堕落してしまうとクラークは主張する（Clark 1995）。そのうえで、アイジットらの、言葉だけではこのコンピテンスという概念を説明することが難しいという指摘（Issit & Woodward 1992）に賛意を示しながらも、クラークはコンピテンス概念に代えて「ディシプリン professional discipline」という概念の使用を提案している。これは直訳すると「専門的修業」「専門的訓練」等という訳語が当てはめられるものだが、それでは誤解を招きやすいので、そのまま「ディシプリン」と呼ぶことにする。

　さてクラークによれば、このディシプリンには二つの側面が存在している。一つは「練達 mastery」であり、学問的に権威のある正統的な知識（および技術）に従順であることを意味する。その意味で練達のためには正確かつ厳密さが求められることになるが、しかしそれに固執過ぎるべきではないとし、その理由については音楽家を例にして説明している。つまり、音楽家は正確に楽譜が読め、各種楽器を正しく調整していくことが要求されるが、それだけでは面白みのない音楽しか生まれてこない。優れた音楽のためには、むしろ「創造性 creativity」が必要になってくる。

　クラークは、この創造性こそがディシプリンがもつもう一つの顔であるという。実践家の直面する問題が困難であればあるほど、想像力と工夫が一層求められていくであろう。もしそこで既存の知識の枠に留まっているようであれば、決して問題解決に結びついていかない。その意味では、先の音楽家の例にみられるように、練達と創造性は決して二律背反ではなく共存し得るものなのである（Clark 1995）。以上のコンピテンスとディシプリンの対比は表9-2にまとめている。

こうしたクラークの主張に沿った見解を示す研究者は多い。例えば、D. ヘプワースと A. ラーセンは、コンピテントなソーシャルワーカーとは単に知識を有しているだけの存在であってはならず、その知識を介入活動に変容させなければならないことを指摘している（Hepworth & Larsen 1993: 14）。つまり、単に知識や技術のレパートリーが豊富というだけではコンピテントとはいえず、それらを状況に合わせて介入活動に生かせるという意味での創造性が求められることになる。

また、P. ピコラと M. ワグナーは、社会福祉サービス提供組織におけるスタッフ管理の視点から、コンピテンスを知識に基づく実践レベル（levels of knowledge work）としてとらえ直している。彼らによれば、実践レベルは第1段階から第5段階まであり、知識の獲得、知識の応用、知識の創出、他者の知識の開発、そしてスタッフ個人の知識の組織全体での共有化が、それぞれ相当することになる（Pecora & Wagner 2000）。ここにも、単に正しい

表9-2　コンピテンスとディシプリンの概念比較

コンピテンス	ディシプリン
従来の定義に従って、あらかじめ規定された問題	未知の問題、未経験の事例
既知の業務課題	予測不可能な課題
ルーティン的、機械的な問題解決	問題確定、内省的な思考
パフォーマンス中心	パーソン（人）中心
あらかじめパッケージ化された知識	新たな知識の探索
ステレオタイプ的方法、	革新的な方法、
外的基準に沿った方法	イノベーティブな解決
予測可能な結果	予測不可能な結果
知識タイプ：手続き、援助レシピ、方法、アルゴリズム	知識タイプ：社会構造、文化・社会的規範、言語、就労技術、歴史意見、信条、分類・明確化、リサーチ、実証的な一般化と科学的手続き、現象のカテゴリー化と因果関係説明への活用、一般的な理論的フレームワーク（マルクス主義、社会生物学、精神分析など）、学術的な規律
準備：技術的なトレーニング	準備：専門的教育

出所：Clark（1995）をもとに作成

知識の獲得（練達性）ではなく、それを応用する、あるいは創出する（創造性）ことこそが力量あるソーシャルワーカーであるという主張が読みとれる。

　また、日本においても、小原眞知子は先のクラークを含めた代表的論者の見解をレビューして、コンピテンスの構成要件の一つに「未知への探求力」をあげており、新たに派生する問題について過去の成功と失敗の経験をも含めた「開発・発展」性がない限り、それはマニュアル的な対応で終わってしまうと述べている（小原 1997）。

　このように、ソーシャルワーカーの力量を大きく「練達」と「創造性」というシンプルな概念としてとらえることで、これまでのコンピテンス概念の捉え方に向けられてきた還元主義という批判をかわし、細分化の弊を回避することが可能になる。また、ソーシャルワーカーが直面する問題、場面の幅広さ、およびワーカーが取り得る役割の多様性を考慮すれば、「練達」と「創造性」という基本的な大枠だけを提示することによって、適応可能性の拡大と柔軟性が獲得できることの意味は大きい。加えて、「創造性」というタームを導入することで、ルーティン化、マニュアル化された業務をただこなすことがそのままソーシャルワーカーの力量にはつながらないという説明も可能になるであろう。精神保健福祉の領域に限定してではあるが、藤井達也が、「手際のよい熟練者や適応的熟練者を育てるのではなく、さらに、状況そのものを参加しつつ改革していく創造的熟練者を育てることが求められる」（藤井 2000：126）と述べているのも、こうしたディシプリン概念と同様の問題意識が背景にあるといえる。

第3節　コーディネーション能力の提示と今後の課題

1　コーディネーション能力

　クラークによるディシプリン概念を参考にすれば、以上に指摘したような利点が存在していることはあるものの、しかし、このままではやはり抽象過ぎて、実践戦略を生成するうえでは充分な意味を成さないと思われる。かといってその具体化を急ぐ余り、やたらと分解、細分化したり、あれもこれも

と詰め込んでしまったりしてしまうと、結局は元の木阿弥になる。この場合、幅広い適用可能性という利点をもたらしたディシプリン概念のシンプルさが逆にネックになっている。このジレンマを解消すべく、概念構成をもう少し具体化していくために、適用可能性をある程度犠牲にして、そこに何らかの限定を設けるというアプローチを取ってみることにする。

　本書の目的に沿っていえば、コンピテンス概念が適用されるべきソーシャルワーカーの活動とは、専門職間関係を最適なレベルで活用していくというものであった。その前提としては、単独では何かを達成することが困難な状況のなかで他者との間で「柔軟に、そして創造的に働く」(Trevillion & Bresford 1996=1999：95) ことが要請されている点があった。

　S.トレビロンはこうした実践を表す新しい言葉として「ネットワーキング」を選んでいる (Trevillion & Bresford 1996=1999)。また、J.グラハムとK.バーターは、ネットワーキングを包含する上位概念として「連携 collaboration」という用語を提示している。彼らによれば、連携とは関係性のシステムであり、そこにおいて複数の関係者 (stakeholders) が資源を貯蔵しあって、各自のみでは対応しきれない目標のためにそれらを用いていくものと定義される。そして連携ではメンバー間の行為をとおして共通の目標が生成されていくとし、個々のメンバーの目標、期待および責任を保持したまま合同活動を行う「コーディネーション」とは区別している (Graham & Barter 1999)。

　しかし、ネットワーク・アプローチにおいては必ずしも他者との共通目標の設定は前提とされず、むしろ最適な資源調達が果たされるのであれば共通目標があるかどうかは問われない。また、この場合の最適であるという意味には、自分と相手の主体性と対等性を損なわないという点が含まれていた。その意味では、J.ウーベルバイトも示すように、部分間の相違は保持しながらも全体の調和を構築していくというコーディネーションのほうがこの場合はより適切でないかと考える (Øvertvait 1993=1999：1)。

　ただし、論者によってはコーディネーションの定義は微妙に異なっている点には注意しておきたい。例えば、M.ペインは、コーディネーションを共働する (work together) 個人や組織が完全に「相互フィット fit together」

していくことを保証するものであり、その意味ではコーポレーションとは区別される概念であると強調している。ペインによれば、コーポレーションは個人や組織が共同の目的を果たすために共働する（work together）ことであり、そこには必ずしも共働し合う個人や組織の活動を計画的に割り当てたりする点は要件にはなっていない（Payne 1993:55-6）。このペインの説明によれば、むしろコーポレーションのほうがこの場合に用いる用語として適切のように思える。このように、必ずしも一致した定義が存在していないことを認識したうえで、本書では、暫定的に「コーディネーション能力」という呼称のほうを採用したい。

　以上の議論に従って、ソーシャルワーカーの力量の全範囲を示す概念ではなく、その中でもコーディネーションに限定された力量を「コーディネーション能力」と呼ぶことにする。これは、ソーシャルワーカーのディシプリンの一部を構成しており、決して機械的に知識や技術を用いる力を意味するものではなく、それらを必要に見合った形で活用しながら資源調達の最適解が得られるような力量を意味する。一般に、ソーシャルワーカーの力量にはサービス利用者に直接働きかけ問題解決を図っていく部分が含まれることになるが、ここでいうコーディネーション能力とは上の説明で示されているように、専門職間関係と組織間関係の活用を巡る力量、そして利用者が自らの社会関係において最適解が得られるように支える力量に限定されたものである。もちろん、コーディネーション能力も全体としてのディシプリンの一部であって、ディシプリンのほかの部分から完全に独立して存在し得るものではなく、それらから影響を受けつつもまたそれらに影響を与えるような関係にあることには留意しておきたい。

　その具体的な中身については、近年において日本の研究者たちが連携にかかわる専門職のコンピテンス（ディシプリン）についての研究を展開しており、ネットワーク活用という範疇とはやや異なるものの、連携がネットワークを介して展開されることを考慮すれば、その知見はコーディネーション能力の内容を検討する際に大いに参考になるだろう。例えば、山中京子は連携・協働の基本的機能として以下の４点をあげている。①支援者の限界性認識機能、②支援のための目標達成機能、③支援のための知識・判断・方法の

交換機能、および④支援のための協力関係の形成、維持機能、である（山中 2015）。特に①は、ソーシャルワーカーは自らの有する資源では何らかの不十分さがあることを認識することを意味するのであり、それゆえに自らのネットワークを形成し（上記の②）、そこから資源を調達し、何らかの目的を果たそうとする（上記の③と④）ことになる。いわば出発点となるものは、「他者にとって『役に立たない』自分を認識すること」（山中 2015：107）である、という山中の指摘は鋭いものであろう。というのもソーシャルワーカーをはじめ支援者たる専門職は、「『できること』を身につけていく」（山中 2015：107）過程を経て一人前になっていくのであり、「役に立たないこと」を自覚することは相当な苦痛をともなうことになる。いわば自らの専門性に係る万能性の否定というべきものから、ネットワークのコーディネーション能力の必要性の認識と取得が始まるということになるだろう。

　また、同じく連携に関するスキルについての言説であるが、松岡千代が指摘するように資源交換には相手とのコミュニケーションスキルが相当に左右することは間違いない。松岡は、「多職種チームコンピテンシー」は大きく三つの層から構成されていると述べ、その根底（一番下の層）には「基本的な対人援助の姿勢・態度」（松岡 2009：45）があり、そこでは「アサーティヴコミュニケーションやコーチングといったコミュニケーション技術」が含まれることを指摘している（松岡 2009、2011）。さらに、石川久展も介護支援専門員を対象とした調査結果を踏まえて、ネットワーク構築とその維持のスキルとしては、「基本的な態度や倫理」「基本的な知識や技術」そして「対人関係能力」が抽出されたことを報告している（石川 2012）。最後の「対人関係能力」は松岡らが指摘するコミュニケーションスキルに重なるものとみなすことができる。

　こうした具体的なコミュニケーションスキル向上のためのトレーニング方法としては、例えば松岡は、アメリカで開発されたTrue Colors（TC）プログラムを紹介している。TCとは、四つのカラーを通して自他のコミュニケーションスタイルを理解し、エンパワメントに活用していくためのプログラムである（松岡 2011）。

　こうした連携スキルに関する研究は、IPE（Interprofessional education）

の範疇で日本でも積極期に展開されるようになってきており（松岡 2013）、IPE で重視されるスキルと本書でいうネットワークのコーディネーション能力とでは発想のスタート点が異なるにしても内容的には重なる部分が多い。したがって、IPE 研究の知見を導入していくこともネットワークのコーディネーション能力というものの内容を確定させ、実際に研修内容にそれらを反映させていくために重要になってくるだろう。

　以上、主にソーシャルワーカーの側に焦点を当てて述べてきたが、同じことがサービス提供組織においてもいえる。そうした観点からのアドミニストレーション論の展開が求められてくるところである。そしてさらにいえば、サービス利用者においてもこのコーディネーション能力の考え方を適用することも可能である。第 2 章でも言及したことであるが、長崎和則が強調している「当事者自らが社会生活を主体的に行うという視点のネットワーク形成」（長崎 2010：10）という観点からは、このサービス利用者のコーディネーション能力を利用者自身が如何にして能動的に活用していくことができるか、あるいはそれをどのようにして獲得し、自主的に向上することができるかが重要になってくる。

　このサービス利用者の能動的なコーディネーション能力については十分な知見があるとはまだいえないのであるが、例えば、田中恵美子は S. ウォルマン（Wallman）の分析枠組みを用いて障害者の自立生活を検討しているが、その枠組みはこの面での今後の研究に示唆的であろう。というのも、そこでは障害者の生活資源の管理者という視点が導入されており、場合によっては共同管理や代行管理なども生じ得るのであって、誰であっても一人の管理者としてだけで「人生を全うすることは、我々一般の『ふつうの生活』を照らし合わせても想定されえない」（田中 2009：402）のである。コーディネーション能力も同様に、その主体性は移ろいで行くものであって、むしろまたそれが当たり前の現象なのかもしれない。

　そして、ソーシャルワーカーのコーディネーション能力とは、そうしたサービス利用者の主体的、能動的であることを原則としつつも、事情に応じて必ずしも原則どおりにはならないにしても、利用者のコーディネーション能力と共鳴し、協奏できるものでなければならないであろう。

2 まとめと今後の課題

　ここまで見てきたように、ネットワーク・アプローチでは、サービス提供側（ソーシャルワーカー、社会福祉サービス提供組織）が自らの専門職間関係と福祉サービス提供組織間関係において最適化を実現させながら、調達したさまざまな資源を活用しつつ、サービス利用者側の社会関係に対してもその最適解が得られるように働きかけていくことが最大の目標に位置づけられていた。また、サービス提供側・利用側の双方のネットワークにおける最適化を果たすためには、それぞれのコーディネーション能力が重大な意味をもっている可能性があることも述べてみた。このように考えれば、ネットワーク・アプローチの可否とは、まさしくコーディネーション能力が鍵を握っていることが理解できるだろう。ここに、各レベルのコーディネーション能力の向上をソーシャルワークの実践目標として把握し、研究や実践を進めていくことの意義が存在しているものと考える。

　また、ここでは詳細には踏み込むことは出来なかったが、サービス利用者のコーディネーション能力についても、以上述べてきたことの類推で、ソーシャルワーカーのコーディネーション能力とほぼ同内容であると考えたい。ただ異なるのは、その能力がかかわるべき対象が、社会関係なのか、専門職間関係なのかの相違だけである。ネットワーク・アプローチにおいては、まずソーシャルワーカー自身のコーディネーション能力を活性化する必要があると同時に、具体的な介入ターゲットとして、サービス利用者の自主的な意味でのコーディネーション能力の獲得、向上、あるいは維持という課題が導出されることになる。こうした視点は、昨今において注目されるようになっているエンパワメント・アプローチやストレングス・アプローチの基本的な視点に通底するものがあると考えられる。

　例えば、三毛美予子はエンパワメント概念についてのレビューを通して、そこには自己の生活を自分でコントロールすることが共通認識として横たわっていることを指摘し、あわせてサービス利用者が自分の生活に影響を与えるあらゆる外的要因に影響を及ぼすことが、エンパワメント概念の基本の一つを成していると述べている（三毛 1997：171-2）。ここでいう外的要因

は、ミクロ的なものからマクロ的なものまで広範囲におよび、特にエンパワメントではマクロ的な要因への影響力が重視されている。しかし、そこにはサービス利用者自身のソーシャルサポート・ネットワークも含まれるものと考えられ、自己のネットワークに対するサービス利用者の影響力の回復と自らそれをコーディネートしていく自主的な力量の確保も、またエンパワメント実践の重要な目標に数えられるであろう。

なお、ネットワーク・アプローチからは離れるが、ソーシャルワーカーやサービス利用者のコンピテンス（ディシプリン）概念を検討するうえでも、この新たな概念（コーディネーション能力）は一定の貢献を果たし得るものと考える。このように考えれば、コーディネーション能力の考え方を応用していける領域は広いものであるとも考えられる。

また田中宏二らが、異文化適用の観点からソーシャルサポートの役割を論じているG. フォーテイン（Fotrain）の考えをもとに「ソーシャル・サポート・スキル」と名づけたものを紹介しているが、それもまたサービス利用者のコーディネーション能力の中身を検討していくうえで重要な知見を提供してくれている。そこで描かれているものは、サービス利用者が自ら不足しているソーシャルサポートに気づき、自分の周囲のネットワークを探り、そこに新たな潜在的なソーシャルサポートがないかを照合のうえで、それと接触していく、という能動的なスキルである（田中ほか 1996）。そのスキル向上のためには、例えば先の松岡が紹介していたTCプログラムなどが活用できるかも知れない。

もちろん、ネットワーク・アプローチや最適化という考え方にしても、あるいはコーディネーション能力という概念についても、いずれも仮説的なレベルにあることは否定できない。今後においては、それらの考え方や概念を、特に実証的な検証の積み重ねを通して精緻化、および現場・臨床への応用可能性を検証していくことが求められることになる。具体的には、コーディネーション能力を実際に測定し、それとネットワーク性との関連を探る作業を果たすことがなにより第一の課題であろう。

加えて本書では、残念ながら、サービス提供者側の、それも専門職であるソーシャルワーカーのコーディネーション能力についてのみ、先行研究のレ

ビューを通してその概念的検討を行うに留まった。そこで、まだ十分に検討されていない福祉サービス提供組織やサービス利用者のコーディネーション能力に関しても、ソーシャルワーカーのそれと同様の調査研究を図っていく必要があると考える。

[文献]

Clark, C. (1995) "Competence and Discipline in Professional Formation," *British Journal of Social Work*, 25 (5): 563-580.

Burt, R. S. (1992) *Structural Holes: The Social Structure of Competition*, Cambridge, Massachusetts: Harvard University Press.

藤井達也（2000）「地域における精神保健福祉のソーシャルワーカーの新人職員研修──『達人』ソーシャルワーカーの養成に向けて」『社会福祉実践理論研究』9：119-128.

Graham, J. R. & Barter, K. (1999) "Collaboration: A Social Work Practice Method," *Families in Society: Journal of Contemporary Human Services*, 80 (1): 6-13.

Hepworth, D. H. & Laresen, J. A. (1993) *Direct Social Work Practice: Theory and Skills*, 4th edition, Pacfic Grove, California: Brooks/Cole.

石川久展（2012）「高齢者保健福祉専門職のネットワーク構築・活用方法の評価に関する実証的研究──介護支援専門員のネットワーク構築・活用能力評価の尺度開発の試み」芝野松次郎・小西加保留編著『社会福祉学への展望』相川書房，115-130.

Issit, M. & Woodward, M. (1992) "Competence and Contradiction," In P. Carter, T. Jeffs & M. K. Smith (eds.), *Changing Social Work and Social Welfare*, Buckingham; Open University, 40-54.

松岡千代（2009）「多職種連携のスキルと専門職教育における課題」『ソーシャルワーク研究』34 (4)：314-320.

─── (2011)「チームアプローチに求められるコミュニケーションスキル」『認知症ケア事例ジャーナル』3 (4)：401-408.

─── (2013)「多職種連携の新時代に向けて：実践・研究・教育の課題と展望」『リハビリテーション連携科学』14 (2)：181-194.

伊藤淑子（1996）『社会福祉職発達史研究──米英日三ヶ国比較による検討』ドメス出版.

三毛美予子（1997）「エンパワーメントに基づくソーシャルワーク実践の検討」『関

西学院大学社会学部紀要』78：169-185.
Morales, A. & Sheafor, B.（1995）*Social Work: a Profession of Many Faces*, 7th edition, Boston: Allyn and Bacon.
Morgan, B.（1996）"Community Care and Social Work with Adults," In A.Vass（ed）, *Social Work Competences, Core Knowledge, Value and Skills*, London: SAGE Publications, 106-131.
長崎和則（2010）『精神障害者へのソーシャルサポート活用——当事者の「語り」からの分析』ミネルヴァ書房.
日本社会福祉実践理論学会編（1993）『改訂版社会福祉実践基本用語辞典』川島書店.
小田兼三（1998）「イギリスにおけるコミュニティケア対応のソーシャルワーク教育」『ソーシャルワーク研究』24（2）：52-58.
O'Hagan, K.（1996）"Social Work Competence: An Historical Perspective," In K. O'Hagan.（ed）, *Competence in Social Work: A Practical Guide for Professionals*, London: Jessica Kingsley Publishers, 1-24.
奥田いさよ（1992）『社会福祉専門職性の研究——ソーシャルワーク史からのアプローチ：わが国での定着をめざして』川島書店.
小原眞知子（1997）「ソーシャルワーク実践の専門性に関する一考察——コンピテンス（competence）概念からの検討」『社会福祉』日本女子大学社会福祉学科, 38：68-79.
大谷信介（1995）『現代都市住民のパーソナル・ネットワーク』ミネルヴァ書房.
Øvertvait, J.（1993）*Coordinating Community Care.*, Buckingham: Open University.（=1999, 三友雅夫・茶谷滋監訳『ケアマネージャー必携——コミュニティの戦略』恒星社厚生閣.）
Payne, M.（1993）*Linkages: Effective Networking in Social Care*, London: Whiting & Birsh Ltd.
Pecora, P. J. & Wagner, M.（2000）"Managing Personnel," In R. J. Patti（ed）, *The Handbook of Social Welfare Management*, Thousands Oak, California: SAGE Publications, 395-423.
Seeman, T. E. & Berkman, L. F.（1988）"Structural Characteristics of Social Networks and Their Relationship with Social Support in the Elderly: Who Provides Support?," *Social Science and Medicine*, 26（2）: 737-49.
芝野松次郎（2000）「児童・家庭福祉実践のイノベーション——実践モデルと実践マニュアルの開発について」『関西学院大学社会学部紀要』85：55-65.
田中恵美子（2009）『障害者の「自立生活」と生活の資源——多様で個別なその世界』生活書院.
田中宏二・田中共子・兵藤好美（1996）「ソーシャル・サポート・ネットワークの

介入研究の視点と方法論」『研究集録』岡山大学, 102：1-13.
Trevillion, S. & Beresford, P., (1996) *Meeting the Challenge: Social Work Education and the Community Care Revolution*, National Institute for Social Work. (=1999, 小田兼三・杉本敏夫訳『コミュニティケア改革とソーシャルワーク教育——イギリスの挑戦』筒井書房.)
Vass, A. (1996) "Competence in Social Work and Probation Practice," In A. Vass (ed), *Social Work Competences, Core Knowledge, Value and Skills*, London: SAGE Publications, 190-219.
山中京子 (2015)「もう一人の他者との連携・協働——多職種連携・協働の課題とその可能性」児島亜紀子編著『社会福祉実践における主体性を尊重した対等な関わりは可能か——利用者-援助者関係を考える』ミネルヴァ書房, 97-122.
安田雪(1996)『日米市場のネットワーク分析——構造社会学からの挑戦』木鐸社.
West, E., Barron, D. N., Dowsett, J., & Newton, J. N. (1999) "Hierarchies and Cliques in the Social Networks of Health Care Professionals: Implications for the Design of Dissemination Strategies," *Social Science & Medicine*, 48: 633-646.

第10章

今後の研究課題

　ここまでで、ソーシャルワークにおけるさまざまなネットワーク概念を整理し、それを統合的に扱うことを通してネットワーク・アプローチを提唱し、その実践戦略の検討を行った。こうした形で、本書の冒頭で述べたような意味、すなわち、各種のつながりの活用を求めようとする外部からの要請に応えていく「生き残り戦略」を可能とならしめるソーシャルワークの理論的、実践的な再検討を意味する「ソーシャルワークの再構築」という作業を試みたのであるが、本書におけるここまでの議論だけでは充分にそれを果たし得たとは考えていない。

　そこで最後になるが、本研究の意義と示唆について総括するとともに、これまで述べてきたことと多少重複することもあるが、残された課題について検討しておくことにしたい。

第1節　本研究の意義

1　ソーシャルワークにおけるネットワーク研究への貢献

　最初に指摘できることは、ソーシャルワークにおけるネットワークの分類について一定のモデルを提示し得たのが、本書の貢献の一つと考える。
　これまでソーシャルワークにおいてさまざまなレベルでネットワークという用語が行き交っており、かつ非常に多義的であるがゆえに、同じネットワークという言葉を用いながらも話し手と聞き手の間で意味の取り違いが

生じるという滑稽な事態が生じていたといえる。それにもかからず、ネットワークの定義が明確にされないまま頻用されており、さらにそこにネットワーキング概念との混用が加わることで、混乱に一層の拍車がかかっていたように思われる。

　本書のそもそもの出発点はこうした状況への危惧とその解消に向けた可能性を探ることにあったのであるが、ここまでの議論を通して、ソーシャルワークにおけるネットワーク概念をいずれともにエゴ中心ネットワークとして位置づけ、エゴである行為主体のタイプ（サービス利用者、ソーシャルワーカー、および福祉サービス提供組織）とネットワーク構成メンバーの種類（インフォーマルなサポート源、専門職および関連組織）に応じて、ソーシャルサポート・ネットワーク、専門職ネットワーク、および組織間ネットワークに分類してみた。また、それぞれのネットワークとそこを介して交換される資源（サポート）が密接に関連しあっていることから、両者を総合した上位概念として、社会関係、専門職間関係、および福祉サービス組織間関係を提唱した。また、それらと混用されがちなネットワーキング概念を明確に区分して取り扱うことの必要性を強調してみた。加えて、番外編的な位置づけになるが、近年、社会福祉の領域でも急速に注目されるようになったソーシャル・キャピタル概念との関連についても、これまた試行的ではあるが本書なりの整理を試みた。

　ネットワーク、ネットワーキング、あるいはソーシャル・キャピタルを論じた研究者の中には、こうしたタイポロジー的なアプローチに余り重きを置かない傾向があるのは事実である。例えば、田中英樹はこうしたネットワークを分類することに主眼をおいた研究については「興味がない」（田中2001：31）と言い切っており、それが実際のネットワークの個別性と多様性を十分説明できない概説的な紹介にとどまっていると批判的である（田中2001：128）。確かに、単なるタイポロジー的なアプローチだけで満足してしまうのであれば、こうした批判に内包されている視点、すなわち、概念整理によってどこまでサービス利用者の問題解決に実践が結びつくような某かの知見が果たしてそこから得られるのであろうかという疑念は決して的はずれとはいえない。あるいはそうした疑念点があるからこそ、ネットワーク概念

を分類していく作業が着手されることなく、これまでいわば放置され手つかずであったのかもしれない。

　しかし、そうであったとしても、概念的な混乱を放置したままでは研究者の間で共通の言語を見出せず、議論が一向に噛み合わなくて相互理解すらままならないという事態も生じかねないのである。そうした意味からも、本書の最初の部分で試みたような分類論的なネットワーク概念の整理は、何より必須の作業であったと考える。同義反復的な言い方になるが、ソーシャルワークにおけるネットワーク研究を単なるタイポロジーに終わらせないためにも、まずはネットワークのタイポロジーの精緻化が要請されているのではないだろうか。そのように考えるのであれば、本研究のなかで試みられたネットワーク概念の分類は、それが果たして完全に網羅できたかどうかの評価は別にしても、今後においてネットワークに関する議論を深めていくための一里塚としての役割を果たしていけるのではないかと考える。

　さらに本研究では、上記のように分類したネットワーク概念には共通する要素、すなわちネットワーク性が存在していること、しかし、ネットワーク概念が指し示す実際の現象としてのネットワークには、ネットワーク性のすべてが兼ね備わっているとは限らないことを論証してみた。そうした議論に基づいて、ネットワーク性のなかで必ず現実的に備わっている要素のみをもってネットワークととらえた「一次ネットワーク概念」と、必ずしも具現化していない要素をも含めたイメージ先行の「二次ネットワーク概念」との区分が必要であることを強調してみた。

　ソーシャルワークにおいては、ネットワークを無条件に肯定的にとらえ、そこから得られる利点のみに目を奪われる傾向があり、そのためにとにかくネットワークがあれば、そこから無条件の利益が獲得できるという「コンサマトリー化」と本書で名づけた現象がソーシャルワーカーたちのなかで生じていることを指摘してみた。そのうえで、本書でこのコンサマトリー化が生じたメカニズムとして、一次ネットワーク概念と二次ネットワーク概念との混用が少なからず影響を与えているのではという説明を行った。もちろん、この説明は仮説の段階を超えるものではないことには留意しておく必要があるだろう。しかし、従前の社会福祉、ソーシャルワークにおけるネット

ワークを取り扱った研究では、こうしたネットワークの理想化がみられることへの警鐘を鳴らしていたものは少なくはなかったが、なぜそうした現象が起こりえたのかについての説明についてまで踏み込まれることは皆無であったように思われる。そうしたなかで、本書におけるコンサマトリー化に関する議論によって、ソーシャルワークにおけるネットワーク研究には未踏の領域が横たわっていることを浮き上がらせたともいえるのであり、少なくとも、今後のネットワーク研究の方向性を考えるうえでは一石を投じることができたのではないだろうか。

　何度も強調すべき点ではあるが、確かにコンサマトリー化の仮説はあくまでも仮説であって、それを具体的に検証していくためには、今後においては、事例を取り上げるなどの実証研究に向けた一層の検討作業が要請されるところである。しかし、たとえ仮説であったとしてもネットワーク概念の理想化現象が生じたメカニズムを本書のなかで提示し得たことは、相応の意義を認めることができるのではないかと考える。また、同時に「脱コンサマトリー化」を果たしていくための今後の課題として、一次と二次という二つのネットワーク概念を明瞭に区別していく認識と姿勢が要請されること、またそれを可能とならしめるためには実証研究が欠かせないことを示唆できたことも本書の意義ではないかと判断する次第である。

2　ソーシャルワーク理論への貢献

　ソーシャルワーク理論とのかかわりに目を移せば、本研究の貢献としては次の2点があげられると考える。第一に、ネットワーク・アプローチの提示によって、さまざまなネットワークを理論的に整理し、統合的に把握して、それとソーシャルワーク理論との間に橋渡しを行ったこと、そして第二に、ソーシャルワークにおける直接的介入と従前において間接的介入とされてきたソーシャルワーク・アドミニストレーションおよび社会福祉計画との統合化について、ネットワークという観点からその可能性を提起し得たこと、の以上である。

　まず、最初の点について述べてみたい。従来のソーシャルワークにおいて

は、さまざまなネットワークを重要なイッシューとして把握はしつつも、それを理論的な軸に添えてソーシャルワークの理論的な再構築まで踏み込んでの議論はあまり行われてきていなかったように思われる。しかし、既述したように、ソーシャルワークを取り巻く環境と諸条件においては、さまざまなレベルでの「横のつながり」を重視する傾向が顕著になってきており、欧米のみならず日本においても政策的にもそれを後押しする動きが強まっている。ソーシャルワークがこうした外部システムの影響から無縁でいられない以上は、こうした動きに呼応すべくその内部からの理論的、実践的な再構築が求められる地平に立っているといってよい。

　本書の議論を通して、ネットワーク・アプローチを提唱することによって上記の要請に応えようと試みたつもりである。もちろん、充分に検討され咀嚼されたとはいえない部分も多く、理論面のみならずそれに基づく実践戦略の面でも今後において検討すべき課題は少なくはない。その意味では、本書の内容がよくて問題提起にとどまっているという観測は恐らく正しいものであろう。あくまでも、ソーシャルワークの再構築に向けた第一歩としての位置づけであることを認識したうえで、内包されている多くの課題を今後において検討し、ネットワーク・アプローチの洗練化とその本格的な実践取り組みに進んでいくべきだと考える。

　次に、第二の貢献について触れる。本研究によって、これからのソーシャルワークにおいては、従来のソーシャルサポート・ネットワーク論のようにサービス対象に主たる介入の焦点を置き、その対象システムにさまざまな変革を加えていくだけではなく、サービスの源泉、すなわちサービス提供サイドの環境整備においても、科学的知見に基づいた計画的な変革と運営維持が必要であることが示唆されたと考える。特に、サービス対象の変革を意図したソーシャルワーカーの専門的行為を、これまでも現在も、私たちは「介入」と呼んでいるのであるが、同じくサービス提供サイドへの変革を意味するものであれば、後者の変革を促すソーシャルワーカーの行為をも介入と呼んで良いのかも知れない。そうであるとして、さらにこれら二つの次元の介入は、それぞれは独立的、排律的な事象ではなく、両者は極めて密接に関連したものとして把握されなければならないだろう。

上に述べた二つの次元におけるソーシャルワーカーの介入のうちで、サービス提供サイドに対するほうは、本書の関心に沿っていえば、結局は自らが構築している専門職間関係と自己が所属する福祉サービス組織間関係の運営と改変を、個別のサービス利用者のニーズに応じて実施していくことにほかならない。このサービス提供サイドへの介入は、多くのソーシャルワーカーが組織に属して日常の実践活動を展開している事情を鑑みれば、高田眞治が引用する、マネジメントの四つの要素、すなわち、①目的志向であり、②人々によって、③技術を用いて、④組織内で進められる、の以上がいずれともに当てはまることに気づくだろう（高田 1979：75）。すなわち、サービス提供サイドへの介入とは、すぐれてマネジメントとしての機能を有していると解釈し得るのである。

　すでに、M. オルフセンは、サービス利用者のソーシャルサポート・ネットワークへの関心が、ソーシャルワークにおけるマネジメントのスタイルと責任を考えるにあたって重大な示唆を与えていることを指摘している。T. バムフォード（Bamford, T.）の著作から引用しながら、オルフセンはマネジャーに求められるスキルとして以下のようなものをあげている。すなわち、資源をめぐる駆け引きを行い得る起業家的なスキル、さまざまな機関（ボランタリー団体や自助グループ）との交渉スキル、そして計画スキルである（Olfsen 1986）。このオルフセンの指摘が、あくまでも利用者サイドのソーシャルサポート・ネットワーク論のみを念頭に置いたものであることを考慮すれば、サービス提供側のネットワークをも視野に入れた実践が求められることが示されたのであるから、オルフセンが指摘しているような内容がさらに規模を大きくした形で、ソーシャルワークのマネジメントに影響を及ぼし得ることは十分予測がつく。

　しかし、日本のソーシャルワークではマネジメントはそのなかで主要な位置を与えられてこなかった経緯がある。高田によれば、マネジメントとは伝統的な意味でのソーシャルワーク・アドミニストレーションに対応し、かつそれは政治、社会、経済の各システムにおける国家の資源配分の決定要因に関連したソーシャル・ウェルフェア・アドミニストレーションの一部に含め得るものとされる（高田 1979：79）。この意味でのソーシャルワーク・ア

ドミニストレーションとは、これまでの日本においては「社会福祉施設運営管理」と位置づけられ、文字どおり、社会福祉施設の経営にかかわるというイメージが強かったといえる。そのためか、ソーシャルワークの中では二次的な位置づけにおかれ、あるいは直接サービスに対する「補完的」（高田 1979：60）な位置づけに甘んじていたといえよう。こうした傾向が指摘されていたにもかかわらず、今日に至るまで、ソーシャルワークにおけるアドミニストレーションが「補完的」な存在から完全に脱却できたとは言い難かったのである。

さらに、日本では、アドミニストレーションは社会福祉の規模が拡大するにつれ、一施設の運営管理という側面に留まらず、社会福祉行政との関連性を深め、社会福祉サービス全体の運営管理を意味するようになったともいわれている（永田 1993：146-8, 247-8）。つまり、アドミニストレーションは、むしろ社会福祉のマクロ的な部分と融合する方向に展開していったといえるのである。このことは、永田幹夫が指摘するように、社会福祉法人などが設置運営する民間サービスであっても、措置委託制度によって国や地方公共団体からの有形、無形の支配を受けてきたという、この国独自の社会福祉制度上の事情があった（永田 1993：248）。

しかし、アドミニストレーションが実質的には社会福祉行政論とほぼ同義に扱われるようになったということは、やはり行きすぎの観があり、ある意味ではアドミニストレーション論のアイデンティティの喪失とも受け止められ得るのではないだろうか。ソーシャルワークの一部分であるにしても、曲がりなりにも、それ自体の守備範囲を有していたはずのアドミニストレーションが社会福祉行政論へ吸収されてしまったごとくである。こうした現象は、余りにも社会福祉のマクロ的側面に接近しすぎたことによる弊害であるという見方も出来る。これまでの行き過ぎを、今日的な環境上の変遷に応えうる形で「改善」していくことが求められているように思われる。

このように考えると、今日のソーシャルワーク・アドミニストレーションは、社会福祉行政論に取り込まれてしまったマクロ的側面以外の部分を中心にして、その位置づけを再考する（本書のテーマに沿っていえば「再構築する」）時期に至っているように思われる。欧米では、例えば、M. ウェイ

ナーの "Trans-Organizational Management" 論に代表されるような、単一の福祉サービス組織ではなくそれを超えた（"trans"）形で地域社会における福祉サービス提供システムとの一体的な関連性のもとにソーシャルワーク・アドミニストレーションを位置づけていく試みが提唱されている（Weiner 1991）。こうした動向を参照しつつ、ソーシャルワーク・アドミニストレーションの再構築の方向として、本書で検討してきたネットワーク・アプローチに内包されているように、直接介入との統合化が一つのオプションとして提示し得るであろう。

　さらに付言すれば、アドミニストレーションと直接介入の統合化は、必然的に社会福祉計画、それもメゾ・ミクロ的なそれとの統合化が要請されることになるだろう。そもそも、ソーシャルワークにおいて「計画」といった場合は、「ニード・資源調整というコミュニティ・オーガニゼーションのプリミティヴな認識へと矮小化されてしまった事実」（高田 1979：133）がある。こうした反省から、高田は、ソーシャルワークは「『計画的変革』であるという見解に立って、問題の設定から援助の終結・評価に至る介入の全過程を統一的に把握する新しい方法論の検討」（高田 1979：239）を行うべく、サービス利用者とその取り巻く環境の相互作用の中でも特に後者に対する介入として、システム・アプローチに基づいた社会福祉計画を提唱している。

　社会福祉計画も、国家の政策レベルから高田が指摘するようなミクロ的なレベルまで多岐に亘っているのであるが、先に述べたように、ソーシャルワーク・アドミニストレーションとはサービス提供サイドの計画的変革であるともいえるのであり、よって、直接的介入とアドミニストレーションとの統合化には、特にミクロレベルでの社会福祉計画をも包摂することも視野に入れておく必要性を提起し得るのである。アイオワ州立大学のR. サイモンズのように、直接的にサービス利用者と接してサービス提供に従事しているソーシャルワーカーと、アドミニストレーションに従事するソーシャルワーカーは、一見したところまったく異なるスキルを求められているように見えるが、実際には「問題解決」という視点からみれば、両者の間には共通する部分が大きいという指摘もある。そしてサイモンズは、こうしたスキルは、あらゆるソーシャルワーク実践に固有で、かつ実証ベースによるものでなけ

ればならないという (Simons 1988)。サイモンズがいう実証ベースの共通する「問題解決」に向けたスキルは、ミクロレベルまで包摂した社会福祉計画に含まれ得るのではないだろうか。

以上の議論から明らかのように、本研究においては、ソーシャルワークにおける「方法論統合化」について、ネットワークの観点からその可能性について言及したともいえるだろう。日本における統合化アプローチ研究の代表者である佐藤豊道がいうように、「ケースワーク・グループワーク・コミュニティワーク」といった分類に代表される伝統的なソーシャルワークの体系では、それぞれ個別の「援助技術」に固執する限りは、サービス利用者の一部分にしか注目できず、したがってその部分においてしか介入ができないという限界が生じ得る。同時に、活用できるレパートリーも自から制限を受けることになる。すでに米国や英国では、こうした問題意識から伝統的な方法論的体系を止揚し、「社会福祉の方法」という共通基盤に立脚したジェネラリスト・アプローチが、ソーシャルワーカーに対する教育内容にも強く反映されている（佐藤 2001:66-70）。現在の日本における社会福祉士の養成カリキュラムも、この考え方にしたがって設計されていることは承知のとおりであろう。

本研究は、ネットワークに注目し、それをいわば「触媒」にすることをとおして、従前において「直接援助技術」と「間接援助技術」に大別されていたものを「統合化」する道筋を示せたのではないかと考える。もちろん、この点についてはさらなる検討が必要であり、あくまでも可能性の提示というレベルに留まるものではあるが、今後におけるソーシャルワーク理論の検討課題を提起したという意味で、本書はソーシャルワーク理論に対して一定の貢献を果たし得たのではないかと考える。

3　ソーシャルワーク実践への貢献

先の統合化の議論とも関連するが、本書において、ソーシャルワーカーがその実践の効果を果たすためには、サービス利用者やその社会関係への働きかけだけではなく、自らの専門職間関係や福祉サービス組織間関係といった

サービス提供サイドへの計画的介入が同時に要請されることを示したことは、ソーシャルワーク実践に新たな地平を提示し得たと思われる。

　ここでは多くを引用しないが、社会生活機能概念を提示した W. ベームは、個人の他者との相互作用および集団での相互作用の効果を高めるとことに加えて、適切な社会資源をコーディネーション、変革、創設によって活用していくことが、歴史的に見てもソーシャルワーカーの「二重の関心」であり続けたことを指摘している (Boem 1958)。そして、そうした事情は今日に置いても大きな変化はないと断言しても差し支えないのであるが、ベームのいう社会生活機能があくまでもサービス利用者のそれを意味していたのに対して、ソーシャルワーカーや福祉サービス提供組織自体の「社会生活機能」がサービス利用者への援助活動に最大限活用していくことが今後において問われることになるのである。

　ここまでの議論を通して浮かび上がってきた新たな実践戦略とは、個々の行為者レベルにおいてネットワーク性を確保していくこと、そしてそのために各行為者のコーディネーション能力を計画的に向上させていくというものであった。コーディネーション能力とは、端的にいえば、自らのネットワークに属する人々や組織との関係において資源交換を確保すべく多様性と追求する一方で、自律性と対等性を確保していくことであった。ここでいう行為者は、サービス利用者に限定されるものではなく、ソーシャルワーカーやその所属する福祉サービス提供組織も含まれるのである。すなわち、ベームがいう「二重の関心」が向けられる対象は、もはや、これまでのようにサービス利用者に限定されないことに気づかされるであろう。

　同時に、これまでのソーシャルワーク実践が、誤解を恐れずにいって闇雲までにも (サービス利用者の) ネットワークの拡大を指向してきたことに対して、ネットワーク性という視点を導入することによって、その限界と方向転換の必要性を示し得たといえる。

　ところで、新たな目標となるコーディネーション能力の向上とは、ある意味では、「政治的」なセンスと行為をサービス利用者、ソーシャルワーカーおよび福祉サービス提供組織に求めていくことなのかも知れない。トレード・オフ関係のうえでうまく折り合いをつける形で働きかけ、サービス利用

者にとって最大限の利益を得ていくことは、取りようによっては極めて「政治的」な動きであろう。こうしたセンスと行為をアクション・システムの各レベルにおいて向上させていくことが、すなわちネットワーク・アプローチの目標であるのであり、こうした実践戦略を提示し得たという意味でも本書の意義を認めても良いと考える。

　ソーシャルワークのなかで「政治的」といった場合、特に、サービス利用者において「政治的」な能力を向上していくことについては、エンパワメント概念の浸透によって、それほど違和感を覚えなくなっているかも知れない。エンパワメントとは、サービス利用者が自己の主体的な権利と利益の獲得・回復であり、そのためには、本書で云う「政治的」な行動が求められる場面も少なくはない。それに対して、ソーシャルワーカーやその所属する組織レベルにおいて、「政治的」であることを強調する点には違和感や反発を覚える向きが多いのではないだろうか。確かに、ソーシャルワークの歴史は、M. ドゥルヒーがいうように、政治との間で愛憎半ばする関係があったことは否定できない。しかし、ソーシャルワーカーはコミュニティや社会のなかで政治的な役割をサービス利用者のために果たしてきたのも事実である。そして、ドゥルヒーも強調するように、今後ともソーシャルワーカーは、サービス利用者を代弁し、効果的なアドヴォカシー活動を展開していくためにも政治的関与は避けられないのである（Dluhy 1990：15）。

　こうしたドゥルヒーの指摘のニュアンス、特に「政治」の意味のニュアンスからかなり異なってしまうことになるのは承知のうえであるが、ソーシャルワーカーや福祉サービス提供組織は、それぞれのネットワークにおいてネットワーク性の各要素間のバランスを取るべく、円滑な資源調達のために必要とされるセンスや行為に、例えばこの「政治的」という修辞が可能であるならば、そうした政治的センス・行為を愚かな行為として、軽視したり、回避したりすべきではないであろう。むしろ、ある種の政治的なリーダーシップを、サービス提供サイドにおいてソーシャルワーカーは積極的に引き受けていかなければならないとさえ思われるのである。当然、それはソーシャルワーカーの実践内容に影響を与え、これまで実践と見なされていなかったその種の「政治活動」をも重要な「介入」の一つとしてリストアップ

することが要求されるものと考える。
　エンパワメントについては、今日において極めて重要視されるようになっていながら、ソーシャルワークにとって単なるお題目に過ぎず、それに比べて実際の活動に反映されていないという側面があるという指摘がなされている (Hartman 1993)。その背景の一つとして、ソーシャルワーカーが伝統的に保持している「技術」への親近感と「政治」への反発という姿勢があるのかも知れない。しかし今後においては、少なくとも、ネットワーク性のバランスを確保するための努力を、A. ハートマンがいうような「専門的な講話上の話 in our professional discourse」(Hartman 1993:365) に終わらせてはならないのである。そのためには、ソーシャルワーカーは敢えて「政治」的側面と向かい合うことが求められているともいえるであろう。
　ただし、誤解が生じることもあるので敢えて強調しておきたいのであるが、その場合の「政治的」な能力とかリーダーシップとかは、ただ単に自らの権力を獲得しその私的な権益を拡大させていくような類のものではない。そうではなく、サービス利用者のエンパワメントの獲得、QOL や満足度に対する直接的な波及効果を獲得することを意図して、アクション・システムに属する（当然、そこにはサービス利用者本人も含まれる）さまざまな行為主体がそのために必要になる各種資源の調達と運用に対して影響を及ぼすような力量としてのそれである。
　したがって、ネットワーク・アプローチのなかでソーシャルワーカーに求められる「政治的」な行為とは、このさまざまなレベルでの、ベームがいうところの「二重の関心」を実践戦略に照応させ、それを具体化していくためのワーカーの実践にほかならない。本書のソーシャルワーク実践に対する意義としては、まさしく、そのために必要となる枠組みを提供し得たという点をあげることができるのではないだろうか。
　承知のように、この「二重の関心」とはソーシャルワークの固有性に関連させられるほどに重視されてきたものであるが、その対象が拡大するということは、ソーシャルワークの固有性についての議論にもまったく影響を与えないというわけにはいかない。この点については、本書でそれ以上踏み込んで検討していく余裕と力量を持ち合わせていない。今後における課題の一つ

になるだろう。

　さらに、上で述べたようなソーシャルワーカーの「政治的」実践を実際に展開して行くには、後でもまた述べるように、そのための教育・トレーニングのプログラムや方法の開発が要請されるであろうし、実践において問われることになる倫理上の検討もネットワーク・アプローチとの関連で果たしておかなければならない。また、ネットワーク・アプローチの実践戦略に基づいて実践を展開していく際に必要となる各種の技法の開発も成されていない現状がある。したがって、本書の結論が直ちに実践展開に直結するような「即効薬」的な効果は期待できない。そうした点は、敢えて強調しておくべきであろうと考える。

第2節　残された課題

1　理論の精緻化と実践に向けた課題

　第1節で述べたことと重複することもあるが、最後に残された課題について検討しておきたい。ただし、その範囲は極めて多岐に亘ると思われるので、ここでは特に、ネットワーク・アプローチの理論検討の際に触れることができなかった点とネットワーク・アプローチを実際に適用するうえで残されている幾つかの点に絞って述べてみたい。そして、本書で構築したモデルを実証化する面での課題については、これらの作業を行った後で触れてみる。

(1) 理論検討上の課題
　クライエント（サービス利用者）・ソーシャルワーカー関係について、C. ジャーメインは1980年代半ばの著作のなかで、情報や資源に対して及ぼすコントロールでの格差を最小限にすることに努力が払われる動きが一般的になっていることを指摘している。それに加えて、少数派の見方であると断り書きをしたうえで、両者の関係をループ状の「交互作用の場 transaction field」と見なし、そこでクライエントとワーカーの双方が相互に影響を与え合っていると見なす立場があることも示している。前者の捉え方が、あくま

でも両者の間に立場上の格差が存在していることを前提にしたうえでその解消をワーカーに求めているのに対して、後者のような見方はワーカーもまたクライエントから影響を受ける存在であり、両者の相互性（mutuality）を強調する点が大きく異なる。もちろん、後者であっても知識と情報の差の大きさゆえにクライエントとワーカーは完全に対等ではあり得ない。しかし、ワーカーが専門的な知識とその経験から得られたものをクライエントに提供する一方で、クライエントもまたその人生のなかで培ってきた知識をワーカーに提供し得るとみなすのである（Germain 1984:76-7）。

1990年代以降においては、ソーシャルワークにおいてストレングス視点の強調やエンパワメント概念が脚光を浴びるようになっているが、こうした潮流はジャーメインが指摘したサービス利用者とソーシャルワーカーが相互に影響を及ぼしあうという視点はもはや少数派とはいえなくしている。その延長線で、サービス利用者、あるいはそのコンピテンス（ディシプリン）がサービス提供側（ソーシャルワーカーや福祉サービス提供組織）のディシプリンに影響を及ぼし得る「力」を有しているという視点はもっと注目されて然るべきものである。このことを、ネットワーク・アプローチの図式に引きつけてみれば、すなわち、サービス利用者のコーディネーション能力やその結果によって生まれている社会関係の有様が、ソーシャルワーカーや福祉サービス提供組織のコーディネーション能力や専門職関係・福祉サービス組織間関係にも影響を及ぼしうるという形で描くことができるであろう。

本書でも、サービス利用者のコーディネーション能力向上という視点がエンパワメント概念やストレングス視点と通底するものがあることを強調してみたが、そのコーディネーション能力とはあくまでもそれらはソーシャルワーカーの介入という独立変数によって影響を受け、操作される従属変数、ないし客体としてのそれであった。すなわち、本書の理論的考察では、こうしたサービス利用者側の条件が逆に独立変数、あるいは主体として、サービス提供側に影響を及ぼし得る可能性まで踏み込んで検討することができなかったのである。ネットワーク・アプローチがサービス利用者のコーディネーション能力をソーシャルワーク実践における単なる客体として把握するだけであるならば、それは、現代のソーシャルワーク理論としてはもはや時

代遅れであるというだけではなく、サービス利用者のコーディネーション能力のなかに主体性の確保を含ませているネットワーク・アプローチの理論上の説明とは明らかに矛盾することになりかねない。それゆえに、この点を吟味していくことは、ネットワーク・アプローチにとって緊急かつ重要な課題であると思われる。

　理論上の課題としてここで触れておきたいもう一点は、各行為主体は自らのそのときどきのコーディネーション能力に見合うようにネットワークを能動的に再構築している可能性についてである。すなわち、ネットワーク・アプローチでは、コーディネーション能力を向上させることに対して無条件の肯定的評価を与えていた。そこからは、低いコーディネーション能力がアセスメントされた場合は「問題あり」とし、その能力を高めていくことがソーシャルワークの実践戦略として位置づけられていたのである。

　しかし、ある行為主体のコーディネーション能力が絶えず変化するなかで、その能力に見合うように、換言すれば、自らの能力で管理が出来得る範囲に納まるようにネットワークに手を加えているという可能性がある。つまり、ネットワークの有り様はその行為主体のコーディネーション能力に応じた適応の結果であるとも見なし得る。もしそうであるならば、低いコーディネーション能力であっても、その行為主体はよく適応を果たし、あるいは充分に満足している可能性があることになる。それに対して、コーディネーション能力を高めるための介入を行うことは、折角の適応を攪乱、頓挫させてしまい、却ってさまざまな不適応問題を引き起こしかねない。

　例えば、一般的に、高齢期に入れば加齢にともなってその人物が有する社会関係は縮小に向かうことが知られている。これまでは、こうした傾向をもって高齢者の孤立と見なしがちであった。そこからは、孤立の解消を目指して、あの手この手で高齢者の社会関係を拡充するアプローチが成されることになる。しかし、社会情緒的選択理論（socioemotional selectivity theory）を提唱したL.カルステンセンらによれば、社会関係の縮小はむしろ高齢者の適用パターンなのであり、高齢者は自らの社会関係における周辺部分（peripheral relationship）から慎重に撤退しながらも、親密な関係については引き続き維持、あるいは関係の一層の強化を果たそうとしている動

きを示していることになる (Carstensen et al. 1996; Labouvie-Vief 1999)。また、高齢者はより若い層に比べて、自らの社会関係により満足しており、新たな知人の獲得をそれほど望まないことも、上記のような捉え方を裏づけているといえる。つまり、カルステンセンらの主張では、一見してネットワークの狭小化にみえる選択であっても、それは獲得できる資源を最大化し、他方でリスクを最小化する機能を果たしている。このような手段を講じることで、高齢者は自らの環境を調整しながら最適な安寧（optimal well-being）を確保しようとしているととらえることができる。

　こうしてみると、行為主体はそのコーディネーション能力に応じてそれぞれのネットワークを絶えず改変しているともいえるのであり、そのために、その能力が低いから問題がある（problematic）という判定は、余りにも単純化し過ぎたものであるという印象をもたざるを得なくなる。ある意味では、コーディネーション能力とネットワークの関係は極めてファジーなものであり、行為主体のライフコースやソーシャルワーカーとしてのキャリアによっても、絶えず拡大と縮小を繰り返しているのかも知れない。

　C. スウェンソンは、ソーシャルワーカーは、クライエントの社会関係（スウェンソンは社会ネットワークという用語を用いている）をコントロールしたり、直接的な指示を行ったりする必要はなく、社会関係はそれ自体のルールとエネルギーを所有しているのであり、ソーシャルワーカーに求められるのは、社会関係自体が有するプロセスを活発にさせることであると述べている（Swenson 1981）。こうした見解も上記のような疑問と軌を一にしているのかも知れない。

　残念ながら、本書での議論を通してのみでは、上記のような疑問点には充分応えることが出来ないのである。これらに対して、整合性をもった解答を導き出していくことが要請されていることになるだろう。

(2) 実践適用上の課題

　先にも述べたように、本研究によって得られた知見だけではすぐさまに実践へ適用できるものにはなっていない。少なくとも、先にも述べたが、教育・トレーニングにかかわる問題と倫理上の原則確立という2点は是非とも

果たしておかなければならないだろう。以下に、この2点に焦点を絞って述べてみる。

　まず、ネットワーク・アプローチを実践で展開していくためには、まずその視点や技法についての教育・トレーニングを施すことは欠かせない。組織間関係との関連で、D. ベイリーとK. コーニーは、ソーシャルワーク教育の範囲を、従来の、個人、家族、集団、およびコミュニティという連続体（continuum）になっていたのを、個人、家族、集団、組織間連携およびコミュニティという形に変更することを提唱している（Baily & Koney 1996: 608）。そのアナロジーでいけば、個人、家族、集団、ネットワーク、そしてコミュニティが、今後におけるソーシャルワーク教育範囲における連続体となるであろう。

　また、その前提としては、ネットワークに関してより精緻化された理論体系を構築していくことと、それに基づく実践戦略を実行に移す具体的な技法の開発が大前提になる。前者については、すでにさまざまな課題が残されていることを述べてきたが、後者についてもその具体的な成果の蓄積は未だ発展途上にある。両者は密接に連動しているものと考えるが、実践展開に向けた教育・トレーニングとっては特に後者の技法開発が必須であろう。

　その際には、いわゆるチームワーク技術や連携教育の知見を取り入れていくことも考慮されて良い。なぜならば、特に、ソーシャルワーカーのコーディネーション能力とは、所属する組織内外の他専門職とのチームワークや連携を円滑かつ効果的に展開していく能力と密接に関連していると思われるからである。そして、特に他組織の専門職とのチームワーク・連携を果たしていく技量は、そのまま福祉サービス組織のコーディネーション能力に直結するであろう。さらにいえば、その能力を向上させていくための技法はサービス利用者のコーディネーション能力向上にも適用可能であるとも考えられ得る。

　こうした技法の開発による教育・トレーニングは、ソーシャルワーカーとして勤務を始める以前から、すなわち大学などの専門教育機関での実施が望ましいのはいうまでもない。他専門職との結びつきを重視し活用していこうとする姿勢は、「伝統的な仕事観を身につける前、すなわち資格付与以前の

教育において養われる」(松岡 2000：33) からである。しかも、それは、松岡千代がいうように、ソーシャルワーク教育のみの問題ではなく、ヒューマンサービスに従事するすべての専門職養成教育機関の枠を超えた総合的な教育体制の整備が必要になるだろう（松岡 2000）。近年になって注目されているIPE（Interprofessional education）の知見を導入していくことも欠かせない。すでに、この点に関しては、いくつかの先駆的な取り組みが一部の高等教育機関において展開されている（千葉大学、埼玉県立大学や大阪府立大学など）。また、医療系を中心に大学間の連合体でもってIPEを展開していく試みも実施されている（埼玉県立大学／埼玉医科大学／城西大学／日本工業大学）。

　翻ってみて、日本の大学を中心としたソーシャルワーカー養成教育においては、こうした他専門職とのつながりを想定して、ネットワーク、チームワークや連携についての知識やそれらの実際的な技法を提供していくような内容になっていないのが実情である。加えて、社会福祉士や精神保健福祉士の受験資格との関連で、カリキュラム内容に制約が多こともあり、連携やチームワークが強調されるようになったとはいえ、その種の教育のためには、上述したように、大学、学部、学科の枠を超えた体制が欠かせないことになることから実現がなかなか困難な状況である。

　もう1点、敢えてここで取り上げておきたい課題は、ネットワーク・アプローチにおける倫理原則の問題である。いうまでもなく、ソーシャルワークは科学的な知見に基づいて展開されるものであるが、その認識に立ってなお、まず倫理的側面が重視されなければならないのである。したがって、ネットワーク・アプローチにおいても、倫理的課題を検討し、修正ないし追加すべきものがないかを問うておく必要があると考える。特に、このアプローチにおいては、サービス利用および提供の両サイドにおける各行為主体の、ある種の「政治的」な行為が要請されている。当然、そこにおいて求められる倫理とは、これまでソーシャルワーカーが培ってきた倫理原則とまったく同一とは言い切れない部分が生じ得るであろう。本書では、この点の検討がまったく成されていないままであった。

　明らかなように、ネットワーク・アプローチとは単なる技術や方法の面で

のソーシャルワーク再構築を目指して生まれてきたものではない。ソーシャルワークの理論と実践が再構築されるのであれば、ソーシャルワーカーとしての倫理原則もまた再検討されるのが必然であろう。ネットワーク・アプローチが広く認知されていくためには、それ独自の倫理原則を確立しておくことが大前提になることは疑いないものであると思われる。

2 調査研究

最後に触れるべきは、本書の最大の限界にして課題とは、それが理論研究であることからその実証的な検証が求められているという点であろう。特に、ネットワーク・アプローチの実践上の有効性を実証化していく作業は必須になってこよう。

ネットワーク・アプローチにおいては、資源調達モデルがその根本を構成していたことはすでに見たとおりである。ただし、ネットワークといっても、その行為主体のレベルも多様であり、その全体的な実証化は極めて困難である。少なくとも、特定の行為主体のレベルから実証研究を着手し、例えば、資源調達モデルがサービス利用者の資源調達の面のみならず、ソーシャルワーカーや福祉サービス提供組織においてもそれぞれ成立することを明らかにしていかなければならない。そのためには、それぞれにおけるコーディネーション能力や関連するネットワーク性の要素を測定するスケールの開発が必須になるだろう。

以上のように、今後において果たさなければならない課題は非常に多い。本書はあくまでも先行諸研究の成果を引き継いだうえでのさらなる一里塚に過ぎないのである。これらの課題を厭うことなく、かつ確実に検討し成果を積み重ねていくことで、ネットワーク・アプローチの本格的な展開が可能になるし、またネットワーク概念の整理に基づいたソーシャルワークの再構築という本書の目指したテーマの達成に向けた展望が開かれると考える。

[文献]

Bailey, D. & Koney, K. N. (1996) "Interorganizational Community-Based Collaboratives: A Strategy Response to Shape the Social Work Agenda," *Social Work*, 41 (6): 602-611.
Carstensen, L. L., Graff., J., Levenson, R. W., & Gottman, J. M. (1996) "Affect in Intimate Relationships: The Development Course of Marriage," In C. Magai. & S. H. McFadden. (eds.), *Handbook of Emotion, Adult Development, and Aging*, San Diego: Academic Press, 227-247.
Boehm, W. (1958) "The Nature of Social Work," *Social Work*, 3 (2): 10-18.
Dluhy, M. L. (1990) *Building Coalitions in the Human Services*, Newbury Park, California: SAGE Publications.
Germain, C. B. (1984) *Social Work Practice in Health Care: an Ecological Perspective*, New York: Free Press, 76-77.
Hartman, A. (1993) "The Professional is Political," *Social Work*, 38 (4): 365-366, 504.
Labouvie-Vief, G. (1999) "Emotions in Adulthood," In V. L. Bengenston & K. W. Schaie (eds.), *Handbook of Theories of Aging*, New York: Springer Publishing, 253-267.
松岡千代(2000)「ヘルスケア領域における専門職間連携──ソーシャルワークの視点からの理論的整理」『社会福祉学』40 (2):17-38.
永田幹夫(1993)『改訂地域福祉論』全国社会福祉協議会.
Olfsen, M. R. (1986) "Integrating Formal and Informal Social Care ──The Utilization of Social Support Networks," *British Journal of Social Work* (16) Supplement: 15-22.
佐藤豊道(2001)『ジェネラリスト・ソーシャルワーク研究──人間・環境・時間・空間の交互作用』川島書店.
Simons, R. (1988) "Geriatric Social Work Skills in Social Administration: The Example of Persuasion," *Administration in Social Work*, 12: 241-54.
Swenson, C. R. (1981) "Using Natural Helping Networks to Promote Competence," In A. N. Mallucio (ed), *Promoting Competence in Clients: A New/Old Approach to Social Work Practice*, New York: The Free Press, 125-151.
高田眞治(1979)『社会福祉計画論』誠信書房.
田中英樹(2001)『精神障害者の地域生活支援──総合的生活モデルとコミュニティソーシャルワーク』中央法規.
Weiner, M. E. (1991) "Trans-Organizational Management: The New Frontier for Social Work Administrators," *Administration in Social Work*, 14 (4): 11-27.

あ と が き

　本書は、2002年に関西学院大学社会学研究科に提出した博士学位請求論文「ネットワーク概念の検討に基づくソーシャルワークの再構築に関する研究」をベースにして、大幅な加筆修正を行ったものである。それが、この度、関西学院大学研究叢書として発刊できる栄誉を得ることができた。

　もともと、このテーマは筆者が大学院の修士課程在学時から温め続けきたものであり、博士課程進学後にはそれに取り組んで、是非ともその成果を博士論文にまとめたいと思っていた。しかし残念ながら、博士課程在籍中ではネットワークについての先行研究を収集し確認するだけで精一杯であり、満期退学までには論文を完成させることはできなかった。その後に幸運にも四国学院大学社会福祉学科に職を得ることができたが、それ以来、集めた資料を整理し、自分の考えをまとめて、機会ある毎に論文や報告書を執筆してきた（下記初出一覧参照）。それらの著作・論文・報告書を大幅に整理し直したものが先の博士学位請求論文ということになる。

① 「社会福祉実践における『ネットワーク』に関する一考察」社会福祉実践理論研究，第7号，日本社会福祉実践理論学会，13-22，1998．
② 「社会福祉実践における『統合ネットワーク』概念の検討」社会福祉実践理論研究，第9号，日本社会福祉実践理論学会，53-64，2000．
③ 「『ネットワーク・アプローチ』における実践戦略についての考察──『コーディネーション能力』概念をもとにして」社会福祉実践理論研究，第11号，日本社会福祉実践理論学会，25-36，2001．
④ 「ソーシャルワークにおけるネットワーキング概念の整理と課題」社会学研究科紀要，四国学院大学大学院社会学研究科委員会，創刊号，39-57，2001．
⑤ 「ソーシャルワーカーの職種間ネットワーク概念の必要性について」四国学院大学論集，第106号，27-46，2001．
⑥ 「老人介護支援センター職員を対象とした『職種間関係』に関する調査」

研究課題番号（11710125）平成 11 年度～平成 12 年度科学研究費補助金（奨励研究 A）、「職種間及び組織間ネットワークがソーシャルワーカーのコンピテンスに与える影響」研究成果の一部に関する報告書, 2001 年 4 月.
⑦ 「ソーシャルワークにおける組織間ネットワーク概念についての検討」四国学院大学論集, 第 107 号, 21-51, 2002.
⑧ 「ソーシャルサポート・ネットワーク」岡本民夫監修, 久保紘章・佐藤豊道・川延宗之編著『社会福祉援助技術総論（下）』川島書店, 第 10 章, 249-65, 2004.
⑨ 「ソーシャルサポート・ネットワーク」久保紘章・副田あけみ編著『ソーシャルワークの実践モデル――心理社会アプローチからナラティブまで』川島書店, 第 10 章, 185-204, 2005.

ただ博士請求論文の提出は上記のとおり 2002 年であり、その後、現在までに 10 年以上の年月が経ってしまっている。その間に、本書のテーマ、あるいは近接テーマにおいて優れた文献や論文が多く発表されてきている。そこで、本書を博士学位請求論文そのままの形で発刊するのではなく、冒頭にも述べたようにさらに大幅な加筆修正を行い、ようやくこの度、本書として発刊にこぎ着けた次第である。その際には、さらには以下の拙著の一部に手を加えて、本書の一部分にしていることをお断りしたい。

⑩ 「相談援助における社会資源、ネットワーキング」社会福祉法人全国社会福祉協議会『社会福祉学双書』編集委員会『社会福祉援助技術論Ⅱ　相談援助の理論と方法』全国社会福祉協議会, 第 8 章, 228-50, 2009.
⑪ 「ヒューマンサービス領域におけるネットワークの類型と社会関係資本」リハビリテーション連携科学, 14 (1), 3-17.

以上のようにさまざまなオリジナルの文献・論文がもとになって成り立っているのであるが、オリジナルのそれらからみれば、いずれともにかなりの加筆修正と順序の入れ替えなどを行っており、そのために「第何章のオリジ

ナルはどの論文」というような単純な対応ができなくなってしまっているが、大概以下のような関係になっている（番号は前々ページから前ページの初出論文・著作を示す）。

第1章	①⑪	第6章*	⑩⑪
第2章	⑧⑨	第7章	②③⑥
第3章	⑤⑥	第8章	②③⑥
第4章	⑥⑦	第9章	③⑥
第5章	④⑩⑪	第10章	⑥

　さて、本書は「ソーシャルワークにおけるネットワーク概念に関する研究」という表題を掲げているが、著者としては、あくまでもこの領域におけるネットワーク研究の基礎部分、ないし今後の研究にとっての序論的な意味合いをもつものに留まるのであって、決してそれ以上のものではないと考えている。実際に、本書の拙い内容からしても、またソーシャルワークのネットワーク研究がまだ発展途上にあるといってよい事情からも、本書に関するそうした位置づけは決して的を外していないと考えている。また、ここでは理論的な検討に終始したのであるが、全体的に筆者の力量不足から充分な議論の深まりができておらず、加えて、本書のなかで使用している概念や用語の中には厳密に定義づけられていないものもあり、今後において一層の改善の余地があることは痛感している次第である。

　本書の構成にしても、章どうしのつながりが洗練されているとはいえず、むしろ各章完結的な印象を与えたかも知れないし、その反面で、本書発刊の経緯から各章で重複する箇所が多く、至ってくどい印象を与えてしまったのではないかという危惧ももっている。本書の成立過程からして、引用している文献がやや古くなってしまっているものが多い点も気にかかるところである。加えて、本書では実証研究までには踏み込めておらず、その点は本書の限界であることを十分に自覚している次第である。可能であれば、本書をお読みいただいた方々から、ご批判、ご助言を賜ることを願っている。

　本書を作成するうえで多くの方々のお世話になったとつくづく思う。ま

ず、博士課程指導教授（主査）である故高田眞治先生には厚くお礼を申し上げたい。大学院在籍中からご指導を受けつづけ、特に論理的に考察、分析し、まとめるという作業は研究者として至って当たり前のことなのであるが、そうした基礎訓練を先生のご指導の中から身につけてくことができたものと感謝している。また、修士課程の指導教授であった故荒川義子先生からは、本書のテーマを構想するうえでさまざまな示唆を受けることができた。そもそも、荒川先生によって大学院進学、そして現在の研究者としての道を歩む機会を与えられたといえる。厚くお礼を申し上げる次第である。高田先生、荒川先生ともすでに物故されてしまい、本書をお渡しする機会がもう永遠にないことが本当に残念である。

　さらに、本書の内容については、関西学院大学同僚の石川久展教授から貴重なご助言をいただいていた。同教授は、ネットワーク研究の仲間でもあるのだが、お互いに切磋琢磨していくこと無くしては本書の発刊はましてや、それに先立つ博士学位請求論文の執筆さえ覚束なかったであろう。また関西学院大学の芝野松次郎教授からも、博士請求論文作成にあたっては丁寧なご助言をいただくことができた。そのなかで先生から学んだ分析プロセスを明確にしていく姿勢は、今後においても研究者、調査者として常に意識しておきたいと考えているものである。そして、関西学院大学の浅野仁名誉教授からは、大学院生時代にネットワークの研究を始めた初期からさまざまなご助言やご指摘を受け続け、それらが思考整理に大いに役立った。その延長線上に本書があることを考えれば、先生からの学恩の大きさを思い知らされる。付言すれば、芝野先生、浅野先生のお二人には博士論文の副査としてご指導をいただいた。両先生には心から感謝申し上げたい。

　加えて、四国学院大学時代の同僚であり、関西学院大学大学院の先輩でもある日本福祉大学の渡辺顕一郎教授からは、博士学位請求論文作成に向けての刺激を絶えず受け続けた。渡辺先生がご自身の博士論文作成に勤しみ、ついには完成させた経験が筆者にとって何よりの励みになったことを告白しておきたい。もし渡辺先生と四国学院時代に職場を一緒にすることがなければ、恐らく博士学位請求論文の執筆と提出、そして本書刊行には至っていなかったと断言できる。

また、関西学院大学人間福祉学部の現学部長である室田保夫教授からは、絶えず出版にむけて叱咤激励を受けてきた。先生のバックアップ、背中押しがなければ、やはり本書の発刊もなかったと思う。こうして本書を発行できたことで、少しでも先生からの学恩に報いることができたとホッとしている。同じく、かつての関西学院大学の同僚であり、現在は首都大学東京に移籍された杉野昭博教授にもこころからお礼を申し上げたい。杉野先生には、筆者はいわば兄事している立場であるのだが、学術論文を作成するうえで何を大事にすべきなのかという原点というべきものを先生から学んだと思っている。本書は杉野先生の分野とはまったく異なるテーマであるし、先生の教えをどこまで果たせているのか正直心許ないのではあるが、こうして発刊できたことをまずは報告し、感謝を捧げたいと思う。

　そして、妻であり研究の面でも良きパートナーである佛教大学の松岡千代教授に感謝したい。妻としてさまざまな面での支えとなるだけではなく、本書の内容についても妻との議論、共同研究から生まれ飛躍したものが少なくない。本書執筆も含めて研究教育に没頭するあまり、家庭人として十分な役割を果たすことができなかったが、それを暖かく受け入れ見守ってくれた。息子の慧人と妻の二人には、お詫びと共に心からの謝意を表す次第である。

　最後に、本書の発刊には、関西学院大学出版会の田中直哉さんと浅香雅代さんには多大なお世話になった。この場を借りてお礼を申し上げたい。また、本書を関西学院大学研究叢書として発刊することをお認めいただけた、筆者の母校であり、現勤務校の関西学院大学にもこころよりお礼を申し上げたい。

＊第6章の書きおろし部分は、科研費・基盤研究B（平成21〜23年度：課題番号21330144）「高齢者保健福祉専門職の離転職の要因分析と専門職連携の可能性の検討」（代表：石川久展関西学院大学教授）の成果の一部である。

2016年3月

松岡　克尚

付記
浅野仁先生は、本書執筆中の 2015 年 10 月 26 日にご逝去された。この場を借りて、哀悼の意を表したい。

索　引

アルファベット

accomplishment　116
CAIPE　123
EE（感情表出）　67
LISREL　111, 143
M-GTA　33, 50
nonhyphenated　39
"People Changing"組織　134
"People Processing"組織　134
person-environment fit　89, 253
person-in-environment　39
SOCAPIQ/SCIQ（Social Capital Integrated Questionnaire）　202
SOCAT（The Social Capital Assessment Tool）　202, 203
Social Capital Community Benchmark Survey（SCCBS）　202
structural hole　296
Trans-Organizational Management 論　326
True Colors（TC）　312

かな

[あ]

愛着（attachment）　74
青い芝の会　171, 172
青い芝の会神奈川県連合　172
アクション・システム　329, 330
アソシエーティブ・ネットワーク　50, 63
新しい社会運動 New Social Movement　162, 164
アドミニストレーション論　313, 325
アノミー　16, 290
アプローチの多様性（heterogeneity）　276
アポリア　93, 203

[い]

医学モデル　253, 259
生き残り戦略　12, 277, 319
異議申し立て　70, 163, 167, 170, 171, 176, 178, 181, 190
異質結合　238, 297
インターグループワーク　178
インターモデル　118, 123
インフォーマル性　43, 61, 62, 70, 79, 101, 102
インフォーマルな関係　62, 69

[う]

上からのネットワーキング（論）　165-169, 171, 176, 181, 182, 190, 232
上からのネットワーク形成　165
運動論的なネットワーキング　50, 51, 163, 164, 172, 179, 180, 190, 213, 218

[え]

エゴありネットワーク　213, 218

346

エゴ中心ネットワーク　34, 42, 44-48, 58, 100, 101, 132, 145, 152, 211, 229, 239, 320
エゴなしネットワーク　48, 100, 183, 188, 211, 213, 218, 225, 229
エコマップ（eco-map）　39, 84, 90
エコロジカル・アプローチ　13, 81
越境的な社会関係資本　204, 219
エンパワメント　6, 8, 187, 240, 288, 312, 314, 315, 329, 330, 332
"遠慮がちな"ソーシャル・キャピタル　204, 219

[お]

オルタナティブ性　49, 70, 164, 167, 170, 171, 176, 179, 180, 184, 188, 190

[か]

介護保険　2, 3, 5, 10, 91, 282
介護保険者　205
介護保険法　9
階層性　49, 118
外的コンピテンス　37, 39
介入主義的な福祉国家　164
介入的なネットワーキング　47-49, 51, 65, 174, 178, 180, 183, 185, 186, 190
家族療法　13, 85
活動集合モデル　129, 130
環境　8, 28, 37-40, 51, 62, 77, 79-81, 83-85, 106, 128, 129, 133, 136, 144, 215, 230, 253, 256, 259, 261, 278, 279, 301, 302, 326, 334
　一般的――（Milieu）　144
　外部――　2, 12, 130, 133, 139, 278
　――介入　38, 51
　――上の質　40

　――変容　38
　タスク――（Niche）　144
環境応答　environmental responsiveness　133
環境効果　environmental effectiveness　133
関係性　229
間接援助技術　15, 327
間接資源　275-277, 284, 285
管理運営的側面　8, 10, 11, 12, 17
官僚制　49, 76, 106

[き]

機会主義　opportunistic behavior　279, 280
機関・組織間ネットワーク　237
起業家精神　151
企業ソーシャル・キャピタル・アプローチ　207
期待されるネットワーク　223, 226, 228
機能的ソーシャルキャピタル　202
機能的連携　283
逆資源　253
共生　264
共同意思決定（group decision making）284
共分散構造分析　59, 111, 143
共有領域　nterface　89

[く]

グラウンデッド・セオリー（GTA）　44
グラフ理論　30
グループワーク　9, 183, 187, 192, 303, 327

[け]

ケア規範意識　93
ケアネット　32, 33
ケアマネジメント　6, 8, 33, 260, 274, 276-278
ケアマネジメント・アプローチ　258, 260
経済的効率性 cost effectiveness　11, 12
形態的（morphological）側面　245-248
ケースワーク　115, 116, 183, 192, 327
ゲゼルシャフト　101
ゲマインシャフト　101
健康21（第二次）　198
健康転換　117, 118, 128
現実のネットワーク　223, 224, 228, 238
限定された合理性 bounded rationality　279

[こ]

交換 exchange　136, 235, 243, 287
交互作用の場 transaction field　331
公式―強制　241, 287
公式―任意　241, 287
効率化　3, 11, 12
合理的モデル　149
高齢者サービス調整チーム　34
コーディネーション　131, 136, 138-140, 144-149, 152, 154, 188, 283, 286, 310, 328
コーディネーション能力　22, 93, 293, 309, 311-316, 328, 332-335, 337
コーポレーション　131, 311
国際障害者年　172
国民保健サービス（NHS）およびコミュニティ・ケア法　285, 304
個人主義的アプローチ　210
孤独なボウリング　200, 201
個としての利益　205, 211
個別ケアネットワーク　48
コミュニケーション　131
コミュニケーションスキル　312
コミュニティ　46, 73, 77, 79, 91, 135-137, 142, 145, 146, 148, 152, 197, 199, 201-203, 210, 217, 218, 266, 305, 329, 335
コミュニティ・オーガニゼーション　177, 326
コミュニティ・ガバナンス　205
コミュニティ・クエスチョン　76
コミュニティ・ソーシャルワーク　80, 178
コミュニティワーク　9, 182, 187, 192, 327
コンサマトリー化　20, 21, 261, 263-265, 268, 290, 321, 322
コンティンゲンシー・アプローチ　187, 188
コンティンゲンシー理論　86, 276
コンピテンス　22, 28, 37-43, 46, 47, 105, 300-311, 315, 317, 332
コンフェデレーション　131
コンボイ　43, 69, 78, 79

[さ]

サービス環境 service environment　40
サービス提供サイドのネットワーク　32, 33
サービスの源泉　20, 21, 251, 252, 255, 257, 259, 267, 323
サービスの対象　20, 21, 251-253, 257-259, 261, 267
サービスの提供主体　251, 252
サービスの提供手段　251, 252, 257, 258
サービスの利用主体　251-253, 257, 258
サービス利用者サイドのネットワーク　31, 32, 135
最適化　297-301, 314, 315

差異を超えた目標共通性　161, 167, 170, 176, 187, 188, 190, 191
サポートシステム　29, 43, 58, 78, 128

[し]

シーボーム報告　147, 281
ジェンダーの格差　90
ジェンダー・バイアス　89
支援ネット　32, 33
支援費制度　3
資源依存　143
資源依存アプローチ　138-141, 144, 147, 151, 236, 247, 277-280
資源依存理論　276-280
資源交換　43, 122, 131, 132, 136, 137, 147, 154, 229, 243, 247, 248, 254, 256, 279, 294-296, 312, 328
資源交換アプローチ　136, 139, 140, 236, 279
資源交換性　18, 228, 235-237, 242, 243, 246-249, 286, 294, 297, 298
資源システム　58
資源調達　21, 22, 58, 143, 238, 273, 274, 276, 277, 279-282, 285-289, 294-299, 310, 311, 329, 337
資源調達コスト　21, 280-283, 286-289, 297-299
資源調達能力　136
資源調達モデル　21, 273, 280, 283, 284, 288, 293, 299, 337
資源の希少性（scarcity）　136
資源の多様性　214, 216
資源調達市場　140
資源の特殊性 asset specificity　280
資源保有　21
資源保有コスト　21, 277, 281-284, 287-289
自殺論　73
システム・アプローチ　13, 81, 115, 259, 326
慈善組織協会（COS）　72, 147
自然発生的援助ネットワーク（Natural Helping Networks）　43, 65
下からのネットワーキング（論）　165-167, 169, 170, 172, 181, 182, 190, 232
下からのネットワーク形成　165
市町村保健福祉関係・機関・団体専門ワーカーのネットワーク　48
市町村保健福祉関係機関・団体のネットワーク組織　48
実践環境 work environment　14, 40, 286
実践戦略　13, 21, 22, 42, 155, 182, 185, 186, 288, 293, 294, 299-301, 306, 309, 319, 323, 328-331, 333, 335
実践モデル　294
実践理論　294
質の高い包括的ケア提供 care effectiveness　11
指定一般相談支援事業者　3
指定障害児通所支援事業者　3
指定特定相談支援事業者　3
児童虐待防止ネットワーク（要保護児童対策地域協議会）　33, 50, 228
児童福祉法　3
市民的な連携　161
社会関係（social linkages）　185
社会関係（social relation or social relationships）（アントヌッチ）　19, 42, 59, 60, 61, 68, 246, 249
社会関係（シーマン）　285
社会構成主義　8
社会資源　37, 39, 44, 51, 58, 206, 274, 275, 328
社会情緒的選択理論（socioemotional selectivity theory）　333
社会的共通資本　197
社会的ケア計画　79

索引　349

社会的支援ネットワーク・アプローチ　89, 173
社会的支持　112
社会的侵害（social undermining）　285
社会的紐帯　35, 73
社会的なハード資源（Social Overhead Capital）　197
社会ネットワークにおける「資産」（assets in social network）　214
社会ネットワーク・マップ　84
社会ネットワーク（ソーシャルネットワーク）　19, 26, 30, 40, 42, 46, 58-, 61, 72-77, 80, 81, 86, 103, 160, 177, 185, 186, 190, 208, 209, 214, 215, 225, 230, 231, 235, 243, 245, 249, 254, 255, 260, 265, 266, 287, 295, 334
　——研究　295
　——支援　288
　——論　43, 210
社会福祉援助構造（モデル）　20, 224, 251, 253, 257, 261
社会福祉基礎構造改革　2
社会福祉計画　91, 322, 326, 327
社会福祉士　3, 113, 327, 336
社会福祉士・介護福祉士法　2
集合的エゴ中心主義　230, 231
集団としての利益　203, 205, 211-213, 218
住民主体の原則　204
主体性　82, 228, 231, 232, 240, 242, 243, 247, 248, 254, 256, 262, 288-290, 297, 298, 310, 313, 333
障害者運動　35, 171, 172, 191
障害者自立支援法　3
障害者総合支援法　3, 5, 9, 10
滋養環境（nurturance）　57
少数性 small-numbers bargaining　279, 280
小地域ネットワーク　237

小地域レベルのネットワーク　48
情報の共有化　228, 229
職場内支援　112, 113
地雷原 a mine field　153
自律性　18, 21, 134, 140, 149, 231, 232, 240, 242, 243, 247, 248, 256, 262, 278, 279, 283, 286-290, 297, 328
自立生活　172, 313
自立生活（IL）運動　81
事例自律性 case autonomy　286
心理偏重アプローチ　72

[す]

スティグマ性　107
ストレス-ストレイン（バーンアウト）-アウトカム（仕事満足度）モデル　110
ストレングス・アプローチ　314
ストレングス視点　8, 332

[せ]

生活困窮者支援　26
生活困窮者自立支援法　4
生活のリアリティ　17, 39
生活モデル　259
「政治的」（なセンス）　328-330, 336
精神保健福祉士　3, 336
精神保健福祉士法　2, 4
制度的アプローチ　151
制度論的アプローチ　210
接触の哲学　120
セルフケアマネジメント　7
セルフヘルプ運動　81
セルフヘルプ・グループ（SHG）　49, 191, 254, 288
漸次モデル　149
全体ネットワーク　34, 45, 48, 49, 100, 132,

145, 152, 225, 226, 239
全体ネットワーク分析　34
全米ソーシャルワーカー協会（NASW）
　　　35, 107, 110, 185
専門主義の病弊
　　　the disease of professionalism　194
専門職間の照会ネットワーク　100
専門職間連結　47
専門職チーム　86, 187
専門職ネットワーキング　215, 216
専門職ネットワーク（概念）　18, 19, 32, 36, 43-47, 63, 99, 101-106, 110-114, 116, 119, 121, 122, 128, 135, 154, 155, 160, 175, 176, 186, 189-191, 211, 225, 226, 303
専門担当者レベルネットワーク　237
専門的な講話上の話 in our professional discourse　330
専門特化（specialization）　136
戦略的提携　283
戦略的ネットワーク　27

[そ]

相互依存 interdependence　5, 14, 136, 137, 141, 146, 151, 187, 188, 230, 231
相互依存関係　57, 150, 165, 166, 168, 255
相互行為的ネットワーク　27
相互作用性　18, 118, 228, 229, 235, 242, 243, 246-248, 259, 294, 298
相互作用パターン（interactional patterns）　245, 246, 248
創造性 creativity　179, 182, 307-309
創発性　229
ソーシャルアクション　192
ソーシャル・キャピタル（概念）（社会関係資本）　20, 197-204, 206-217
　　——論　197, 205

——の平行理論　215
——の4類型　211
ソーシャルサポート論　43
ソーシャルサポート　19, 42, 43, 58-62, 65, 72, 77, 80-82, 84, 85, 100, 102, 103, 105-114, 230, 235, 246-248, 285, 315
ソーシャルサポート・システム　58
ソーシャルサポート・ネットワーク（概念）　18, 19, 29, 42-44, 57-59, 61-73, 76-93, 99-104, 110, 111, 113, 122, 135, 155, 160, 173-179, 182, 185, 189, 201, 209, 211, 212, 225, 226, 230, 235, 246, 253, 254, 303, 324
ソーシャルサポート・ネットワーク・アプローチ　13, 257, 260
ソーシャルサポート・ネットワーク論　43, 70, 74-78, 80, 89, 173, 174, 323, 324
ソーシャルスキル・トレーニング　84
ソーシャルネットワーク　58, 65
ソーシャルネットワーク介入（ピント）　47, 63
ソーシャルワーカー資格（Diploma in Social Work）　302
ソーシャルワーカーの「二重の関心」　328, 330
ソーシャルワーク・アドミニストレーション　322, 324-326
ソーシャルワーク・チーム　45
ソーシャルワーク中央教育研修協議会（CCETSW）　302, 305
ソシエタル・ネットワーク　45, 63
ソシオメトリー　30, 145
組織間関係　46, 127-133, 135-140, 143-146, 149-154, 276-279, 282, 283
組織間関係論　33, 45, 46, 127, 129, 132, 135, 136, 138, 139, 144, 146, 147, 151, 153, 181, 278, 279
組織環境　144, 234

索　引　*351*

組織間ネットワーク（概念）　18, 19, 33, 35, 44-47, 50, 99, 127, 130, 132-135, 140, 144-146, 149, 152-155, 160, 174-176, 189, 190, 211, 225, 226, 234, 236, 261, 277, 303
組織間ネットワーク論　181
組織間のパワーと依存　142
組織行動の環境規定説　129
組織セット（モデル）　129, 130, 132, 133
組織適用理論　144

[た]

代案提案型　170
第一のパラダイム転換　2
対人サービス組織　131, 134, 276, 286
対等性　18, 21, 133, 142, 228, 233, 240, 242, 243, 247, 248, 254, 256, 262, 283, 286, 288-290, 297, 298, 310, 328
タイト・カップル　150
第二のパラダイム変換　2-6, 11
多次元尺度法　145
多職種間連携（IPW）　14, 225, 255
多職種チーム　33, 117
多職種チームコンピテンシー　312
多専門職関係（interdisciplinary relationship）　241
多専門職チーム　303
多中心性　233, 234
脱コンサマトリー化　20, 21, 261, 264, 265, 268, 293, 322
多様性　18, 21, 134, 202, 228, 236-238, 240, 242, 243, 248, 254, 256, 262, 283, 286, 288, 290, 294-298, 309, 320, 328
　――信仰　296

[ち]

地域精神保健福祉連絡協議会　34
地域ネットワーク論　32, 37, 232, 234
地域包括ケアシステム　4, 181
チーム　32, 33, 44, 45, 115, 116, 118-120, 162, 188, 256, 286
チーム医療　114, 115
チーム体制　4
チームネット　162
チームワーク　9, 10, 14, 16, 17, 35, 44, 45, 69, 114, 117, 118, 120, 121, 174, 187, 188, 225, 256, 285, 335, 336
チームワーク技術　335
「仲介」機能　63
仲介者（ブローカー）　75
中間的立場　209
中心性（centrality）　145, 152
直接援助技術　15, 327
直接資源　275-277, 285, 289

[つ]

つながり活用の重視　5

[て]

ディシプリン　306-311, 315, 332
適度な距離　92, 93
伝統的アプローチ　258, 262

[と]

動員コーディネーション mobilization coordination　130, 131
道具的ネットワーク　27
統合ネットワーク（概念）　19, 20, 224, 239, 244, 245, 250-252, 258, 260, 261, 264, 267,

273, 276, 288, 290
一次社会関係　250, 252, 255
一次専門職間関係　250, 255, 256
一次専門職ネットワーク　243, 244, 246
一次ソーシャルサポート・ネットワーク
　243, 244, 249
一次組織間ネットワーク　243, 244, 246
一次ネットワーク概念　19-21, 224, 239,
　243, 244, 246-250, 257, 264-267, 289,
　294, 321
一次福祉サービス組織間関係　250,
　256, 257
社会関係　19, 249, 250, 260, 261, 276, 287,
　298-300, 311, 314, 320, 327, 332, 333
専門職間関係　19, 249, 250, 255, 260, 261,
　276, 284, 286, 287, 295, 297-300, 303,
　304, 310, 311, 314, 320, 324, 327, 332
専門職ネットワーク　239-241, 249
ソーシャルサポート・ネットワーク（概念）
　239, 240, 246, 249, 253, 260, 315, 320
組織間関係　250, 287, 302, 304, 311, 335
組織間ネットワーク　239-241, 249, 320
二次社会関係　250, 255
二次専門職関係　250, 256, 286
二次専門職ネットワーク　244
二次ソーシャルサポート・ネットワーク概
　念　244
二次組織間ネットワーク概念　244
二次ネットワーク概念　19-21, 224, 226,
　239, 243-250, 257, 262-267, 273, 283,
　288-290, 294, 321
二次福祉サービス組織間関係　250, 283
福祉サービス組織間関係　19, 249, 250,
　260, 261, 276, 283, 284, 287, 299, 300,
　320, 324, 327, 332
同類原理（homophily principle）　75
トランスモデル　118, 123
取引コスト　279-282, 287

取引コスト論　147, 165, 234, 276, 277, 279,
　280

[な]

内的コンピテンス　37, 39
ナチュラル・サポート・システム　47

[に]

ニーズの多様化　2, 274
ニーズ複合化　273, 281, 289
ニード・資源調整　326
ニード指向アプローチ　need oriented
　approach　275
21世紀型のコミュニティ再生　4
21世紀の新しい経済のための組織　162
21世紀の保健医療専門職の教育委員会
　118
二組織モデル　129, 132

[ね]

ネイバーフッド・センター　33, 151
ネゴシエーション・スキル　116
ネットワーカー　166, 177
ネットワーキング（概念）　9, 18-20, 25, 26,
　35, 36, 46-51, 57, 65, 85, 132, 145, 153,
　159-173, 175-194, 203, 216, 224-227, 232,
　234, 237-239, 244, 295, 303, 310, 320
ネットワーキング研究会　169
ネットワーキング論　161, 165, 167-171, 173-
　181, 183, 184, 186, 187, 232
ネットワーク（概念）　13, 14, 18-20, 25, 48,
　49, 51, 57, 160, 161, 169, 176, 179, 190, 199,
　207, 208, 211, 213, 218, 223-226, 228, 229,
　232-236, 238, 239, 241-244, 247, 249, 250,
　261, 264, 266, 268, 273, 284, 319-322, 337

索　引　353

ネットワーク・アプローチ　20,-22, 223, 251,
　　257-260, 262-264, 267, 273, 290, 293,
　　294, 299-301, 306, 310, 314, 315, 319, 322,
　　323, 326, 329-333, 335-337
ネットワーク化　4
ネットワーク型　163, 164, 167, 168
ネットワーク関係　27, 28, 34, 49, 51
ネットワーク構築　46, 47, 86, 263, 312
ネットワーク、互酬性の規範、信頼　204
ネットワーク性　16, 18-21, 229, 235, 238,
　　239, 242-249, 251, 252, 254, 255, 257, 259,
　　261-265, 267, 273, 288-290, 293, 294, 297,
　　315, 321, 328-330, 337
ネットワーク性の実現　20, 290, 294
ネットワーク組織　27, 28, 34, 36, 49, 50,
　　168
ネットワーク組織化　181
ネットワークのタクソノミー　27
ネットワーク療法　13, 86, 254

[は]

バークレイ（多数派）報告　76, 77, 79, 80,
　　173
パーソナルネットワーク（牧里）　42
パーソナル・ネットワーク　44, 54, 58, 160,
　　178, 182, 183
パーソナル・ネットワーク分析　34
ハーバード構造主義学派　30
ハーバーマスの行為主体の分類　27
バーンアウト　105-114, 255, 284
橋渡しする機能（bridging function）　75
パターナリズム　1
バッファー機能　253
パワー　6, 141-143, 200, 278, 280
　　実行されたパワー　142, 143
　　潜在的なパワー　142, 143
　　認知されたパワー　142

「パワー・依存」関係　144
反省的学問理論　7, 8
反専門家主義（的）　62

[ひ]

ヒエラルキー　234, 241
ヒエラルキー型　165, 177
ヒエラルキー構造　177, 178, 186
ヒエラルキー性　167
ヒエラルキー組織　165
非公式―任意　241
非公式ネットワーク　80
否定サポート（social undermining）　110
否定的サポート　67, 110
ヒューマンサービス組織ネットワーキング
　　47

[ふ]

フェデレーション　131
フォーマルな関係　61, 69
不確実性 uncertainty　279
福祉サービス提供の原則　3
福祉ソーシャル・キャピタル・アプローチ
　　207, 208, 216
プラスのサポート　67
ブリコラージュ　170
プロセス重視　183
文化的葛藤　297

[ほ]

ホーソン実験 Hawthorne experiments
　　101, 102
保健・医療・福祉複合体（複合体）　281,
　　282
ボランティア　32, 45, 69, 82, 87, 101, 134,

166, 174, 191, 204
ボランティア活動　35, 36, 60, 166, 170, 193
ポリエージェントシステム　119

[ま]

マージャー　131
マイナスのサポート　67, 68, 88, 154
マクロ―公共型アプローチ　210
マクロ社会的な変数　209
マクロ・ネットワーク　64
まざりあった紐帯 mixed tie　297
マネージドケア（managed care）　116
マネジメントの四つの要素　324
マルチモデル　118

[み]

ミクロネットワーク（牧里）　42
ミクロ・ネットワーク　64, 65
ミクロ―ネットワーク型アプローチ　210
ミクロ・レベルの変数　209
未知への探求力　309
密度　47, 202, 215, 216, 245, 296
見守りネット　32, 33
民生委員　32, 101, 237

[む]

無限定環境論　38
無差別曲線　297-299

[め]

メゾ・ネットワーク　64
メタ・セオリー　259

[も]

問題解決ネットワーク・ミーティング　86
問題適格性 amenability　87, 88

[や]

安上がりの福祉　11, 12

[ゆ]

友愛訪問　72, 87
有用性 availability　87, 88
有用性（competence）　37

[よ]

要援護者指向アプローチ needy oriented approach　275
よこ型の運動体　234
横のつながり　9, 163, 233, 323
弱い紐帯の強さ　75

[り]

利用者／機関・組織間連結　47
療養保護士　114

[る]

ルース・カップル　150

[れ]

連携教育（interprofessional education: IPE）　119, 312, 313, 336
連携指向　4, 5
練達 mastery　307, 309

[ろ]

老人療養施設　114
老年科学　59-61, 68
老年社会学　59, 60

[わ]

ワーカー関係 worker relationship　115

【著者略歴】

松岡　克尚（まつおか・かつひさ）

関西学院大学人間福祉学部教授。
関西学院大学社会学部社会学科卒業、同大学大学院社会学研究科博士課程後期課程社会福祉学専攻修了。
1996年四国学院大学社会学部専任講師、同助教授を経て、2003年より関西学院大学社会学部助教授、准教授、2008年より同大学人間福祉学部准教授、2011年より現職。博士（社会福祉学）。専門は、ソーシャルワーク、障害学、精神保健福祉。

関西学院大学研究叢書　第177編

ソーシャルワークにおける
ネットワーク概念とネットワーク・アプローチ

2016年3月31日初版第一刷発行

　著　者　　松岡克尚

　発行者　　田中きく代
　発行所　　関西学院大学出版会
　所在地　　〒662-0891
　　　　　　兵庫県西宮市上ケ原一番町1-155
　電　話　　0798-53-7002

　印　刷　　株式会社クイックス

©2016 Katsuhisa Matsuoka
Printed in Japan by Kwansei Gakuin University Press
ISBN 978-4-86283-217-7
乱丁・落丁本はお取り替えいたします。
本書の全部または一部を無断で複写・複製することを禁じます。